国家社科基金
GUOJIA SHEKE JIJIN HOUQI ZIZHU XIANGMU
后期资助项目

U0572845

中国经济发展
"新常态"初探

A Preliminary Study on the
"New Normal" of China's Economy

王 军 等／著

社会科学文献出版社
SSAP
SOCIAL SCIENCES ACADEMIC PRESS (CHINA)

国家社科基金后期资助项目
出版说明

后期资助项目是国家社科基金设立的一类重要项目，旨在鼓励广大社科研究者潜心治学，支持基础研究多出优秀成果。它是经过严格评审，从接近完成的科研成果中遴选立项的。为扩大后期资助项目的影响，更好地推动学术发展，促进成果转化，全国哲学社会科学规划办公室按照"统一设计、统一标识、统一版式、形成系列"的总体要求，组织出版国家社科基金后期资助项目成果。

全国哲学社会科学规划办公室

目　录

第一章 中国经济发展"新常态"的特征及其内涵

经过改革开放30多年的飞速前进，特别是国际金融危机之后，随着彻底告别两位数的传奇增长，中国经济缓缓拾阶而下，进入了一个全新的发展阶段。虽然中国经济的基本面和战略机遇期没有改变，但确实进入了增速放缓、结构调整、动力转换的"新常态"。如何认识新常态、适应新常态、引领新常态，既是一个亟须深入探讨和研究的重大理论问题，更是当前和今后一个时期我国经济发展的大逻辑。

第一节 中国经济发展"新常态"重大战略判断的提出及其国际国内背景

2014年5月，习近平总书记在河南考察时指出，我国发展仍处于重要战略机遇期，我们要增强信心，从当前我国经济发展的阶段性特征出发，适应新常态，保持战略上的平常心态。在战术上要高度重视和防范各种风险，早作谋划，未雨绸缪，及时采取应对措施，尽可能减少其负面影响。7月29日，习近平总书记在和党外人士的座谈会上又一次提出，要正确认识中国经济发展的阶段性特征，进一步增强信心，适应新常态。"新常态"这一重大战略判断，深刻揭示了中国经济发展阶段的新变化，充分展现了中央高瞻远瞩的战略眼光和处变不惊的决策定力。

2014年8月5~7日，《人民日报》连续三天在头版位置刊登了"新常态下的中国经济"系列评论，以《经济形势闪耀新亮点》《经济运行呈现新特征》《经济发展迈入新阶段》为题，对中国经济形势进行了多角度分析，具体阐释了"中国经济新常态"的内容和意义。此外，《人民日报》还分别于8月4日、11日和18日刊登"新常态 平常心"系列报道，题目分别是《新常态，新在哪？》《新常态，辩证看》《新常态，新应对》。一时间，舆论界、理论界和实务界纷纷就此展开了热烈讨论。可以说，"新常态"一词既是中央对经济时局的冷静俯瞰，也代表着未来宏观经济政策的基本操作趋势。它不仅体现了党和政府对未来较长一段时期的客观经济在主观认识上的变化，而且将引导宏观经济政策的主观行动符合经济"新常态"的客观要求，也为理论工作者提出了一个亟须展开深入系统研究的重大理论和现实问题。

2014年11月9日，国家主席习近平出席2014年亚太经合组织（APEC）工商领导人峰会并做了题为《谋求持久发展 共筑亚太梦想》的主旨演讲。在演讲中，习近平再论新常态，总结了中国经济在新常态下呈现的三大特点：一是从高速增长转为中高速增长。二是经济结构不断优化升级，第三产业、消费需求逐步成为主体，城乡区域差距逐步缩小，居民收入占比上升，发展成果惠及更广大民众。三是从要素驱动、投资驱动转向创新驱动。新常态将给中国带来新的发展机遇。第一，新常态下，中国经济增速虽然放缓，实际增量依然可观。第二，新常态下，中国经济增长更趋平稳，增长动力更为多元。第三，新常态下，中国经济结构优化升级，发展前景更加稳定。第四，新常态下，中国政府大力简政放权，市场活力进一步释放。同时，习近平表示，新常态也伴随着新问题、新矛盾，一些潜在风险渐渐浮出水面。能不能适应新常态，关键在于全面深化改革的力度。习近平指出，全面深化改革的四大方向分别是：激发市场蕴藏的活力；创新拓宽道路；推进高水平的对外开放；增进人民福祉，促进社会公平正义。

2014年12月9~11日召开的中央经济工作会议对经济新常态的具体特征作出了权威阐释：我国经济正在向形态更高级、分工更复杂、结构更合理的阶段演化。经济发展进入新常态，正从高速增长转向中高速增长，经济发展方式正从规模速度型粗放增长转向质量效率型集约增长，经济结构正从以增量扩能为主转向调整存量、做优增量并存的深度调整，经济发展动力正从传统增长点转向新的增长点。中央经济工作会议认为，"必须历史地、辩证地认识我国经济发展的阶段性特征，准确把握经济发展新常态"。这次会议从消费需求、投资需求、出口和国际收支、生产能力和产业组织方式、生产要素相对优势、市场竞争特点、资源环境约束、经济风险积累和化解、资源配置模式和宏观调控方式九个方面进行了深度解析，得出了"经济发展进入新常态"的明确判断。这次会议还提出，"认识新常态，适应新常态，引领新常态，是当前和今后一个时期我国经济发展的大逻辑"。"大逻辑"的提法引人注目。历年中央经济工作会议都会对当前经济形势进行分析，对来年经济工作做出部署，但这样从理论和哲理层面对形势进行判断和分析，令人耳目一新。笔者认为，中央对经济工作的领导，不仅更加突出战略性，还更加重视理论上的完整性和逻辑上的自洽性。"新常态"是个动态过程，我们不仅要认识、适应，而且最终要引领。也就是说，要在注意解决当前突出问题的同时，更加注重坚持以提高经济发展质量和效益为中心，夯实中长期发展基础、增添未来发展新动力。可以说，"新常态"是我们认清当前经济形势、搞好经济工作的逻辑起点和现实条件。

一 世界经济进入深度转型调整期

当前，世界经济仍然处于危机过后的深度调整期，各类潜在风险相互交织，世界各国走势分化、结构分化、周期分化、政策分化，形势错综复杂。总体来看，国际经济形势变化有以下四大特点值得关注。

第一，南北关系发生重大变化。[①] 尽管美日欧经济正在步调不一地缓慢走向复苏或走出衰退，新兴经济体和发展中国家经济走势分化、增速放缓，但发达经济体在世界经济增长中的比重仍在不断下降，后者在世界经济中的比重仍在不断上升。经济占比的改变反映和促进了南北关系的新变化，发展中国家逐渐掌握了更多的话语权，与发达国家的差距正在不断缩小。在主要经济体走势分化、新技术革命孕育突破的新形势下，南北关系，特别是南北经济关系的互动与交融呈现新态势。

国际货币基金组织 2016 年 1 月发布的《世界经济展望》报告认为，全球增长回升乏力，各经济体增长回升不均衡，风险目前偏向新兴市场。报告预计，2016 年和 2017 年世界经济增速将达 3.4% 和 3.6%，分别比 2015 年 10 月份预计的低 0.2 个百分点，中国经济增速为 6.3% 和 6.0%。报告还预计，2016 年和 2017 年发达经济体经济增速可达到 2.1% 和 2.1%。其中，美国增长 2.6% 和 2.6%，低于 2015 年 10 月份预计的 2.8%；欧元区增长 1.7% 和 1.7%，英国增长 2.2% 和 2.2%，日本增长 1% 和 0.3%；新兴市场和发展中经济体的经济活动预计将连续第五年放缓，增长 4.3% 和 4.7%。其中，印度增速最快，预计将达到 7.5% 和 7.5%；俄罗斯将继续萎缩 1.0% 和微弱增长 1.0%，巴西萎缩 3.5% 和 0.0%。

---

① 陈文玲：《世界格局发生三大变化，全球应共同治理》，光明网，2015 年 6 月 27 日。

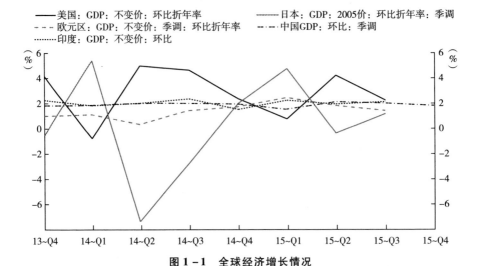

图 1 - 1　全球经济增长情况

资料来源：Wind 资讯。

第二，世界经济进入一个低速增长的"新平庸"。主要表现为"四个低"：一是低增长，世界经济增长速度预期不断下调，根据国际货币基金组织 2015 年 10 月预测，2015 年和 2016 年世界经济增速分别为 3.1% 和 3.6%，比之前 7 月预测值各下降 0.2%。二是低利率，以美国为首的发达国家以及部分发展中国家延续了宽松的货币政策，向世界提供了大量的廉价货币。三是低通胀，受全球范围内的需求萎缩和石油、铁矿石及其他大宗商品价格持续下滑的影响，世界经济始终处于低通胀状态，全球通货紧缩压力持续。四是低就业，主要经济体中，除美国和中国外，从欧洲、日本等发达国家经济体到部分发展中经济体，低就业率成了各国共同面对的重大问题。

第三，新旧秩序、新旧规则之间发生重大变化。旧的机构、旧的机制、旧的规则仍在起主导作用，但同时新的机构、新的机制、新的规则也在不断产生，并且在不断提升影响力，逐渐成为影响世界经济的重大变量。金融方面，亚洲基础设施投资银行、金砖国家新发展银行、上合组织开发银行等金融组织机构的出现，对世界原有的金融秩序造成了多方面的影响和连锁反应；贸易方面，随着区域经济一体化，从 TPP、TTIP、RCEP，到中国签订的涉及 20 个国家的 12 个自由贸易区协定，自贸区战略被各方作为国家战略高度重视；制造业方面，原有的制造业格局已经逐渐被打破，全球的供应链、产业链、价值链正在重构。

第四，中国对亚洲和世界的影响力与日俱增，中国与全球经济的互联互动日益加深。中国作为世界第二大经济体，第二大贸易国，第一外汇储备大国，第一大利用外资发展中国家，年度投资流量全球第三大对外投资国，人民币作为全球第四大支付结算货币，仍然是全球经济发展的重要引擎之一，中国经济仍将深刻地改变世界经济的版图和格局，中国与全球经济的互联互动、相互依赖、交融合作不断加深，其深度、广度前所未有，其复杂性、多样性前所未有。一系列重大国家战略对全球的影响日益加深，对外贸易的规模不断扩大，利用外资、对外投资的流量和存量不断增加，物价与汇率的形成机制与影响因素愈加复杂，与国际市场的互动更加密切，宏观经济政策的外溢性和被动性前所未有，中国经济真正具有了在世界上举足轻重的地位。这一切要求我们在观察和谋划国内改革发展，参与国际政治、经济等各项事务时，不能再孤立地看待自身和世界，不能再忽视巨大的政策外溢效应和政策沟通协调的必要性，必须统筹考虑和综合运用国际国内两个市场、国际国内两种资源、国际国内两类规则，更加积极主动地参与全球治理事务、改善全球治理体系，提升全球治理能力。

二　经济全球化和区域经济一体化加速发展

美国主导的区域性自由贸易谈判进展加快。近年来，美国积极倡导和推进 TPP（跨太平洋伙伴关系协议）、TTIP（跨大西洋贸易与投资伙伴协定）、TISA（服务贸易协定）等新自由贸易协定。显而易见，美国加速推动 TPP 和 TTIP 在太平洋和大西洋两端"双管齐下"，推进"两洋贸易战略"，将对世界政治经济格局产生重要影响，尤其对中国等新兴经济体的影响不可低估。2015 年 10 月，泛太平洋 12 国历经 20 年终于达成了 TPP 基本协议，这意味着规模占全球四成的巨大经济圈将应运而生。美国自从参与之日起，就主导了 TPP 谈判，并将 TPP 的确立视为其重返亚太的战略重心，给 TPP 的定位是建立"面向二十一世纪的白金级自由贸易区"。美国是希望通过 TPP 全面介入亚太区域经济一体化进程，确保其地缘政治、经济和安全利益，重塑并主导亚太区域经济整合进程，稀释中日等国的影响力，进而实现其长期称霸全球的政治意图。TTIP 谈判自 2013 年 6 月启动以来，美国和欧盟又于 2013 年 11 日至 15 日在布鲁塞尔展开了第二轮谈判，涉及的领域包括服务、投资、能源和原材料等，主要议题是如何协调监管以减少贸易壁垒。如果美国的意图如期实现，最终将建成亚太自由贸易区和美欧自由贸易区，全球贸易版图将出现重大变化，将使我国发展开放型经济面临严峻挑战。从经济规模和贸易额占全球比重看，TPP和TTIP的影响"举足轻重"，会明显增加和刺激美欧的贸易和出口，而处于两大自贸区以外的国家贸易和出口会相应减少。

更为重要的是，美国主导的区域性自由贸易协定还会带来一系列不利影响。第一，有可能架空世贸组织（WTO）。WTO多哈回合从2001年启动谈判到现在，毫无进展并陷入僵局，如果TPP和TTIP谈判取得突破，WTO将面临尴尬境地，WTO规则可能不得不随TPP和TTIP确定的规则和标准做出调整。第二，有可能架空亚太经合组织（APEC）。TPP一旦生效，亚太经合组织成员必然会分为两大阵营：TPP成员与非TPP成员，由于亚太经合组织成员所做出的承诺本身就缺乏约束力，未来它在区域合作的影响力将会下降，APEC机制存在的必要性将受到质疑。第三，打乱以"10＋X"为主的亚洲区域合作进程。目前，日本与部分东盟国家选择加入TPP进一步降低了对"10＋3"与"10＋6"的需求，亚洲"10＋3"与"10＋6"等区域合作的谈判可能陷入停滞。第四，中国有可能处于被"边缘化"的危险境地。TTIP和TTP谈判几乎囊括了我国最主要的贸易伙伴，如果TPP和TTIP最终达成协议，那么除中国和金砖国家之外的主要经济体都将进入这两大贸易区内，届时中国的处境将十分被动。

当前，国内存在一种满足于加入世界贸易组织所带来的改革开放红利和所取得经济发展成就、对国际自由贸易的新标准和新发展知之甚少或简单排斥的倾向，在进一步扩大对外开放、推动开放型经济发展上缺乏战略性眼光和突破性进展，少数领域陷于停滞甚至有所倒退。无论是发达国家还是发展中国家，在全球化进程中都应制定积极的开放战略，在保护本国利益的同时积极参与其中。只有以开放的心态把握全球的资源，把握全球的需求，把握全球的人才，才能在全球化的过程中实现合作双赢。

三　第三次工业革命浪潮正在孕育兴起

进入21世纪以来，新一轮科技革命和产业变革正在孕育兴起，全球科技创新呈现出新的发展态势和特征。学科交叉融合加速，新兴学科不断涌现，前沿领域不断延伸，物质结构、宇宙演化、生命起源、意识本质等基础科学领域正在或有望取得重大突破性进展。信息技术、生物技术、新材料技术、新能源技术广泛渗透，带动几乎所有领域发生了以绿色、智能、泛在为特征的群体性技术革命。

美国著名趋势学家杰里米·里夫金的著作《第三次工业革命——新经济模式如何改变世界》指出：第三次工业革命将从根本上改变人们的生活和工作方式。随后，英国《经济学人》杂志的一系列相关文章再次勾勒出"第三次工业革命"令人震撼的图景。事实上，以大数据、智能制造、无线革命为代表的第三次超级技术变革，正在美国酝酿并初见端倪。越来越多的事实让人们开始感受到全球范围内的一场技术大变革正处在孕育期，很有可能引发新一轮的工业革命。在接下来的半个世纪里，第一、第二次工业革命的集中经营活动将被第三次工业革命的分散经营方式所取代。前两次工业革命的经验表明，工业革命决定经济发展的未来，第三次工业革命有可能使全球技术要素与市场要素的配置方式发生革命性变化，引领全球产业分工新布局，催生世界经济新格局。

第三次工业革命在使许多劳动密集型产业消失的同时，也将使机器人、可再生能源、新材料、智能制造、纳米技术、生物电子技术等新兴产业不断成长为新的主导部门。国际机器人联合会预测，"机器人革命"将创造数万亿美元的市场。由于大数据、云计算、移动互联网等新一代信息技术同机器人技术相互融合的步伐加快，3D打印、人工智能迅猛发展，制造机器人的软硬件技术日趋成熟，成本不断降低，性能不断提升，人们设想中的军用无人机、自动驾驶汽车、家政服务机器人已经成为现实，有的人工智能机器人已具有相当程度的自主思维和学习能力。国际上有舆论认为，机器人是"制造业皇冠顶端的明珠"，其研发、制造、应用是衡量一个国家科技创新和高端制造业水平的重要标志。机器人主要制造商和国家纷纷加紧布局，抢占技术和市场制高点。我国将成为机器人的最大市场，但我国目前的技术和制造能力还不能应对这场竞争，我国科技创新基础还不牢，自主创新特别是原创力还不强，关键领域核心技术受制于人的格局没有从根本上得到改变。只有把核心技术掌握在自己手中，才能真正掌握竞争和发展的主动权，才能从根本上保障国家经济安全、国防安全和其他安全。

更为重要的是，如果一个国家在第三次工业革命主导部门的核心技术上不能取得国际领先地位，那么它原先在传统工业上的国际竞争优势最终也将会丧失。在全球经济迈向第三次工业革命的背景下，美国率先提出了"再工业化"战略。任何国家欲在第三次工业革命中占据先机和提升其在世界经济格局中的地位与利益，必须走自主创新道路，加快本国经济转型，才能不断提升国际竞争力。

四　国外需求复苏缓慢和国际贸易保护主义抬头

国际金融危机爆发 5 年来，有关国家为应对危机而出台的财政政策、货币政策在一定程度上缓解了危机，但没有从根本上改变主要经济体需求疲弱的局势。2012 年，美国的货物进口总额同比增长仅为 3%、服务进口总额同比增长仅为 2%；欧盟的货物进口总额同比下降 2%、服务进口总额同比下降 3%；日本的货物进口总额同比增长仅为 4%、服务进口总额同比增长仅为 2%；这些国家和地区的进口需求比 2011 年明显下降。

全球需求虽然有所复苏，但仍比较缓慢，存在着全球性的产能过剩。受财政紧缩和居民去杠杆的影响，发达国家经历了一段较长时期的疲弱增长，这对包括进口需求在内的整体需求产生了抑制。近两年来美国的进口增长一直慢于内需。欧盟从其他经济体进口占其总进口的比重在过去两年里近乎停滞，甚至在过去一年中出现下跌。

国外需求复苏缓慢导致我国对外贸易增速开始回落。2014 年，我国进出口总额为 26.4 万亿元人民币，比上年增长 2.3%；其中，出口 14.4 万亿元人民币，增长 4.9%；进口 12.04 万亿元人民币，增长 − 0.6%。2015 年，我国进出口总额为 24.58 万亿元人民币，比上年下降 7.0%；其中，出口 14.1357 万亿元人民币，下降 1.8%；进口 10.4492 万亿元人民币，下降 13.2%。

同时，国际贸易保护主义抬头。国际金融危机引起了人们对经济全球化和自由贸易的反思，进一步刺激了贸易保护主义情绪的释放，各国政府纷纷采取贸易保护措施来缓解国内的矛盾和压力。据商务部公布的中国出口产品遭遇贸易救济调查的统计发现，2012 年我国出口产品共遭遇 72 起贸易救济调查，无论是从数量还是从涉案金额上看，均超过 2011 年；从调查发起国家来看，越来越多的由美国、欧盟、加拿大等发达国家发起；从涉案产品来看，也从传统的农产品、低附加值工业品拓展到高附加值产品。中国的对外投资同样遭受保护主义的侵扰，无论是国有企业还是私营企业，在海外的投资并购频频受阻，尤以欧美国家为甚，例如，华为、中兴、三一重工等企业，相继被某些国家以"威胁国家安全"为名拒之门外。

五　我国经济面临"三期"叠加的复杂局面

我国经济正面临着近年来少有的错综复杂局面，增长速度进入换挡期，结构调整面临阵痛期，前期刺激政策消化期，"三期"叠加。再加上世界经济还处于深度调整之中，使我国经济发展的内外环境更趋复杂。从经济运行中的一些重要指标关系出现的新变化，可以看出经济发展面临的形势。从传统的统计数据和分析方法来看，当前经济运行的有些指标是相互不匹配、不同步的。比如，经济增速虽逐渐放缓，但城镇新增就业总体平稳；工业用电量增速较低、铁路货运量略有下滑，但工业增速仍然相对较高；财政收入增幅回落大于经济增幅回落；货币信贷增速相对较高，社会融资规模增长也比较快，但经济增速却逐步回落。这些数据的不匹配看似不好理解，但综合各方面因素来看，这正是由于中国经济面临着前所未有的复杂局面所决定的。

增长速度进入换挡期是由经济发展的客观规律所决定的。改革开放30多年来，我国经济保持了年均近10%的持续高增长，随着国民经济总量的增大，支撑经济发展的人力资源、自然资源以及制度安排和经济政策等要素正在发生变化，从劳动力、资本、技术进步等生产要素结构分析，从一、二、三次产业结构分析，都可看到，我国经济增长速度下降是经济发展的阶段性现象，是一个发生在实体经济层面上的自然过程。这些内在影响，再加上国际金融危机的外来影响，使我国经济增速近年来呈现逐级放缓的态势。在世界经济增长动力仍显不足、国内结构调整不断深化的大背景下，经济增速处于换挡期是由经济发展规律决定的。

结构调整面临阵痛期是加快经济发展方式转变的主动选择。自2012年年底以来，许多地方持续出现的雾霾天气，让人们认识到，经济发展与资源环境的矛盾日趋尖锐，加快转变经济发展方式和调整经济结构刻不容缓。而当前金融与经济数据的不同步现象，其主要根源也在于结构性问题。经济增速的放缓，以及国际金融危机影响的长期化、各国应对危机加快结构调整的积极成效，增强了我国用市场机制倒逼经济结构调整的紧迫感。结构调整是有成本的，为了化解过剩产能，优化产业结构，一些行业难免受到较大冲击，有些企业甚至会退出市场，这些不得不付出的代价就是结构调整中的"阵痛"。近年来，美国主动进行的结构调整为美国新兴产业的崛起赢得了先机，以大数据、生物科技、页岩气等为主的高科技产业再次站到了世界经济的前沿，促进了美国经济温和复苏。对于处在转型升级关键时期的中国经济来说，结构调整是大势所趋，必须痛下决心。只有坚持结构调整，才可能赢来"阵痛"后的大崛起。

前期刺激政策消化期是化解多年来积累的深层次矛盾的必经阶段。2008 年国际金融危机爆发后，我国经济也遭受了巨大冲击，为扭转增速下滑过快造成的不利影响，政府采取了拉动内需和产业振兴等一揽子刺激政策，推动了经济增长迅速企稳回升。2009～2010 年，刺激政策产生了好的效果，经济增速最高达到了 11.9%，中国经济率先走出危机阴影。从 2011 年第二季度开始，经济增速逐级回落，一直延续到现在，经济发展进入了前期刺激政策消化期。在这个阶段，虽然刺激政策逐步退出，但政策的累积效应和溢出效应还在持续发挥作用，并对经济结构继续产生深远影响，也使当期宏观政策的选择受到掣肘，调控余地大为缩小。

六　服务业成为经济发展的重要动力

当前，服务业已居世界经济主导地位，服务业占世界经济总量的比重已达 70%，其中，高收入国家服务业比重为 74%，低收入国家服务业比重为 50%。特别是进入 21 世纪以来，主要国家和地区的服务业发展速度较快，比重不断提升。2000～2010 年，美国服务业增加值占 GDP 的比重由 73.5% 上升至 80%，日本由 66.8% 上升至 74%，德国由 67.3% 上升至 71.2%，巴西由 64.3% 上升至 67.4%，印度由 48.2% 上升至 55.0%，中国由 33.2% 上升至 43.2%。服务业成为国际直接投资的主要领域。20 世纪 70 年代初期，服务业吸收的外国直接投资仅占全球外国直接投资的 1/4。而联合国贸发会议数据表明，服务业国际直接投资存量所占比重从 1990 年的 48.9% 上升至 2006 年的 62.2%，成为国际直接投资的主要投资领域。1980～2012 年，世界服务出口总额从 3673 亿美元增加到 43450 亿美元，增长了近 12 倍，占世界货物和服务出口总额的比重上升到 19%。相比制造业，服务业具有附加值高、资源消耗少、环境污染小、就业容量大等优势，其发展水平已经成为衡量一个国家和地区综合实力以及国际竞争力的重要标志，已经成为推动世界经济强劲、平衡、可持续发展的重要动力。

对中国来讲，服务业发展空间还很大，是新的增长点。国家统计局公布的《2013 年统计公报》显示，2013 年我国服务业占 GDP 的比重明显提高，达到 46.1%，比上年提高 1.5 个百分点，所占比重比制造业高 2.2 个百分点，这是服务业比重首次超过制造业。2015 年 GDP 中第三产业比重已经占到 50.5%，比第二产业高了 10 个百分点。同时，我国服务贸易发展潜力巨大。在 2007～2013 年短短的 7 年时间里，我国服务贸易连续跨越了 2000 亿美元、3000 千亿美元、4000 亿美元和 5000 亿美元的四级大台阶。2013 年，我国服务贸易进出口总额达 5396.4 亿美元，比上年增长 14.7%，超过货物贸易进出口总额增速 7.6% 的近 1 倍。服务贸易在我国对外贸易总额中的占比稳步提升，2013 年这一比例已达 11.5%。与此同时，我国在世界服务贸易中的比重从 2007 年的 3.8% 提升到 2012 年的 5.53%，位次提升到世界第三位。从服务贸易出口方面看，2013 年，我国服务贸易出口总额达 2105.9 亿美元，比上年增长 10.6%，增速比上年提升 6 个百分点，我国服务贸易出口占世界的比重也从 2007 年的 3.6% 提升至 2012 年的 4.4%。从客观上看，随着收入和资本存量的增长，中国正在从投资和出口主导型经济向消费主导型经济过渡，这必将大幅提升对服务业的需求，尤其是对生产性服务业的需求。从主观上看，国家将加大力度进行产业结构调整，工业部门的产能过剩与服务业部门的供给不足将是政策的主要着力点，服务业将加速发展，对经济增长的贡献率逐渐增大。这不仅是我国消费结构升级不断加快的客观反映，也是产业结构调整政策不断推进的结果。未来，随着城镇化进程的加快，消费需求中的物质消费比重将不断下降、服务消费比重将持续上升，第三产业比重将在消费升级和生产的服务化带动下大幅度上升，服务业占 GDP 的比重将进一步提高，产业结构将逐渐由以制造业拉动经济增长为主向第三产业和制造业共同拉动经济增长转变，逐步实现由"世界工厂"向"世界市场"的转变。

第二节　中国经济发展"新常态"的主要特征

此次国际金融危机之后，世界经济出现"新平庸"，中国经济进入"新常态"，这一切并非偶然，其深刻的形成背景是，世界经济的持续深度调整与国内经济日益急迫的转型需求相叠加，旧有的发展红利正逐渐衰退乃至丧失，新的驱动力尚未成型。笔者认为，立足当下，展望未来，中国经济发展正日益呈现增速换挡、结构升级和创新驱动的三大"新常态"。

一是经济增速换挡回落、就业市场持续偏紧成为常态。由于规模的增大及发展方式的转变，未来中国经济长期保持两位数的高速增长将不会是常态，开始进入年均 6%～8% 的中高速增长"换档期"，这是一个经济体达到中等收入之后的普遍规律，对此应"保持战略上的平常心态"。与此同时，约占每年新增劳动力供应一半的高校毕业生就业规模庞大，摩擦性失业和结构性失业将长期存在。

二是结构优化升级和调整阵痛相伴而行成为常态。中国的经济结构已经并将继续发生全面、深刻的变化：服务业尤其是生产性服务业发展明显加快，产业结构不断优化升级；地区差距由扩大转变为缩小，区域间协调发展、协同发展的格局将逐步形成；居民收入名义增速将快于企业利润和财政收入的增速，城乡居民收入差距将有所缩小；需求结构中消费和民间投资占比有所提升，二者将逐步成为拉动经济增长的主要力量。当然，与结构优化相伴随的还有多种结构调整阵痛相交织，如产能过剩、风险暴露等。

三是要素和投资驱动向创新驱动的转变成为常态。面对世界经济仍处于深度调整期的重大挑战和新一轮科技与产业革命处于孕育期的重大机遇，中国正努力把推动发展的立足点转到提高质量和效益上来，大力推进科技进步和创新，创新驱动将为经济发展、转型和升级提供根本动力。

可以预见，在这三大"新常态"的引领下，中国经济运行和经济发展的诸多方面，都将呈现新的情况和新的特点。大致来看，以下七个方面需要引起高度重视并加以深入研究。

第一，新常态下内外联动、协同发展的区域经济发展新格局。在区域经济发展方面，"丝绸之路经济带"和 21 世纪"海上丝绸之路"建设、京津冀协同发展、长江经济带以及上海自由贸易试验区建设等一系列全新的战略构想和战略举措的提出和实施，为传统区域经济发展和开放型经济新体制的理论和实践赋予了全新的内涵，集中反映了内外联动，协同发展的战略思想。上述战略从点到线再到面，从陆上到海上再到海外，从沿海到内陆再到沿边，大开大阖，但形散神不散，实质上贯穿其中的一条主线是以"国内外联动、区域间协同、外部协同与内部协同并重"理念为统领，打破单纯的行政区划甚至国界限制，把区域经济规划扩大到跨市跨省乃至跨国，力图使生产要素在一个摆脱行政区划束缚的、更大的区间进行流动和组合。

第二，新常态下物价水平的变动态势。毫无疑问，短期而言，中国经济面临的主要问题是经济增速持续放缓，结构性通缩迹象仍在加剧，特别是工业品通缩已经持续长达五十多个月。中长期推升物价的因素是多方面的：就国内而言，劳动力成本缓慢爬升、资源性产品价格改革渐次展开、前期国内货币的天量投放、城镇化战略快速推进、对生态环境的保护和治理等因素，都将使物价总体上呈逐步走高之势。国际因素主要是国际流动性泛滥的滞后影响和主要发达经济体的温和复苏。

第三，新常态下体制改革的难点、重点。当前，一些主要的改革领域所遇到的阻力或风险，和宏观经济处于经济增速换挡期、结构调整阵痛期、前期刺激政策消化期这"三期"叠加交织在一起，使得改革所面临的挑战尤其艰巨。因此，未来如何平衡促改革和稳增长的关系是关键。全面深化改革需要考虑每项改革对宏观经济的影响，统筹安排各项改革的节奏、力度、顺序及其彼此间的配合，对经济具有扩张性的改革措施先行，对经济具有紧缩性的改革措施缓行，尽量减少和缓和改革对宏观经济的短期不利冲击。

第四，新常态下的对外开放。当前国内改革已进入攻坚克难阶段，通过进一步深化对外开放，引入外部动力，有助于打破当前国内改革步伐趋缓的局面。未来我国对外开放还有广阔的空间，开放的制度红利仍是推动国内经济改革和转型升级的强大动力。

第五，新常态下环环相扣、相互影响的各类隐性及显性风险。传统制造业产能普遍过剩，企业经营困难；地方融资平台贷款和影子银行快速扩张所导致的信用违约风险不断提高，流动性错配严重，企业融资难、融资贵；房地产调控长效机制还未建立，房地产市场风险如何平稳化解、房地产去库存进度如何尚存变数；国际经济环境及政策变化、国际资本市场波动、国际贸易保护主义抬头、对外投资壁垒将长期困扰中国经济。除了上述市场普遍关注的显性风险源外，2015年以来，随着中国经济进入新常态，国内各项改革滞后叠加经济下行压力持续加大的风险，国内资本市场的异常波动及其后续负面影响，美国加息所引发的国际资本流动逆转、国际金融市场动荡加剧及国际政策协调风险，长期被排除在TPP之外的风险，国际大宗商品陷入中长期低迷的风险等，这些潜在的风险是否会持续暴露，成为各方的担忧所在，也给国内经济社会发展增添了新的不确定性。

第六，新常态下以生态文明建设和绿色化发展为核心和统领的可持续发展状况评估。从可持续发展"既能满足当代人的需要，又不对后代人满足其需要的能力构成危害的发展"的基本内涵出发，要求我们必须把生态文明建设的总体目标作为实现可持续发展的统领，把"绿色化"发展作为生态文明建设和可持续发展的具体道路和基本途径，实现"绿色化"生产、"绿色化"消费和"绿色化"思维。未来在中国特色的总体道路中，要把生态文明建设、可持续发展的理念和举措，全面融入政治、经济、社会和文化建设的各个方面和各个过程中，协同推进新型工业化、城镇化、信息化、农业现代化和绿色化，全面推动国土空间开发格局优化、加快技术创新和结构调整、促进资源节约循环高效利用、加大自然生态系统和环境保护力度等重点工作，努力在重要领域和关键环节取得突破，切实把生态文明建设工作抓紧抓好，让良好的生态环境成为人民生活质量的增长点，成为展现我国良好形象的发力点。

第七，新常态下宏观调控理念和思路的转变与创新。宏观调控应坚持"中线思维，区间管理"，对经济增长、失业率和通货膨胀等分别设置过热和过冷的区间预警指标，每年所确定的经济运行预期目标应该被看作是调控的中线，而非"底线"或"下限"，并在每一个年度进行适当微调。只要经济在目标区间内运行，没有触及"上限"和"下限"，就应保持政策稳定，保持战略定力，不应为经济一时波动而采取短期的强刺激政策，提高对增速放缓的容忍度。这样围绕中线进行调控，会给市场主体更加明确的预期，会使经济运行的合理区间更富弹性，使调控更加主动灵活，上下都有回旋余地。

第三节　中国经济发展"新常态"的基本内涵

我国经济发展开始进入新阶段的实质是推进经济转型升级，宁可主动将增长速度降下一些，也要从根本上解决经济长远发展的问题，放弃唯GDP论，把提高增长质量和可持续发展能力放在第一位，推动经济发展从主要依靠低端要素驱动向创新驱动转变，努力创造产品附加值高、发展质量好、能够支撑人民收入与经济同步增长的发展模式。

一　经济发展体制的转变：市场在资源配置中起决定性作用

我国经济发展新阶段注重经济发展体制的转变。我国经济发展体制大体上经历了两次转型：第一次发生在新中国成立初期，从一种半统制半市场经济转变为计划经济；第二次发生在改革开放之后，由计划经济转变为社会主义市场经济。这两次转型对中国经济的发展都产生了重大影响。党的十八届三中全会提出：紧紧围绕使市场在资源配置中起决定性作用深化经济体制改革，推动经济更有效率、更加公平、更可持续发展。十八届三中全会的决定标志着我国正在开启经济发展体制的第三次转型：市场将在资源配置中起决定性作用。党的十八届三中全会将市场在资源配置中起基础性作用修改为起决定性作用，虽然只有两字之差，但对市场作用是一个全新的定位。经过20多年的实践，我国社会主义市场经济体制不断发展，但仍然存在不少问题，仍然存在不少束缚市场主体活力、阻碍市场和价值规律充分发挥作用的弊端。这些问题不解决好，完善的社会主义市场经济体制是难以形成的，转变发展方式、调整经济结构也是难以推进的。为此，我国要坚持社会主义市场经济改革方向，从广度和深度上推进市场化改革，减少政府对资源的直接配置，减少政府对微观经济活动的直接干预，加快建设统一开放、竞争有序的市场体系，建立公平开放透明的市场规则，把市场机制能有效调节的经济活动交给市场，把政府不该管的事交给市场，让市场在所有能够发挥作用的领域都充分发挥作用，推动资源配置实现效益最大化和效率最优化，让企业和个人有更多活力和更大空间去发展经济、创造财富。

经济发展体制转变的核心问题是处理好政府和市场的关系，使市场在资源配置中起决定性作用，更好地发挥政府的作用。提出使市场在资源配置中起决定性作用，是我们党对中国特色社会主义建设规律认识的一个新突破，是马克思主义中国化的一个新成果，标志着社会主义市场经济发展进入了一个新阶段。准确定位和把握使市场在资源配置中起决定性作用和更好地发挥政府的作用，必须正确认识市场和政府的关系。政府和市场既各具优势，又存在各自的局限性，只有在各自具有比较优势的领域发挥作用才能实现经济升级。政府要加强顶层设计，提供更好的制度安排，保证各种所有制经济依法平等使用生产要素、公平参与市场竞争；要加快转变政府职能，从直接组织资源配置、抓招商引资和项目建设转向主要负责社会公共服务和社会管理，在提供公共产品的领域充分发挥作用，创造更好的环境，为企业提供透明公正的法律法规、政策环境和高效的执法维权服务，为居民提供基本生存保障，降低各种经济主体开展经济活动的进入门槛和交易成本。同时，要更好地发挥市场配置资源和发现有效率经济组织的功能，激发各类经济主体的活力。还应充分利用市场集体学习的机制，为参与经济的所有角色提供一个通过试错方式不断学习、不断挖掘现有机会并开创新机会的平台。

经济发展体制转变的关键是不断完善社会主义市场经济体制。改革开放30多年的经验表明，经济持续发展需要建立一个更加完善的社会主义市场经济体制，着力激发各类市场主体的新活力。1992年党的十四大报告提出了建立社会主义市场经济体制的改革目标，明确了改革的方向。1993年党的十四届三中全会通过了《中共中央关于建立社会主义市场经济体制若干问题的决定》，推出了建立社会主义市场经济体制的总体方案。社会主义市场经济体制改革之所以能取得如此巨大的成就，与十四大和十四届三中全会做出的比较完善的顶层设计密切相关。20多年来，我国的社会主义市场经济体制不断完善，在促进经济发展中发挥了巨大作用，但仍有许多不完善和需要改进的地方。经济发展体制转变要注重顶层设计，要减少事前审批和行业进入壁垒，以方便和鼓励企业进入市场和新兴领域；要加快完成新一轮政府机构改革，以立法的形式确定政府在经济上的行动范围，以保证市场经济体制的长期稳定；要在土地制度、户籍制度等重要领域和关键环节进行突破，逐步剥离户口所附着的福利功能，恢复户籍制度的原有功能，深化土地管理制度改革，建立农村集体土地流转市场，释放城镇化巨量内需；要加强法制建设，从事后惩罚着手，惩治社会主义市场经济的违规者，建立公平、公正的市场。

二　经济发展动力的转变：形成促进发展的新动力

我国经济发展新阶段注重经济发展动力的转变。经济发展动力的转变是要立足于改变传统的经济发展动力，把改革的红利、内需的潜力、开放的推力、区域的合力等因素叠加起来，形成经济发展的新动力。

一是创造新的改革红利。通过深化改革创造类似于自由贸易区、"营改增"等制度优势，激发市场主体的活力，并转化为促进经济内生发展的新动力。

二是释放内需的潜力。牢牢把握扩大内需这一战略基点，加快制订科学有效的收入倍增计划，积极推进新型城镇化建设，完善教育、医疗、住房等公共服务保障机制，建立扩大消费需求的长效机制，充分释放居民消费潜力和城镇化蕴含的需求潜力，形成拉动经济发展的内在动力。

三是形成开放的推力。实行更加积极主动的开放战略，积极扩大自由贸易区的试点范围，加快推进向西开放和向北开放，积极参与跨太平洋伙伴关系协议、服务贸易协定等新自由贸易协定的谈判，加快促成区域全面经济伙伴关系协定（RCEP）、亚太自贸区（FTAAP），推动开放型经济发展，以开放倒逼改革，形成促进经济升级的新动力。

四是发挥区域的合力。深度挖掘区域经济发展不平衡的潜力，充分发挥各地区的比较优势，重点推进环渤海地区、长江中游流域、淮河流域、中西部地区和东北老工业基地的发展，积极打造京津冀、成渝等城市群，形成新的经济增长极；加快完善城乡发展一体化体制机制，着力在城乡规划、基础设施、公共服务等方面推进一体化，增强农村经济发展的活力，逐步缩小城乡差距，促进城乡共同繁荣。

三　经济发展模式的转变：创新驱动发展

我国经济发展新阶段注重经济发展模式的转变。经济发展模式的转变是要由改变经济发展对要素驱动、投资驱动的过度依赖，转向通过技术进步来提高劳动生产率的创新驱动，不断提高科技创新对经济增长的贡献率，培育世界知名的企业和品牌，形成促进经济发展的新模式。

一是强化创新驱动。积极实施国家科技重大专项，突破重大技术瓶颈，为企业创新提供技术支撑。着力构建以企业为主体、市场为导向、产学研相结合的技术创新体系，提高科学研究水平和成果转化能力，加快新技术、新产品、新工艺的研发应用。完善创新机制，着力完善创新项目激励机制、创新合作扶持机制、创新风险分担机制，鼓励创新型人才向企业集聚，鼓励组建多样化的战略技术联盟，实现企业创新优势互补，构建以风险投资为核心的股权投资体系，以金融创新支持技术创新。

二是形成新的人口红利。深化教育领域的综合改革，全面实施素质教育，加强职业教育和技能培训，推动中国加快形成大批专业人才和高技术人才，充分发挥人才在方式升级中"第一资源"的作用，不断提高全要素生产率和科技创新对经济增长的贡献率，以劳动者素质的提高和劳动生产率的提高促进商品和服务价值的提升。

三是向产业链高端环节转移。强化供给管理，在商品市场的基础上形成创意市场，充分激发社会创新的活力，在战略性新兴产业中构筑先发优势，推动生产性服务业发展壮大，促进制造业向产业中高端环节延伸，增加产品和服务的有效供给，进而扩大消费需求。

四是培育世界知名企业和品牌。制定培育世界知名企业和品牌的中长期规划，有选择地扶持一批享有一定知名度、具有一定竞争优势和潜质的本土骨干企业实施国际化战略；鼓励加强技术集成和商业模式创新，促进创新资源向优秀企业聚集。

四　经济发展目标的转变：坚持以人为本

经济发展目标的转变是要放弃唯 GDP 论，设定增长的上限和下限，真正做到以人为本，突出解决好教育、就业、社保等人民群众最关心、最直接、最现实的利益问题，促进就业、收入、公共服务共享、环境保护和资源节约有新提升，促进社会公平公正，实现人民生活水平的显著提升，保障人民共享发展成果。

一是扩大就业机会。实施更加积极的就业政策，健全人力资源市场，鼓励多渠道、多形式就业，促进创业带动就业，完善就业服务体系，大力发展服务业，提高服务业在国民经济中的比重，提供更多更好的就业机会，不断提高就业率和提升就业质量。

二是增加居民收入。深化收入分配制度改革，努力实现居民收入增长和经济发展同步、劳动报酬增长和劳动生产率提高同步，提高居民收入在国民收入分配中的比重，提高劳动报酬在初次分配中的比重，实现"十八大"提出的到 2020 年城乡居民人均收入比 2010 年翻一番的目标。

三是建设友好的生态环境。推动能源生产和消费革命，支持节能低碳产业和新能源、可再生能源的发展，加强节能降耗，控制能源消费总量，深化资源性产品价格和税费改革，建立反映市场供求和资源稀缺程度、体现生态价值和代际补偿的资源有偿使用制度和生态补偿制度，健全生态环境保护责任追究制度和环境损害赔偿制度，实现绿色发展，让人民群众呼吸洁净空气、喝干净水、吃安全食品。

四是实现基本公共服务均等化。切实抓好基本公共服务均等化的综合改革工作，大力促进教育公平，合理配置教育资源，健全全民医保体系，建立重特大疾病保障和救助机制，整合城乡居民基本养老保险和基本医疗保险制度，健全社会福利制度，建立市场配置和政府保障相结合的住房制度，逐步建立与经济发展水平相适应的基本公共服务保障体系，加快缩小区域和群体之间的差距。

第二章　增速换挡新常态

由于规模的增大及发展方式的转变，未来中国经济长期保持两位数的高速增长将不会是常态，开始进入年均6%～8%中高速增长"换档期"，将是一个大概率事件，这是一个经济体达到中等收入之后的普遍规律，对此应"保持战略上的平常心态"。与此同时，今后新增劳动人口的增长率将趋于下降，特别是，约占每年新增劳动力供应一半的高校毕业生就业规模庞大，摩擦性失业和结构性失业将长期存在。因此，中国经济新常态首要的和最为显著的一个特征就是：经济增速换挡回落、就业市场持续偏紧将成为常态。

第一节　中国经济减速换挡的中长期视角

一　1978年以来中国经济增长波动的历史回顾

我们先从历史和现实的角度，对改革开放30多年来的经济运行情况做一简要回顾。

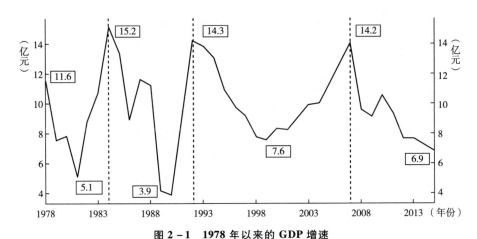

图2-1　1978年以来的GDP增速

资料来源：Wind资讯。

观察改革开放至今 30 多年来经济增长率的波动，我国经济大致经历了三个完整的回落与上升的周期，并且均呈现大致的"V"字形态，以及半个周期即 2007 年以来见顶回落后在逐渐探底，至今尚未结束。

1. 1978～1984 年。这一轮周期的波峰是 1978 年的 11.6%，波谷是 1981 年的 5.1%，其中，下降年份 3 年，下降幅度 6.5 个百分点；上升年份 3 年，上升幅度 10.1 个百分点。

2. 1984～1992 年。这一轮周期的波峰是 1984 年的 15.2%，波谷是 1990 年的 3.9%，其中，下降年份 6 年，下降幅度 11.3 个百分点；上升年份两年，上升幅度 10.4 个百分点。这一阶段的下行和上升幅度之大均创历史记录，大起大落的特征明显，显示出十分的不稳定性。

3. 1992～2007 年。这一轮周期的波峰是 1992 年的 14.3%，波谷是 1999 年的 7.6%，其中，下降年份 7 年，下降幅度 6.7 个百分点；上升年份 8 年，上升幅度 6.6 个百分点。这一轮周期历时最长，达 15 年，但下降和上升的幅度均较以往大为收敛，稳定性有所增强。

4. 2007 年至今。这一轮周期迄今已运行了 8 年，波峰是 2007 年的 14.2%，波谷似乎还未真正探明，2014 年实现 7.4%，2015 年继续下行至 6.9%。此轮下行已整整 8 年，是四次回落中历时最长的一次，下降幅度为 7.2 个百分点，仅次于第二次回落。尽管这次下降幅度并非最大，但持续时间最长，而且这次下行还在进行中，且 2015 年的年度增速 6.9% 已创出自 1991 年以来的新低。这一轮周期显示：中国经济正处于向新常态时期的过渡阶段，经济增长正从高速向中高速换挡减速。

二　1978～2007 年中国经济高速增长的动力

改革开放前 30 年，即 1978～2007 年，中国经济之所以能够以接近 10% 的平均速度快速增长，其增长动力主要源自以下五个方面。[①]

1. 劳动力数量不断增长和结构变化所释放的巨大人口红利

过去 30 多年中，因我国实行了极为严格的计划生育政策，劳动年龄人口（15～64 岁）占整个社会总人口数量的比率不断上升，降低了被抚养人口的占比，增加了总人口中的劳动力数量，由此推动了经济增长。另外，大规模的农业转移人口流动到东部沿海等发达地区，转移到劳动生产

---

① 张明：《探寻中国经济的中长期增长动力》，2015 年 6 月演讲。

率较高的制造业，又由于中国农村人口的平均生活水平显著低于城市，这就使得上述劳动力的流动压低了城市的平均工资水平，使中国获得了发展制造业的低成本劳动力的比较优势。特别是，2001 年中国加入 WTO 之后，廉价劳动力成本与世界市场相结合，外向型经济得到飞速发展，使得中国迅速成为全球工厂。人口数量和人口结构的深刻变化，加快了我国工业化的进程，成为我国改革开放 30 多年来创造经济增长奇迹的重要原因。

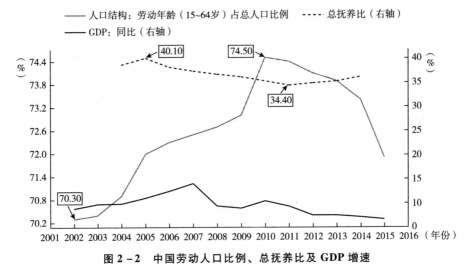

图 2 - 2　中国劳动人口比例、总抚养比及 GDP 增速

资料来源：Wind 资讯。

2. 家庭教育的较高支出所带来的人力资本快速积累

过去 30 多年内，中国的经济社会处于快速而又深刻的大变动之中，被压抑了许久的各种力量都在寻找释放的出口。在这一段时期内，中国社会各阶层之间的流动性相对 1978 年之前变得很强劲，每一个个体都有很多机会且可能通过自身的努力完成阶层的跃迁。因此，广大的中低收入阶层愿意将相当多的钱投资在子女的教育上，无论是城市还是农村，一个普通家庭的孩子只要考上大学，就很可能从草根阶层进入城市的中上阶层，甚至可以带动一家人进城，从而改变整个家庭的命运。用经济学术语来讲，就是人力资本投资的潜在回报率很高，这就使人力资本积累速度变得较快，从而实现较快的经济增长速度。并且，这一经济逻辑的背后，还有千百年来我们这个社会"尊师重教""望子成龙""望女成凤"的强大而深厚的文化传统和文化基因。

3. 庞大的市场需求和高投资率所带来的快速实物资本积累

过去 30 多年，中国是一个典型的投资驱动型的经济体。固定资产投资增速很快，是因为有庞大的市场需求带来的高投资收益率和高储蓄率带来的高投资率，这两方面因素使得我国的实物资本积累得以快速完成。改革开放极大地释放了社会生产力，也创造了巨大的市场需求，二者互为因果，导致固定资产投资始终有利可图。同时，中国改革开放的前 30 年，正赶上战后世界经济增长的黄金时期，外部市场的强劲需求也助力了中国经济的快速增长。造成中国实物资本积累比较快的另外一个原因，是当时企业的融资成本较低。其背后的经济学逻辑是：劳动力数量的不断增长必然使净储蓄者的比重不断增加、净消费者的比重不断下降，从而使得包括家庭、企业以及政府在内的国民储蓄率不断提高，较高的储蓄率得以支撑较高的投资率，从而抑制了融资成本的上升。

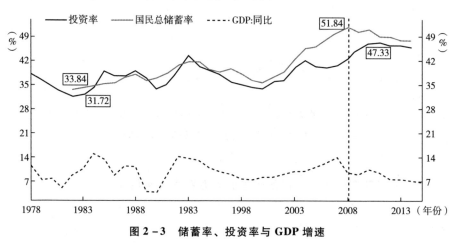

图 2 - 3   储蓄率、投资率与 GDP 增速

资料来源：Wind 资讯。

4. 后发优势带来的技术快速进步和全要素生产率增速的提高

改革开放伊始，中国作为一个较为落后的发展中国家，与发达国家有着极为明显的技术落差，较低的技术水平使我们可以引进、消化、吸收、改良国外的先进技术，并在此基础上形成自己的技术，借机实现技术升级。总之，明显而巨大的后发优势，使我们的技术进步速度较快，加之一系列重大的制度创新，使得过去 30 年间全要素生产率的增速较快，从而不断提升资源配置的效率，促进经济快速成长。

5. 以改革开放为标志的一系列重大制度变迁和制度创新所释放的巨大制度红利

改革开放是一场史无前例的创举，是对生产关系和上层建筑的重大调整，是通过经济制度的整体再造，解放和发展生产力，重新塑造增长动力，充分释放人民群众创造财富的积极性和创造性的探索。从农村的联产承包责任制改革和城市的放权让利改革，到社会主义市场经济体制改革，再到中国加入WTO，直至十八届三中全会所通过的全面深化改革的决定，无一不是打破生产关系和上层建筑中一切阻碍生产力发展的桎梏，成功实现从高度集中的计划经济体制向充满活力的社会主义市场经济体制的伟大历史转变，释放了经济制度变革创造的巨大能量。通过改革开放，中国抓住了战后世界范围内这一次难能可贵的重要战略机遇期，初步形成了统一、竞争、开放、有序的多层次现代市场体系，有步骤、分阶段地推进计划、投资、财税、金融、国有企业、立法体制改革，推动科技、教育、农村、政府机构和行政管理体制改革，逐步形成了适应经济全球化的对外开放体制和格局，成功实现了从封闭、半封闭型经济向全方位开放型经济的伟大历史转变，从总体上为中国在战略机遇期加快发展赢得了良好的外部环境，保持了经济社会发展的强大动力和活力。

三　2008年以来中国经济下行中的若干亮点

2008年以来，中国经济在国内外复杂环境下，经济增速持续放缓，整体下行压力不断增大。基本可以判断，中国经济已进入"增长速度换挡期"。但是从新常态的视角看，我国经济实际上正在发生着一系列重大而深刻的变化。特别是自2012年以来，经济增速下行幅度不断收敛，2012～2015年的经济增速分别为：7.7%、7.7%、7.4%和6.9%，经济运行呈现稳中趋缓、稳中有进、稳中有为的良好态势，其特点主要表现在以下几个方面。

一是产业结构在孕育着新的突破。一方面，2015年，第三产业增加值占国内生产总值的比重为50.5%，比2014年提高2.3个百分点，高于第二产业10个百分点，这是继2013年第三产业增加值比重第一次超过第二产业以来，继续延续上升的趋势。另一方面，第二产业内部结构调整也在加快，新产业、新业态、新产品继续保持较快的增长速度，而且整个经济向中高端迈进的态势非常明显。

二是城乡收入差距继续缩小。2015年，全国居民人均可支配收入为

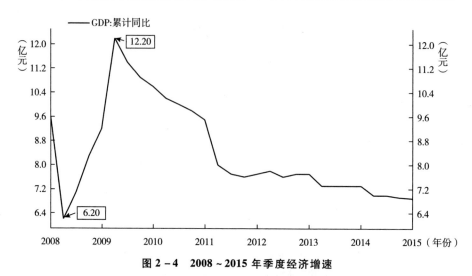

图 2 - 4　2008～2015 年季度经济增速

资料来源：Wind 资讯。

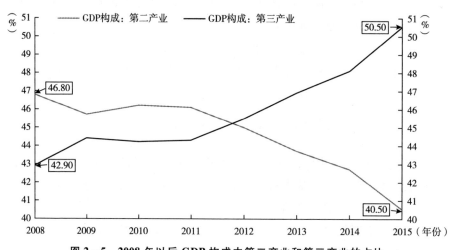

图 2 - 5　2008 年以后 GDP 构成中第二产业和第三产业的占比

资料来源：Wind 资讯。

21966 元，扣除价格因素实际增长 7.4%，增长速度比 GDP 增速高 0.5 个百分点，居民收入在国民经济分配中的占比进一步提高。城乡居民收入的差距继续缩小，全国城镇居民人均可支配收入为 31195 元，实际增长 6.6%；农村居民人均可支配收入为 11422 元，实际增长 7.5%。

三是中国制造业采购经理指数（PMI）和中国非制造业商务活动指数总体仍较为平稳。2015 年 12 月，PMI 为 49.7%，在 2015 年 1 月和 2 月短暂跌破 50% 之后，连续五个月缓慢上升，但自同年 8 月起又连续两个月跌

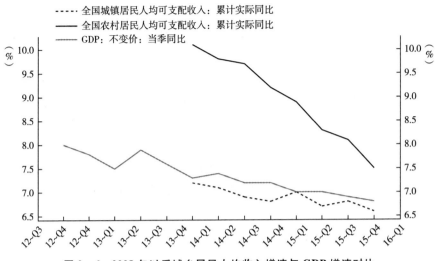

图 2 - 6　2008 年以后城乡居民人均收入增速与 GDP 增速对比

资料来源：Wind 资讯。

破 50% 临界点，表明我国制造业运行尚未完全企稳，增长动力仍显不足。2015 年 12 月，中国非制造业商务活动指数为 54.4%，高于临界点 4.4 个百分点，也稍有下滑，表明非制造业总体活跃程度也有所放缓。

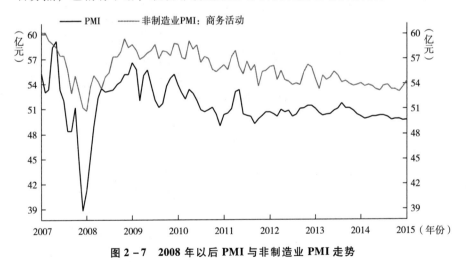

图 2 - 7　2008 年以后 PMI 与非制造业 PMI 走势

资料来源：Wind 资讯。

　　四是资源环境成本的消耗有所减少。经济发展方式由过度依赖资源消耗的粗放式发展方式向集约型发展方式转变的态势比较明显。2015 年，单位 GDP 能耗同比下降 5.6%。这些变化都是经济运行中的突出亮点，也是经济发展进入新常态以后结构调整转型升级表现出来的一种新的发展趋势，经济结构在持续改善，增长的质量和效益有所提高，经济增长内生的新动力有所集聚。

此外，在经济增速持续下行的同时，我国就业形势保持总体稳定。2015年我国经济增速回落，但并未影响就业市场的相对稳定。年末全国就业人员77451万人，比上年末增加198万人，其中城镇就业人员40410万人，比上年末增加1100万人。2014年年末城镇登记失业率为4.1%，比2013年年末城镇登记失业率4.05%略高一点，2015年前三季度城镇登记失业率为4.05%。2015年9月，调查失业率为5.2%，较前几个月略有上升。

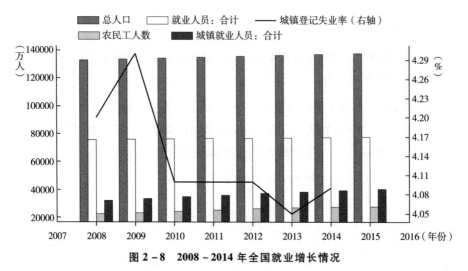

图2-8　2008~2014年全国就业增长情况

资料来源：Wind资讯。

2014年以来，我国就业市场呈现如下特点。

一是第三产业吸纳劳动力的能力不断增强。第三产业投资增长较快，吸纳就业人数较多，发挥了就业"吸纳器"和"稳定器"的作用。尤其是一些劳动密集型的现代服务业增加就业的作用非常明显。2015年，我国第三产业的同比增长速度高于第一产业、第二产业的增速，有力地带动了就业。2015年的情况显示，现代服务业发展最快的是物流、快递等劳动力需求较多的行业，未来信息、金融等行业的劳动力需求也将越来越多。

二是我国劳动力市场供求关系发生了新的变化。近两年，我国15~64岁的劳动力资源的数量，不只是比重在下降，而且绝对量也在减少。2008~2015年，15~64岁的劳动力资源数量分别为9.65亿人、9.74亿人、9.99亿人、

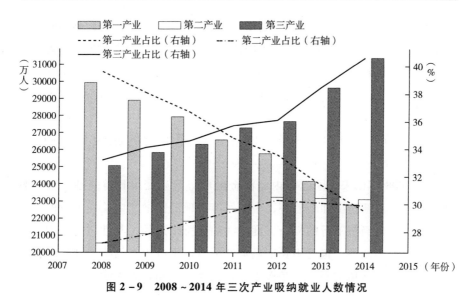

图 2 - 9　2008～2014 年三次产业吸纳就业人数情况

资料来源：Wind 资讯。

10.02 亿人、10.03 亿人、10.06 亿人、10.04 亿人、9.88 亿人。其中，2014 年比 2013 年减少了 145 万人，2015 年比 2014 年减少了 1576 万人。这意味着从供给的角度来讲，劳动力资源结构正在发生深刻的变化，就业的压力不断缓解。就业形势总体稳定并转向趋好，是我国经济到了新的发展阶段表现出来

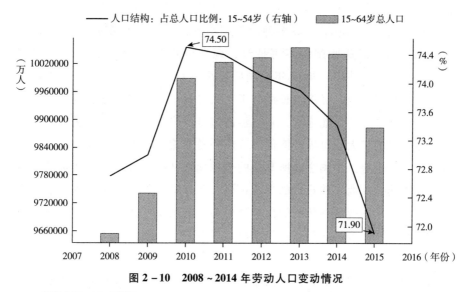

图 2 - 10　2008～2014 年劳动人口变动情况

资料来源：Wind 资讯。

的一种新常态，因为劳动力结构的变化会直接推动经济结构的调整和发展方式的转型。从这个角度来看，尽管经济持续下滑对就业带来一定的压力，但是考虑到供求结构、产业结构这些深刻的变化，整个经济对就业的承载能力是在加强的，对承受失业压力的弹性是在增加的，就业形势将不断改善。

第二节　2008 年以来中国经济增速下行的原因与性质

自 2008 年以来，国际国内经济金融形势开始变得日益复杂，且面临许多新特征、新情况和新趋势，中国经济呈现潜在增速中长期下行的明显态势。这一轮经济下行的复杂程度是我们前所未遇的，其性质与原因，既有短期周期性调整，也有中长期趋势性下滑，更有内在结构性缺陷、体制性痼疾和资源环境的制约，是多重因素相互交织和叠加的结果。

一　周期性调整是促使经济增速不断回调的直接原因

从短期周期性调整来看，拉动本轮经济潜在增长率下行的主要因素是，我国宏观政策在经历了四万亿元大规模刺激计划之后，逐步走上了主动退出和主动收缩之路。故而从投资来看，一方面主动调整使内需中的基础设施投资和房地产投资出现明显减速，另一方面过剩产能的巨大压力也使得制造业投资不断萎缩，进而带动固定资产投资快速下行。从消费来看，在国家采取家电下乡等多种政策刺激下，消费对 GDP 的贡献率曾经达到 62.7%，但这些刺激不可持续，现在消费对 GDP 的贡献率又回到 50% 左右。再看外需，2008 年的国际金融危机使主要发达经济体负债消费的模式难以为继，经济将长期处于"去杠杆化"状态，增长乏力，并时时伴随衰退之忧。受此拖累，新兴经济体也普遍放缓了增长步伐，并伴随着金融风险的扩大。世界经济低迷造成外需萎缩，严重影响着中国经济的现状与发展走势。中国之前所享受的全球化红利日渐衰退，全球贸易再平衡正在加速，外商直接投资的退潮也已拉开序幕，外部市场的收缩也加剧了短期总需求的疲弱，传统的出口导向型经济增长方式不仅不可持续，而且连现状也难以维持。最近几年净出口对 GDP 的贡献一直在 2% 以下，基本已成常态。

总之，从中长期趋势性下滑来看，中国经济已经出现越来越明显的阶段性变化，潜在增长率放缓，正在告别过去的两位数的高增长阶段，正在

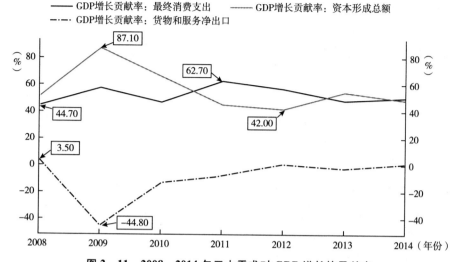

图2-11　2008～2014年三大需求对GDP增长的贡献率

资料来源：Wind资讯。

步入6%～8%的中高速增长阶段。这表明经济增长的传统动力在逐步衰减，并导致潜在经济增速出现中长期下行。

二　结构性因素是经济增速减缓的根本原因

除上述周期性因素可以解释经济放缓的部分原因之外，2008年以来这一轮阶段性的增速下行，有着更为深层次的因素，是周期性因素和结构性因素的相互叠加，而且结构性因素或者说供给侧的因素在这一轮经济下行中占据主导地位。

古典主义和新古典主义学派认为，劳动、资本、土地等要素供给投入量的增加是经济增长的动力源泉。熊彼特、卢卡斯等人又将创新、技术进步等因素纳入经济增长的供给面来分析。即从供给视角看，观察推动经济增长的劳动力供给、资本投入、技术创新、制度变革等要素，综合物价和就业、投资等因素判断，目前经济增长速度已经进入趋势性减速和回落区间，潜在增长率在逐渐下降、缓慢地下台阶，经济增长的传统动力在逐步衰减。特别是，在找到新一轮增长点和新的技术革命出现之前，潜在产出水平的下降、经济增速的放缓在很大程度上是趋势性的，难以避免。

第一，从产业结构来看，资源配置效率在不断下降。当前，多个行业比较严重的产能过剩问题表明制造业经历迅猛的扩张后已基本饱和，制造业的生产要素向服务业的转移、服务业比重的提高是大势所趋。就理论而言，服务业的平均劳动生产率相较制造业的劳动生产率还是处于劣势，特别是我们的服务业大都还处于低端。在这种情况下，如果服务业的生产率没有明显提升的话，劳动力从制造业向服务业的转移和流动便意味着劳动生产率的下降，随着这种转移的加快，将会导致经济增长率的下降。2013年开始，我国服务业比重首次超过制造业，意味着我们正经历着经济的成熟阶段，意味着经济增长速度自然会下降。

第二，从要素结构来看，要素供给效率在不断下降。一方面，我国劳动年龄人口总量减少，劳动力要素供给减弱，我国的"刘易斯拐点"正在加速到来，传统的劳动力红利正在衰减。如前所述，2014年，我国15～64岁劳动年龄人口开始出现绝对下降，比2013年减少了145万人，这意味着我国人口红利消失的拐点已在2014年出现。2015年我国劳动年龄人口（15～64岁）已减少到9.88亿人，占总人口的比重更减少到71.9%，这一比重已连续五年呈明显下降的趋势。这就意味着我国劳动力供需状况正在发生逆向转折，依赖"传统人口红利"支撑经济高速增长的模式已经难以为继。人口结构的恶化拉低潜在经济增速有三个主要渠道：拉低储蓄率，继续抬高国内的劳动力成本，拉低房价。当然，由于人口年龄结构变化的同时人口的素质结构也在变化，政府的人口政策也将加快调整步伐，这种人口结构的冲击是个缓慢的过程，并不会引发潜在增速的断崖式下行。

另一方面，高储蓄率和高投资率向下调整，资本要素供给正在下降。资本的供给来源于居民的储蓄。随着人口总量和结构的变化，我国正在加速进入老龄化社会，人口抚养比将会显著上升，这无疑将会更大程度地促使储蓄率向下调整。统计数据表明，我国储蓄率已由2008年最高点的51.84%逐步下降到2014年的47.96%，有明显向下调整的趋势。而储蓄率的下降意味着我国可用于投资的资金变少，潜在经济增长率将会下降，从而带动实际经济增长率的回落。总之，劳动投入增长率下降，资本投入增长率下降，技术进步还是不尽如人意，综合的结果就是，经济增长速度将不可避免地下降。

以上三个结构的变化，基本上确定了我国未来的增长格局，即开始从过去年均GDP接近10%的增长阶段进入中低水平的增长阶段，中国经济进入增速换挡的新常态。

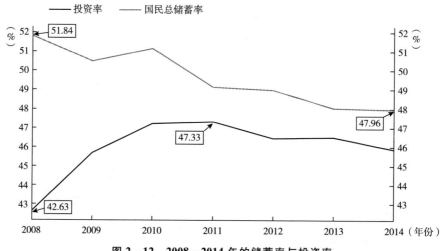

图 2-12 2008~2014 年的储蓄率与投资率

资料来源：Wind 资讯。

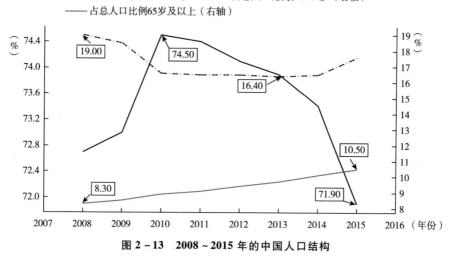

图 2-13 2008~2015 年的中国人口结构

资料来源：Wind 资讯。

三 体制性改革进展缓慢制约中长期经济增长

当前我国经济增速放缓，既与我国的发展阶段有关，也与我国的国情特点有关，但很关键的一点，还是与我国经济体制存在的严重缺陷有关。过去 30 多年中国经济高速增长的基础，就在于不断进行的重大制度创新。但遗憾的是，近 10 多年来，几乎没有进行意义重大的结构性改革，这造

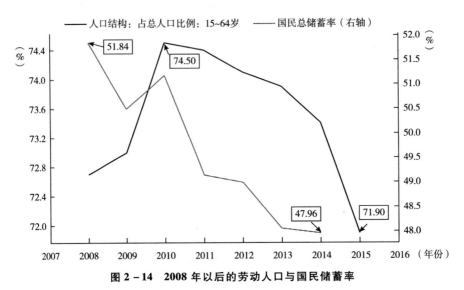

图 2 – 14   2008 年以后的劳动人口与国民储蓄率

资料来源：Wind 资讯。

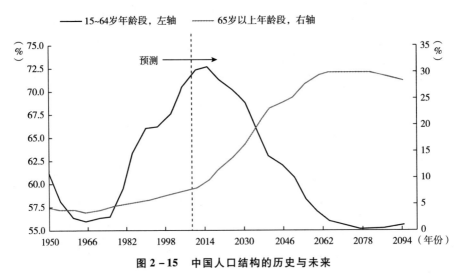

图 2 – 15   中国人口结构的历史与未来

资料来源：UN. HTI。

成制度创新比较缓慢，经济增长失去澎湃动力。未来如果再没有重大结构性改革，中国经济"硬着陆"的风险并非危言耸听。

　　研究分析导致我国潜在经济增速放缓的多方面体制性因素，可以发现，经济下行压力不断加大不是由某个单一的体制性因素造成的，而是由多个体制性因素共同作用的结果。更为复杂的是，当前经济发展面临的日益突出的不平衡、不协调、不可持续性问题，与导致它们的体制机制痼疾

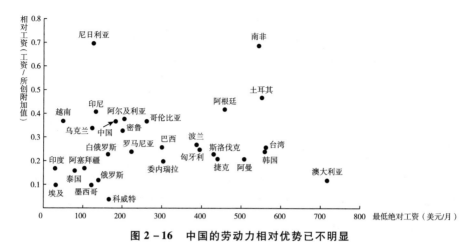

图 2 - 16 中国的劳动力相对优势已不明显

资料来源：世界银行，民生证券研究院。

以及上述结构性问题相互缠绕、交织在一起，错综复杂，使得稳增长、调结构、促改革等的实现任重而道远。因此，要解决当前及今后经济增速不断下行这一突出问题，最重要的，就是要准确把握这些潜在的深层次体制性根源，深刻分析其影响的路径，找到关键环节，进行重点突破。

仔细梳理下来，在战略谋划特别是顶层设计方面，以及收入分配、财税、金融、资源环境、社会保障、国有企业、政府职能转变、对外开放等经济社会发展的重点领域和关键环节，都存在大量深层次的或严重滞后的体制机制性障碍。

第一，战略谋划和顶层设计能力面临体制障碍。尚未形成与大国地位相匹配的智力支撑体系，跨部门利益和行政任期的高层级顶层设计机构虽已初步建立，但其战略谋划和顶层设计能力尚有待进一步提升，还不能完全适应我国从经济大国迈向经济强国的需要。

第二，国民收入初次分配不合理，居民住房、医疗和教育支出过高，要素报酬分配不合理，反垄断不力，对低收入者和小企业惠顾不足，寻租腐败等灰色收入盛行，个人所得税双向调节功能严重缺失。

第三，财税体制改革滞后。预算编制、执行与审查之间尚未建立有效的分权和制衡机制，中央与地方财权事权不对等的问题突出，针对此类问题的改革尚未真正破题，财政支出过多侧重于经济领域，税制和税收结构不合理。

第四，金融体制改革滞后。金融市场准入门槛依然过高，银行业市场仍处于国有大银行垄断状态，市场化、价格型货币政策调控框架尚未完全建立，汇率利率形成机制僵化，金融监管能力特别是适应于混业经营实践的监管能力薄弱，目前"一行三会"的分业监管体制暴露出来的问题越来越突出，2015年年中爆发的世所罕见的"股灾"即是明显一例。

第五，资源要素价格形成机制不完善。资源要素市场发育滞后，比价关系不合理，不能真正反映供求关系、稀缺程度、生态环境损害成本和社会承受能力，资源要素配置效率提高缓慢。

第六，微观主体的创新发展面临体制机制障碍。国有企业仍存在较为严重的行政化、官僚化和等级化色彩，缺乏有效的激励与约束机制，非公有制经济发展存在诸多体制机制制约。

第七，社会保障体制机制建设不到位。覆盖面较窄，保障水平在城乡、不同群体和地区间差异较大，财政投入水平仍较低，筹资模式单一，缺乏可持续性，社会保障公共服务能力滞后。

第八，政府职能转变仍显滞后。政府与市场边界还待进一步明确，职能越位、缺位和错位现象较为严重，以GDP为核心的考核机制导致官员政绩观和执政方式扭曲，行政决策和监督机制不完善。

第九，开放型经济新体制建设滞后。贸易政策不合理造成贸易结构失衡和外汇储备规模过大，企业走出去面临诸多限制，对全球治理参与不足限制了我国拓展国际发展空间的能力。

四　创新能力滞后所引致的全要素生产率增速下降对经济增长构成负面影响

劳动投入、资本形成、科技进步是实体经济发展的三个要素。改革开放以来，中国奇迹的出现靠的就是劳动和资本投入的不断增加以及科技的不断进步，但现在这三个要素供应效率都在下降。随着劳动和资本投入减少，经济增长就是要依靠全要素生产率的提高，来抵消要素投入增长的放缓。一般规律是，如果通过要素跨部门转移推动全要素生产率提高的速度放慢了，就更需要靠技术创新、科技进步来推动经济增长。现在的问题是，科技进步同样缓慢，科技创新能力滞后，中国的全要素生产率增速也开始悄然下降。

过去的30多年里，在技术上我们曾有很强的后发优势，我国企业通过引进、吸收、消化、再创新等方式，极大地提高了全要素生产率，有力地促进了经济增长。但是现在这一优势正日益消失。一方面，因为中国的技术在不断进步，距离国际先进技术的落差正日益缩小，技术引进的"外溢效应"正在减弱，提升全要素生产率的难度在加大。另一方面，中国已经成为经济总量排名第二的国家，其他国家对违反知识产权的做法不再是善意忽略，而是开始重视，中国想以比较低的成本从国外获得先进技术已经变得越来越难。

与发达经济体相比，中国的科技创新能力仍显滞后，很多因素导致我国无法继续在引进、模仿基础上进行创新，技术要素供给面临转型。面对世界范围内正酝酿着的第三次工业革命，其主要内容包括数字化、服务化、定制化、网络化等。这些技术潮流和前沿，大部分仍然被发达经济体所掌握和引领，我们在科技创新方面整体上是落后的，所以科技创新及其创新驱动已经成为中国经济发展的首要任务。

五　资源环境约束的持续增强对经济增长产生负外部性影响

改革开放以来，除劳动和资本以外，土地、能源等要素的大规模高强度投入，为经济的快速增长做出了重要贡献。但是我们也看到，长期以来，中国经济增长是资源能源耗费型的、环境不友好型的，伴随着土地资源、能源矿产资源、水资源及生态资源的消耗，资源环境约束不断加大，持续大范围雾霾的肆虐意味着环境承受力已接近临界点，也使经济增长越来越接近资源和环境条件的约束边界。近年来，我国经济发展面临的资源环境约束不断增强，资源消耗巨大，不少资源性产品如原油、铁矿石等对外依存度超过50%。污染问题日益突出，环境保护压力增大。在不得不向污染宣战的新形势下，粗放式高增长将受到很大程度的制约，这一增长方式的不可持续性已暴露无遗，传统的粗放型经济增长方式已难以为继。这些变化使得我国经济潜在增长率趋于下降，经济增长由高速向中高速"换挡"。

在各个地方政府的招商引资竞争中，低廉的地价始终是一个关键因素，这使得我国城镇建设用地规模成倍增加，土地的边际增量供给已消耗殆尽。统计数据显示，2014年我国城镇化建设用地面积是1978年的近6倍，而在"实行最严格的耕地保护制度"的新常态下，土地这一重要生产要素的供给无疑将会受到严重影响。同时，能源等资源的硬约束也在日益加剧。由于我国能源消耗速度持续快于生产速度，导致进口不断增加，能源对外依存度不断提高，对经济增长构成明显的制约。此外，环境的约束近年来更是极大地困扰中国经济。雾霾、饮用水污染、重金属超标等环境污染问题已经对生产形成硬约束。在传统的生产函数分析框架内，把环境污染作为一个重要因素纳入其中显然已非常必要，而且这个因素将作为负面影响存在，这也使劳动生产率下降，进而带动潜在经济增速下降。

综上所述，在考察经济增速持续下行的诸因素中，资源环境的约束日益加强，资源要素供给面临瓶颈，其对经济增长所产生的典型的负外部性影响已不容忽视。

六　中国经济增速换挡的性质：速度下台阶，质量上台阶

通过上面对影响中国经济增长的短期和中长期诸因素的分析不难看出，当前及今后一段时期我国经济增速的下行，是经济运行内在逻辑发展调整的结果，适度调整有利于中国经济持续健康地增长。新常态下中国经济增长从高速换挡至中高速，但是换挡而不失速，这种增长速度有别于以往的传统增长方式，是符合客观经济规律的增长，是世界范围内表现上乘的增长，是去水分有质量可持续的增长。

第一，符合客观经济规律。从一百多年来世界各国的发展历史看，经济从高速增长期向中高速平稳增长期过渡，是现代国家经济发展的普遍走向，具有规律性和必然性。近几年我国人口结构发生重大变化，劳动成本不断上升，储蓄率、投资率持续下降，因而潜在增长率出现下降难以避免。中国过去30多年持续高增长的时间比别的国家更长，速度比别的国家更高，因此，中国经济增长出现一定程度的放缓总体说是符合规律的，有它的客观必然性。但因为中国经济基数大，即使经济增长速度有所减缓，它所对应的经济增量仍是非常可观的。2015年中国国内生产总值（GDP）同比增长6.9%，对应经济增量大约是40798亿元人民币。

第二，在世界范围内表现上乘。有研究表明，[①] 根据对世界大型企业联合会（Conference Board）世界经济数据库中125个经济体的分析，有36个经济体以购买力平价计算的人均GDP达到1万国际元，且经历过3.5%以上的高增长。其中，有34个在高增长之后出现了显著减速（指任一时点之后7年平均增速比之前7年降低2个百分点以上），概率高达

---

① 宋立、孙学工、刘雪燕、李世刚：《"十三五"时期我国经济增速将保持7%左右》，《中国经济时报》2015年1月8日。

94.4%。这说明，高增长经济体经历一段时期的持续高速增长之后显著减速是世界性普遍现象。对比而言，考虑到我国经济已经有过长达30余年的近10%的年均增长，目前主流研究机构对未来10~20年中国经济潜在增长水平的预测大都超过5%，这在当今世界范围内仍属上乘。

第三，有质量去水分可持续。中国现阶段正在向新常态过渡，这个阶段应该是有质量、有效益的中高速增长，是从数量扩张转向质量提升的阶段。中国经济过去的增长中水分很大，如果减速是减水分，这样的增长就不可怕，"追求无水分的经济增长"、质量和效益均有所提高的速度正是我们的目标，这样的减速能为我国转变经济发展方式提供新的压力、动力和机遇。如果能抓住这一机遇，我国的经济运行将全面转到尊重规律、重视质量、提高效益和可持续的轨道上来。我国的经济增长速度将更为真实，从而可能给我们的人民带来更多真正的福祉、能为中长期经济的持续健康发展奠定更加牢固的基础。

总之，经过30多年的快速发展，中国经济低成本驱动时代已经结束，短期经济增长动力减弱，长周期经济下行正在展开，新的增长周期尚未形成，经济下行压力将持续存在，至今尚未有明显触底迹象。特别是，短期内由于各种矛盾交织，决策层始终面临稳增长、调结构、促改革、控风险、惠民生等多重任务和两难境地，由此影响了宏观经济政策的一致性和协调性，造成经济运行出现摇摆和波动。当前，政策影响造成的波动与长周期减速重叠在一起，放大了国内经济困难，再加上全球金融危机的持续影响及主要经济体宏观经济政策不同步、不协调的影响，国际大环境对我国长期稳定的健康发展并不十分有利。可以说，最近几年是改革开放以来我们最艰难、最复杂和最易爆发系统性风险的时期。

因此，尽管我们正面临着经济增速下行的风险，但是在未来一定时期内，保持一定的、适度的经济增速仍然十分必要。中国当前所遇到的所有问题，都需在持续健康的发展中解决，因此维持必要的增长速度是一个前提。中国经济的新常态，并不意味着经济增速的一路下行。GDP增速太低或者一路下行会带来一系列严重问题和负面影响。

第一，影响第一个一百年"两个翻一番"目标的顺利实现。一方面，按照到2020年GDP比2010年翻一番的要求，在2011~2015年已有增长的基础上（分别增长9.5%、7.7%、7.7%、7.4%和6.9%），"十三五"时期，GDP需年均增长6.5%。若年均增速低于6.5%，那么GDP翻一番的目标就难以实现。并且，这一情形也使 GDP 增长率从 2007 年之后至 2020 年出现长达 13 年的历史罕见的持续下行。另一方面，2015 年，城镇居民人均可支配收入的增长已降至 6.6%，即已降到翻一番所需最低增长率的边缘。若从 2016 年起，城镇居民人均可支配收入的增长继续降至 6.6% 以下，到 2020 年，城镇居民人均可支配收入将无法实现比 2010 年翻一番的目标。

第二，影响我国顺利跨过"中等收入陷阱"，迈入高收入国家行列。保持一定的经济增长速度是我国顺利迈向新阶段的必然要求。经过改革开放以来 30 多年的快速发展，我国已从低收入国家迈入中等收入国家行列，但现代化的任务尚未完成。2014 年，我国人均 GDP 虽已达到 7500 美元左右，却只相当于美国的 1/7 左右，世界人均 GDP 排名仅在 77 位左右。根据国际货币基金组织 2015 年的最新预测，2015 年和 2016 年，中国的增速分别为 6.8% 和 6.3%，而印度则是 7.5% 和 7.5%；根据亚洲开发银行的预测，2015 年和 2016 年，中国的增速分别为 7.2% 和 7.0%，而印度则是 7.8% 和 8.2%。两大国际组织的预测都表明，未来一段时期印度的经济增长速度有可能持续高于我国。因此，实现中华民族的伟大复兴、顺利跨过"中等收入陷阱"、建设富强民主文明和谐的现代化国家，长时期保持经济持续健康增长、保持 6% ~ 8% 的经济增速，十分必要。

第三，影响社会稳定和充分就业。就业是民生之本，也是社会稳定的基石。保持社会稳定，必须以一定的增长速度创造足够的就业机会。经济下行速度过快，一方面，将直接影响就业的扩大。当前我国劳动年龄人口的绝对数量开始下降，从劳动力供求总量关系上看，就业压力似乎不大。但需要引起重视的是，由于劳动力供求结构发生了变化，劳动力市场的结构性矛盾将日益突出。今后一段时间，我国每年都会有 700 万左右的大学生、硕士生、博士生毕业，就业压力处于较高水位。另一方面，如果经济增速低于 6%，将会影响企业经营的宏观环境和自身盈利状况，影响企业扩大投资等正常经营行为，甚至出现大量企业亏损、破产和倒闭现象，这就必然影响就业的扩大和社会稳定，抑制居民收入增长，不利于提高和改善人民生活水平。

第四，影响财政收入的正常增长与金融稳定和金融安全。2014 年，全国财政收入增速为 8.6%，为 1992 年以来即 23 年来首次进入个位数增长。2015 年 11 月，全国财政收入同比增长又进一步滑落至 8.0%。今后，若经济增速一路下行，财政收入增速也会一路下行。这样，需要财政支持的经济结构调整、经济发展方式转变、有关改革措施、各项社会事业的发展、社会保障的扩大、收入差距的调节等，都会受到负面影响。更严重的是，如果经济增速出现显著下降，企业经营恶化，会减少政府税收，增加银行坏账，包括地方政府债务风险、金融风险和企业经营风险等在内的经济风险将有可能从隐性变为显性，从潜在的风险隐患变为现实的威胁，从而影响我国财政、金融体系的稳定运行。

第三节　对未来中国经济增速的简要分析和展望

新常态并不意味着经济增速一路下行，不再回头。从我国是一个幅员辽阔、人口众多的发展中大国这一基本国情出发，我国经济仍然具有巨大的韧性、潜力和回旋余地，未来的发展空间还很大。新常态蕴含着未来发展的新动力，我国经济将逐渐触底企稳，最终实现有底、有质量的温和复苏。

未来温和的扩张政策、三中全会后改革红利的逐步释放、补库存因素及国际经济环境改善等因素，将继续支持未来数年我国经济企稳并小幅回升。2015 年我国 GDP 增长 6.9%，依旧落在 6.5% ~ 7.0% 这一区间内，基本接近现阶段潜在增长水平。2016 年之后的 5 年，仍将围绕 7% 这一中枢，在"六上八下"这一较为理想的区间窄幅波动。与此同时，未来一个时期，我国仍将面对巨大的就业增长压力。未来 5 ~ 20 年，我国高校毕业生就业规模将保持在年均 700 万左右，约占每年新进人力资源市场劳动力总数的一半，且这一比例将进一步提高。

一　短期需求端：下行压力有望逐步缓解

1. 在基建投资继续发力和房地产投资逐渐企稳的支撑下，投资仍将对促进经济增长发挥关键作用

稳增长的关键切入点是要稳投资，稳投资对稳增长至关重要。近年来，我国投资增长较快，2008 ~ 2010 年对 GDP 的贡献超过一半，之后资本形成总额对 GDP 的拉动作用依然显著，均在 40% 以上。

很多学者对中国投资增长可能存在误判。中国经济可能不像有研究指出的那样过度依赖投资，实际上并不存在投资过度的问题。理由有四：一是中国资本存量相对较低。据对不包括土地和存货等在内的生产性资本存

量的测算,2012年约为29万亿元,人均资本存量仅为2.14万元。当前中国经济发展仍处于资本积累阶段,未来仍有较大投资空间。二是中国仍拥有相对较高的储蓄率。2005年之后,国民储蓄率维持在50%以上,同时伴随着更高的投资增长。国内储蓄中,企业和政府储蓄比重较高。企业、政府高储蓄的持续释放造成了如今的高投资率。三是增加投资能带动技术进步。对后发国家来说,投资本身就是技术进步的最重要方式。中国在较短时期内加速发展,必然要购置大量先进技术设备,在新资本品使用过程中促进人力资本积累和生产率提升。四是增加投资能拉动消费增长。经验表明,固定资产投资对刺激消费具有正向带动作用,尤其是在我国中西部地区。由于消费尚未与投资脱钩,只有先行加大投资,才能拉动居民消费。在形成自我消费驱动经济增长循环之前,必要的投资将直接扩大消费空间,带动经济升温。

当前,政府稳增长的主要着力点是那些连接稳增长、调结构与惠民生领域的公共服务投资,在加快推出信息电网油气网络、生态环保、清洁能源、粮食水利、交通运输、健康养老服务、能源矿产资源保障等7大类重大工程包的基础上,又积极筹划推出了新兴产业、增强制造业核心竞争力、现代物流、城市轨道交通4类新的工程包,其中新兴产业重大工程包包括6大工程:信息消费、新型健康技术惠民、海洋工程装备、高技术服务业培育发展、高性能集成电路及产业创新能力等。在选择这些重大工程包项目时,主要考虑以下几个方面:一是对经济社会发展具有全局性、基础性、战略性意义,有利于形成新的经济增长点。二是有利于调结构、补短板,加强薄弱环节建设,增加公共产品和服务供给。三是符合"十二五"规划和相关专项规划要求,符合国家产业政策。四是具备一定工作基础,通过加大工作力度能够尽快推进。此外,2014年特别是下半年以来,全国房地产限贷限购政策相继调整,加之11月21日以后,央行4次降准,5次降息,并于2015年相继出台了"330房贷新政""二套房首付降至4成""营业税免征期限5年改2年"、公积金新政、不动产登记条例的实施、在不实施"限购"措施的城市,居民首次购房贷款最低首付款比例调整为不低于25%等一系列稳定房地产市场的新政,共同刺激房地产市场特别是房地产投资的逐渐回暖,房地产成交量持续走高,未来房地产投资见底回升也是大概率事件。这些频频出台的利好新政都显示,政府出于短期稳增长的压力,对楼市调控由限购从严向政策支持转变。因此,就短期而言，在基建投资持续发力和房地产投资逐渐企稳的有力支撑下，投资仍将对促进经济增长发挥关键作用。

2. 消费市场将基本保持平稳，并对经济增长继续发挥稳定器和压舱石之作用

当前，我国城乡居民就业形势良好，收入分配制度改革稳步推进，城乡居民收入增幅不断加快等因素有助于推动消费稳定增长。未来随着城镇化进程的不断推进，房地产市场回暖所带动的家装建材、家具、家电等领域的消费需求，跨境电子商务、网络消费、境外高端消费回流国内、社区消费等新型消费模式进一步显示出较大潜力。但是，居民对未来消费信心不足、2015 年年中巨大的"股灾"对中等收入阶层消费能力的打击、高房价对消费的挤出效应等因素也在一定程度上抑制消费增长，特别是城镇居民实际可支配收入增长仍在趋势性减缓，直接影响到居民的实际消费能力。考虑到中国的消费之于经济增长始终是个慢变量，其变化较为平稳，未来将对经济增长继续发挥稳定器和压舱石之作用。

3. 我国外贸面临严峻形势，不再具备高速增长的内外部条件

真正令人担忧的短期因素是外需。2015 年疲弱不达预期的外贸数字显示，未来外部需求的好转迹象仍旧十分微弱。未来几年发达经济体经济形势可能会好于当前：美国将会继续保持较为强劲的复苏势头，欧洲和日本的经济能否逐步走出衰退状态并出现回升还有待观察，新兴经济体经济形势并不悲观但显然也没有太多乐观的因素。整体而言，未来几年我国面临的外部经济环境将日趋复杂，难言根本好转。未来如果人民币保持双向波动的理想态势，将缓解汇率因素给出口企业造成的成本压力，有助于我国出口。反之，如果 2014 年以来的对一揽子货币实际有效汇率持续升值的状态延续下去，外贸表现势必是雪上加霜。再从进口来看，在经济增速不断下降并已屡屡跌破"下限"的大背景下，内需疲软加上国际大宗商品价格进入中长期低迷的"冰河期"，进口乏力的局面还将延续，进口增速回落得甚至更快。总之，短期内我国外贸形势严峻，不再具备高速增长的内外部条件，难以指望净出口这第三架"马车"带动中国经济增长走出当前的困境。

二　中长期供给端：增长空间巨大，6% ~ 8% 增长潜力可期

经过改革开放以来 30 余年的高速增长，支撑我国经济数量扩张、粗放增长的条件已发生根本性的变化，我国经济正在告别数量扩张型的高速增长阶段，逐步进入质量提升型的中高速增长阶段。但是，无论从总体发展水平、技术水平来讲，还是从创新水平、要素成本、劳动生产率等来看，中国经济的基本面依然健康，增长潜力依然十分巨大，新型工业化、城镇化、信息化、农业现代化和绿色化在快速推进，市场化、区域化、国际化的发展趋势没有逆转，未来 5～20 年中国仍有 6%～8% 的增长潜力。从中长期供给端来看，中国经济至少具备以下 8 个方面的发展潜力和增长空间。

一是人力资本红利正逐步形成并将持续释放。一般研究认为，中国适龄劳动人口（15～59 岁人口）的绝对数在 2012 年首次出现下降，中国的"刘易斯拐点"已经到来，人口红利正逐步消失。但也有一些学者[①]认为这一因素的作用被部分学者夸大了。对老龄化的担忧或被夸大，劳动力质量上的提升，将会弥补数量降低带来的负面影响，延续人口红利。更何况用 15～59 岁年龄段来定义适龄劳动人口并不完全符合我国劳动力市场的现状。人口红利的变动对经济的影响不容忽视，但老龄化是一个缓慢而长期的过程，有一些因素可能会推迟"刘易斯拐点"的到来。例如，中国仍然存在大量的农业就业人口，劳动人口由农业部门向非农部门的持续转移仍将提供一定的人口红利；中国目前的城镇化率较低，未来大规模的城市化进程意味着人口红利在短期内并不会变为人口赤字；人口政策和教育体系的改革有助于解决劳动力市场面临的问题。与此同时，这些年我国通过加快教育、加强培训等政策措施，使中国的人口质量红利或者人力资本红利正在逐步形成和释放。在我国农村剩余劳动力接近枯竭之时，每年毕业 700 万左右的大学生，使劳动力大军的整体文化素质有较大的提升，呈现出高素质劳动力丰富的比较优势。此外，大众创业、万众创新的热潮使这种红利正代替传统的单纯拼劳动力数量的红利。

二是产业升级打造的双引擎动力强劲、后劲十足。为解决中国产业结构中高端化不够、工业增加值率远远低于美国和日本等发达国家、产业竞争力在全球价值链中处于低端环节的突出问题，推动产业结构加快升级是中国经济发展的客观需要。一方面，国务院印发《中国制造2025》，着力用先进技术改造提升传统产业，通过大规模的技术改造投资，核心是以现

---

① 朱海斌：《中国潜在增长率趋势分析》，《中国金融》2014 年第 16 期；屈宏斌：《解谜中国劳动力市场系列之一：老龄化担忧或被夸大，质量提升延续红利》，《财经》2015 年 4 月 7 日。

代信息技术与制造业进行深度融合，使更多的中低端产业逐步升级为中高端产业，使传统产业这一引擎再次轰鸣起来。展望未来，农业与科技、信息等现代化因素结合的现代化农业发展空间扩大，高科技农业、信息化农业、多功能农业方兴未艾；近年来中国服务业对经济增长的贡献明显提高，但却远低于发达国家70%左右的份额，也比同等收入水平的发展中国家低10个百分点左右，进一步提升的空间较大。另一方面，通过发布《积极推进"互联网＋"的行动指导意见》，重点推进包括创业创新、现代农业、协同制造、智慧能源、普惠金融、益民服务、高效物流、电子商务、便捷交通、绿色生态、人工智能等在内的11个领域，力图把互联网的创新成果与经济社会各领域深度融合，推动技术进步、效率提升和组织变革，提升实体经济创新力和生产力，形成更广泛的以互联网为基础设施和创新要素的经济社会发展新形态。

三是民间创富的巨大潜力和大众创业的发展活力。市场主体是社会财富的创造者。长期以来，我们的投资主要依靠各级政府和国有企业，当前，全社会负债率居高不下的状况已不可持续。近年来，在各级政府的一系列鼓励和引导政策扶持下，民营经济已成为我国经济持续健康发展的重要引擎，民间投资在全社会固定资产投资中的比重已高达60%。然而受制于形形色色的"玻璃门""弹簧门""旋转门"，民间资本仍存在有钱无处投、想进进不去的现象。中国经济结构调整和可持续发展需要尽快激发民间投资的活力和潜力，提高全社会资金形成和配置效率。

四是万众创新的无尽激情和永不停息所带来的内生发展动力。科学技术是第一生产力，科技进步是经济发展的根本动力，创新是提高社会生产力和综合国力的关键支撑，是驱动可持续发展的全新引擎。在经济新常态的大背景下，面对世界范围内正孕育兴起的新一轮科技和产业变革，我国过去那种靠生产能力扩张、"铺摊子"的传统模式将难以为继，经济增长将更多依靠产业从低端迈向中高端、"上台阶"，增长动力将逐步从要素驱动、投资驱动转向创新驱动。要实现这种驱动力的切换，必须激发亿万群众创造和创新的活力，提高全要素生产率。

五是地区间的梯度转移和升级为我国的区域发展和经济增长提供了广阔的回旋空间。从全国来看，国内区域差异较大，区域发展不平衡，中国经济呈现明显的东中西部阶梯发展的特征，东部地区发展最早、最快，基础最好，产业结构调整也最早完成，人均收入接近高收入经济体，而位于第二、第三梯队的中西部地区大体上还处于中等收入水平，一些老少边穷、老工业基地等地区总体发展水平仍较为落后。从各地区人均 GDP 水平的差距看，中国经济未来的发展在地区间的梯度推移和升级还有很大空间，地区间的竞争与合作将长期存在，落后地区相对于发达地区具有产业升级和技术创新的后发优势，它们在追赶发达地区的过程中释放出巨大的经济活力。目前，落后地区追赶发达地区的势头已经显现，农村居民收入增速也快于城镇居民，这将推动全国整体发展水平的提升，成为持续经济增长的潜力之一。

六是市场规模潜力巨大。我国是大国，国内市场规模潜力巨大。横向来看，城乡之间、区域之间、不同群体之间的发展和消费都不平衡，这为未来需求的渐次释放提供了可能。纵向来看，虽然与改革开放初期相比，需求空间已有所缩小，但与发达国家相比，空间仍然很大。中国人均收入还有很大的增长空间。尽管经济总规模已位居世界第二，但中国人均 GDP 水平与发达国家相比仍存在较大差距，属于人均 GDP 水平较低的国家。"总量大国、人均小国"的现实表明，中国距"经济强国"还有很大距离。中国在未来经济增长的过程中仍然存在大量的中长期投资需求，如基础设施、技术创新、新能源、养老、医疗以及进一步城镇化中带来的诸多需求，这些巨大的市场需求将为中国经济可持续增长奠定坚实的基础。

七是蓬勃发展的对外投资为再造数个"海外中国"展现了全新的空间、提供了无限可能。《2015 年世界投资报告：国际投资体制改革》显示，2014 年流入中国的外国直接投资达 1290 亿美元，较上年增长 4%，中国首次超过美国，成为全球最大的外资流入国。与吸引外资相比，中国对外投资的增长更加引人注目。2014 年中国大陆对外投资大幅增长 15%，达 1160 亿美元，居全球第三位。中国对外投资起步较晚，投资存量与美国、日本等传统对外投资大国相比仍有很大差距。2014 年年底，中国对外投资存量仅相当于 GDP 的 7%，远低于美国的 36%。中国作为全球第二大经济体，对外投资仍大有潜力。中国对外投资金额占外汇储备的比例较低，2015 年年底外汇储备余额为 3.33 万亿美元，是全球第一外储大国，但对外投资累计净额（2013 年数据为 6604.8 亿美元，全球第 11 位）占外汇储备余额比例仅为 16.98%。外汇储备余额大及对外投资存量小，显示中国未来对外投资的空间巨大。特别是，中国正在积极推进"一带一路"战略，这势必对未来的对外投资起到十分正面的作用。"一带一路"

战略的成效主要体现在两个方面：一是在基础设施建设方面起到带动作用，二是能开拓全球产业转移的新路径。当前全球各国都掀起了基础设施建设的浪潮，中国的战略能促进其互联互通，开启新的国际合作模式。"一带一路"战略，未来有望形成新的区域生态和产业链投资模式。可以预期，伴随"一带一路"战略的实施，以资本输出带动产能输出、商品和劳务输出的开放型经济新体制，将逐步成为推动中国发展的新动力，不仅有利于缓解国内产能过剩的矛盾，也将重新构建一个友好的周边环境，推动互利共赢局面的形成。

八是全面深化改革所带来的制度性红利逐步释放，其对经济增长的促进作用将日益彰显。党的十八届三中全会和四中全会分别就深化改革和建设法治中国做出了全面部署，拉开了新一轮中国改革的序幕。涉及经济、社会、生态、司法、民生领域的改革举措正逐步落地，给中国发展注入了新的活力和动力。仅仅是政府简政放权的一系列改革举措，就已给企业和投资者提供了更好的环境，正在进一步解放生产力。比如公司商事制度的改革，就极大地激活了创业热情，给企业家和投资者提供了门槛更低、形式更灵活、申办更便捷的条件。

综上所述，我们认为在今后大约 20 年的时期里，推动中国经济发展的基本动力依然存在。我国具有争取实现 6%～8% 的中高速增长的潜力。

总之，展望未来一段时期，中国经济增长的前景并不悲观，增长的发动机更没有熄火。恰恰相反，中国经济的巨大需求潜力、资本潜力、劳动力潜力、技术潜力、土地潜力、市场潜力以及民间创业创新创富潜力，还远远没有发挥出来。内生于中国经济的上述潜力，构成了支撑我国经济快速增长并长期延续的最可靠和最持久的原动力。如果我们能通过体制改革、结构调整和经济发展方式的转变，不断地释放经济增长的潜力和经济发展的活力，一定能实现未来十到二十年甚至更长时期的持续健康增长。

三　"十三五"期间经济增长预期目标宜定为 6.5%～7%

2015 年是"十二五"规划完成的收官之年，也是"十三五"规划编制的关键之年。在"十三五"规划所涉及的众多内容和目标当中，经济增长目标无疑最为引人瞩目，尽管增长目标如 GDP 因其种种缺陷而屡屡为人所诟病，但这样一个综合性指标暂时还难以被其他指标完全替代，特别是它的高低起伏将直接关系到党的十八大所确定的两个翻一番目标能否如期实现的问题。

经济增长目标的确定离不开对于未来 5 年国内外大势的准确审视，以及基于此的对于"十三五"时期的战略定位。

从国际来看，对未来 5 年我们所面临的形势大致可以做这样粗线条的描绘：世界经济仍然处于深度的转型调整期，世界经济平衡也将出现一些新变化，发达经济体和新兴经济体都在艰难地加速转型；经济全球化和区域经济一体化势不可当地加速发展，美国积极主导和推进的一系列区域性自由贸易谈判，包括 TPP、TTIP、TISA 等新自由贸易协定的进展将加快，并且不排除其中的一些谋划已变为现实；新一轮的科技和产业革命浪潮将从兴起到兴盛，全球科技创新不断迸发出一些新的发展态势和特征；服务业作为经济发展重要动力的地位日益巩固，服务业稳居世界经济主导地位，成为推动世界经济强劲、平衡、可持续发展的重要动力；国外需求复苏曲折而缓慢，全球性的产能过剩既困扰发达经济体，也成为新兴经济体挥之不去的梦魇，此起彼伏的国际贸易保护主义幽灵再次四处飘荡。

从国内来看，中国经济"三期"叠加的错综复杂局面仍将延续，中国经济发展"新常态"的特征愈加明显，不仅进入了增速换挡期、结构调整期，同时也进入了风险凸显期、升级机遇期和转型关键期的新阶段。笔者一直认为，"新常态"这一概念恐怕不是一个长远目标，也不是短期追求，而应当是一个中期目标，"新常态"逐步定型至少需要五到十年，"十三五"时期恰好处于这一阶段。为此，贯穿整个"十三五"时期的一个重要任务，就是要认识、适应和引领"新常态"。

当前，中国经济已经深度融入世界经济体系，经济地位不断提升，在全球治理体系中的影响力和发言权也在逐渐增大。未来全球经济治理体系仍将发生重大变化，新一轮科技和产业革命将给我国经济社会发展带来较大影响。总体来看，尽管存在许多不确定性和风险，但笔者仍然愿意乐观地判断，未来的国际经济环境对我们还是利大于弊，机遇大于挑战。关键在于我们怎么去争取这个机遇、怎么去利用这个机遇来更好地发展自己，同时也是为世界做出更多的贡献。中国到了现在这个发展水平，应该主动承担起一些必要的国际义务。

基于上述分析，"十三五"时期将不仅仅是全面建成小康社会的决战期、全面深化改革的攻坚期、全面依法治国的关键期，更是全面进入"新常态"的转型期、全面实现创新驱动的突破期和全面推进国际化的上升期。

在这样一个战略定位之下，"十三五"时期应强调持续、稳定、健康发展，把"提质增效"作为发展的主旋律，进一步提高经济发展的质量，力求做到稳增长、调结构、促改革和惠民生等多重目标的统一。为此，年均经济增长的预期性目标不宜定得太高，太高比如7%以上难以实现、难以承受。也不要降低太多，太低比如6.5%以下则难以完成十八大确定的到2020年两个翻番的目标，即"实现国内生产总值和城乡居民人均收入比2010年翻一番"。

从一些代表性的机构和学者此前的研究和分析来看，普遍认为我国基本面因素仍可支撑6%~7%的经济增长，有些观点认为平均增速应在6.5%左右，有的认为应在7%左右。因此，综合考虑各种因素，笔者建议，"十三五"时期我国GDP年均增长速度的预期目标应定为6.5%~7%这一区间，或者，年均增长速度的预期目标定为6.8%左右。这样的发展速度既延续了我国经济中高速发展的步伐，同时又不至于降得太快，可做到"可进可退、可攻可守"。

需要强调的是，6.8%这一数值应当被看作是调控的中线，而非"底线"或"下限"。也就是说，如前所述，未来宏观调控应坚持"中线思维，区间管理"的理念，完整的调控目标应当是一个区间。只要经济运行在目标区间内，没有触及"上限"和"下限"，就应保持政策稳定，保持战略定力，不应为经济一时波动而采取短期的强刺激和强紧缩政策。

更进一步，未来我们如果能以国际通行的较为客观并且可以定期修正的预测性目标来代替当前较为主观且僵化的预期性目标，这将是宏观调控的一大进步。

为实现"十三五"时期经济社会的主要发展目标，当前需要重点研究和回答三个问题：一是基本支撑力量是什么？应当说，年均6.8%的增长速度仍是一个相当快的速度。根据历史经验，重大工程及重大项目建设对经济发展的拉动作用至关重要。这就要求我们能够适时提出未来五年需要开工建设以及完成的重大项目和重大工程的储备清单，相应的投融资安排和支撑，还有重大政策的储备和支撑。二是新的驱动力量是什么？面对当前国际新一轮科技和产业革命的大趋势，如何抓住这一历史性机遇乘势而上？如何推动大众创业、万众创新？我国创新驱动战略如何实现？基本路径、重点任务和保障措施是什么？三是"十三五"时期我们面临的最重要制约因素有哪些？产能过剩压力的持续积累，系统性金融风险爆发的不确定性，资源环境承载能力减弱，创新驱动能力的培育和提高不理想，人力资源供应不足等，可能都是未来比较突出、需要重视的约束条件。

此外，为编好"十三五"规划，当前和今后一个时期特别值得关注和研究的重大问题还包括：新的发展动力转换问题，制造业转型升级问题，产能过剩化解问题，产业政策的效果检讨及其存在的必要性问题，系统性金融风险防范问题，地方政府债务问题，城镇化问题，资源高效利用与环境保护问题，农业和粮食问题，重点领域和关键环节的改革问题，开放型经济新体制问题，对外战略的调整问题，等等。

党的十八届三中全会决定提出，使市场在资源配置中起决定性作用和更好发挥政府作用，未来如处理好市场机制与政府规划的关系，是摆在决策者面前的一道难题。

四　追求高质量、暖人心、可持续的经济增长

2015 年中国经济的年报已经如期公布，6.9% 这样一个数字依然称得上可圈可点，这个速度客观来讲已经不算低，这是当前我们推动转型升级、加快结构调整的必要代价。

从各个分项指标不难看出，尽管经济增速的下行趋势已不可避免，但值得欣喜的是，中国经济的结构已经并将继续发生全面、深刻的变化：一是产业结构在孕育着新的突破，服务业尤其是生产性服务业发展明显加快，GDP 中第三产业的比重占 50.5%，比第二产业的比重高 10 个百分点。二是需求结构不断改善，最终消费对 GDP 的贡献达 66.4%，而且消费和民间投资占比有所提升，二者将逐步成为拉动经济增长的主要力量。三是地区差距由扩大转变为缩小，中、西部地区规模以上工业增加值比东部地区快约 1 个百分点，中部地区固定资产投资快于东部地区 3 个百分点，区域间协调发展、协同发展的格局将逐步形成。四是收入分配结构继续改善，全国居民的人均可支配收入增长 7.4%，快于 GDP、企业利润和财政收入的增速，城乡居民收入差距继续缩小。五是资源环境成本的消耗也有所减少，节能降耗继续取得新进展，单位 GDP 能耗比上年下降超过5%。六是创新驱动正悄然成为现实，新兴产业、新型业态和新的商业模式蓬勃发展，市场活力进一步被激发，全年高技术产业的增加值增速比规模以上工业高 4.1 个百分点。

总之，这些变化都是经济运行中越来越突出的亮点，也是经济发展进

入新常态后，结构升级表现出的一种新的发展趋势：经济结构在持续改善，增长质量和效益有所提高，经济增长内生的新动力有所集聚。无论从短期还是中长期来看，在某种程度上，调整经济结构的目标要远远重于GDP 增速的快慢，结构优化后的增长 6% 无疑将优于旧模式、旧常态下的增长 10%。

众所周知，由于规模增大及发展方式的转变，未来中国经济长期保持两位数的高速增长将不会是常态，而进入一个年均 6% ~ 7% 中高速增长的"换挡期"，将是一个大概率事件，这是一个经济体达到中等收入之后的普遍规律，对此应"保持战略上的平常心态"。

从影响中国经济增长的短期和中长期诸多因素来看，我国经济增速的下行是经济运行内在逻辑发展调整的结果，适度调整有利于中国经济保持持续健康地增长。新常态下中国经济增长从高速换挡至中高速，但是换挡而不失速，这种增长速度有别于以往的传统增长方式，是符合客观经济规律的增长，是世界范围内表现上乘的增长。

当前，我国经济发展正处在"爬坡过坎"的关键阶段，必须远近结合，在有效应对短期问题、保持经济合理增长速度的同时，更加注重提高发展的质量和效益，把力气更多地放在推动经济转型升级上来，放到扩大就业和增加居民收入上来，放到促进经济社会及环境的可持续发展上来。

对于新的一年，我们应逐步适应这种中高速增长的新常态，彻底抛弃固守、追求 7% 甚至更高速度的观念，而应追求高质量、暖人心、可持续的经济增长。

我们所追求的理想经济增长，是高质量、去水分、有效益的经济增长。高质量体现在速度稳定、结构优化、效益提高，体现在区域协调、体制完善和风险可控，体现在技术进步和全要素生产率的提升，体现在创新驱动对要素驱动和投资驱动的替代，以创新为主要引领和支撑的经济体系和发展模式将成为新的常态。旧常态下长期积累的诸多突出矛盾和问题，如部分行业产能过剩、企业杠杆率过高、融资成本过高，政府对市场、企业的直接干预较多，宏观税负较高，金融风险累积，资源配置效率不高，全要素生产率较低，创新能力不强，人口红利减弱等，迫切需要尽快解决。

我们所追求的理想经济增长，是暖人心、惠民生、补短板的经济增长。增进人民福祉、促进人的全面发展应真正作为我们经济社会发展的出发点和落脚点。改革开放以来，我国经济社会发展成就巨大，但普通民众幸福感和获得感的提升却远远落后于经济增长。人民群众所关心的教育、就业、收入、社保、医疗卫生、生产和食品药品安全等重大民生问题，毫无疑问是未来亟须补齐的"短板"。积极保障和改善民生，让人民拥有幸福的生活，不断提升国民的幸福感和获得感，事关保障人民更多、更公平、更实在地共享发展改革成果，需要做的有很多很多：实施科教兴国战略，始终把教育摆在优先发展的战略位置；释放就业潜力，实施更加积极的就业政策；深化收入分配制度改革，努力增加居民收入；持续增加民生投入，加强城乡社会保障体系建设；加快健全基本医疗卫生制度，深入推进医药卫生改革发展；高度重视各类生产安全和食品药品安全，建立健全和不断完善社会安全网等，都是民生领域人民群众最关心、最直接、最现实的利益问题，也是未来经济发展的重要引擎。

我们所追求的理想经济增长，是绿色化、"低碳＋"、可持续的经济增长。衡量和评价一个国家经济的健康程度，不仅要看传统的GDP、失业率、CPI等指标，更要看衡量可持续发展的各类指标，需要把资源消耗、环境损害、生态效益等指标纳入经济社会发展综合评价体系。可持续发展的核心内涵应是"既能满足当代人的需要，又不对后代人满足其需要的能力构成危害"的发展，这就要求我们必须把生态环保作为经济发展的重要约束条件和追求的发展目标，把"绿色化"发展作为生态文明建设和可持续发展的具体道路和基本途径，实现"绿色化"生产、"绿色化"消费和"绿色化"思维，让良好的生态环境成为提高人民生活质量的闪光点，成为展现我国良好形象的发力点。

为实现上述目标，未来应坚持以"五大发展理念"为导向，转换经济治理思路，打破需求管理路径依赖，着力从供给侧发力，进一步破除供给约束，加快推进结构性改革，提高供给体系质量和效率，提高投资有效性，去产能、去杠杆、去库存、降成本、补短板，释放增长潜力，培育发展全新动能，推动经济持续健康发展，确保中国经济顺利度过结构调整、转型升级的关键期和阵痛期。

笔者以为，未来新常态下的经济发展，将意味着经济运行更加稳定健康、经济结构更加优化合理、经济体制更加完善高效、生态环境更加良好宜居、人民生活更加富足安逸，最终实现有质量、无水分、暖人心、可持续的经济增长，质量和效益不断提高的经济增长，让老百姓感觉更加真实和更多实惠的经济增长。这才是我们孜孜以求的终极目标。

第三章　结构升级新常态

　　经济结构优化升级是提高我国经济综合竞争力的关键举措，在某种程度上，调整经济结构要远远重于 GDP 增速目标的实现。国际金融危机之后，中国的经济结构已经并将继续发生全面、深刻的变化：服务业尤其是生产性服务业发展明显加快，产业结构不断优化升级；地区差距由扩大转变为缩小，区域间协同发展的格局将逐步形成；居民收入名义增速将快于企业利润和财政收入的增速，城乡居民收入差距将有所缩小；需求结构中消费和民间投资占比有所提升，二者将逐步成为拉动经济增长的主要力量。当然，与结构优化相伴随的还有，多种结构调整阵痛相交织，如产能过剩、风险暴露等，这是除增速换挡回落之外，中国经济新常态的另一主要特征。未来我们应当适度容忍经济增速下降，而更加重视调整经济结构，并且要注意防止出现两种极端倾向：一是担心影响经济增长速度，所以在实施结构调整时缩手缩脚、瞻前顾后；二是工作操之过急，导致经济硬着陆，影响社会稳定。

第一节　产业结构的失衡与改善：从工业大国向
工业强国和服务业强国的艰难蜕变

　　最近 30 多年来，我国产业结构面临的主要问题是三次产业发展不协调，产业结构失衡严重，且产业结构对于需求变化的适应性和灵活性不够。突出表现在：第一产业基础薄弱、效率不高、竞争力弱；第二产业大而不强、比重过高，尤其是重化工倾向严重，重工业比重过高但不强，缺乏核心技术和竞争力，而且耗费大量的资源、能源，对环境造成了较大损害；对提高经济效率非常关键的第三产业的比重长期偏低，发展缓慢。但是近几年，第三产业发展开始出现加速势头，表明我国产业结构失衡问题正逐步得到改善。

　　研究和经验表明，第三产业尤其是现代服务业是促使经济增长方式由粗放型向集约型转变的一个重要因素。这是因为，随着分工深化和科技进步，经济增长过程中企业之间经济往来的频次会大幅度增加，而现代服务业，特别是金融、保险、现代物流、信息服务等商务类服务业的发展，能够大幅度提高每一笔交易的效率，降低每一笔交易的费用。另外，服务业的发展不仅能降低整个经济交易的成本，推动经济增长方式的转变，而且由于服务业本身对资源消耗的水平相对较低，其在 GDP 中比重的提高无疑也会使经济增长更加集约。

长期以来，我国从上到下各级政府都单纯追求 GDP 增长，大量投资重化工业，使得制造业的发展偏快，第二产业占的比重偏大。同时，由于现代服务业，包括医疗、教育、金融、保险、交通、通信等行业，有的是政府垄断，有的存在过度行政管制，导致有效供给不足，造成服务业比重过低，第三产业比重长期徘徊在 30% ~ 40%。2001 年，我国第一产业占比降到 15% 以下，第三产业占比首次超过 40%；2012 年，第三产业占比历史性地首次超过第二产业占比；2015 年，第一产业占比下降到 9.0%，第二产业占比为 40.5%，第三产业占比为 50.5%。第三产业占比历史性地超过 50% 的占比。

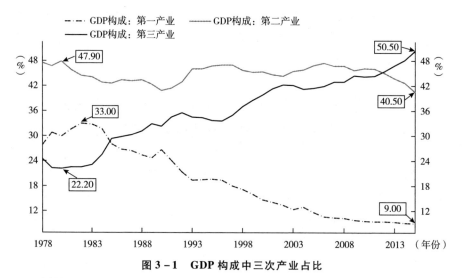

图 3 - 1　GDP 构成中三次产业占比

资料来源：Wind 资讯。

据世界银行统计，近年来，世界高收入国家第三产业增加值占 GDP 的比重一般超过 70%，中等收入国家这一比重为 60% 左右，低收入国家一般为 45% 左右。而我国同期这一比重还不到 45%，与美、英、德、日等发达国家相差 20 ~ 30 个百分点，与巴西、印度、俄罗斯、韩国、菲律宾也相差 10 多个百分点。同时，我国服务业就业水平仍远远低于发达国家就业人员占比 60% ~75% 的水平，也明显低于发展中国家 30% ~45% 的平均水平。

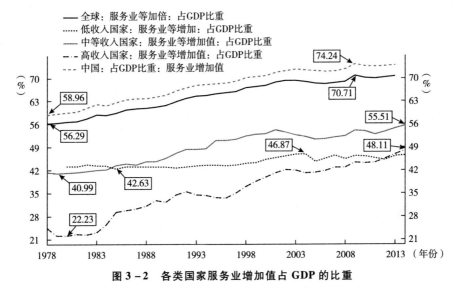

图 3 - 2　各类国家服务业增加值占 GDP 的比重

资料来源：Wind 资讯。

　　尽管我国人均 GDP 已超过 7500 美元，已属于中等收入国家，但是 2015 年我国第三产业占国内生产总值的比重仅为 50.5%，刚刚高于低收入国家第三产业的平均水平，仍低于中等收入和高收入国家的这一比重，我国第三产业发展仍然滞后，其中生产性服务业特别是现代生产性服务业尤其如此。第三产业从业人员占全社会从业人员的比重 2011 年只有 40.6%，这两个比重比全世界的平均水平低 5 个百分点左右，比发达国家低 20~30 个百分点，即使跟印度比，也低 5 个百分点。印度人均 GDP 只有我国的 1/2，但是第三产业产值已经接近 50%。第三产业比重过低带来的一个最大问题是就业的矛盾越来越突出。发达国家第三产业就业占 70% ~80%，我国第三产业发展滞后造成第三产业吸纳就业容量大的优势得不到发挥。

　　1990 ~2015 年，我国三次产业对 GDP 的贡献率出现了不同的变化，大致可分为两个阶段。

　　第一阶段，1990 ~2000 年，农业呈现快速下降的趋势，占比从 1990 的 40.5% 下降到 2000 年的 4.2%；第二产业特别是工业，总体上是先快速上升后快速回落，占比从 1990 的 39.6% 上升到 1994 年的 66.3%，之后又快速下降到 2000 年的 59.5%；第三产业贡献率则是快速提升，占比从 1990 年的 19.9% 上升到 2000 年的 36.3%。

第二阶段，2001~2015 年，第一产业的贡献保持平稳，大致在 3%~8% 波动；第二产业基本上也是在 46%~58% 波动，但呈现缓慢下降的趋势；第三产业贡献率呈现缓慢抬升的趋势，从 2001 年的 49.1% 上升到 2014 年的 48.9%。并且在 2015 年，第三产业的贡献率再一次历史性地超过了第二产业的贡献率，考虑到最近十多年来第二产业贡献率不断下降、第三产业贡献率不断提高的趋势性变化，可以预见，未来第三产业的贡献仍将不断提高。

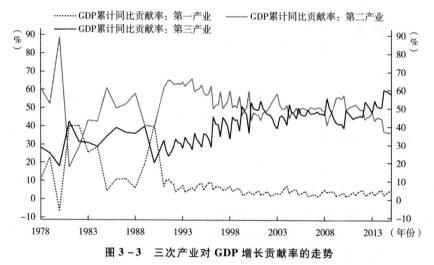

图 3 - 3　三次产业对 GDP 增长贡献率的走势

资料来源：Wind 资讯。

综上所述，无论是增速、占比还是对 GDP 的贡献，第三产业都开始全面超过第二产业，出现了持续改善的变化，这是长期以来我们所期盼的结构调整和转型升级的一个重大变化，也是经济缓中趋稳的一道亮丽风景线。这意味着我国经济正在由原来的工业主导型经济向服务业主导型经济的转变，这种趋势将对未来我国的经济增长、就业以及其他方面带来深远而持久的影响。未来 10~20 年，中国将有望完成从工业大国向服务业大国乃至服务业强国的蜕变。

目前，尽管我国仍然处于工业化发展阶段，但工业占 GDP 比重的峰值已经出现，第二产业内部结构调整也在加快，新产业、新业态、新产品继续保持较快的增长速度，而且整个经济向中高端迈进的态势非常明显。第三产业比重超过第二产业比重，一方面，意味着我国正在由工业主导型向服务业主导型转变；另一方面，也表明传统产业的收缩有所加快，一些行业和企业在市场压力下艰难调整，正经受着去产能、去库存、去杠杆和结构调整的阵痛。短期内这种结构调整已经对市场需求、企业利润甚至就业等产生不利影响，进一步加大经济下行的压力。这些都是结构调整必须付出的代价，也是为经济持续健康发展需要做出的牺牲。

第二节　城乡与区域结构的失衡与改善：差距扩大趋势和发展不平衡态势得到了初步遏制

一　城乡发展不平衡问题逐步得以改善

从整体看，城乡二元体制依旧存在，二元结构和二元的制度设计没有得到明显改观，城乡居民人均收入、社会保障、医疗等公共服务方面依然存在较大的差距，城乡一体化进展缓慢。并且，城乡之间劳动力等要素还没有完全实现自由流动，农民工进城还面临着诸多限制，影响了农业劳动生产率的提升和农业劳动力进一步转移的速度。城镇化和市民化进程缓慢，直接影响总需求结构，导致总需求不足和内需启动乏力，进而制约了新型发展方式的形成。

但是，我们也应该看到，城乡发展不平衡的问题也在逐步得到解决，突出表现在城乡居民收入差距进一步缩小。2015 年，农村居民人均可支配收入实际增长快于城镇居民人均可支配收入 0.9 个百分点，城乡居民人均收入倍差 2.73 个百分点，比上年缩小 0.02 个百分点。收入分配结构出现的积极变化，一方面意味着居民收入在国民收入分配中的比重是在提升的。另一方面，农村居民收入增幅持续高于城镇居民，城乡居民收入差距继续缩小。这一变化趋势对加快推进收入分配制度改革，提高居民收入在国民收入分配中的比重和劳动报酬占初次分配中的比重，意义十分重要。

二　区域发展从各自为政到更加重视顶层设计和协同发展

多年来，政府采取了一些有力措施，使区域之间差距，特别是东部沿海地区与中西部地区的差距继续拉大的趋势得到了遏制，中西部地区增速

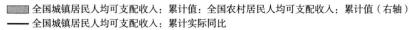

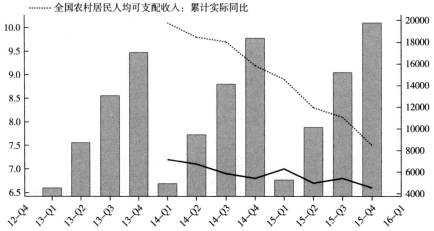

图 3 - 4　城乡居民人均可支配收入累计同比走势

资料来源：Wind 资讯。

较高，相对差距缩小，但绝对差距仍然非常大。经济落后地区大多是少数民族地区、革命老区、边境地区，这些地区经济长期落后不利于民族团结、国防安全，影响国家经济发展环境的稳定。近几年，中西部地区充分发挥资源丰富、市场潜力大的优势，大力推进城镇化进程，积极承接国内外产业转移，更加注重经济结构调整和自主创新，地区发展潜力得到不断释放，区域发展协调性增强，经济增长的新动力不断增强。东中西部地区经济发展的协调性在增强，东部地区在结构调整、转型升级中的引领作用更加明显，中西部地区在一系列区域发展战略的推动下，后发优势继续得到发挥。特别是，在当前国内外形势发生深刻变化的情况下，新一届中央领导对于区域发展极端重视，核心思路是打破过去的"一亩三分地"思维，避免以往的各自为战、粗放发展，强调"全国一盘棋"，更加注重顶层设计和协同发展，着力优化区域结构，典型代表是"一带一路"、京津冀协同发展和长江经济带三大区域发展战略。关于这一部分的内容，笔者将在后面"新常态下的区域协同"的章节中进行详尽的分析。

第三节　收入分配结构的失衡与改善：差距有所缩小

改革开放以来，我国国民经济得到了快速发展，人民生活水平获得了显著提高，但是，由于我国现阶段特殊的国情，决定了我国在收入分配领域存在问题，如收入分配结构不合理、分配差距过大等，也同样具有特殊性、多样性的特点。如何实现收入分配公平，既是推动结构调整与加快转变经济发展方式的需要，也是促进社会公平正义与构建社会主义和谐社会的根本保证。

一　改革开放后我国收入分配制度的发展

改革开放以来，党和政府根据现代化建设和改革开放的客观实际，对收入分配制度进行了卓有成效的探索。我国的收入分配制度改革的步伐稳步推进，收入分配的体制和机制都发生了根本性的变化。

1. 反对平均主义，落实按劳分配制度（1978～1987年）

在很长的一段时期内，我国实行的是高度集中的计划分配制度，社会上存在着严重的平均主义倾向。1978年3月，邓小平指出：我们一定要坚持按劳分配的社会主义原则。按劳分配就是按劳动的数量和质量进行分配。根据这个原则，评定职工工资级别时，主要是看他的劳动好坏、技术高低、贡献大小。1978年12月党的十一届三中全会决定，以农村为突破口，提出切实贯彻按劳分配的原则，克服平均主义。这次大会以后，我国农村普遍推行了家庭联产承包责任制，打破了长期以来实行的平均主义"大锅饭"式的分配方式。

1984年10月，党的十二届三中全会决定将经济体制改革的重点从农村转移到城市，会议通过的《中共中央关于经济体制改革的决定》，对进一步贯彻按劳分配原则提出了一系列规定，经营状况必须是决定职工工资的要素之一。同时，会议还提出了要让一部分地区和一部分人通过诚实劳动和合法经营先富起来，然后带动更多的人走向共同富裕，并指出共同富裕决不等于也不可能是完全平均，绝不等于也不可能是所有社会成员在同一时间以同等的速度富裕起来。

2. 实行以按劳分配为主体，其他分配方式并存的制度（1987～2002年）

1987年10月召开的党的十三大，明确提出"社会主义初级阶段的分配方式不可能是单一的。现阶段我们必须坚持的原则是，以按劳分配为主体，其他分配方式为补充"。这就在理论上突破了按劳分配单一论，肯定了劳动以外的其他生产要素参与分配的现实。

1992年，党的十四大提出了"建立社会主义市场经济体制"的改革目标，标志着社会主义建设又进入了一个新的阶段，为了适应市场经济，收入分配制度也进行了相应的改革。1993年11月，党的十四届三中全会通过了《中共中央关于建立社会主义市场经济体制若干问题的决定》，提出"个人收入分配要坚持以按劳分配为主体、多种分配方式并存的制度，体现效率优先、兼顾公平的原则"。进一步肯定了其他分配方式与按劳分配的关系不再是"补充"，而是"并存"，将其他的分配方式从附属地位提升到平等地位。

1997年9月，党的十五大确立了以公有制为主体、多种所有制经济共同发展的经济制度是我国社会主义初级阶段的一项基本经济制度。在收入分配方面，提出了要完善分配结构和分配方式，在坚持以按劳分配为主、多种分配方式并存的前提条件下，要把按劳分配与按生产要素分配结合起来，彻底突破了过去单一的、纯粹的、排斥非劳动生产要素参与分配的僵化的传统分配制度。

3. 构建科学的收入分配阶段，形成多元化分配格局（2002年至今）

2002年以后，我国形成了多元化的分配格局。十六大将我国分配制度和分配体制改革推向一个新的高度，确立了劳动、资本、技术和管理等生产要素按贡献参与分配的原则，完善了以按劳分配为主体、多种分配方式并存的分配制度。使"各种生产要素按贡献参与分配"成为社会主义市场经济条件下个人收入分配的一项重大原则。

2007年，党的十七大提出，要使"经济发展的成果"切实地分配到老百姓的手中，应逐步提高"两个比重"：逐步提高居民收入在国民收入分配中的比重，提高劳动报酬在初次分配中的比重。同时，十七大对公平和效率的关系有了新的提法，初次分配和再分配都要处理好效率和公平的关系，再分配要更加注重公平。

2012年，党的十八大提出，要调整国民收入分配格局，加大再分配调节力度，着力解决收入分配差距较大的问题，使发展成果更多更公平地惠及全体人民，朝着共同富裕的方向稳步前进。要千方百计增加居民收入，实现发展成果由人民共享，必须深化收入分配制度改革，努力实现居民收入增长和经济发展同步、劳动报酬增长和劳动生产率提高同步。同时，提出2020年国内生产总值和城乡居民人均收入比2010年翻一番的目标。

二 我国收入分配格局的基本状况分析

从总体上看，我国收入分配的状况是符合改革方向的。我国的收入分配理论不断更新、制度不断完善，有力地调动了劳动者的积极性，促进了国民经济和社会的发展，提高了居民的收入水平，打破了平均主义的收入分配关系。但同时，在收入分配中也存在着一些问题。

1. 初次分配现状分析

分析三个部门初次分配总收入及作为住户部门初次分配主要来源的劳动者报酬的比重及增幅关系。

（1）三个部门初次分配总收入的比重。2000～2013 年，企业、政府和住户部门占初次分配总收入的比重，平均水平分别为 25.49%、14.19%、60.29%。2013 年企业、政府和住户部门占初次分配总收入的比重分别为 24.1%、15.2%、60.31%。2000 年以来，政府部门占初次分配总收入的比重变化不大，而总体上看，住户部门所占比重先下降后上升，企业部门所占比重先上升后下降（见表 3-1、图 3-5）。

表 3-1 2000～2013 年三个部门占初次分配总收入的比重

年份	初次分配总收入（亿元）	企业部门		政府部门		住户部门	
		收入（亿元）	比重（%）	收入（亿元）	比重（%）	收入（亿元）	比重（%）
2000	98562.23	20854.61	21.20	12938.86	13.10	64768.75	65.70
2001	108683.43	25058.89	23.10	13791.40	12.70	69833.14	64.20
2002	119765.00	27977.35	23.40	16746.66	14.00	75040.98	62.60
2003	135718.82	32882.73	24.20	18555.08	13.70	84281.00	62.10
2004	160289.69	43053.92	26.90	22354.29	13.90	94881.48	59.20
2005	184575.77	49158.46	26.60	25977.87	14.10	109439.44	59.30
2006	217246.57	58411.45	26.90	31033.32	14.30	127801.79	58.80
2007	268631.05	73806.26	27.50	39216.97	14.60	155607.82	57.90
2008	318736.66	90346.02	28.30	44959.47	14.10	183431.18	57.60
2009	345046.37	94085.19	27.30	48010.45	13.90	202950.73	58.80
2010	407137.81	109581.51	26.90	59510.16	14.60	238046.14	58.50
2011	479576.13	123600.65	25.80	72226.44	15.00	283749.04	59.20
2012	532872.06	131858.29	24.70	82529.82	15.50	318483.95	59.80
2013	583196.72	140691.81	24.10	88745.04	15.20	353759.88	60.31
平均水平		25.49%		14.19%		60.29%	

数据来源：WIND 资讯。

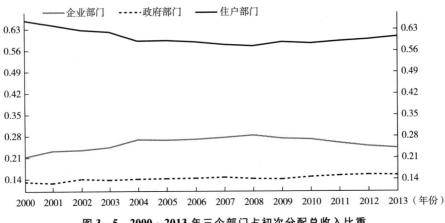

图 3 - 5　2000 ~ 2013 年三个部门占初次分配总收入比重

（2）三个部门初次分配总收入的增幅。2001 ~ 2013 年，初次分配总收入年均增幅为 14.74%。同期，企业、政府和住户部门初次分配总收入年均增幅分别为 16.06%、16.15%、14.03%。企业部门年均增幅比初次分配总收入高 1.32 个百分点，政府部门年均增幅高 1.41 个百分点，住户部门年均增幅低 0.71 个百分点。2001 年以来，我国初次分配向企业和政府部门倾斜，住户部门增幅低于初次分配总收入和企业、政府部门的初次分配总收入增幅（见表 3 - 2、图 3 - 6）。

表 3 - 2　2001 ~ 2013 年三个部门初次分配总收入增幅

单位:%

年　　份	初次分配总收入	企业部门	政府部门	住户部门
2001	10.27	20.16	6.59	7.82
2002	10.20	11.65	21.43	7.46
2003	13.32	17.53	10.80	12.31
2004	18.10	30.93	20.48	12.58
2005	15.15	14.18	16.21	15.34
2006	17.70	18.82	19.46	16.78
2007	23.65	26.36	26.37	21.76
2008	18.65	22.41	14.64	17.88
2009	8.25	4.14	6.79	10.64
2010	18.00	16.47	23.95	17.29
2011	17.79	12.79	21.37	19.20
2012	11.11	6.68	14.27	12.24
2013	9.44	6.70	7.53	11.08
平　　均	14.74	16.06	16.15	14.03

数据来源：WIND 资讯。

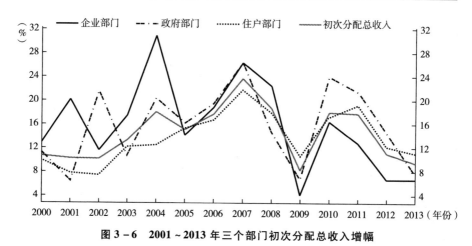

图3-6 2001~2013年三个部门初次分配总收入增幅

（3）劳动者报酬占初次分配总收入的比重。2000~2013年，劳动者报酬占初次分配总收入、住户部门初次分配总收入的比重，平均水平分别为46.92%、77.77%。2013年劳动者报酬占初次分配总收入、住户部门初次分配总收入的比重分别为50%、82%。2000年以来，劳动者报酬是住户部门初次分配总收入的主要部分，所占比重有升有降，但基本在70%以上，而劳动者报酬占初次分配总收入比重，呈先下降后上升趋势。从劳动者报酬的增幅上看，2000~2013年，劳动者报酬年均增幅11.93%，同期初次分配总收入、住户部门初次分配总收入年均增幅分别为14.74%、14.03%。劳动者报酬年均增幅分别比初次分配总收入、住户部门初次分配总收入低2.81和2.1个百分点。

表3-3 2001~2013劳动者报酬比重及增幅表

年份	劳动者报酬 （元）	增幅 （%）	占初次分配总收入 （%）	占住户部门初次分配总收入 （%）
2000	49948.20	8.76	51	77
2001	52351.29	4.81	48	75
2002	57576.79	9.98	48	77
2003	64271.53	11.63	47	76
2004	69639.64	8.35	43	73
2005	81888.02	17.59	44	75
2006	93822.83	14.57	43	73
2007	109532.27	16.74	41	70
2008	—		—	—

续表

年份	劳动者报酬 （元）	增幅 （%）	占初次分配总收入 （%）	占住户部门初次分配总收入 （%）
2009	170299.71	—	49	84
2010	196714.07	19.11	48	83
2011	234310.26	12.19	49	83
2012	262864.06	10.68	49	83
2013	290943.50	8.76	50	82
平均	—	11.93	46.92	77.77

数据来源：WIND 资讯。

从以上分析可看出，在初次分配总收入中，住户部门所占比重不高，且近年来呈下降趋势；而在居民收入中，劳动报酬占初次分配比重较低，近年来都低于50%。

2. 再分配现状分析

再分配是在初次分配基础上形成的可支配收入。研究再分配关系，主要分析三个部门再分配总收入、收入税、社会保险福利和社会补助分别占国民可支配总收入的比重及变动趋势。

（1）三个部门可支配总收入的比重和增幅。从表3 - 4可以看出，2000~2013年，企业、政府和住户部门再分配总收入占国民可支配总收入的比重，平均水平分别为22.34%、17.38%和60.28%。2013年企业、政府和住户部门再分配总收入占国民可支配总收入的比重分别为19.8%、18.9%和61.3%。2000年以来，政府部门再分配总收入占国民可支配总收入的比重呈上升趋势，企业部门所占比重呈先上升后下降趋势，住户部门所占比重呈先下降后上升趋势。

表3 - 4　2000~2013年三个部门可支配收入占国民可支配总收入比重

年份	国民可支配 总收入 （亿元）	企业部门		政府部门		住户部门	
		收入 （亿元）	比重 （%）	收入 （亿元）	比重 （%）	收入 （亿元）	比重 （%）
2000	99084.70	19200.55	19.40	14399.93	14.50	65484.21	66.10
2001	109386.33	22518.27	20.60	16431.06	15.00	70437.00	64.40
2002	120839.71	25524.32	21.10	19645.80	16.30	75669.59	62.60

续表

年份	国民可支配总收入（亿元）	企业部门		政府部门		住户部门	
		收入（亿元）	比重（%）	收入（亿元）	比重（%）	收入（亿元）	比重（%）
2003	137163.05	30011.68	21.90	22108.80	16.10	85042.56	62.00
2004	162184.90	39324.97	24.30	26954.68	16.60	95905.25	59.10
2005	186530.72	44220.56	23.70	32468.33	17.40	109841.84	58.90
2006	219484.02	51985.55	23.70	39375.26	17.90	128123.21	58.40
2007	271452.26	64948.88	23.90	51070.74	18.80	155432.63	57.30
2008	321733.82	78817.38	24.50	58914.45	18.30	184001.99	57.20
2009	347208.90	82492.39	23.80	60961.27	17.50	203755.25	58.70
2010	409891.98	96888.93	23.60	73618.80	18.00	239384.25	58.40
2011	481170.75	105568.32	21.90	90410.22	18.80	285192.21	59.30
2012	533088.87	109742.00	20.60	102553.67	19.20	320793.20	60.20
2013	582656.91	115167.56	19.80	110375.99	18.90	357113.36	61.30
平均水平		22.34%		17.38%		60.28%	

数据来源：WIND 资讯。

从表 3 - 5 还可以看出，2001～2013 年，国民可支配总收入年均增幅 14.69%。同期，企业、政府和住户部门再分配总收入年均增幅分别为 15.04%、17.16%、14.01%。企业部门年均增幅比国民可支配总收入高 0.35 个百分点，政府部门年均增幅比国民可支配总收入高 2.47 个百分点，住户部门年均增幅比国民可支配总收入低 0.68 个百分点。这说明，一是 2001 年以来，我国再分配向企业和政府部门倾斜，住户部门的再分配总收入增幅低于国民可支配总收入和企业、政府部门的可支配总收入的增幅。二是政府对再分配调控力度不大，住户部门的可支配总收入几乎全部取决于初次分配的状况，没有通过再分配获得更多的收入。三是我国经济的增长长期以来主要靠企业部门投资拉动，没有很好地发挥消费对经济增长的拉动作用。

表 3 - 5　2001～2013 年三个部门可支配总收入增幅

单位：%

年　份	可支配总收入	企业部门	政府部门	住户部门
2001	10.40	17.28	14.11	7.56
2002	10.47	13.35	19.56	7.43

续表

年　份	可支配总收入	企业部门	政府部门	住户部门
2003	13. 51	17. 58	12. 54	12. 39
2004	18. 24	31. 03	21. 92	12. 77
2005	15. 01	12. 45	20. 46	14. 53
2006	17. 67	17. 56	21. 27	16. 64
2007	23. 68	24. 94	29. 70	21. 31
2008	18. 52	21. 35	15. 36	18. 38
2009	7. 92	4. 66	3. 47	10. 74
2010	18. 05	17. 45	20. 76	17. 49
2011	17. 39	8. 96	22. 81	19. 14
2012	10. 79	3. 95	13. 43	12. 48
2013	9. 30	4. 94	7. 63	11. 32
平　　均	14. 69%	15. 04%	17. 16%	14. 01%

数据来源：WIND 资讯。

（2）可支配总收入与初次分配总收入变动分析。从表3-6可看出，一是国民可支配总收入比初次分配总收入多，但增幅不大。再分配阶段，企业是收入净转出部门，政府和住户是收入净转入部门。二是收支净额占可支配总收入比重高低，说明政府调控可支配总收入的作用大小。2000年以来，住户部门收支净额占可支配总收入比重仅在1%上下，说明住户部门可支配总收入取决于初次分配总收入，政府对住户部门可支配总收入调控的力度不大。

表3-6　2000～2013年可支配总收入与初次分配总收入变动

年份	可支配总收入		企业部门		政府部门		住户部门	
	增加值（亿元）	增加率（%）	增加值（亿元）	增加率（%）	增加值（亿元）	增加率（%）	增加值（亿元）	增加率（%）
2000	522. 5	0. 53	-1654. 1	-7. 93	1461. 1	11. 29	715. 5	1. 10
2001	702. 9	0. 65	-2540. 6	-10. 14	2639. 7	19. 14	603. 9	0. 86
2002	1074. 7	0. 90	-2453. 0	-8. 77	2899. 1	17. 31	628. 6	0. 84
2003	1444. 2	1. 06	-2871. 0	-8. 73	3553. 7	19. 15	761. 6	0. 90
2004	1895. 2	1. 18	-3728. 9	-8. 66	4600. 4	20. 58	1023. 8	1. 08
2005	1955. 0	1. 06	-4937. 9	-10. 04	6490. 5	24. 98	402. 4	0. 37

年份	可支配总收入		企业部门		政府部门		住户部门	
	增加值 （亿元）	增加率 （%）	增加值 （亿元）	增加率 （%）	增加值 （亿元）	增加率 （%）	增加值 （亿元）	增加率 （%）
2006	2237.5	1.03	-6425.9	-11.00	8341.9	26.88	321.4	0.25
2007	2821.2	1.05	-8857.4	-12.00	11853.8	30.23	-175.2	-0.11
2008	2997.2	0.94	-11528.6	-12.76	13955.0	31.04	570.8	0.31
2009	2162.5	0.63	-11592.8	-12.32	12950.8	26.97	804.5	0.40
2010	2754.2	0.68	-12692.6	-11.58	14108.6	23.71	1338.1	0.56
2011	1594.6	0.33	-18032.3	-14.59	18183.8	25.18	1443.2	0.51
2012	216.8	0.04	-22116.3	-16.77	20023.8	24.26	2309.2	0.73
2013	-539.8	-0.09	-25524.3	-18.14	21631.0	24.37	3353.5	0.95

数据来源：WIND 资讯。

（3）住户部门再分配经常转移收支变化分析。政府通过各种转移支付，从企业部门和国外取得经常转移收入，将其转化为住户部门的经常转移收入，平衡社会不同阶层之间的收入分配关系，保持社会和谐与稳定。住户部门的经常转移支出主要有社会保险福利和社会补助，住户部门的经常转移收入主要有个人缴纳社会保险费用和个人所得税。

1980 年我国实行个人所得税后，住户部门上缴的所得税越来越多。个人所得税已经成为政府调节住户部门可支配总收入的重要手段。从表 3 - 7 可以看出，一是个人所得税的绝对额逐年增加。2000 ~ 2013 年，我国收入税年均增幅达 22.72%。同期，住户部门的初次分配总收入、劳动者报酬和再分配总收入的年均增幅分别为 14.03%、11.93% 和 14.01%。个人所得税的增幅远高于住户部门劳动者报酬、初次分配总收入和再分配总收入的增幅。二是收入税增长速度不稳定，政府在收入税的法规制定和执行方面尚不完善。三是个人所得税对调节住户部门的可支配收入的作用没有得到充分发挥。2000 年以来，住户部门转移支出中，超过 20% 用于缴纳各种税收，但在住户初次分配总收入中仅占 1% ~ 2%，调节力度不大。

表 3-7　2000~2013 年住户部门收入税情况

年份	用户部门收入税（元）	收入税增幅（%）	占政府可支配总收入（%）	占政府转移支付净额（%）	占住户经常转移支出（%）	占住户初次分配总收入（%）
2000	659.6	59.46	4.58	45.15	23.38	1.02
2001	995.3	50.88	6.10	37.89	23.79	1.40
2002	1211.8	21.76	6.17	41.80	23.60	1.61
2003	1418.0	17.02	6.41	39.90	25.04	1.68
2004	1737.1	22.50	6.44	37.76	24.66	1.83
2005	2094.9	20.60	6.45	32.28	23.54	1.91
2006	2453.7	17.13	6.23	29.41	23.58	1.92
2007	3185.6	29.83	6.24	26.87	22.03	2.05
2008	3722.3	16.85	6.32	26.67	25.60	2.03
2009	3949.4	6.10	6.48	30.49	30.43	1.95
2010	4837.3	22.48	6.57	34.29	30.35	2.03
2011	6054.1	25.16	6.70	33.29	30.92	2.13
2012	5820.3	-3.86	5.68	29.07	31.83	1.83
2013	6531.5	12.22	5.92	30.20	35.18	1.85
平　均		22.72	6.16	33.93	26.71	1.80

数据来源：WIND 资讯。

政府利用社会保险福利和社会补助调控住户部门再分配总收入时，一方面取决于社会保险缴费，另一方面取决于财政资金。从表 3-8 可以看出，一是社会保险福利和社会补助占住户部门经常转移收入比重，2000~2013 年平均水平为 98.01%，说明社会保险福利和社会补助是住户部门再分配的主要收入。二是社会保险福利和社会补助占住户部门可支配总收入的比重，2000~2013 年略呈增长趋势，但平均水平仅为 7.8%，说明社会保险福利和社会补助还不是住户部门可支配收入的重要来源。三是社会保险福利和社会补助占政府部门可支配总收入比重，平均为 26.71%，社会保险福利和社会补助占政府经常转移支出的比重，平均达到 88.65%，说明社会保险福利和社会补助是政府经常转移支出的主要内容，但还不是政府可支配总收入的主要用途。

表 3 - 8　2000~2013 年住户部门社会保险福利和社会补助情况

年份	社会保险福利（元）	社会补助（元）	占政府可支配总收入（％）	占政府经常转移支出（％）	占住户可支配总收入（％）	占住户经常转移收入（％）
2000	2385.60	980.56	23.38	91.81	5.14	112.91
2001	2748.00	1160.60	23.79	91.95	5.55	83.62
2002	3471.50	1164.77	23.60	89.61	6.13	98.74
2003	4016.40	1519.85	25.04	91.37	6.51	96.40
2004	4627.40	2020.72	24.66	92.00	6.93	96.28
2005	5400.80	2241.91	23.54	91.46	6.96	90.96
2006	6477.40	2807.75	23.58	90.22	7.25	91.60
2007	7887.90	3364.60	22.03	89.73	7.24	88.05
2008	9925.10	5156.88	25.60	90.15	8.20	95.11
2009	12302.60	6246.03	30.43	90.37	9.10	100.97
2010	16207.24	6137.51	30.35	84.84	9.33	100.76
2011	20363.89	7588.85	30.92	81.76	9.80	100.35
2012	23930.70	8708.28	31.83	82.25	10.17	105.69
2013	28743.93	10090.96	35.18	83.60	10.87	110.64
平　均			26.71	88.65	7.8	98.01

数据来源：WIND 资讯。

3. 收入分配差距现状分析

通过分析城乡、区域、行业、阶层间的收入差距，反映了不同群体之间的收入分配关系。

（1）城乡居民收入差距。近年来，我国城乡居民收入差距尤为突出。从表 3 - 10 可以看出，2000 年以来，城镇居民人均可支配收入跟农村居民人均纯收入比的倍数，2000 年为 2.79 倍，2015 年达到 2.9 倍。2000 ~ 2015 年，农村居民人均纯收入平均增幅 10.49％，城镇居民人均可支配收入平均增幅 11.06％，相差 0.57 个百分点。

表 3 - 9　2000~2015 年城乡居民之间收入分配关系

年份	城镇居民家庭人均可支配收入		农村居民家庭人均纯收入		城镇居民家庭	农村居民家庭	城乡收入比
	绝对数（元）	增幅（％）	绝对数（元）	增幅（％）	恩格尔系数（％）	恩格尔系数（％）	
2000	6279.98	7.28	2253.40	1.95	39.40	49.10	2.79
2001	6859.58	9.23	2366.40	5.01	38.20	47.70	2.90

年份	城镇居民家庭人均可支配收入		农村居民家庭人均纯收入		城镇居民家庭	农村居民家庭	城乡收入比
	绝对数（元）	增幅（%）	绝对数（元）	增幅（%）	恩格尔系数（%）	恩格尔系数（%）	
2002	7702.80	12.29	2475.60	4.61	37.70	46.20	3.11
2003	8472.20	9.99	2622.20	5.92	37.10	45.60	3.23
2004	9421.61	11.21	2936.40	11.98	37.70	47.20	3.21
2005	10493.03	11.37	3254.90	10.85	36.70	45.50	3.22
2006	11759.45	12.07	3587.00	10.20	35.80	43.00	3.28
2007	13785.81	17.23	4140.40	15.43	36.30	43.10	3.33
2008	15780.76	14.47	4760.60	14.98	37.90	43.70	3.31
2009	17174.65	8.83	5153.20	8.25	36.50	41.00	3.33
2010	19109.44	11.27	5919.00	14.86	35.70	41.10	3.23
2011	21809.78	14.13	6977.30	17.88	36.30	40.40	3.13
2012	24564.72	12.63	7916.58	13.46	36.23	39.33	3.10
2013	26955.10	9.73	8895.90	12.37	35.00	37.70	3.03
2014	29381.00	9.00	9892.00	11.20	——	——	2.97
2015	31195.00	6.17	10772.00	8.90	——	——	2.90
平均水平		11.06%		10.49%	——	——	——

数据来源：WIND 资讯。

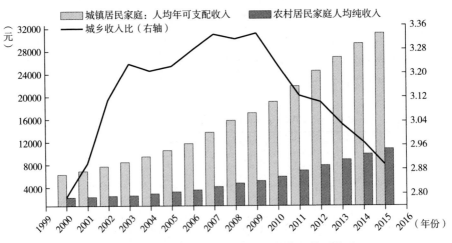

图 3 - 7　2000 ~ 2015 年城乡居民之间收入分配关系

（2）区域居民收入差距。长期以来，中国一直被明显的区域间收入差距所困扰。过大的地区收入差距，既有历史的原因，也有近年来出现的新问题。既有地区内部城乡人口结构的差异，也有农村内部和城镇内部地区的收入差距。从表3－10、图3－8可以看出，东、西部农村居民人均纯收入之比大于城镇居民人均可支配收入之比，2000年为2.03倍，2011年为1.83倍，农村内部地区相对差距没有出现明显的扩大趋势。东、西部城镇居民人均可支配收入之比，2000年为1.48，2011年为1.45，城镇居民收入地区相对差距没有出现缩小趋势。从绝对值上看，东部地区与中部、西部的收入分配差距逐渐拉大，东部地区有其特有的绝对优势，中部、西部想赶超东部地区有很大的难度。

表3－10 区域居民之间收入分配关系

单位：元

年度	东 部		中 部		西 部		最高与最低比	
	城镇	农村	城镇	农村	城镇	农村	城镇	农村
2003	10366	4160	7011	2240	7917	2046	1.48	2.03
2004	11523	4565	7799	2566	8817	2283	1.48	2.00
2005	13375	4720	8809	2956	8783	2378	1.52	1.98
2006	14967	5188	9902	3283	9728	2588	1.54	2.00
2007	16974	5855	11634	3844	11309	3028	1.50	1.93
2008	19203	6598	13226	4453	12971	3518	1.48	1.88
2009	20953	7156	14367	4793	14213	3816	1.47	1.88
2010	23273	8143	15962	5510	15806	4418	1.47	1.84
2011	26406	9585	18323	6530	18159	5247	1.45	1.83

数据来源：WIND资讯。

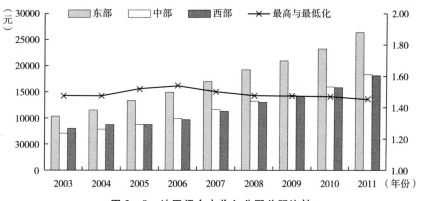

图3－8 地区间个人收入分配差距比较

（3）行业之间收入差距。从表3-11可以看出，各行业职工平均工资都有较大的增长，但行业间收入增幅差距大。改革开放30多年来，电力、信息、科技、金融等收入最高行业的工资，与农林牧渔业、制造业、建筑业等收入最低行业的工资差距不断扩大。2003~2010年，最高工资收入行业与最低工资收入行业收入之比，一直保持在4倍以上，相对差距没有明显减小。2003年收入最高与最低行业员工的平均工资的绝对差距为24013元，到2011年绝对差距达61640元。2008年之前，最高收入行业为信息传输、计算机服务和软件业，2009年以后变化为金融业，而2003年以来农、林、牧、渔业一直为收入最低行业。

表3-11　按行业分职工平均工资水平比较

单位：元

年　　份	2003	2004	2005	2006	2007	2008	2009	2010	2011
农、林、牧、渔业	6884	7497	8207	9269	10847	12560	14356	16717	19469
采矿业	13627	16774	20449	24125	28185	34233	38038	44196	52230
制造业	12671	14251	15934	18225	21144	24404	26810	30916	36665
电力、燃气及水的生产和供应业	18574	21543	24750	28424	33470	38515	41869	47309	52723
建筑业	11328	12578	14112	16164	18482	21223	24161	27529	32103
交通运输、仓储和邮政业	15753	18071	20911	24111	27903	32041	35315	40466	47078
信息传输、计算机服务和软件业	30897	33449	38799	43435	47700	54906	58154	64436	70918
批发和零售业	10894	13012	15256	17796	21074	25818	29139	33635	40654
住宿和餐饮业	11198	12618	13876	15236	17046	19321	20860	23382	27486
金融业	20780	24299	29229	35495	44011	53897	60398	70146	81109
房地产业	17085	18467	20253	22238	26085	30118	32242	35870	42837
租赁和商务服务业	17020	18723	21233	24510	27807	32915	35494	39566	46976
科学研究、技术服务和地质勘查业	20442	23351	27155	31644	38432	45512	50143	56376	64252
水利、环境和公共设施管理业	11774	12884	14322	15630	18383	21103	23159	25544	28868

续表

年 份	2003	2004	2005	2006	2007	2008	2009	2010	2011
居民服务和其他服务业	12665	13680	15747	18030	20370	22858	25172	28206	33169
教育	14189	16085	18259	20918	25908	29831	34543	38968	43194
卫生、社会保障和社会福利业	16185	18386	20808	23590	27892	32185	35662	40232	46206
文化体育和娱乐业	17098	20522	22670	25847	30430	34158	37755	41428	47878
公共管理和社会组织	15355	17372	20234	22546	27731	32296	35326	38242	42062
全国平均工资水平	13969	15920	18200	20856	24721	28898	32244	36539	41799
最高与最低收入比	4.49	4.46	4.73	4.69	4.40	4.37	4.21	4.20	4.17

数据来源：WIND 资讯。

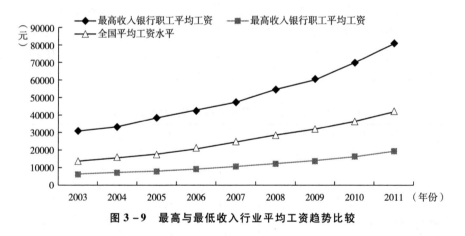

图 3 - 9 最高与最低收入行业平均工资趋势比较

（4）不同阶层收入差距。城镇居民收入分配差距进一步扩大。从表 3 - 12 可以看出，2000 年城镇居民 10% 的最高收入户与 10% 的最低收入户，人均可支配收入比为 5.02，2011 年为 8.56。2000 年城镇居民 10% 的最低收入户人均可支配收入比全国平均水平少 3627 元，2011 年这一差距已经达到 14934 元，绝对差距不断扩大。

表 3 – 12　城镇居民不同收入分组人群人均可支配收入水平

单位：元

年度	城镇平均收入	最低收入户（10%）	低收入户（10%）	中等偏下户（20%）	中等收入户（20%）	中等偏上户（20%）	高收入户（10%）	最高收入户（10%）	最高与最低收入之比
2000	6280	2653	3634	4624	5898	7487	9434	13311	5.02
2001	6860	2803	3856	4947	6366	8164	10375	15115	5.39
2002	7703	2409	3649	4932	6657	8870	11773	18996	7.89
2003	8472	2590	3970	5377	7279	9763	13123	21837	8.43
2004	9422	2862	4429	6024	8167	11051	14971	25377	8.87
2005	10493	3134	4885	6711	9190	12603	17203	28773	9.18
2006	11759	3569	5541	7554	10270	14049	19069	31967	8.96
2007	13786	4210	6505	8901	12042	16386	22233	36785	8.74
2008	15781	4754	7363	10196	13984	19254	26150	43614	9.17
2009	17175	5253	8162	11244	15400	21018	28386	46826	8.91
2010	19109	5948	9285	12702	17224	23189	31044	51432	8.65
2011	21810	6876	10672	14498	19545	26420	35579	58842	8.56

数据来源：WIND 资讯。

从表 3 – 13、图 3 – 10 可以看出，按照农户人均纯收入水平五等份分组计算，2000 年农村居民低收入户纯收入与高收入户纯收入比为 6.47，2011 年达到 8.39。2000 年农村居民低收入户人均纯收入比全国平均水平少 1451 元，2011 年这一差距进一步达到 4976 元，绝对差距不断扩大。

表 3 – 13　农村居民五等份分组人群人均纯收入水平

年度	农村平均收入	低收入户（20%）	中等偏下户（20%）	中等收入户（20%）	中等偏上户（20%）	高收入户（20%）	最高与最低收入之比
2000	2253	802	1440	2004	2767	5190	6.47
2001	2366	842	1512	2104	2905	5726	6.80
2002	2476	857	1548	2164	3031	5896	6.88
2003	2622	866	1607	2273	3207	6347	7.33
2004	2936	1007	1842	2579	3608	6931	6.88
2005	3255	1067	2018	2851	4003	7747	7.26
2006	3587	1182	2222	3149	4447	8475	7.17
2007	4140	1347	2582	3659	5130	9791	7.27
2008	4761	1500	2935	4203	5929	11290	7.53
2009	5153	1549	3110	4502	6468	12319	7.95
2010	5919	1870	3621	5222	7441	14050	7.51
2011	6977	2001	4256	6208	8894	16783	8.39

数据来源：WIND 资讯。

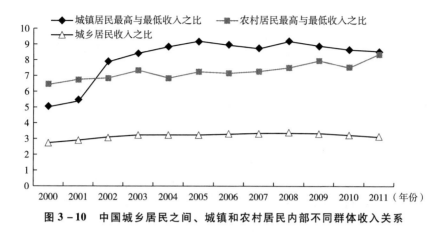

图 3 - 10 中国城乡居民之间、城镇和农村居民内部不同群体收入关系

三 我国居民收入分配差距问题的原因

收入分配差距问题的产生，有其深层次原因，如社会、政治、文化、道德等多方面的因素，也有其产生的直接原因，主要是分配制度、分配政策和分配体系等。下面将从以市场为主导的初次分配体制、以政府为主导的再分配体系和以社会力量为主导的第三次分配体系三个方面加以分析。

1. 以市场为主导的初次分配体制不规范

在市场经济条件下，初次分配主要靠市场自发调节机制发挥作用，由于我国市场机制还有待健全和完善，在初次分配中还存在一些问题。

（1）劳动者报酬偏低。改革开放以来，我国把廉价劳动力比较优势作为国家长期对外开放的战略，但这是以挤压劳动者合理的劳动工资、生活条件和最基本的社会保障为代价的。同时，资本全球化提升了资本相对劳动的优势地位，同地方政府为了 GDP 增长竞相吸引外资，致使劳动力市场上出现极力压低劳动力价格的现象。而且，我国尚未形成合理的工资增长机制，劳动收入的增长率慢于资本收入的增长率，劳动者所得与其真实的劳动付出并非对称。

（2）生产要素市场发育不充分。我国的资本、土地、劳动力、技术等生产要素市场发育不充分，各级政府掌握着稀缺生产要素（资本、土地等），通过压低稀缺生产要素的价格，破坏了正常的市场竞争秩序。政府利用行政权力低买高卖，从中获取大量土地利润的背后，却是相当多的农民的利益受到损失；房地产开发商以拿地成本高而炒作抬高房价，使房价居高不下，让财富从无产者向有产者转移。而在资本市场上，我国只对国有资本完全开放，这样确保了国资的控股地位，但是不利于外部融资，中小企业由于得不到信贷供给而被挤出了信贷市场；证券市场上，股票价格与上市公司的经营状况脱节，没有真正反映公司的经济效益状况，致使少数人获得暴利，大多数人亏本。

（3）垄断行业收入过高。在我国，垄断行业或部门由于享有政府特殊补贴或政策特权，处于市场竞争优势地位，必然产生高额的垄断收益。垄断行业的收益在很大程度上又转化为垄断行业职工的收入，这种高额的垄断收益必然偏向性地催生职工的高额收入。即使某些垄断部门经营亏损，但由于手里有可以分配的国有资产，其员工仍然拿着高工资、高补贴。国家对于民营经济进入一些垄断性行业的门槛设置过高，民营经济难以进入，缺乏有效竞争，使这些垄断性行业长期处于独家垄断地位，更进一步加剧了收入分配的不公平。

2. 以政府为主导的再分配体系不完善

经过市场初次分配后，必定会产生收入分配差距，但是目前我国以政府为主导的再分配体系还不是很完善，相关调节措施还不是很成熟，从而影响了再分配体系功能的发挥。

（1）税收的调节力度有限。税收既是国家财政收入的主要途径，也是调节社会成员收入分配的重要措施。我国现行的税制结构的突出特点是：增值税、消费税、营业税等流转税所占比重偏高，个人所得税和财产税所占比重偏低，这就弱化了税收对个人收入的调节力度。高收入人群主要依靠财产性收入，而财产税和消费税等征缴制度不完善，致使对高收入人群个税征收存在灰色地带。此外，我国的社会保障税、遗产税和赠予税都还没有建立，相关税种的缺失使税收调节收入差距的空间十分有限，弱化了税制的收入调节功能。

（2）政府转移支付制度的调节力度不够。转移支付在缩小收入分配差距、增强收入分配流动性等方面有较显著的作用。近年来，我国加大了地区间的转移支付调节力度，但是转移支付对收入差距的调节作用仍然有限。一方面，为平衡各地区间财力差距、实现公共服务均等化的转移支付规模过小；另一方面，专项转移运作不够科学规范，支付规模又有些过大。

（3）社会保障水平偏低。社会保障是对国民收入进行分配和再分配的一种实现形式，也是实现社会公平的一项重要举措。但就全国范围而言，目前的社会保障水平极不平衡，保障的实际水平偏低。第一，社会保障的资金投入不足。我国在社会保障方面的投入在 GDP 中所占比例极低（2% ~ 3%），这就直接制约了社会保障水平。第二，社会保障的覆盖面比较窄。目前我国社会保障大多局限于城市居民，对于广大的农村而言，社会保障才刚刚起步，基础非常薄弱。第三，社会保障的实际水平偏低。地区间的发展不平衡直接导致了地区之间社会保障水平的不平衡，特别是在经济发展落后的省份和地区，贫困居民所能获得的实际社会保障普遍偏低，往往不能满足基本生活的需要。

3. 以社会力量为主导的第三次分配体系不健全

第三次分配是在公民自愿的基础上，对在国民收入再分配之后的又一次分配，是以捐赠、资助和募集等方式进行的另一个层面的社会资源再配置，以社会中介组织机构为功能载体，形成一个相对独立的社会资源再分配体系。但是，目前我国慈善捐赠事业的发展还存在着不少"瓶颈"因素。

（1）相关法律法规不健全。目前，我国还没有出台针对性和目的性都很强的慈善法律法规，包括慈善组织的定位设立、具体的运行机制和监督机制等都不健全。慈善事业的设立准入、产权划分、监督监管、投资融资等都缺乏相应完整的法律框架，使一些有意向从事慈善事业者只能驻足等待，部分社会自发自主的慈善事业只能在摸索中前进。

（2）慈善捐赠规模较小。目前，我国慈善事业整体发展形势仍不容乐观，慈善捐赠占 GDP 的比重较低，慈善事业的发展相对滞后于当前的经济发展。2003 年，美国人捐赠额达到 2410 亿美元，人均捐献善款达 460 美元，占当年人均 GDP 的 2.17%。而 2012 年，我国内地直接接收社会捐赠款物 578.8 亿元，捐款额度最高的 2008 年也仅为 764 亿元，人均捐款仅为 4.99 美元，仅占当年人均 GDP 的 0.18%。我国现有规模不等的 100 多家慈善公益组织，其建设质量参差不齐，各公益组织所掌握的资金总额非常有限，仅占 GDP 的 0.1%。美国目前有慈善基金组织 120 万家，分配金额高达 6700 亿美元、占有 GDP 的 9% 的资金。我国的社会捐赠活动一般发生在遇到灾害或突发事件的时候，大部分由政府组织。如 2003 年"非典"时期，北京市民政部门收到的捐赠相当于平常年份 25 年接受额的总和；2008 年发生的举世震惊的"5·12"汶川大地震中，短短一个月，我国企业和个人捐款额就达 500 多亿元。但是，这种集中突击的捐赠活动对收入分配差距的调节作用是非常有限的。

第四节　投资与消费结构的失衡与改善：消费引擎初步启动，再平衡任重道远

一　最终消费率严重偏低，投资率始终偏高

中国经济在过去 30 年取得了高速增长，但最终消费率严重偏低并持续走低。20 世纪 70~80 年代，最终消费率长期在 62%~68% 的区间波动；20 世纪 90 年代平均为 61%；从 2001 年至今，消费率一直处于 62% 以下，2007~2014 年连续 8 年在 52% 以下，其中，2010 年创历史最低水平为 49.1%，大大低于 70% 以上的世界平均水平。总体来讲，我国最终消费率从 1978 年的 62.1% 下降到 2014 年的 51.2%，平均每年下降 0.32 个百分点，最终消费率呈现持续走低的态势。只是在最近几年，我国最终消费率经过长时间持续走低后才略有探底企稳之势，2011~2014 年分别为 50.2%、50.8%、51.0%、51.2%。

反观改革开放以来的投资率，则始终偏高并持续攀升，1978~1990 年平均为 35.77%，1991~2000 年平均为 37.6%，2001~2014 年平均为 42.57%。特别是 2001 年以来，随着工业化和城市化的加快推进，以及房地产市场逐步升温，投资率上升较快，2008~2014 年平均为 45.86%，2011 年达到 47.33% 的历史高位，2012~2014 年分别为 46.45%、46.49%、46.04%。

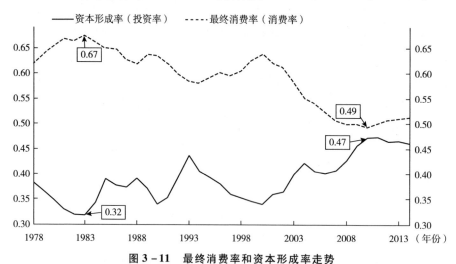

图 3-11　最终消费率和资本形成率走势

资料来源：Wind 资讯。

二　资本形成总额增速大多数时间明显快于最终消费增速和经济增长速度

改革开放以来，我国国内生产总值保持了持续快速增长的势头，但其增速明显慢于资本形成总额增速，且两者增速之差有逐年扩大的趋势。这直接导致我国资本形成总额占 GDP 的比重即投资率始终偏高并持续攀升，最终消费占 GDP 的比重即最终消费率严重偏低并持续走低。从全球金融危机以来至 2010 年，我国经济增速和最终消费增速仍明显慢于资本形成总额增速，投资、消费的结构扭曲仍在持续。自 2011 年起这一情况开始有所改善：2011 年和 2012 年资本形成总额增速均低于同期最终消费增速和经济增速，但 2013 年又出现反弹。

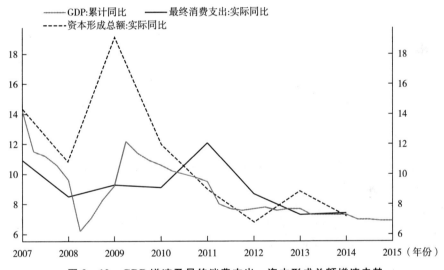

图 3-12　GDP 增速及最终消费支出、资本形成总额增速走势

资料来源：Wind 资讯。

三　消费需求不足还表现为消费结构不均衡

一是最终消费支出中政府消费率偏高，居民消费率偏低。在最终消费支出中，30 多年来，政府消费比率始终保持在 13% ~ 17% 的水平上，而居民消费率则相应从最高 54% 左右下降到最低 36% 左右，目前仍在 38% 左右的低位徘徊。二是城乡居民消费支出差距较大。居民消费支出中城镇居民消费支出比重较高，农村居民消费支出比重下降。近十多年来，城镇居民消费率从 18% 左右逐步上升到 30% 左右，而农村居民消费率则从

30%左右快速下滑到8%左右。从2013年居民消费水平看，按当年价格计算，城镇居民消费水平是农村居民的3.5倍左右，远远高于2000年时的2倍左右，而1990年这一比例仅为1倍多。

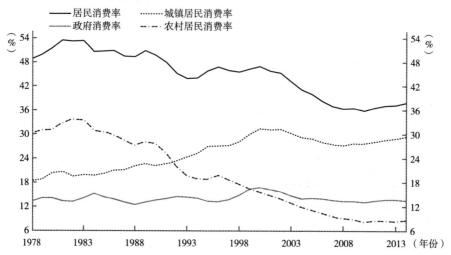

图3-13　居民消费率、农村居民消费率、城镇居民消费率及政府消费率走势
资料来源：Wind资讯。

四　国际金融危机后资本形成对经济增长的贡献仍整体高于最终消费对经济增长的贡献

长期以来，我国GDP的年均增长速度为9.8%左右，资本形成总额对经济增长的贡献率由1997年的14.6%急速增加到2003年的69.6%，2009年由于应对金融危机，贡献率更是达到创纪录的87.1%，2014年仍高达46.7%。同时，最终消费支出对经济增长的贡献率则从1999年的87.1%下降到2008年的44.7%，金融危机后有所回升，但2014年也仅有51.6%。最近几年，两大需求对经济增长的贡献出现交错领先之势。

五　中国消费率明显低于国际平均水平，消费增速低于GDP增速，偏离了世界经济发展的一般趋势和标准结构

世界各国虽然在经济发展水平、经济总量与结构、发展环境等方面存在差异，其最终消费水平高低不一，但各个国家在最终消费率的变动上又有一些共同的趋势和特征，主要表现在：一是世界各国最终消费率总体

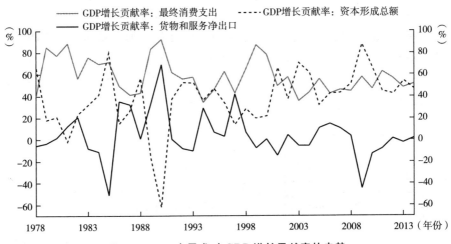

图 3-14 三大需求对 GDP 增长贡献率的走势

资料来源：Wind 资讯。

上稳中趋高。20 世纪 70 年代以来，世界平均及不同收入国家的最终消费率基本在 75%~80% 的范围内小幅波动，低收入国家最终消费率更是基本维持在 80% 的高水平，美国的最终消费率也在 80% 左右。中国的消费率不仅低于工业化国家，即便在经济条件较为相近的金砖国家当中，消费占 GDP 的比重也明显偏低。比如，巴西和印度的消费率都接近 60%，远高于中国。二是世界各国最终消费增长同步或略高于 GDP 增长，呈现出稳中趋高的走势。据世界银行发布的世界发展指标数据显示，1991~2007 年，无论是英国、日本这样的发达国家，还是印度尼西亚等发展中国家，其消费增长均高于经济增长。世界年均消费增长率为 4.3%，而年均 GDP 增长率为 3.7%，反映出消费增长高于经济增长的趋势。

中国的投资率比世界平均水平（20% 左右）高 1 倍以上，是世界上投资率最高的国家之一。中国目前的投资率比一些国家历史上处于类似发展阶段时的投资率也要高一些，如日本在经济起飞阶段的投资率大体在 30%~35%，韩国基本在 37% 以内。

将我国最终消费率与世界各国最终消费率变动趋势进行比较，可以发现我国最终消费率居于世界较低水平，明显偏离了世界最终消费率变化的一般趋势，具体表现在以下几个方面：一是我国最终消费率远低于世界平均水平，而且与世界平均水平的差距还有进一步扩大的趋势。二是我国最终消费率既低于高收入国家，也低于中低收入国家，大体来看，低于高收入国家 10～20 个百分点，低于低收入国家 15～22 个百分点，低于中等收入国家和中低收入国家 8～18 个百分点。三是我国消费增速低于 GDP 增速，不同于世界消费与 GDP 增长同步或略高于 GDP 增长的趋势。总之，我国最终消费率偏离了世界经济发展的一般趋势和标准结构，反映出我国内需不足、消费增长缓慢已经达到相当严重的程度。

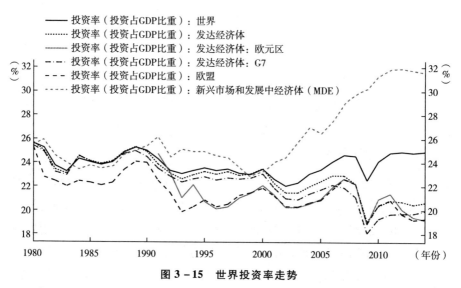

图 3－15　世界投资率走势

资料来源：Wind 资讯。

表 3－14　中国及世界居民消费率

单位：%

国家和地区	Country or Area	1990 年	2000 年	2005 年	2009 年	2010 年	2011 年
中国	China	46.7	46.7	38.1	33.9	34.6	34.4
中国香港	Hong Kong, China	57.1	59.0	58.2	62.4	62.2	
中国澳门	Macao, China	39.2	40.2	31.1	26.8	22.7	20.7
孟加拉国	Bangladesh	86.2	77.7	76.4	77.5	76.8	78.3
文莱	Brunei Darussalam	34.8	29.6	27.4	22.2	13.2	
柬埔寨	Cambodia		89.2	86.1	79.2	81.7	
印度	India	64.6	64.8	57.6	57.3	56.5	58.0
印度尼西亚	Indonesia	58.9	60.7	62.7	56.6	56.9	56.1
伊朗	Iran	59.3	47.9	45.9			
以色列	Israel	55.6	53.9	55.8	56.9	58.2	62.4
日本	Japan	53.3	56.5	57.8	60.1	59.3	

续表

国家和地区	Country or Area	1990 年	2000 年	2005 年	2009 年	2010 年	2011 年
哈萨克斯坦	Kazakhstan		61.9	49.9	50.7	49.3	49.4
韩国	Korea, Rep.	51.8	54.6	53.7	54.0	52.7	
老挝	Laos		93.5	81.2	68.2	68.6	69.0
马来西亚	Malaysia	51.7	43.8	44.8	49.9	48.0	
蒙古国	Mongolia	68.7	69.6	55.2	58.1	53.1	50.2
巴基斯坦	Pakistan	73.8	75.4	77.0	81.2	81.9	82.4
菲律宾	Philippines	71.5	72.2	75.0	74.7	71.6	77.9
新加坡	Singapore	45.3	43.1	40.1	38.2	38.9	40.6
斯里兰卡	Sri Lanka	75.9	72.1	69.0	64.5	65.8	68.1
泰国	Thailand	56.8	57.2	57.8	54.8	53.7	53.6
越南	Viet Nam	84.3	66.4	62.5	65.9	64.9	65.8
埃及	Egypt	72.6	75.9	71.6	76.1	74.7	75.8
南非	South Africa	57.1	63.0	63.1	60.3	59.4	59.4
加拿大	Canada	56.7	55.4	55.3	58.7	57.9	
墨西哥	Mexico	69.6	67.0	67.0	66.1	64.8	64.1
美国	United States	66.6	69.0	70.1	71.2	70.9	
阿根廷	Argentina	77.1	70.7	60.8	58.5	59.8	61.3
巴西	Brazil	59.3	64.4	60.3	61.1	59.6	60.3
委内瑞拉	Venezuela	62.1	51.8	46.8	64.5	57.1	64.3
捷克	Czech Rep.	50.3	51.9	49.3	50.3	50.3	50.5
法国	France	57.5	56.2	56.9	58.1	58.0	57.7
德国	Germany	57.7	58.4	58.8	58.4	57.5	57.3
意大利	Italy	57.0	59.9	59.0	60.3	60.6	61.3
荷兰	Netherlands	49.7	50.4	48.8	45.9	45.4	44.9
波兰	Poland	48.3	64.1	63.4	61.2	61.4	
俄罗斯联邦	Russian Fed.	48.9	46.2	49.4	52.5	49.6	52.1
西班牙	Spain	60.5	59.7	57.8	56.1	57.7	58.3
土耳其	Turkey	68.7	70.5	71.7	71.5	71.2	79.0
乌克兰	Ukraine	57.1	54.4	57.9	64.5	62.9	66.9
英国	United Kingdom	62.2	65.6	65.0	64.2	64.0	64.4
澳大利亚	Australia	56.6	58.4	58.0	53.5	54.1	53.0
新西兰	New Zealand	61.0	59.7	59.5	59.3	58.6	

资料来源：世界银行 WDI 数据库。

六 投资与消费的比例失衡和结构扭曲给我国经济运行带来严重的负面影响

首先，投资与消费比例的长期失衡可能造成经济的大起大落，加剧宏观经济波动。投资只是一种相对意义的"最终需求"，其名为当期需求，实为下期供给，依靠高投资可以推动经济增长，但不具有可持续性。如果消费率长期偏低，没有和投资率形成合理的比例关系，就会使投资增长失去最终需求的支撑，进一步加剧生产能力过剩，进而引发新的通货紧缩，严重影响经济的健康发展。

其次，投资率不断攀升而消费率持续走低将加剧我国经济运行的金融风险。投资的过快增长不仅可能导致部分行业的盲目扩张和重复建设，也可能导致投资效率的下降。盲目扩张和重复建设的行业会出现生产能力过剩，必然导致一些企业出现亏损甚至破产倒闭，从而形成新的银行呆坏账；而投资效率的下降会导致企业还债能力的下降，进一步增加我国的金融风险。

再次，投资与消费比例失衡还会加大我国城镇的就业压力，使城镇就业矛盾日益突出，并直接影响居民的收入增长。近年来我国的政府投资主要偏向于基础设施建设及资金密集型产业，但这些产业的投资增长创造的就业岗位有限，而对创造就业较多的劳动密集型产业的投资相对较少。从三大产业的发展规律来看，较高的投资率将使我国第二产业的增加值比重逐步上升，而较低的消费率却易导致第三产业发展缓慢，而第三产业对新增就业岗位的贡献却远远大于第二产业的贡献。反之亦然。

最后，投资与消费比例失衡使中国发展经济的资源环境宏观成本被严重低估。高投入、高耗能产业的发展，加重了我国大气、土地、水污染和能源、原材料的供给压力。

过去30多年中国的GDP一直保持着10%左右的高速增长，然而消费需求不足，使GDP增长缺乏内在的动力。政府采取鼓励出口的政策，用净出口弥补国内需求不足，维持了较快的增长。但2008年全球金融危机以后，连续几年出口受到抑制，导致国内经济出现下行趋势。2009年起，我国用极度宽松的货币政策强行把经济增速拉了起来，形成"V"形反转，但消费需求不足的问题仍未解决。反倒是又出现了资产价格飙升和泡沫急剧膨胀，居民消费价格指数也快速攀升，之后又不得不采取紧缩性的宏观经济政策来抑制房地产价格和物价上涨的势头，进而打压了经济增长，经济陷入增长乏力的困境，二次探底风险大增，经济大起大落的痼疾始终得不到根治。在"十二五"时期，投资与消费的比例关系并没有明显的变化，但可喜的是，投资与消费的结构有了缓慢和微弱的改善：尽管消费的增幅有所回落，但是投资回落得更快。需求结构开始出现进一步改善的迹象，消费成为推动经济发展的重要引擎，这是多年来宏观调控的期盼效果，来之不易。

七　消费率偏低、投资率偏高的原因

目前我国投资率偏高、消费率偏低，消费对经济增长的贡献有限，究其原因，在于转变经济发展方式和保持经济平稳增长关系的处理上，思想认识还没有完全统一。具体来看，投资率偏高、消费率偏低是由现阶段经济发展水平、收入分配差距以及公共服务体系等多种因素综合作用的结果。一是在工业化、城镇化快速推进过程中，产业结构也在快速变动和调整。二是收入增长缓慢、收入预期下降。与经济增长速度和城乡居民收入平均增长速度相比，长期以来，政府财政收入（和支出）增速相对过快，企业利润增速相对过快，社会财富和收入分布不均衡程度持续恶化。三是收入差距的加大制约了我国消费率的增长。城乡差距、地区差距、行业差距造成的不同群体间的收入差距，特别是垄断导致劳动报酬在国民收入中的占比下降，收入差距直接导致消费差距过大，中低收入居民大部分余钱难以形成有效购买力。四是汽车、商品房对消费品市场的带动作用减弱。五是政府公共服务的供给不足，使居民对未来预期的不确定性认同增强，降低了居民的消费能力和消费意愿，如社会保障水平较低仍使不少居民谨慎消费，住房、医疗、养老教育费用持续高企，使居民的消费和投资行为更为谨慎，大大压缩了可能的消费空间。六是我国投融资体制不健全，对地方政府考核不科学。投融资体制的不健全、投资微观机制的预算"软约束"，以及对地方政府考核体系的不科学，重增长、轻发展，以致许多地方政府把 GDP 增长率作为主要的追求目标，使地方政府普遍存在投资冲动，其结果必然是消费和投资的失衡。

当然，对于投资与消费的比例关系，也需要客观、动态地看。我们认为，较高的投资率也有其合理和积极的一面，中国未来的经济增长还需要较高的投资率来维持，这主要基于以下四方面考虑：一是我国目前正处于由工业化中期向后期转变、城市化发展较快的阶段，要求经济发展保持较

高的投资率。二是随着中国经济对外需依赖程度的下降，内需特别是投资需求只有维持较高水平才能使经济保持较高增速。三是从宏观经济平衡的角度来看，中国较高的储蓄率要求较高的投资率来支撑。四是高投资率可为消费的长期持续增长夯实基础。特别是在当前全球经济复苏基础仍不牢固、国内经济下行压力较大时，在短期内消费结构还难以明显升级的情况下，稳投资仍是稳增长的重要手段。

第五节　内需和外需结构的失衡与改善：内外需失衡、内外经济发展不协调局面有所改善

随着国内外形势的发展变化，我国内外经济发展不协调、内需与外需结构不合理的问题越来越明显，突出表现在贸易依存度相对较高、贸易顺差的持续大幅度增长和外汇储备规模的不断累积上。

2007年，出口占我国GDP的比重约为35%，2008年为32%，2009年受国际金融危机的影响，降至24%，2010~2015年分别为26%、25%、24%、23%和21%。2007~2015年我国对外贸易依存度分别为62%、57%、44%、49%、49%、46%、44%、42%和33%。从国际比较看，新加坡、马来西亚和泰国等以贸易立国的资源贫乏国家，其贸易依存度一般都高于100%，而美国、日本、巴西和印度等发达国家和发展中国家，一般都低于30%。

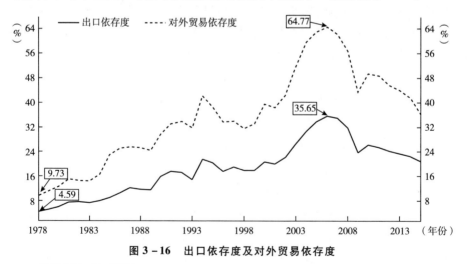

图3-16　出口依存度及对外贸易依存度

资料来源：Wind资讯。

近20年来中国贸易顺差不断增长。1995年仅为1404亿美元，2000年约为1996亿美元，2005年即暴涨为8374亿美元，2008年达到峰值20868亿美元之后，于2011年回落至相对低点10079亿美元，之后又一路攀升，2015年贸易顺差再创新高，达到创纪录的36865亿美元。

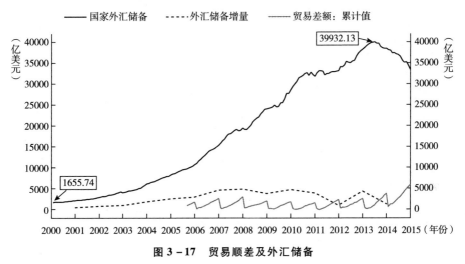

图3-17 贸易顺差及外汇储备

资料来源：Wind资讯。

与此同时，外汇储备更是快速积累，尤其是2004年以来，发生跳跃性增长，至2015年年底，我国外汇储备已超过3.33万亿美元。出口导向并不是一种可以"以不变应万变"的政策。在发展的早期阶段，当存在大量需要就业的劳动力、资源不太紧缺、环境还有相当承受能力的时候，采取这种政策的正面效应是主要的。但是，无论是从国内资源能源约束，还是从国际市场的容纳空间来看，粗放型的出口模式都是不可持续的。这种情况不仅不利于对外开放战略的长期有效实施，对我国国内的发展也会产生多方面的不利影响：一是容易引起国际贸易纠纷和遭受贸易保护主义的冲击。二是发展成果的共享性较差，资源也未能得到充分利用。三是对我国宏观经济政策的实施形成制约，是造成流动性过剩的重要原因。四是对国内产业的升级也有一定程度的不利影响。

总体看，我国正处于后"出口导向型"经济发展阶段，2008年之前，内需与外需结构失衡较为严重：外需比重高、增长空间有限，对外依赖度居高不下；内需增长乏力，潜力有待挖掘。由于我国出口依然属于粗放型增长，无论从国内资源能源约束还是从国际市场容纳空间看，我国出口的迅速扩张都不可持续。2008 年国际金融危机之后，内外需失衡的局面有所改善，出口依存度和对外贸易依存度均已出现见顶回落之势。

从净出口对总需求增长的贡献来看，30 多年来外需贡献一直很不稳定，波动较大，最高时如 1990 年，贡献率高达 69.4%；最低时如 1985 年，贡献率低至 - 51.2%。整体来看，外需对 GDP 的贡献呈现剧烈波动状态。在 2008 年世界金融危机以前，外需对总需求增长的贡献度较高。但在 2008 年世界经济危机的影响下，外需对总需求的作用急剧成为负数，2009 年达 - 44.8%。足见我国需求结构受国际经济形势的影响之大。

近几年我国外需减弱主要是受到国内外多种因素的影响：一方面，世界经济格局深度调整，我国企业拓展出口空间的难度加大。国际金融危机后，世界经济格局正在深度调整，主要经济体复苏态势不平衡，我国发展面临的国际环境十分复杂，出口面临发达国家和发展中国家的双重挤压。金融危机后，美国等发达国家推行"再工业化"和"出口倍增计划"，加剧了我国出口产品在高端市场的竞争压力，限制了我国出口增长。另一方面，我国劳动力成本优势在持续弱化，一些劳动密集型产业和订单陆续开始转移到东南亚等发展中国家，部分劳动密集型产品被别的国家的同类产品替代。此外，随着我国外贸总量规模的扩大，针对我国的贸易保护也愈演愈烈，国际市场竞争更加激烈。

第四章　创新驱动新常态

综合国力竞争说到底是创新的竞争。面对世界经济仍处于深度调整期的重大挑战和新一轮科技与产业革命处于孕育期的重大机遇，中国正努力把推动发展的立足点转到提高质量和效益上来。未来"十三五"时期乃至更长一段时期，我们都要把加快实施创新驱动发展战略、加快创新型国家建设作为全部工作的"牛鼻子"，改变实践中更多从技术层面来理解创新的狭隘认识，拓宽创新的认识视野，加深创新的理解层次。把创新范畴从通常的科技创新，真正拓展到理论观念、体制机制、发展方式、科学技术以及社会管理创新等各个方面中去。把创新的层次从一般的成果和过程，深入到创新主体激励、创新环境培育、创新人力开发、创新环境营造、创新文化建设，并延伸到创业和创意的各方面，真正实现"大众创业、万众创新"，实现"创新"对经济社会发展的有效推动。可以预见，随着我们深入实施创新驱动发展战略，大力推动科技创新、产业创新、企业创新、市场创新、产品创新、业态创新、管理创新等，逐步形成以创新为主要引领和支撑的经济体系和发展模式，创新驱动将为经济发展、转型和升级提供根本动力，创新驱动必将替代过去的要素和投资驱动，成为新的常态。

第一节　世界科技发展的新趋势及其影响

自20世纪90年代以来，人类正经历一场全球性的科技革命。其中，信息技术、生物技术、能源技术和新材料技术作为最具代表性的科技领域，对人类社会进步和发展起到了巨大促进作用。这几个领域的未来发展状况，也是世界各国普遍关注的热点。

一　当前世界科技发展的历程及未来可能发生重大突破的领域

党的十八大强调，科技创新是提高社会生产力和综合国力的战略支撑，必须摆在国家发展全局的核心位置，并明确提出了"实施创新驱动发展战略"。这是党中央从全面建成小康社会的战略高度，基于对我国当前和未来加快转变经济发展方式的重大战略需求，基于对世界科技发展新趋势的深刻认识，而做出的一项重大战略决策，指明了新时期我国科技的发展方向，赋予了我国科技界新的历史使命。

1. 世界科技革命发展历程

科技革命有两种驱动：一种是社会需求驱动，另一种是知识与技术体系内在的驱动。16 世纪以来世界已发生了五次科技革命，其中两次是科学革命，三次是技术革命。

在 16 世纪和 17 世纪，以伽利略、哥白尼、牛顿等为代表的科学家，在天文学、物理学等领域带来了世界第一次科技革命。这场历时 144 年的科技革命是近代科学诞生的标志。18 世纪中后期，蒸汽机、纺织机的发明及机器作业代替手工劳动带动了第二次科技革命，这也是世界上第一次工业革命，蒸汽机的广泛使用推动了英国的工业革命与现代化。

在 19 世纪中后期，以电力技术和内燃机的发明为主要标志的第三次科技革命，带动了钢铁、石化、汽车、飞机等行业的快速发展。19 世纪中后期至 20 世纪中叶，以进化论、相对论、量子论等为代表的科学突破引发了第四次科技革命，也促进了自然科学理论的根本变革。

到了 20 世纪中后叶，以电子计算机、信息网络的出现为标志带来了第五次科技革命。

科技革命源于社会需求驱动，又极大地促进了社会和经济的大发展。比如，在 18 世纪中后期，当时英国工业生产能力相当于全世界的 40% ~ 50%，欧洲大陆和美国也先后开始了工业化进程。德国迅速跃升为世界工业强国。德国在化工方面发展很快，我们现在的一些基本化工、原材料，包括化肥在内的很多技术都源于德国在那个时候的创新。美国在世界工业生产中的份额于 1890 年上升到世界第一位，日本也从那个时期起建立了工业化基础。到 20 世纪中后期的第五次科技革命，美德法英等国进入工业化成熟期，日本在这个阶段抓住了机遇，实现了经济的腾飞，1950 ~ 1985 年其经济增长高达约 120 倍。

20 世纪初发生的第四次科学革命的标志性成果包括：量子力学、相对论、宇宙大爆炸学说、DNA 双螺旋结构模型、板块构造理论、计算机科学等。但 20 世纪下半叶以来，从科学角度来说，未能出现可以与上述六大成果相提并论的理论突破或重大发现，"科学的沉寂"已达 60 余年。

2. 世界科技发展的六大新趋势

国内外多位专家认为，新时期在一些基本科学问题以及能源与资源、信息网络、先进材料和制造、农业以及人口健康等领域，孕育着新科技革命的重大突破。

第一，在宇宙演化、物质结构、意识本质等一些基本科学问题上，孕育着新的科技突破。

首先，在宇宙演化方面，揭开暗物质、暗能量之谜，将是继哥白尼的日心说、牛顿的万有引力定律、爱因斯坦的相对论及量子力学之后，人类认识宇宙的又一重大飞跃，将引发新的物理学革命。暗物质是具有质量，但是不会和光发生任何作用的物质。暗能量是充满宇宙空间，使宇宙膨胀加速、具有负压力的能量。2012年，我国科学家首次实现了对中微子第三种振荡模式的精确测量。中科院、国内有关机构及国际合作者在大亚湾中微子实验中发现的中微子振荡模式，标志着我国在粒子物理研究的最前沿取得了世界领先的重大成果。它被美国《科学》杂志评选为2012年世界十大科技突破之一，也是以中国科学家为主的研究成果首次被国外评为当年度十大科技突破之一。2012年7月，欧洲核子中心向全球宣布，找到一种新亚原子粒子，与之前预言构成质量的"上帝粒子"（希格斯玻色子）的特征"一致"，这项成果也被美国《科学》杂志评为2012年世界十大科技突破之一。

在物质结构方面，随着科学家对单粒子和量子态进行调控，对量子世界的探索从"观测时代"走向"调控时代"，量子计算、量子通信、量子网络、量子仿真等领域将实现变革性突破，也可以成为解决人类对能源、环境、信息等需求的重要手段，其意义不亚于量子力学进展导致的20世纪信息革命。

2012年诺贝尔物理学奖获奖者在量子物理学方面取得了卓越的成就。法国的塞尔日·阿罗什打造出一个微波腔，借助单个原子在微波腔中会辐射或吸收单个光子的特性，实现了操纵单个光子。美国的大卫·维因兰德制造出一个离子阱，先用光来俘获离子，然后用激光冷却离子，进而对离子进行测量和控制。两位物理学家用突破性的实验方法，实现了对单个粒子动态系统的测量和操作。

在意识本质方面，探索智力的本质、了解人类的大脑和认知功能，是当代最具挑战性的基础科学问题，一旦突破将极大地深化人类对自身和自然的认识，引起信息与智能科学技术新的革命。2011 年 4 月 11 日《自然》杂志刊载：英国科学家开发出一种新技术，绘制出小鼠视觉皮层的部分神经连接"布线图"，使揭开大脑之谜、开发计算机大脑模型的梦想离现实又近了一步。2011 年 8 月，美国国防预研规划局（DARPA）研制的大脑控制机械手臂问世，它可能以大脑植入微小芯片的手段，让大脑直接将指令传输给机械手臂，瞬间完成指定动作。随着科研成果的不断发展创新，对意识本质的探索也逐渐深入。

第二，在能源与资源领域，人类必然从根本上转变无节制耗用化石能源和自然资源的发展方式，迎来后化石能源时代和资源高效、可循环利用时代。

可再生能源和安全、可靠、清洁的核能将逐步代替化石能源，成为人类社会可持续发展的基石。通过对未来全球能源结构的分析和预测，欧洲研究报告预计，到 2050 年全球一半的能源将通过可再生能源来满足需求。

我国在能源资源研究方面与国际先进水平还有较大差距。我们常说中国"地大物博"，但如果按人数平均分配资源，我们是资源贫乏的国家。我国是否"物博"还需要探矿，所以我们进行了深部资源探测分析。世界上一些矿业大国矿床的勘探深度达到 2500 ~ 4000 米，而我国已有矿床的勘探深度大都小于 500 米。这是因为我国探矿技术手段与这些发达国家相比还有很大的差距。例如，美国使用人工地震和水平钻探等开采技术，成为唯一大规模商业开采页岩气的国家。2010 年，美国页岩气产量达到 1378 亿立方米，占美国天然气产量的 25% 左右，近五年年均增长 48%，200 多家企业掌握了页岩气开采技术，推动了一场"页岩气革命"。美国说，不依靠中东石油，依靠页岩气就可以保证自己的能源供给，甚至可以输出页岩气的开采技术。在这方面，我国还存在一些技术瓶颈，而且不可能从美国直接购买页岩气开采技术。这不仅是因为技术昂贵，最主要是美国页岩气开采技术需要耗费大量能源和大量水，可能不适合中国实际。

第三，在网络信息领域，信息技术和产业正进入一个转折期，2020 年前后可能会出现重大的技术变革。

在 21 世纪，信息技术及其产业对其他产业的巨大渗透性和带动性，超出了几乎所有人的预想。信息网络领域的新时代正在到来，新型信息功能材料、器件和工艺不断创新，智能传感器、大数据存储将取得突破。云计算、物联网、工业互联网等技术的兴起促使信息技术渗透方式、处理方法和应用模式发生变革，促进人、机、物融合，消费者将在更大程度上参与设计和制造的过程，甚至成为生产过程的一个重要环节。未来信息技术发展的 10 个问题，包括组织加固和组织瓦解、由软件定义的网络、更大的数据和存储空间、混合型云服务、客户端架构和服务器架构、物联网、信息技术设备、操作复杂性、虚拟数据中心和信息技术等。

目前，宽带网络、无线网络、智能网络继续快速发展，超级计算、虚拟现实、网络制造与网络增值服务等产业突飞猛进。集成电路正在逐步进入"后摩尔时代"，计算机逐步进入"后 PC 时代"，"Wintel"平台正在瓦解，多开放平台正在形成。互联网将进入"后 IP 时代"，云计算兴起是信息技术应用模式的一场变革，信息快速发展改变了目前学习、科研、制造、贸易等的形式。2012 年中国电子商务市场交易规模仍然达 8.1 万亿元；占 GDP 比重上升到 15.6%；网络零售额超过 1.26 万亿元，已经达到国民消费的 6%，这种网络商业化的模式也在改变着人们的生活方式。

未来的信息技术将要应对规模、性能、能耗、安全四大技术挑战。到 2025 年，将会有百亿级用户、万亿级的终端；到了 2025 年，我们需要 ZB（10 的 21 次方）级数据处理，采用现有技术需要 100 亿台服务器；谷歌数据显示每次点击需要耗费 0.0003 度电，到 2025 年，采用现有技术的年用电量将是 2009 年全国发电量的 3 倍；2025 年将颠覆传统信息网络的安全边界，延伸到物理世界和人类世界，不可避免地要面对安全挑战。人、机、物三元融合的新应用正逐步将现有 ICT 技术推到极限，变革势在必行。

第四，在先进材料和制造领域，绿色成为主要趋势。

材料和制造是人类文明的物质基础，而且制造业是国民经济的产业主体。智能制造从分子层面设计、制造和创造新材料，与直接数字化制造结合，将产生爆炸性的经济影响。未来 30~50 年，能源、信息、环境、人口健康、重大工程等对材料和制造的需求将持续增长，先进材料和制造的全球化、绿色化、智能化将加速发展，制造过程的清洁、高效、环境友好日益成为世界各国追求的主要目标。

新一代材料的发现和应用可以改变生产、生活的很多方面。例如，新一代石墨烯是目前最薄、最硬的纳米材料，几乎完全透明，电阻率比铜和银更低。石墨烯的研究成果在 2010 年获得诺贝尔物理学奖，预计 2024 年前后，石墨烯器件有望替代 CMOS 器件，应用领域包括纳电子器件、光电化学电池、超轻型飞机材料等。基于石墨烯开发出新型储能设备，可将充电时间缩短到一分钟，作为导电材料和导热材料可用在光伏或光热产业。各国正在加大研发投入，推动商业化。

在化学领域，绿色化学是当今国际化学科学研究的前沿学科之一，是一门具有明确社会需求和科学目标的新型交叉学科。1999 年英国皇家化学会创办了第一份国际性《绿色化学》杂志，日本也制订了以环境无害制造技术等绿色化学为内容的"新阳光计划"，在环境技术的研究与开发领域，确定了环境无害制造技术、减少环境污染技术和二氧化碳固定与利用技术等绿色化学的内容。绿色化学很快成为国际化学科学的前沿学科。

第五，农业领域将在一些基本的问题上取得突破。

农业将进入生态高效可持续发展时代，不仅要继续发挥其保障食物安全和国民经济发展等传统功能，还将担负起缓解全球能源危机、提供多样化需求和优良生态环境等新使命。

在生物多样性演化过程及其机理，高效抗逆、生态农业育种科学基础与方法，营养、土壤、水、光、温与植物相互作用的机理和控制方法，耕地可持续利用科学基础，全球变化农业响应和食品结构合理演化等方面取得突破，将能够保证农业生态高效和可持续发展。另外，分子育种成为农业前沿科技和热点。目前，我国的大豆、玉米等很多种业都是被国外公司控制的，国家的育种面临危险和挑战。农业分子育种是战略性新兴产业。当前主流的单基因转基因技术尽管较为成熟，但作物性状改良范围和空间有限，未来的发展方向是多基因控制、多目标嵌入的农业分子模块育种。

第六，人口健康领域孕育重大突破和产业发展。

预计 21 世纪中叶，全球人口将达 80 亿～100 亿人。人类将面临传统传染病新的变异和传播，新的感染性疾病、心理障碍和精神性疾病、代谢性疾病、老年退行性疾病的挑战。必须提高人口质量，保证食品、生命和生态安全，通过疾病早期预测诊断与干预、干细胞与再生医学等研发，攻克影响健康的重大疾病，将预防关口前移，走一条低成本普惠的健康道路。

目前，在重大的疾病治疗诊治上，首选是常规药物，但很难彻底治愈；其次是进行手术，一旦器官在手术中被割掉，就要进行器官移植，但是器官来源是有限的。基于干细胞的再生医学，有望解决人类面临的神经退行性疾病、糖尿病等重大医学难题，引发继药物、手术之后的新一轮医学革命，正在孕育重大创新突破。美国 FDA 已批准干细胞治疗和用于心脏病和急性脊髓损伤的临床研究。干细胞产业也随着制药企业和风险投资的大量介入，逐步进入成熟阶段，替代器官、干细胞药物研发等将促进干细胞新兴产业的快速发展。

在上述的六个领域中，任何一个领域的突破性原始创新，都会为新的科学体系建立打开空间，引发新的科学革命。任何一个领域的重大技术突破，都有可能引发新的产业革命，为世界经济增长注入新的活力，引发新的社会变革，加速现代化和可持续发展进程。

二 世界科技发展的特点和影响

1. 世界科技发展的新特点

（1）学科的交叉和融合，使重大创新更多地出现在学科交叉领域。科学和技术之间的高度融合，是当代科学技术发展的一个基本特征。科学和技术的结合和相互作用、相互转化更加迅速，逐步形成了统一的科学技术体系。数学和定量化方法的广泛应用是当代科学技术发展的又一个基本特征，标志着人类对自然的认识已从定性阶段全面进入定量阶段。量子力学的突破使量子化学、量子生物学应运而生，使化学、生物学进入了定量化阶段，深化了人类对于化学、生物学基本原理的认识。数学和统计力学的发展，结合大规模计算和仿真技术的应用，深化了人类对复杂系统的认识，促进了地学、环境科学等学科向定量化演进。

自然科学和人文社会科学的相互渗透，极大地改变着人类的生活方式。历史经验告诉我们，任何一个技术创新活跃的时代，无不伴随着人文创新的导引。18 世纪以来，世界科学中心和工业重心从英国转到德国，再到美国，无不包含着深厚的文化根由。今天，科学不仅在物质生活层面上支持和促进人和文化的发展，而且在精神生活层面上关注和推动人和文化的发展，给人的生存和发展注入更加完整和深刻的内涵。

（2）新时期科技创新、转化和技术更新速度不断加快，原始性创新的地位日益突出。目前，科研成果转化为现实生产力的周期越来越短，技术更新速度也日益加快。在 19 世纪，从电的发明到应用时隔近 300 年，实现电磁波通信时隔近 30 年；到了 20 世纪，集成电路的应用仅仅用了 7 年时间，而激光器的应用仅仅用了一年。今天，人类基因组、新能源、纳米材料等本属于基础研究的成果，而研发者在中间成果阶段就申请了专利，有些甚至迅速转化为产品走进人们的生活。当前科学与技术的界限日益模糊，技术和产品的更新换代速度不断加快，经济竞争已前移到原始性创新阶段。原始性创新能力已经成为国家间科技竞争成败的分水岭，成为决定国际产业分工地位的一项基础条件。

（3）新时期科技与产业变革、经济、教育、文化、社会等的联系和相互影响日益紧密。在科学技术发展中，我们不仅要考虑其对自然的开发能力，而且更要重视人与自然的和谐相处，尽可能以知识投入来替代物质投入，以达到经济、社会与生态的和谐统一。

2. 世界科技革命将带来的影响

（1）首先是科技推动社会生产力发生巨变，极大地拓宽生产领域与对象，开辟新的产业领域，提高生产效率，同时提高了劳动者自身的素质，提高了管理、运营和交易的效率。推动生产方式发生根本变革，机械化、自动化生产方式使人从笨重的体力劳动中解放出来，而信息化的生产方式不光代替了一部分脑力劳动，更重要的是将原先封闭的生产方式转变为全球化的、开放的生产方式，使全球的每一个生产资源都可以被带动、被优化、被组合。生物技术方面的进展，不断创造出清洁、文明、无污染的生产过程，同时使生产过程中消耗的能量及物耗降至最低，大部分材料又可以被再生利用，最大限度地减少对周边环境的污染。

（2）通过科技推动产业结构加快调整，发达国家纷纷通过发展科学技术产业和现代服务业，把能源消耗比较重的产业向发展中国家转移，从而带动了全球范围的经济结构调整。目前我国经济虽然取得了较快的发展，但是所从事的还是以躯干型的制造业跟传统的服务业为主，附加值很低。随着新时期科技的发展，全球技术要素和市场要素配置方式将发生革命性变化，将有可能对以低成本劳动力密集为特征的中国制造业造成冲击。因此我国要从制造大国逐步走向创造大国，有自己的自主技术和自主品牌，才能真正从躯干发展到头脑。

（3）科技推动全球市场经济的发展。它不断增加市场交换的内涵和规模，加快资本、人才、商品和信息流通的速度，改变传统的交易和结算方式，为市场的监管和调控提供崭新的手段，同时使各种要素在全球范围内得以优化配置，科技不断改变人类的生活方式。但是，在参与全球的社会当中也将面临许多虚拟世界的危机和新的挑战，我们不能否定网络与信息、科技对推进人类生活进步发挥的积极作用，这些负面问题和新的挑战更需要我们关注和加以解决。

（4）科技发展也促进了教育和文化的发展。它要求人们改变自己的知识结构，由单一的专业性人才逐步转变为基础知识扎实的综合型人才，要求将传统的常规教育转变为终身学习与教育。人们必须在一生中不断地汲取新的知识，不断地提高自己的技术能力，才能够在社会上生存、发展并在竞争中取得优势。

三 "第三次工业革命"即将到来

1. 第三次工业革命的内涵

近日，美欧学者预言，一种建立在信息技术和清洁能源相结合基础上的"新一轮工业革命"即将到来，全球技术要素和市场要素配置方式将发生革命性变化。第一次工业革命使19世纪的世界发生了翻天覆地的变化，第二次工业革命为20世纪的人们开创了新世界，第三次工业革命同样也将对21世纪产生极为重要的影响，它将从根本上改变人们生活和工作的方方面面。以化石燃料为基础的第二次工业革命给社会经济和政治体制塑造了自上而下的结构，如今第三次工业革命所带来的绿色科技正逐渐打破这一传统，使社会向合作和分散关系发展。

美国经济学家杰里米·里夫金对第三次工业革命进行了论述。他在《第三次工业革命》一书中提出，工业革命必须包含三大要素：新能源技术的出现、新通信技术的出现以及新能源和新通信技术的融合。当新的能源、通信技术出现、使用和不断融合时，将极大地改变人类的生产方式，进而改变人类的生活方式。因此，第三次工业革命就是目前新兴的可再生能源技术和互联网技术出现、使用和不断融合后，将带给人类生产方式及生活方式的再次巨大改变。

可再生能源的转变、分散式生产、储存（以氢的形式）、通过能源互联网实现分配和零排放的交通方式构成了新经济模式的五个支柱，即变燃烧碳基化石燃料的结构为使用可再生新能源的结构；将每一处建筑转变成能就地收集可再生能源的迷你能量采集器；将氢和其他可储存能源储存在建筑里，利用社会全部的基础设施来储藏间歇性可再生能源，并保证有持久可依赖的环保能源供应；利用网络通信科技把电网转变为智能通用网络，让上百万的人可以把周围建筑产生的电能输送到电网中去，在开放的环境中实现与他人的资源共享，其工作原理就像信息在网络上产生和传播一样；改变由汽车、公交车、卡车、火车等构成的全球运输模式，使之成为以可再生能源为动力的运输工具构成的交通运输网。在全国各地建立充电站，人们可以在充电站购买电能。

在这五大支柱中，基础设施是通信技术和能源的有机结合，它可以开创一种具有活力的经济体系。在这一体系中，通信技术充当中枢神经系统，对经济有机体进行监管、协调和处理；能源则好比血液，为将自然的馈赠转化为商品和服务这一过程提供养料，从而维持经济的持续运行和繁荣。因此，基础设施就像是一种生命系统，把越来越多的人纳入更为复杂的经济社会中。正如历史上任何其他的通信、能源基础设施一样，支撑第三次工业革命的五大支柱必须同时存在，否则其基础便不会牢固，因为它们是依靠相互间的联系发挥作用的。

2. 第三次工业革命将给人类社会带来重大变革

互联网技术与可再生能源的融合，使新一轮工业革命将以数字化制造为核心内容，分散式合作技术与生产方式将构成第三次工业革命的基本内涵。随着各类新软件、新工艺、机器人和网络服务的逐步普及，大量个性化生产、分散式就近生产将成为未来生产活动的重要特征，从而导致工业乃至社会发生重大变革，而传统的大规模流水线生产方式则将终结。这一过程，不仅将推动一批新兴产业诞生、发展以替代已有产业，还将导致社会生产方式、制造模式乃至生产组织方式等发生变革。

第一，能源生产与使用的变革。面临化石能源储备数量的限制与燃烧化石能源产生的环境污染，人们一方面需要在理念、技术、资源配置、消费习惯、社会组织等诸多方面转型，另一方面更急切地需要开发可替代的再生能源，以保障社会生产的可持续性。太阳能、风能、水力、地热以及生物能源已成为可开发利用的可再生能源，随着新技术的突破、普遍采用以及规模经济等因素的影响，其应用成本已开始迅速下降。

第二，生产方式与流程的变革。新的生产方式将以互联网技术与网络平台为支撑，以数字化、智能化大规模定制为主要特点，以保障个性化消费的实现。在新的生产方式下，制造业数字化将颠覆"铸造毛坯、切削加工、组装成品"等一系列传统的、循序渐进的生产流程，通过数字化叠加的方式，在制造流程中将最终产品快速成型，整合原材料直接以"打印"的方式将产品生产出来。

第三，生产组织方式的变革。全新的生产方式与生产流程决定了未来的生产组织也将呈现出完全不同的方式。目前的生产组织方式以"集中生产，全球分销"为主要特征，运输成本高，信息搜寻与交易成本较大。在以 3D 打印机为代表的数字化、智能化生产技术下，"分散生产，就地销售"将成为新生产组织方式的主要特征。

第四，生活方式的变革。新工业革命使得购物消费能够在"3D 打印店"里完成，进而大幅缩减生产与消费在时间和空间上的距离，人们可以边消费、边生产，实现真正的体验式消费。此外，家用 3D 打印机也可以让消费者在家中生产消费，富有个性化的自给自足或将成为一种新的潮流。

3. 部分国家应对第三次工业革命的政策

部分国家为迎接新科技革命，纷纷把科技作为国家发展战略的核心，出台一系列创新战略和行动计划。它们都加大了科技创新投入，在新能源、新材料、信息网络、生物医药、节能环保、低碳技术、绿色经济等重要领域加强布局，更加重视通过科技创新来优化产业结构，驱动可持续发展和提升国家竞争力，力图保持科技前沿领先地位，抢占未来发展制高点。

美国在发展清洁能源、高水平就业、振兴制造业、保持强大繁荣和全球影响力等方面采取一系列战略行动。日本实施应对资源匮乏、老龄化社会和经济停滞危机的新增长战略，致力于发展绿色经济。欧盟提出智慧增长、包容增长、可持续增长，力图建立创新型新欧洲，最近发布了"Global European2050"，以复兴欧洲为目标，提出了中长期研发重点和政策。俄罗斯实施促进经济由资源型向创新型转变的战略。印度提出了要在2020 年成为知识型社会与全球科技领导者的目标。

（1）奥巴马的"能源新政"：抢占新能源制高点。在新一轮经济危机背景下，美国在高水平就业、振兴制造业、促进经济健康发展、发展清洁能源、保持强大繁荣和全球影响力等方面采取了一系列战略行动。"能源新政"构成了奥巴马整个执政纲领的中枢，美国政府将展开以新能源应用为核心的一整套国民经济重组计划。大致包含如下四方面内容：一是建立全国统一电网系统。美国的电网体系构建于 20 世纪的 50 ~ 60 年代，它的损耗与维修成本很高，年损耗大约是 3000 亿 ~ 5000 亿美元。奥巴马政府提出建立一个覆盖 4 个时区，以超导电网和智能电网为主的全国统一电网。二是加大对新能源技术的投入。奥巴马政府计划投资 1500 亿美元用于新能源技术的研发。比如超载电网技术、新能源汽车技术等，都已经达到技术突破的临界点，美国政府的这项措施对能源技术新的突破与产业化起到重大作用。三是从 2012 年开始美国对所有企业增收排污排放费用，超额的排污排放企业，都将被收取高额费用。这一政策将推动大量的可再生能源在美国使用，促进美国经济把新能源作为主力产业，使美国经济产生跨越式重组。四是大力推动混合动力汽车的生产和使用。美国将对每台新能源汽车、混合动力汽车补贴 7000 美元，到 2015 年，美国年销售本土生产的插电式混合动力汽车将达到 100 万台。

奥巴马能源新政的真正战略意图在于改变国际资源的分配体制，造就一个达数十万亿美元的新型产业，大量增加国内就业需求，拉动美国经济再次崛起，实现美国从消费社会向生产社会的转型，彻底改造美国的生产方式和生活方式。

（2）欧盟"新工业革命"：让工业重回欧洲。欧洲的政治家积极参与"新工业革命"。欧盟委员会从 2012 年 5 月底开始在网上公开征集意见，为制定欧洲工业政策寻求优化方案。

欧盟委员会副主席塔加尼为欧洲新工业革命勾勒了九大优先领域：一是中小企业，新增就业岗位中的 85% 是由中小企业提供的。二是汽车工业，将改进传统发动机的能效，同时将大力投资零排放发动机。三是可再生能源，到 2020 年可提供就业岗位 100 万个，潜在创造产值超 1000 亿欧元。四是高能效建筑，实施建筑能源领域革新可创造 50 万个工作机会，每年减少 50 亿欧元的能源支出。五是旅游业，大力吸引新兴市场国家的游客。六是智能城市，建筑、交通、照明和垃圾处理更加符合可持续发展的要求，智能电网则是将这些环节连接起来的神经系统。七是原材料革新，成立"创新伙伴关系"，鼓励成员国加强在原材料保护、开采和处理方面的合作，同时寻找替代性原材料，加强原材料回收利用。八是关键用能技术，确定微电子和纳米电子、先进材料、工业生物科技、光电子、纳米技术和先进制造体系的发展战略，预计到 2015 年带来的经济效益可超 1 万亿欧元。九是卫星导航，建设的伽利略系统和全球安全环境监视计划将在今后 20 年内带来总计 1600 亿欧元的经济产值。

（3）日韩绿色发展战略：一场重大的社会变革。日本向第三次工业革命迈进，主要体现在高度信息技术和新能源管理的结合上，可再生能源用高度信息技术控制，使能源利用效率达到最大化。

第一，大力开发智能电网。日本政府对制定智能电网国际标准极为重视，并积极采取行动与美国联合，确立了在冲绳和夏威夷进行智能电网共同实验项目。日本到 2020 年在环保能源、医疗卫生、观光旅游领域将创出总计超过 100 万亿日元的新市场，创造 480 万个就业岗位。力争使日本企业生产的蓄电池的全球市场占有率达到 50%，约获得 10 万亿日元的市场份额。新建住宅的节能达标率力争从现在的 40% 左右提高到 100%。

第二，积极研发新一代环保车。2010～2012 年，丰田汽车、日产汽车公司推出插电式电混合动力车（PHV）、"LEAF" 电动汽车等，一次充电可行走 200 公里，相当于普通汽车的 1/3，并且相当于普通中型轿车的价格。据预测，到 2016 年电动汽车的世界市场规模将达到 37 万辆，到 2020 年将达到 175 万辆。

第三，智能电视和机器人。日本是机器人制造大国，除产业机器人应用日益广泛外，日本开发的智能机器人的本事也越来越大，比如用来支援老人生活的机器人。NEC 公司开发出一种名叫 PAPERO 的机器人，内置可以会话的软件程序，可向老人打招呼，明白老人说话的内容，可以辨认人的面孔，目光跟着老人移动。据经济产业省预测，到 2015 年护理机器人的市场规模为 167 亿日元，到 2035 年为 4000 亿日元，包括可以成为老人朋友的机器人在内，2025 年，可创造出 2.6 万亿日元的市场，到 2035 年，市场将增加到 5 万亿日元。

韩国政府也将低碳与绿色发展作为重要的发展战略。韩国政府制定了《新增长动力规划及发展战略》，将绿色技术、尖端产业融合、高附加值服务三大领域共 17 项新兴产业确定为新增长动力。2010 年，通过政府研究，向 26 个商业项目共投资 1550 亿韩元，以支持促进经济发展的新兴产业。在上述发展战略指引下，韩国的大型企业将和中小企业共同合作，在生物制药、机器人技术、脱盐设备、发光二极管、新型半导体、绿色轿车等领域获得政府的研究与开发资金支持。如三星打算组成生物技术公司，SK 能源和浦项打算开发天然气和洁净煤，LG 则打算研究电池等。

第二节　创新的内涵及实施创新驱动发展战略、建设创新型国家的若干建议

一　全面准确把握"创新"的丰富内涵

当前，中国经济正逐步迈向"新常态"，在由过去的要素驱动向创新

驱动转变的大背景下，我们应如何理解"创新"的内涵？

以"创新"理论闻名于世的美国著名经济学家熊彼特曾经非常深刻地指出，创新的本质应该是"创造性破坏"。熊彼特通过对从静止的"循环流转"到经济发展的根本现象的深入剖析，赋予其"创新"概念以特殊内涵，主要包括以下五种情况：（1）引进新的产品，即产品创新；制造一种消费者还不熟悉的产品，或一种与过去产品有本质区别的新产品。（2）采用一种新的生产方法，即工艺创新或生产技术创新。采用一种产业部门从未使用过的方法进行生产和经营。（3）开辟一个新的市场，即市场创新。开辟有关国家或某一特定产业部门以前尚未进入的市场，不管这个市场以前是否存在。（4）获得一种原料或半成品的新的供给来源，即开发新的资源，不管这种资源是已经存在，还是首次创造出来。（5）实行一种新的企业组织形式，即组织管理创新。如形成新的产业组织形态，建立或打破某种垄断。

习近平同志多次强调，创新始终是推动一个国家、一个民族向前发展的重要力量。说到底综合国力的竞争是创新的竞争。要深入实施创新驱动发展战略，推动科技创新、产业创新、企业创新、市场创新、产品创新、业态创新、管理创新等，加快形成以创新为主要引领和支撑的经济体系和发展模式。

我们所理解的"创新"具有十分丰富的内涵，与以往的概念有两点重要区别：第一，它不是传统意义上的科学技术层面的狭义创新，而是从国家和战略层面出发，包含了理论观念、体制机制、发展方式、科学技术和社会管理等多方面、多层次的战略性、系统性、综合性的广义创新。第二，它不是传统意义上的单纯以企业为主体的狭义创新，而是把全社会的每一个成员都看成活跃的创新主体，是注重激发全社会创新活力和创新动力、激发全体人民创新智慧和创新意识的创新实践，是既充分发挥政府主导作用，更着力激发包括企业、个人、社会组织和各类民间团体在内的创新、创业和创意热情的创新实践，是始终致力于培育整个国家的创新精神、全面提升整个国家的创新能力的创新实践。

笔者理解，创新作为一种推动力，其内涵至少应包括以下五个方面。

第一，理论观念创新。创新不是从脑子中空想出来的，而是从实践中提炼出来的，从"农村包围城市"到农村土地制度改革，再到改革开放，从毛泽东思想、邓小平理论，到"三个代表"重要思想，再到"科学发展观"等一系列理论观念创新,都是中央在不同发展阶段,面对新的国际国内形势和发展趋势,提出引领我国经济平稳较快发展,全面实现小康社会的根本思想保证。在众多创新中,理论观念创新是创新中的灵魂,是社会实践的需要,是一个组织、一个企业始终保持活力,不断在激烈的竞争中取得胜利的根本保证。

第二,体制机制创新。新中国成立以来,尤其是改革开放30多年以来,我国始终把创新体制机制作为经济工作的主要抓手,基本实现了由高度集中的计划经济体制向社会主义市场经济体制的根本性转变。但是,由于受历史传统的影响较深,体制性机制性障碍成为我国经济社会全面协调可持续发展的瓶颈。未来一个时期,应紧紧抓住国际经济和国际市场深刻转型的重大历史机遇,努力变挑战为机遇,积极推动适应经济新常态、推动国家治理体系和治理能力现代化的体制机制改革。加快建立有利于科学发展、有利于经济发展方式转变的体制机制,真正把保持经济增长、转变经济发展方式、调整优化产业结构、推动创新驱动发展、改革体制机制等重大任务有机统一起来,在发展中促创新,在创新中谋发展。

第三,发展方式创新。长期以来,我国经济发展主要依靠物质要素投入,依靠外部市场。消费对经济增长的拉动不足,资源能源消耗高,环境压力大。同时,劳动者工资增长缓慢,分配领域问题日益突出,社会运行不稳定因素增多,经济社会发展的可持续性遭到挑战。党的十七大提出要加快转变经济发展方式,通过"三个转变",推动我国产业结构优化升级,这是指导我国经济由数量型扩张向质量型发展的理念升华。未来在"十三五"时期乃至更长一个时期,我国经济社会发展仍将面对日益尖锐的各种结构性矛盾,面临国际经济环境新变化带来的新压力,需要进行更加系统、更加全面的发展方式创新。实现经济发展的方法、手段和模式等方面的创新,不仅要转变经济发展方式,更要在转变结构(需求结构、产业结构、城乡结构、地区结构、收入结构等)、运行质量、经济效益、收入分配、环境保护、城市化程度、工业化水平以及现代化进程等诸多方面实现创新。就是要通过全方位的创新,提升经济发展质量和效率,释放社会运行张力,推动我国经济发展尽快由要素和投资驱动阶段向创新引领和大众消费驱动的阶段转变,大力发展战略性新兴产业,实现工业化和信息化的突破发展,加快推进城乡一体化、区域协调发展等。

第四,科学技术创新。科学技术是第一生产力,科学技术创新能力反映一国的核心竞争优势，是推动经济发展的核心源泉。过去30多年的发展，我们充分发挥了劳动力的比较优势，而科技要素在经济发展中的贡献相对不足，成为制约经济跨越发展的瓶颈。未来要加快完善"官、产、学、研"综合技术创新体系，增强企业技术创新的内在动力和能力；要深化科技体制改革、完善发展机制，有效发挥科研机构在建设创新型国家中的先锋队作用。

第五，社会管理创新。改革开放以来，社会管理从未进入经济宏观调控一揽子计划，社会管理仅被视为解决"社会问题"的一个常规手段和维持"社会稳定"的一个调节阀门。但在此次国际金融危机中，社会管理政策首次被纳入解决"经济问题"的视野，成为"经济增长"的一个重要因素。未来我们在制定短期的宏观调控政策和中长期经济社会发展规划时，必须破除制约社会发展的体制机制障碍，将社会保障制度纳入其中，继续深化社会事业改革，尤其是深化关系民生的教育体制改革、医药卫生体制改革和文化体制改革，建立健全竞技体育和群众体育相协调发展的体制机制，健全基层社会管理体制，积极推进事业单位和社会中介组织改革。要以更大的决心和力度，在经济发展的基础上，把解决社会民生领域凸显的矛盾问题当作重要事项来抓，防止来自社会内部的不安全因素威胁我国发展的大局，努力使全体人民学有所教、劳有所得、病有所医、老有所养、住有所居，以推动建设和谐社会。

总而言之，创新重于"技"，更精于"道"。"技"的层面如尖端前沿的科学技术、独有的专利发明、前所未有的产品、组织、产业、业态、市场等均不可或缺，"道"的层面如创新理念、创新意识、创新环境、创新政策、创新规则、创新制度、创新法律、创新人才等更显柔性力量。只有二者有机融合，才能使创新意识深入经济肌体和社会细胞，成为国家进步的日常营养。归根结底，创新不仅仅关乎科技、经济，更关乎人文、社会，关乎改变世界，改变生活，使其更加美好。

二　实施创新驱动发展战略，建设创新型国家

1. 抓紧研究制定新一轮国家创新战略

建立创新型国家是转变经济发展方式的根本途径，也是现代国家核心竞争力和国家治理能力现代化的集中体现。推进创新型国家作为全局性战略，其内涵不仅包括科技创新，更包括在理念、体制机制、发展方式、社

会管理等诸多方面的全方位创新。注重培育整个国家的创新精神，激发全社会的创新激情和动力，加快建设创新型国家。抓紧出台实施创新驱动发展的政策和部署，抓紧实施国家重大科技专项，再选择一批体现国家战略意图的重大科技项目和重大工程，集中力量、协同攻关。加快研究提出创新驱动发展的顶层设计方案，在宏观领域和微观层面建立一整套激励和保障机制，在一些省区市系统推进全面创新改革试验，形成几个具有创新示范和带动作用的区域性创新平台，在全社会树立创新精神，开展创新能力建设，激发政府、企业、社会团体、个人等各类主体的创新热情，为支撑国家长远发展提供不竭动力和源泉。

2. 加大政府对科技创新和科研领域的投入

要保证必要的资金资源用于基础研究和公益性研究。加大政府对教育的投入力度，在全国范围内普及九年制义务教育，提高中等教育普及率，大力发展职业培训，扩大高等教育的受教育范围。借鉴德国重视职业教育的经验，更加重视技术工人的培养力度，把我国相当数量的本科院校改成以职业教育为主体、具有职业教育性质的本科院校。

3. 加大科技教育与科研管理体制改革力度

以转变职能为目标，推进政府科技管理体制改革，继续深化科研院所改革。破除科研、教育领域的行政化痼疾和各种影响创新的体制机制障碍，打破科研领域的行政化和官本位现象，建立有利于科研学术成果脱颖而出的激励和评审制度，消除科研成果评价中的长官意志等非学术因素，强化学术规范，促进优先权竞争，形成独立和自律的科学共同体，彻底改变科技界的浮躁作风，努力营造有利于鼓励创新、打破管制的宽松环境和自由氛围。大力推进高等教育体制改革，完善党委领导下的校长负责制，充分发挥专家在高校治理中的积极作用，以学术和教学权威取代行政主导。改变应试教育体制，注重国民素质教育特别是科学素养的培养。抓紧修改完善相关法律法规，实施更加积极的创新人才引进政策，完善人才选拔制度，鼓励创新型人才成长，激发其创新激情，择天下英才而用之，努力培养好一支规模宏大、富有创新精神、敢于承担风险的创新型人才队伍。

4. 真正确立企业在技术创新中的主体地位，解决科研与经济"两张皮"的问题

政府不直接参与竞争性技术创新活动领域，主要是为企业从事技术创

新提供支撑和环境。建立重大科研项目和技术攻关的国家与企业、院校与企业的合作开发机制，共同分担风险，分享收益。促进产学研有效结合，建立健全高等学校和科研院所创新成果向企业顺畅流动的长效机制。鼓励风险投资的发展，解决企业创新融资难的问题。建立和完善技术创新的公共服务平台，支持新技术向中小企业扩散，完善中小企业创业与发展的环境，支持重要技术攻关项目的"竞争前"研发活动。对创新型企业，给予税收、价格、直接补贴、贷款贴息、政府采购等政策优惠。推动真正具有核心技术的企业上市。通过给予创新行为超额收益，切实引导社会资本和经济资源竞相投入创新活动。

5. 在整合创新资源基础上改善创新管理体系

整合现有科研项目资源，建立决策协调机制，避免多头管理、重复研究、分散投入。国家支持科研活动获得的科技信息资料，能公开的要向社会公众开放，提高科研成果、数据的利用效率，提高国家和全社会科研投入产出效率。研究提出中央财政科技资金管理改革方案，建立跨部门的第三方评估机制，加强对创新成果的绩效评估。

6. 大力实施国家知识产权战略

鼓励知识产权的创造、运用，加强知识产权制度与产业、科技、贸易等政策有效衔接，加强知识产权的行政和司法保护力度。加快完善国家标准体系，及时淘汰落后标准，优先采用具有自主知识产权的技术标准，积极参与制定国际标准。

第三节　当前我国科技发展的现状、问题及面临的挑战与机遇

一　我国科技发展的现状

总体而言，当前我国整体科技实力显著增强，中国科技为经济发展做出了重要贡献。科技体制改革不断深化，国家创新体系建设稳步推进。我国已经形成了完整的科技研究与技术开发体系，整体的科技发展水平居发展中国家的前列。原始创新能力呈现上升的态势。2012 年我国在 SCI 发表的文章，居世界第二位，全世界 3000 多所研究所和大学的论文排行榜，中科院位居第二位；高科技产业也迅猛发展，高科技的增长力基本上是国

民经济增长力的 2~3 倍。出口增大，高科技产品出口增速更快，每年增加 60%，甚至成倍增长。全社会研发投入显著增加，2011 年达到 8610 亿元，占 GDP 的 1.84%。国家增加对自然基金、863、973、985 和知识创新工程的投入；加强对基础前沿研究、原始创新以及重大科技基础设施建设的支持；开始涌现出一大批重大的科技成果，国家部署的 16 个科技重大专项全面实施，取得重要阶段性成效。重点领域出现跨越式发展态势，取得了一批标志性重大成果，例如，成功实现载人航天、月球探测和空间交会对接；解决高速铁路、载人深潜等国家重大工程的一系列核心科技问题；取得了中微子振荡、铁基超导、量子通信、iPS 细胞全能性证明、生命起源与演化等一批世界领先的科学成果。长期以来中国科技投入短缺、人才流失、设施落后、需求不足、创新社会氛围薄弱的局面得以解决。

神州十号　　　　　　　　　　量子芯片

高速铁路　　　　　　　EAST全超导托卡马克实验装置

图 4-1　近年来若干重大科技专项成果

二　当前我国创新领域存在的突出问题——自主创新能力不足，自主创新体系存在重大缺陷

1. 政府资金投入不足，科技创新质量和效率不高

从整体上看，我国全社会对创新领域的资金投入严重不足。资金投入不足是长期制约我国创新能力的重要因素。在国家投入方面，20 世纪后

期我国研发经费占 GDP 的比例一直在 0.6% ~ 0.7%，2004 年上升为
1.23%，以后逐年上升，在 2010 年达到历史最高值 1.75%。即便这样，
也与创新型国家要求的 3% ~ 5% 还有一段距离。资金投入不足是由许多客
观因素长期作用造成的，提高科研资金投入也需要和其他方面的改革配套
进行，这是一个长期的渐进的过程。在企业投入方面，企业科技经费支出
占产品销售收入的比重仅为 1.52%，其中用于新产品开发的支出仅占
0.66%，而世界 500 强企业一般为 5% ~ 10%。

　　国家对教育的投入结构不合理。对高等教育的投入所占比例过高，而
对学前教育、中小学教育、职业教育等的投入占比过低。基础教育非均等
化问题突出，采取"市场化"运营、收取高额赞助费和择校费的现象相当
普遍，给居民带来巨大的财力和人力负担，甚至影响代际公平，堵塞社会
阶层正常流动渠道。高等教育管理体制行政化、官本位、等级制严重。大
学办学的自主权非常小，许多本应由高校自主决策的事情却由行政部门决
定。高校负责人和管理者有副部、局级、处级的身份差别。培养人才、创
造知识、追求卓越的竞争变成了争官位、争资源、争名分的竞争。主管部
门对民办教育的市场准入限制过多过严，对教育从业人员资质等管得过少
过松。

　　基础研究投入过低。尽管以总量指标衡量，中国的创新水平已进入世
界领先行列。例如，从创新产出的角度来看，我国专利申请和论文发表的
数量（这是衡量科学技术产出总量的重要指标）已超越了多数发达国家，
步入世界领先行列。从创新投入的角度看，近年来我国研发投入不断增
长，2014 年我国全社会研发投入达 13400 亿元，占 GDP 比重增至 2.1%。
但是，面对当前激烈的国际竞争环境，我国的研发投入强度、研发人员储
备水平以及研发人员和经费的利用效率严重偏低，知识产权附加值不高。
例如，从经费分配比例来看，目前我国基础研究经费占全社会研发总经费
的比重还比较低，一直在 5% 以下，而世界上主要创新型国家这一指标大
多在 15% ~ 30%。基础研究投入低，导致我国难以产生原始创新成果。在
反映科技创新质量和效率的指标上，我国与发达国家仍有很大差距。虽然
我国科技论文数量很多，但论文引用率很低。我国的专利许可收入远低于
专利许可支出，这说明我国目前在整体上仍是技术输入国，很多专利的实
际经济价值并不高，研发人员的科研成果产出效率也不高。

2. 科技创新能力难以满足经济社会转型发展的迫切要求

当前，我国经济社会转型发展的根本支撑和基本动力在于科技创新。然而，尽管近些年我国的创新能力有所提高，但还难以支撑产业结构的转型升级，我们多年来强调的增长动力的转换，还没有取得明显效果。创新能力不足的一个显著表现是很多产业发展所需要的核心技术严重依赖发达国家。2013年，我国进口集成电路的总价值超过进口原油，高达2313亿美元。

3. 国家的创新管理体制尚待完善

国家层次上的自主创新体系并没有真正树立起来。目前我国在创新活动组织、创新资源配置和创新制度供给方面缺乏有效的宏观调控及战略协同机制。一是有关部门、各地方之间在创新活动组织中彼此分割、相互脱节，重复现象仍然比较突出，无法真正做到集中力量办大事。二是军民两大研发及产业体系之间长期处于分离状态，造成两大自主创新体系一定程度的割裂、封闭。一些重要的研究开发活动往往在军民两个体系重复进行，不适应当今军民技术日趋融合、高新技术两用化的趋势。在国家对技术创新活动的管理上，项目管理仍是各部门的主要创新调节手段。现有的政策对创新的支撑力度不够，政策约束力和连续性不够，如针对新产品减免税的计划难得落实等问题。

4. 科技教育与科研管理体制亟待改革

科技教育体制与经济社会发展不适应。科技资源配置重复分散低效，部门分割严重，各部门都大搞课题立项，开展大量的低水平重复研究，而没有形成合力。科技成果转化为生产力的渠道仍不通畅，"两张皮"问题尚未得到有效解决。国家财政资金资助的科研设施和科技创新成果在内部封闭运行，未能发挥应有的作用。

科研管理体制面临困境，亟须改革。我国尚未形成统一的部门管理科研体系，国家发改委、工信部、科技部和网信办等部门均参与国家的科研体系管理。多头管理造成各自为战、科技资源"碎片化"的现象，在资源配置方面造成条块分割、效率低下和重复浪费等现象。我国大多数科研机构为公立机构，科研经费管理体制难以适应实际需求。科技资金分配不合理，分配过程多由行政或管理人员主导。国家资助的科研项目考核评估机制不完善。

科研机构的科研成果转化困难，产学研脱离较为严重。我国产学研合作机制不完善，且缺乏应用型科研机构，而高校和科研院所的研究成果与现实需求常常脱节，许多科技成果被束之高阁，尚未建立有效的转化应用机制，不仅影响了高校和科研院所的创新积极性，影响了社会的技术进步，还影响对创新型人才和人才创新能力的培养。有技术需求的企业普遍反映难以找到合适的科研合作机构。其中特别突出的是高校与企业之间的产学研脱离。高校在国家自主创新体系中的作用有所增强。但高校多年来一直存在的问题是，高校作为知识的传播者，与知识使用者企业之间联系少，许多课程的设置脱离企业的需要，学生在学校接受的知识中欠缺知识创造方面的教育内容，很多大学生毕业后感觉学校所学并无"用武之地"。学校的招生、分配、课程设置等仍须下大功夫进行调整，以满足为企业提供创新人才及创新培训的任务。20世纪80年代兴起的产学研相结合的模式在一定程度上缓解了高校科研与企业和市场脱节的问题。然而，随着产学研相结合模式在全国范围内的广泛推广和深入实践，一些问题也逐渐暴露出来，例如，合作双方权责不明，缺乏有效的管理体制；产学研无法真正对接，导致"三结合"实际效果大打折扣。

5. 创新型人才培养和激励机制缺失，科研人才结构不合理

长期以来，我国招生和人才选拔过于强调考试成绩，忽视创新能力、德行和综合素质。高校和科研院所职称评定、科研业绩考核过于注重发表论文，缺乏对专利、版权和创新转化率等科技创新成果的重视。人才培养的数量、质量和结构仍不适应就业市场的需求、现代化建设和创新型国家建设的需要。公共研发或技术创新平台建设不足，影响了研发创新合作，特别是中小企业的科技创新。中介服务机构发展滞后，影响了创新成果的有效转化。对于富有创新精神、敢于承担风险的创新型人才队伍的正向激励不足，难以使高层次创新人才和科技领军人才脱颖而出，难以长久吸引、集聚和用好数量仍然不足的高端人才、顶尖人才。

此外，在创新人才队伍的建设过程中，还存在一个突出问题：科研人才结构不合理，科研人员占总人口的比例偏小。近年来，我国每百万人中从事研发的研究人员的数量仅为日本和俄罗斯的1/10，韩国和美国的1/4。这些有限的科研人员的分布也不合理，有67%集中在教育和卫生系统，16%在"三资"及民企，仅有17%在国企和集体企业。再加上企业的激励机制和人才政策不完善，使有限的科研人才不能潜心从事创新性研究。这种分布状况导致我国参与国际经济竞争的高新技术领域不但科技人才奇缺而且创新动力严重不足。

6. 现行税收政策对企业自主创新支持和激励不够

目前我国企业所得税的基本税率为25%，而企业一旦获得高技术企业认定则可减免10%的税率，优惠幅度很大。一些企业为享受这一优惠政策而申请高技术企业认定，扭曲了企业行为。例如，高技术企业认定条件之一是拥有一定数量的专利，这激励企业过度追求专利数量，专利价值则明显不足，这导致我国近年来迅速成为世界专利数量大国，但距离创新大国仍相距甚远。

对创新型企业研发费用加计扣除政策在现实中执行难度大。其难点就在于难以认定企业的实际研发费用，这容易导致两个极端情况出现：一是研发费用的具体范围难以界定，由于可抵扣范围有限，税务部门最终核实的研发费用往往远低于企业的实际投入，一些高附加值的高技术企业和科技服务业企业，税负不但没有减少反而有所上升。二是企业存在为了少缴税而高报研发费用的现象，税务部门也很难核实。

现行税收优惠政策存在一些结构性问题。如对创新型的小微企业早期的天使投资税收制度缺失，我国税制在执行中存在对短期证券投资刺激超过长期股权投资的倾向。

7. 与知识产权保护相关的法律法规不健全导致对知识产权保护不到位、保护力度不够

当前，我国面临的知识产权形势十分复杂。一方面，国家的知识产权立法已经基本完备，知识产权执法不断加强，知识产权普法也已广泛开展。另一方面，我国知识产权制度建设的最薄弱环节——企业的知识产权综合素质和经营管理能力还亟待全面提升。由于知识产权法律法规不健全，国家科技资源资助所形成的科技成果以及高校、科研院所教师与研究人员利用职务所取得的科技成果，都存在产权归属不明晰的问题，产权本有的激励功能丧失，严重阻碍了科技创新和成果转化应用。受制于产业发展环境欠佳、制度不完善与相关政策的缺失，很多行业的知识产权保护环境亟须完善，知识产权管理严重落后于国际知识产权的发展，管理体系和管理体制不健全，保护观念落后、保护意识淡薄。知识产权的行政和司法保护力度不够，严重影响了企业投资技术创新和产品创新的积极性。有些地方出于对当地企业的保护而出现干预知识产权执法的现象。有些企业存在滥用知识产权限制竞争和阻碍创新的行为。

8. 企业还没成为真正的创新主体

政府过多主导科学技术研发与创新，负责规划科学和技术发展的重点，决定关键的科学技术领域，直接组织人、财、物力进行技术"攻关"，投入高、产出低，浪费严重。企业的技术创新机制还没有真正建立起来，使得本应成为主角的企业还没成为真正的创新主体。加之国有和垄断企业创新动力不足，中小企业创新创业培育机制不完善，未能发挥应有的创新作用。

企业的改革没有到位，使企业缺失自发的技术创新动力，使技术创新缺乏需求拉动。企业的技术创新投入还很低，技术创新的组织机制还不完善，企业的技术开发能力还很弱。原因有三：一是企业忙于为生存而战，把企业生存放在管理工作的第一位，无暇顾及创新，或缺乏长远打算并没有认识到创新的价值与重要性。二是由创新得不到实惠即现实经济利益所引起的。由于我国对知识产权的保护力度不够，而企业用法律维护自己正当合法权益的成本过高，这样大大降低了企业对创新的热情。三是企业创新基础薄弱，由于对技术创新多年的支持不足，企业没有创新方面的培育能力，缺乏创新人才。

受制于自主创新体系的问题和缺陷，企业原始创新能力依然较弱，仍然处于技术追赶和渐进创新阶段。企业的自主创新能力不足还表现在以下两个方面。

一是引进技术消化吸收能力薄弱。改革开放之初，我国实行以技术换市场的政策，希望通过技术引进、消化、吸收，提高我国的技术再创新能力。但在实际操作中却出现了重引进、轻消化，重使用、轻改造，重模仿、轻创新的问题。主要表现是，企业没有技术创新的动力，只注重应用国外技术占据市场优势，重视企业的当下生存优势，忽视企业的远期发展潜力，尤以合资汽车企业最为典型。企业不重视对引进技术的消化吸收过程，重视对引进技术的资金投入，忽视对消化创新的资金投入。当年日本、韩国在技术引进和消化吸收上的资金比例是 1 : 5 和 1 : 8，我国仅为 1 : 0.07，过低的投入很难培育出具有自主知识产权的技术和产品。另外，消费市场中的崇洋媚外心理也使企业难以提升创新的动力。

二是自主发明成果少。近年来我国企业的自主创新水平与发达国家存在三大差距。第一，发明专利数量少。近年来，我国的发明专利绝大多数都授予了外国公司，只有 2010 年国内企业的发明专利数量超过了外国公司，达到54.8%。但是，从历年累积来看，境内发明专利还未达到总量的一半。第二，发明专利质量差。我国目前的技术创新主要集中在改进产品和服务的实用新型专利和外观设计专利上，而真正带有原创性的、含金量较高的发明专利却很少。第三，很多企业没有专利技术。国内拥有核心技术自主知识产权的企业约占0.3%，申请过专利技术的企业只占1%，超过一半的企业没有自己的商标，大多数企业都依靠"组装""仿造""贴牌"来生存。缺少核心技术使中国制造业长期处于国际产业价值链的低端，成为国际市场上的"打工仔"。

三　我国科技发展面临的挑战与机遇

我国科技虽然取得了很好的进展，但是科技发展水平还相对落后，我国的原始创新和系统集成创新的能力还不够，能够总揽全局的战略科学家和能带队攻坚的领衔科学家数量仍然不足，科技生产关系与科技生产力的发展矛盾依然突出。第三次工业革命的临近，将对中国"世界工厂"的地位提出严峻挑战，但也为中国实现跨越式发展打开了"机会窗口"。

1. 中国制造业大国的地位将受到冲击，未来发展面临挑战

近30多年来，中国制造业经历了追赶乃至在规模上超过主要发达经济体的过程。截至2010年年末，中国占世界制造业增加值的比重从1980年的4.78%增加到18.85%，成为世界制造业第一大国。然而，第三次工业革命的到来及其引发的能源生产与使用、社会生产方式、生产流程、组织方式以及生活方式等方面的变革，将可能使中国制造业大国的地位受到较大冲击。

我国制造业企业整体上仍处于产业中低端水平，现有比较优势或将逐步丧失。虽然我国制造业规模已成为世界第一，但离制造业强国还有很长一段距离，特别是缺乏世界一流大型企业与知名品牌，在全球产业链的高附加值环节的份额相对较小。

我国工业研发投入仍显不足，抢占市场先机面临较大的技术障碍。近年来，我国对研发的重视程度不断加大，研发投入规模占GDP比重从1995年的0.6%逐步提升到2011年的1.84%，但与美欧发达经济体相比仍有较大差距。美欧发达经济体长期以来积累的研发优势使其抢占了技术制高点，其借此在相关技术的各种指标上设定的所谓国际标准，对我国制造业向高端发展形成明显阻碍。

发达经济体"再工业化"战略进一步加大我国制造业推动战略转型的难度。目前，美欧发达经济体"再工业化"战略的主要内容：一是着眼本土工业，重塑竞争优势，以出口和投资拉动制造业复苏。二是引导海外制造业回归。一方面，将使我国制造业面临的竞争更趋激烈，外部需求进一步下降，企业生存面临较大考验，制造业战略转型的步伐或将明显放缓。另一方面，制造业外资企业向发达经济体转移，也可能增加国内就业压力，导致我国劳动力结构转型难度进一步加大。

2. 新一轮工业革命为中国实现跨越式发展提供机遇

第一次工业革命使英国成为"世界工厂"，登上了世界经济霸主地位；第二次工业革命为后来者居上的美国、德国创造了条件。第三次工业革命，虽然不可避免地对我国制造业带来严峻挑战，但也为中国实现跨越式发展打开"机会窗口"。为此，我国应做好充分准备，积极迎接新一轮工业革命的到来。

首先，加快提高自主创新能力，突破制造业的数字化、智能化关键技术。新的数字信息技术、互联网技术是促使制造业从自动化向数字化转型的必要条件，目前我国已在相关技术研究与开发环节具备了一定基础，但与发达经济体先进技术相比仍有不小差距，特别是在数字化信息技术的产业化发展方面严重滞后，需要政策层面给予进一步支持，加快推进关键技术的突破和产业化进程。

其次，主动适应未来发展趋势，促进制造业与服务业融合，充分重视市场需求在产业革新中的重要作用。新一轮工业革命为全球产业结构洗牌创造了条件，顺应历史趋势，抢占市场先机的经济体将在未来占据主动位置。能源生产与使用、生产方式、生产流程、组织方式以及生活方式等方面的变革，对于我国而言既是挑战，更是机遇，在结构调整的发展战略与未来变革的趋势中寻找有效的结合点，有利于我国抓住发展机遇，实现新的突破。

最后，加快教育体系改革，转变人才培养思路，为第三次工业革命做好人才准备。未来分散化的生产组织方式，使高技能专业服务提供者的市场重要性进一步提升。增强高等教育学科设置调整的灵活度，及时根据未来制造业对设计、IT、营销等专业人才的需求优化教育体系，加强创新型人才、知识型员工的培养，将成为中国更好融入新一轮工业革命的最有力支撑。

第四节　建设创新型国家的重要抓手——创建"科技创新型自由贸易试验区"①

一　吸引全球人才是建设创新型国家的需要

中国经济由"制造型"向"创新型"转型的新形势，最为突出的是面临着全球化态势下参与竞争和发展，我们既要面对自身能耗高、效率低、污染重等经济发展中存在的差距和问题，又要面对发达国家科技创新迅速发展的严峻局面，我们只有选择科技创新的道路，义无反顾地前进。

1. 吸引全球人才是美国取得科技领先地位的成功经验

2010年，美国总统奥巴马在"美国国家科学奖和国家技术与创新奖"颁发仪式的讲话，引起了全球的关注。他说："美国具有无与伦比的能力——产生创意的能力、创造新产业的能力和引领发现与创新的能力！这就是未来的取胜之道！"如奥巴马所言，当今世界科学领域的发展日新月异，走在科学队伍最前方的美国备受人们关注。但是，我们不应仅关注美国发明发现的结果，而应更加留意科学领域出现这种格局的原因，以及隐藏其背后的更深层的东西——人才战略。美国总统所说的话，其深意不言自明，即"全世界的人才都应该汇聚到美国来"。

奥巴马的"自信"来自二战后美国近乎"掠夺式"的对外人才战略。有数据显示，美国在二战后的20年内，引进高科技人才达40多万人，其中华裔人才占1/3。目前美国在世界180多个国家和地区广泛搜集各类人才总量逾百万人。美国深知，经济、科技乃至综合实力的竞争，实际上就是人才的竞争，要在激烈的国际竞争中立于不败之地，必须依靠人才。

大量人才持续不断地引进和汇聚，使美国科技产业取得了迅猛发展。微软、脸书、谷歌、英特尔和特斯拉等一大批引领现代产业方向的公司如雨后春笋般发展起来，也带动了新技术的快速发展。此外，美国大学也已成为全球创新人才向往的地方，并成为美国硅谷互联网创新公司重要的人才来源。根据Pitchbook公司在推特上提供的数据，从2009年1月至2014

---

① 本节部分内容引自笔者与上海市咨询业行业协会合作研究课题——"创建'科技创新型自由贸易园区'研究"。这一部分由陈积芳、李小钢执笔。

年 7 月，成为硅谷互联网创业排名前 10 的全球大学中有 8 家是美国大学，其余两家分别是排位第四的印度理工学院和排名第九的以色列特拉维夫大学。

表 4 - 1　硅谷互联网创业排名前 10 的大学（2009 年 1 月～2014 年 7 月）

排名	学　　校		国家	创业者人数（人）	创建公司数（家）	融资总额（百万美元）
1	斯坦福大学	Stanford	美　国	378	309	3519
2	加利福尼亚大学伯克利分校	UC Berkeley	美　国	336	284	2412
3	麻省理工学院	MIT	美　国	300	250	2417
4	印度理工学院	Indian Institute of Technology	印　度	264	205	3150
5	哈佛大学	Harvard	美　国	253	229	3235
6	宾夕法尼亚大学	University of Pennsylvania	美　国	244	221	2194
7	康奈尔大学	Cornell	美　国	212	190	1971
8	密西根大学	University of Michigan	美　国	176	158	1159
9	特拉维夫大学	Tel Aviv University	以色列	169	141	1253
10	德克萨斯大学	University of Texas	美　国	150	137	1298
	合　　计	Total		2482	2124	22608

资料来源：Pitchbook 调研报告。

事实上，二战后美国迅速取得全球科技领先地位的秘诀就是吸引全球人才汇聚美国。英国《经济学家》周刊发表的统计数字显示，目前，美国大学汇集了世界上 70% 的诺贝尔奖获得者。全球大约 30% 的科学和工程类论文、44% 经常被引用的论文，都出自美国大学。

1985～2005 年，共有 52 人获得了诺贝尔物理学奖，其中有 34 位为美国人或在美国居住，占 65%。进入 21 世纪以来的 6 年中，除 2005 年的生理或医学奖为两名澳大利亚学者分享之外，其他历年的所有奖项中，都由美国人分享或独享。美国在如此长的时间里，几乎是排他性地垄断了最具权威性和影响力的科学、经济学奖项，印证了以"人才战略"为优先的美国至今仍拥有难以撼动的综合国力。

美国战后第一部强调技术移民的《移民法》（1952 年版）规定，全部移民限额中的 50% 用于引进美国急需的、受过高等教育的、有突出才能的各类人才。凭借日渐积累的硬件、软件等各方面优势，全球顶尖人才源源不断地从欧洲、亚洲、非洲流入美国，如今全世界62%的"顶尖科学家"都居住在美国。

2. 中美经济、军事较量的关键是科技、金融和人才的较量

2010年，当中国经济总量超越日本位列全球第二，仅次于美国之时，中美两国在"战略性伙伴关系"下，美国的对华战略就开始发生变化：由先前的合作多于竞争，转变为未来的竞争多于合作。而中美竞争的关键在于科技创新。

无论是中国提出的构建中美新型大国关系，还是美国倡导的重返亚洲和遏制、牵制中国的战略，中美两国由合作转为竞争的序幕已经拉开，而中美经济、军事较量的关键在于科技、金融和人才的较量。预计，中国在科技创新领域将出现快速追赶、激烈竞争和逐步超越的局面。

对于追赶中的中国而言，在关键领域实现技术突破是取得竞争优势的关键所在。为此，国家主席习近平在两院院士大会上强调自主创新在国家竞争中的重要作用，他指出：①实施创新驱动发展战略，最根本的是要增强自主创新能力，最紧迫的是要破除体制机制障碍，最大限度解放和激发科技作为第一生产力所蕴藏的巨大潜能。②面向未来，增强自主创新能力，最重要的就是要坚定不移地走中国特色自主创新道路，坚持自主创新、重点跨越、支撑发展、引领未来的方针，加快创新型国家建设步伐。③经过多年努力，我国科技整体水平大幅提升，一些重要领域跻身世界先进行列，某些领域正由"跟跑者"向"并行者"和"领跑者"转变。习近平总书记提出并写入十八届三中全会报告的"要择天下英才而用之"就是基于"超越型"发展的人才战略安排。

而在每一项具体的科技领域，尤其是国防军事科技领域，在一些"杀手锏"技术方面，通过刻苦钻研，努力追赶，我国在一些科技领域已经取得了较好的成绩。

比如，在高强度、耐高温新材料研制方面，上海交通大学丁文江院士带领的科研团队，走不同于美国钛合金的技术路线，独辟蹊径，以镁合金技术研制成功了10马赫高速境况下耐高温、耐高压的新材料。2014年1月，在超音高速的飞行器的试验中取得成功。据报道，该飞行器的设计原理，是由弹道导弹运送至特定的亚轨道高度后释放的。飞行器随后下降向目标飞去，速度可达10马赫，超过12000千米/时。

这一突破性科技成果，引起了美国军事情报部门的高度关注。据悉，美国也拥有此技术，同时也是除中国外唯一拥有此项技术的国家。

尽管我国在一些单项技术方面取得了突破和成功，但与世界科技强国美国相比还存在很大差距，尤其是在国家"综合竞争力"方面。

根据世界经济论坛最新发布的《2014 全球竞争力报告》年度排行榜，西方经济体继续占据主导地位，位居前 10 名的国家中有 6 个欧洲国家。世界经济论坛对竞争力的定义为，决定一国生产力水平的一整套制度、政策和因素。排名基于高等教育、基础设施和创新等 12 项因素。根据报告，发达经济体具有的一个共同特征就是开发、吸引并利用现有的人才，其在促进创新方面也进行了较大投资。

表 4 - 2　全球竞争力排名三个阶段的关键指标分解 Key for Economies in 3 Stages

一 基本需求指标（Basic requirements）	
1. 法律和行政架构（Institutions）	处于要素驱动阶段经济体的关键指
2. 宏观经济稳定性（Macroeconomic stabiliy）	标 Key for factor - driven economies
3. 基础设施（Infrastructure）	
4. 卫生和基础教育（Health and primary education）	
二 效率提升指标（Efficiency enhancers）	
5. 高等教育和培训（Higher education and traning）	
6. 商品市场效率（Goods market efficiency）	处于效率驱动阶段经济体的关键指
7. 劳动力市场效率（Labor market efficiency）	标 Key for efficiency - driven econo-
8. 金融市场完备性（Financial market efficiency）	mies
9. 技术准备（Technological readiness）	
10. 市场规模（Market size）	
三 创新和完备性指标（Innovation and sophistication factors）	处于创新驱动阶段经济体的关键指
11. 营商环境完备性（Business sophistication）	标 Key for innovation - driven econo-
12. 创新（Innovation）	mies

资料来源：摘自世界经济论坛《全球竞争力报告》。

根据排名，在 2015 年竞争力排名前 10 位的经济体中，美国保持上升势头，较 2014 年上升了两位，从第 5 名升到第 3 名。世界经济论坛的评论指出，美国排名上升得益于在制度体系和创新力等领域得分较高，以及在金融市场等方面的改善。

中国在这份排行榜中位列第 28 名，仅比上年度上升一位。世界经济论坛的评论指出，中国在技术方面准备不足，银行业也相对脆弱。而市场准入方面的种种限制措施和壁垒、投资规则等也极大地限制了中国的竞争力。报告指出：中国正在成为更具创新性的经济体，但还不是创新强国。

当今世界的竞争，说到底还是人才的竞争。虽然发达国家尚未走出金融危机的阴霾，但对人才特别是顶尖人才的竞揽不仅没有放松，而且愈加强化。

根据《全球人才指数：2015展望》对60个国家的人才吸引力进行的评估和预测，目前，中国在吸引高端人才方面依然缺乏竞争力。美国在2011年和2015年的全球人才指数排名中均位居首位，且领先优势尤为明显。

相比较而言，中国的人才吸引力表现平平。尽管2011～2015年中国的人才指数增长了5.2分，为同期进步最大的国家，但是由于2011年的得分太低（41.1分），中国与先进国家之间的巨大差距在短期内依然难以追赶。

中国已于2010年颁布了《国家中长期人才发展计划（2010～2020)》，其目标为，截至2020年，将人才储备从1.14亿人增加到1.8亿人。现在来看，面对巨量的人才流失，要实现该计划提出的目标将充满挑战。

根据知识产权组织的统计，2013年向《专利合作条约》提交的申请总量达到20.53万件，比2012年增长了5.1%。其中，美国、中国和瑞典均呈现两位数增长，美国更创下了该国自2011年以来最快的增长率。美国与中国分别占《专利合作条约》申请总增量的56%和29%。美国的专利申请总数超过5.72万件，占全球总数的28%，超过了在全球金融危机前于2007年创下的54046件的最高纪录，继续名列全球第一，比首次进入前三位、件数超过两万件的中国高出1.79倍。中国为2.053万件，超越德国，排名第三，日本排名第二。

值得关注的是，美国对未来十年的科技创新领域已经做出部署，包括如下十个领域：传感、测量和过程控制；材料设计、合成与加工；数字制造技术；可持续制造；纳电子制造；生物制造；增材制造；工业机器人；先进成形与连接技术。

3. 实现经济转型升级取决于我们的科技创新能力

在国际金融危机冲击下，许多国家正在积极推动新一轮科技创新和产

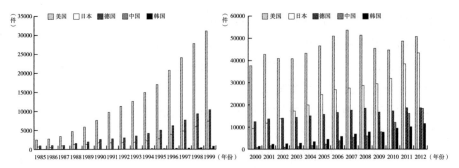

图 4 - 2　中美日德韩专利情况

业发展，并深入研究现代科技创新和产业转型升级的特点和规律。创新人才是实现基础研究原始创新的关键。产业创新也包括传统产业创新。实际上，每个阶段的产业结构中传统产业都占有较大比重，突出表现在三个方面：一是采用最新科技，与信息化融合。二是向节能环保的绿色产业转型。三是进入新兴产业的产业链。

产业创新必须依赖科技创新。从 20 世纪中后期起，世界范围内出现的新科技革命使科学技术成为生产力的作用和过程发生了质的变化，新科技革命的突破常常立即带来新产业革命，科技创新几乎与产业创新同时进行。因此，产业转型升级依赖科技创新并以科技创新为先导，是知识创新和技术创新的结合。现在的产业创新是全社会范围的创新。推动产业创新，是在新科技革命基础上采用最新科技成果的创新。主要涉及以下几个环节。

产业创新是知识创新主体和技术创新主体的合作创新。孵化阶段成为知识创新和技术创新的交汇点。知识创新的环节延伸到科学知识转化为生产力的领域。这样，高科技的孵化领域成为知识创新和技术创新的交汇点。也正是这种创新的交汇产生了知识经济，孕育了新产业。创新型人才是产业创新的第一资源。

大力推动以国家目标为导向的集成创新。产业创新依托科技创新，需要企业的技术创新与大学和科研机构的知识创新两大创新系统的集成。确立知识创新目标的国家导向。现阶段的产业创新是以科学新发现为引领的。因此，产业创新的前提是形成知识创新的国家目标导向，也就是科学家进行科学研究的选题要从单纯的研究者的兴趣爱好转向国家目标导向。

协调大学和科研机构与企业的合作创新。政府在创新中的一个重要作用在于积极推动科技创新和产业创新的互动和结合，对从大学到企业的创新全过程进行集成和组织，尤其是提供合作创新的平台。

科技创新要靠制度创新来保障。理论和实践已经证明，只靠市场不能完全解决激励创新制度的有效性，还需要政府的积极参与。政府要提供严格的知识产权保护制度，保障创新者在一定时期专享创新成果的收益。根据创新成果的公益性和外溢性的特点，对创新提供必要的不挤出私人投入的公共性投入。这也就是说，为提高自主创新的能力和动力，既需要继续完善和发展市场经济体制，也需要进一步发挥政府的推动和集成作用。

为此，国务院部署了"加快发展科技服务业、为创新驱动提供支撑"工作。包括：一要有序放开市场准入条件，发挥市场机制作用，引导社会资本积极参与，支持合伙制、有限合伙制科技服务企业发展。二要积极推进重点实验室、大型科技仪器中心等公共技术平台建设，向社会开放服务。三要加大财税支持，对认定为高新技术企业的科技服务企业，降低征税，按15%的税率征收企业所得税。四要改革创新投融资体制，建立多元化资金投入体系，发挥财政资金杠杆作用，积极探索以政府购买服务、"后补助"等方式支持公共科技服务发展。五要加强人才引进和培养，强化国际交流合作。

其中，引进人才、强化国际交流已经获得国家政策的确认和支持。对科技创新企业而言这是一个绝对利好的举措。

事实上，在全球范围内，科学技术发展的速度是惊人的。国外媒体盘点的9款令人期待的高新材料，将给人们的生产和生活带来惊人的改变：液态金属（Liquid Metal）、石墨烯（Graphene）、Willow 玻璃、柔性 OLED 屏幕、Starlite 新型塑料、纳米纤维素（Nanocellulose）、生物塑料（Bio-plastics）、纳米点和钙钛矿、电子皮肤（E - skin）。

科技创新日新月异，新产品层出不穷。为了争抢未来经济科技发展的先机，在欧洲，德国已经提出了《工业发展4.0版》的科技创新战略，被学术界定义为第三次工业革命。其主要内容是指以数字化制造及新能源、新材料的应用为代表的一个崭新时代。

连以钟表制造业闻名世界的瑞士，也投入到科技创新的行列，在太阳能驱动的飞机制造方面，走在了美国的前面。2010年7月，由瑞士制造的"太阳驱动"项目即由一个人驾驶的飞机，世界最大太阳能飞机昼夜试飞的成功，受到全世界的关注。目前使用的硅片转换太阳能的效率是22%，

"太阳驱动"机翼上装有1.2万对太阳能电池板。要靠太阳能转换来的电能，转动螺旋桨获得升力，整个飞机及其装置必须足够轻，飞机的主要结构用超轻碳纤维材料制成。它的机翼长64米，相当于波音飞机的翼展；而重量只有1600公斤，相当于一辆小轿车，只有同类燃油飞机重量的1/5。2013年此架飞机飞到了美国。最近，发明团队又制造了第二架，翼展达到72米，储存电能的能力增加了50%。

需要指出的是，通过30多年的改革开放、利用外资，中国在科技创新产业发展方面也已取得了不错的成绩。创新驱动新引擎已经点燃，既为我们提供了后来居上的难得机遇，也使我们面临无法回避的现实挑战。

以创新驱动未来发展，我们具备不少有利条件。一方面，我们拥有世界上规模最大的科研队伍，而且在一些重要领域已跻身世界先进行列。另一方面，我国已进入新型工业化、信息化、城镇化、农业现代化同步发展的关键期，创新的内在需求强烈，成果应用空间广阔。但同时也面临不少问题。比如，创新活动的分散封闭、交叉重复，以及成果转化与应用脱节等。

4. "择天下英才而用之"是提高创新能力、建设创新型国家的重要举措

让"中国创新"走得更快更远，是政府主管部门与社会各界的共识。实施创新驱动战略将决定中华民族的前途命运。我们又一次处在历史发展的十字路口：一条路是延续传统发展模式，落入"中等收入陷阱"；另一条路则是依靠创新驱动，实现中国经济的转型。根本出路在于改革，关键要靠科技创新。

2006年《国家中长期科技发展规划纲要》发布以来，我国科技发展非常迅速。截至2013年年底，我国的科技人才队伍总量已经跃居世界第一位，科研投入占GDP的比重超过欧盟；国际科学论文数量居世界第二位，被引论文数量居世界第四位；本国人发明专利申请量和授权量分别居世界首位和第二位。

官、产、学、研的共识是，必须直面挑战，通过深化科技体制改革，加强科技创新驱动战略的顶层设计，破除发展中面临的体制机制障碍。让企业真正成为科技创新的主体，必然要求从战略的高度来推动创新、从竞争的维度来谋划创新策略、从改革的深度来推动创新实践。企业就必须有效落实国家既定的"择天下英才而用之"的人才战略，只要是科技创新人

才，愿意加入中国的科技创新事业，就欢迎加盟，就给予提供各种便利，使创新人才在中国科技创新这个大平台上获得最大的成功，使科技创新人才在追求自身利益的同时，也为国家的事业做出贡献。

二　用自由贸易试验区政策吸引全球人才是建设创新型国家的必然选择

1. 吸引全球人才必须建立相近甚至优于硅谷的创新环境

美国硅谷是世界著名的高科技创新中心，其产业特性决定了硅谷的社会结构和价值观念与其他以传统产业为主体的地区有着很大的不同。因此，在硅谷发展的历程中，优美的自然环境，成长迅速的高科技群体，多元的投融资渠道等，是硅谷发展成为世界高科技发源地的主要因素。但最值得称道的是，在这个环境里形成的有利于人才成长的文化环境和政策机制。

尽管对美国硅谷的成功，学界普遍认为其难以复制照搬，但硅谷的科技创新文化，已成为各国关注的重要因素。一般认为，敢于挑战与颠覆权威，勇于争取世界领先、有长远考量的眼光、宽容失败的氛围等，是硅谷的科技创新的文化要素，因而吸引人才集聚人才。

"硅谷"的成功与发展，完全是以人才资源为支撑的，人才资源的有效利用是"硅谷"发展的关键。政府、企业、高校三方面应从引才、选才、用才、培训开发、文化建设等多角度努力，共同对人才资源的开发管理进行比较研究。

我们要在加大人才吸引力度、与国内外知名高校建立紧密的合作、大力引进国外人才智力、加快人事人才信息化建设上下功夫，进一步形成人才聚集优势，为经济转型和发展奠定坚实的人才基础。

中国目前在人才管理制度方面存在众多壁垒，短期内在全国范围内全面放开有相当的难度。因而，有必要以硅谷为样本，设立一个旨在吸引全球人才集聚的"人才自贸区"——"科技创新型自由贸易试验区"。自贸区政策在人才引进方面的表现就是让全球创新人才在"境内关外"的自贸区内自由流动。这是美国硅谷成功的关键，是国家尝试设立和组建"人才自贸区"的意义所在，也是我国以"点"为起点，实施"人才开放战略"的重要步骤。

设立"人才自贸区"允许人才自由流动，重点还需要提供全球人才关注追求的生活、工作环境。其中，德国的例子可以参照。德国曾抱怨德国科学家外流现象严重，其主要目标国是美国。随着时间的推移，许多德国科学家又纷纷从美国及其他国家返回德国。理由主要有：安定的社会环境、先进的科研设施、方便的食宿、高水平的助手、宽松的政策、丰厚的科研经费、优越的社会保障、宽松的合作条件、优美的环境。

2. 沿海发达地区特别是改革开放前沿的珠三角地区，如深圳、东莞等已具备吸引全球人才的基本条件

经过 30 多年改革开放洗礼的沿海城市，经济发展快，让人才有展示自己和发展自我的用武之地。沿海地区推出了"事业留人""待遇留人""感情留人"等一系列新举措，为国际人才创造了初步的良好工作条件。

沿海地区有区位优势，对外经济联系方便，国内生产总值一直占全国的 60% 以上。跨入 21 世纪，沿海地区的发展对于整个中国的经济增长具有特别重要的意义。沿海地区的市场化程度较高。从所有制结构上讲，沿海地区的工业企业中，非国有制的成分所占比重较大，意味着沿海地区的市场活动主体相对较多，市场经济相对活跃。

沿海地区的对外开放程度最高。对外开放，无论是从引进外资还是出口产品的角度看，都与国际市场紧密相连。在对外开放过程中，经济特区在改革开放的试验示范过程中积累了宝贵的经验，深圳、上海浦东的开发开放尤其引人注目。在沿海地区的一些主要省市，如上海、广东，科技进步在经济增长中的比重都比较大。相对发达的教育，也支持了沿海地区的科技研究与开发。

沿海地区有比较好的基础设施。沿海地区的铁路、公路、港口、机场、电信等方面的建设状况好于内地其他地区。以广东为例，一个以广州为枢纽，公路、铁路、水运、港口、航空等多种运输方式相结合，沟通省内外及港澳，便利快捷的交通运输及通信网络已经形成。珠江三角洲的电话普及率也相对较高，移动通信网和互联网也较为普及。

3. 目前吸引全球人才面临诸多体制、政策、法律障碍

根据调研，我国在吸引全球人才方面还存在诸多体制、政策和法律障碍，包括：国际人才管理、国际教育合作、科研成果分享、创投资金管理、涉外税收管理、企业上市安排、研发设备进口以及社会保障制度等。

具体的体制障碍包括：人才来了很难在短期内有专业上的突破；外籍人才的护照签证、孩子的就学、配偶的工作、社保等其他问题。要鼓励体制内的人才向体制外流动，打破人才在高校、科研院所单纯写论文的束缚，更多地服务于社会经济发展。

健全人才管理和服务机制，创造良好的人才政策环境。面对全球范围内激烈的人才竞争环境，要真正留住人才、吸引人才、用好人才，加快构筑人才高地，就必须进一步建立健全适合沿海地区区位战略的人才工作新机制。

一要强化人才竞争激励机制。没有竞争，就没有鼓动性和吸引力。要深化人事制度改革，进一步改善人才的生活、工作条件，实施高强度的人才激励手段。要全面推行竞争上岗制度，不拘一格选用人才，形成广纳群贤、能上能下、充满活力的选人用人机制。要进一步完善人才奖励措施，设立人才专项基金。

二要强化多元化的工资分配机制。工资分配的多元化是人才激励机制最直接的物质体现，有利于激发创业热情。要进一步完善按劳分配与按生产要素分配相结合的工资制度，积极探索工资市场化的办法，深入推行创业投资机制，实行按技术作股的创业分配机制，激励人才创业致富。允许和鼓励用人单位对特殊人才采取特殊分配方法。

三要强化人才市场配置机制。人才资源的市场化是人才竞争和人才流动的必然结果。要进一步健全和完善统一、开放、竞争、有序的人才市场体系，充分发挥市场对人才资源的决定性配置作用，以机制建设推动市场功能建设，拓宽人才服务领域，提高人才工作的服务水平，促进人才市场的良性循环。

四要发挥党的领导核心作用，保障人才发挥最大效益。构筑人才高地是一项涉及面广、政策性强、难度大的系统工程，需要方方面面的共同努力。我们要依靠党组织总揽全局、协调各方的核心作用，以党的组织优势和政治优势，提升人才工作的战略地位，保障人才资源的有效整合。

4. 实行境内关外政策，可破除各种障碍并灵活引进人才

一个国家或地区设立自由贸易试验区，其目的就是为了最大限度地对外开放，促进国际贸易。一般而言，在自由贸易试验区内实行的是"境内关外"的海关监管政策，并实行"一线放开、二线管住"的贸易便利化措施。2013年9月在上海设立的中国（上海）自由贸易试验区就是一个"境内关外"园区。自由贸易试验区与保税区最大的不同在于，自由贸易试验区强调的是自由交易，而保税区关注的是免征关税。

事实上，经过30多年的改革开放，我国在贸易领域的政策限制和制度壁垒已经不多。因此，国家在新的发展阶段，隆重推出上海自贸区，其所希望达到的目的远不止贸易便利化。由此，在存在诸多壁垒的国际人才开放与交流领域引入自由贸易试验区概念，设立一个以国际科技创新人才开放、引进为主的"人才自贸区"——正式的名称可以叫"科技创新型自由贸易试验区"，在这个园区内，采取类似于自贸区"境内关外"的监管模式，并借助"一线放开、二线管住"的管理模式，可以有效解决全部或大部分现有国际人才开放与进出中存在的各种政策限制和制度壁垒。

由于"科技创新型自由贸易试验区"是一个"点"，一个"境内关外"的试验区，在区内，针对各种不适应国际科技创新人才开放和引进的政策限制和制度壁垒，可以借鉴硅谷和其他成功的创新园区就人才引进和使用的具体做法和管理经验，以先试先行的名义进行一揽子改革和重置，最大限度地满足国际科技创新人才引进的需要。

事实上，全球科技创新人才的争夺战已经打响，奥巴马总统在美国国家科技奖颁奖仪式上的讲话已经验证了这一判断。因此，我们应该借助"科技创新型自由贸易试验区"这个国际科技创新人才的开放平台，同时，以中国广阔的市场空间为依托，积极主动参与国际科技创新人才的争夺。我们相信，经过一段时间的积极运作，"科技创新型自由贸易试验区"这个开放"点"一定可以在竞争激烈的国际人才争夺战中取得佳绩，为我国创新型国家建设添上浓重的一笔。

三　拟设立的自由贸易试验区中应有一个以吸引全球科技创新型人才为使命的自由贸易园区

1. 现有和拟设立的自由贸易试验区大都以投资贸易为主

2014年12月，国务院正式批复了继上海之后的天津、福建和广东的自贸区方案。至此，第二批自贸区终于水落石出。津、闽、粤三地的自贸区都体现了自身的特色，不再是类似上海那样的综合试验区。三地自贸区的任务，首先是复制和推广上海经验，其次是整合本地一体化。天津的思路比较清晰，就是京津冀一体化；而广东的任务则相对较重，要大力推进粤港澳一体化，不仅要强调广东的参与，还要有港澳的参与，鉴于香港当下的社会环境，在2017年香港普选前，希望能完成这个一体化，广东自贸区不太可能是综合性的，粤港澳的合作将会作为核心；福建自贸区一个很重要的任务则是开展海峡两岸合作。

进入 2015 年，各地自贸区申报热再次一哄而起。先学上海经验，再谈本地申报，似已成各地惯例。不过，经我们深入了解后发现，在商务部门收到的第三批全国各省市积极申报各类自贸区材料中大都以投资、贸易为主，没有一个是以国际"人才开放交流"为主题的"科技创新型自由贸易试验区"。因此，从国家多元化开放角度出发，以参与国际科技创新争夺为目的，设立一个以国际人才引进为主的自贸区就显得非常必要和及时，也符合中央制定的"要择天下英才而用之"的国家人才战略。

2. 现有高新区仍然是以吸引海归人才为主

长期以来，吸引海归人才加盟国家和地方的经济建设一直是我国人才战略的重要组成部分。30 多年来，一大批海外学子学成归来，在报效祖国的同时，自身也找到了发展空间。一大批现代科技企业和互联网企业就是海归科技人才的作品。大量海归人才的回国，使我国在"追赶型"发展模式上进入了快车道，并在一些新兴产业领域能够紧紧跟上国际发展的趋势。

海外人才归国的数量快速增加，归国人才层次不断提高，在我国科技创新和高新技术产业发展中发挥了重要作用。2008 年至今，我国引进了 4180 余名海外高层次人才，留学回国 76.32 万人，年均增长 30% 以上。然而，一些制约人才发展的体制机制障碍，仍然横亘在我们面前，有些难题仍然需要我们找到解决路径。

与建设创新型国家对各类高层次人才的迫切需求相比，我国的人才引进工作力量不够集中、力度不够大、政策不够完善，引进人才的数量和质量都有待提高，特别是要引进一批国际一流的战略科学家和科技领军人才，包括外国籍人才。这都需要我们解放思想，抓住机遇，提出更有力的政策措施，加大海外高层次人才的引进力度，真正做到"择天下英才而用之"。

3. 现有大学、研究机构吸引国外人才有很多局限性

事实上，经过多年的摸索，我国已经形成了一套引进国际专家人才参与国家经济建设的政策和制度，但这主要集中在大学和研究机构。引进的专家人才也主要是文科专业，不少还是语言方面的专家学者。理工科专家很少，其中具备科技创新的专家人才更少。

与国外大学如美国的大学相比较，国内大学的整体学术氛围及高校教育缺少创新文化，这是导致高校培养的创新型人才缺乏的根本原因。具体而言，创新文化不足又是由三方面"缺失"造成的。首要的"缺失"是大学生普遍缺少标新立异的思维方式，第二个"缺失"则体现在课堂内外的师生互动上，第三个"缺失"是跨学科、跨文化的尺度缺失。理工科学生严谨，但僵化、死板；文科、艺术类学生充满激情，但却缺乏理性。对于不同学科人群的思维缺陷，国外通常采用通识教育来解决。通识教育（Liberal Arts Education），不仅强调学生打破学科局限，而且更多了一层让学生自由思考的内涵。

欧洲的政策：鼓励和支持人才流动。欧洲发达国家注重人才战略上的发展和创新，奉行全球化的人才观，对人才流动采取自由、宽松政策。科研机构和大学绝大多数采取固定人员与流动人员相结合、专职人员与兼职人员相结合的人事管理制度。欧盟特别强调推动以培训为目的的跨国人才流动、专门技能开发以及知识转移，安排的经费年均高达18亿欧元。1996年以来，法国采取了支配使用、调动使用、随意使用等措施，鼓励法国科研中心的科研人员和工程技术人员向大学流动。德国马普协会坚持学术带头人的外部聘用原则，从协会外或国外聘用世界一流水平的学术带头人。

培育发达的人才市场。欧洲人才市场主要有职业介绍所、人才派遣公司、人才网站、猎头公司、人才咨询服务公司等多种类型。如德国的人才市场高度发达，全德16个州的180个地方劳动局均设有人才市场，组成了覆盖全国的人才市场网络，各地人才市场上的供需信息实现了全国联网。

促进人才队伍组成国际化。欧洲一流科研机构和研究型大学为提升其竞争力，采取十分灵活的用人政策，其用人制度的极大开放性，促成其研究队伍组成的高度国际化。资料显示，在德国马普的78个研究所的270位所长中，有1/4以上来自国外；在10421位研究生、博士后、研究助理、访问科学家中有51.9%来自国外。

营造鼓励和支持创新的良好社会氛围。政府、企业、学校各方面鼓励和支持创新。欧盟国家由政府出资组建共同的研发基金，北欧国家另外还有一个共同的研发基金。这些研发基金可以跨国使用、集中使用，哪里有创新，就支持哪里。企业在经营活动中将研发放在首位，如名列世界500强的ABB公司，研发投入占总投入的4.5%以上。学校注意从小培养孩子的创业创新意识，所有工学院都鼓励学生自己去创业，将自己的想法变成现实。

在创新研发中引入"经营"理念。科研开发工作不只是由科研人员坐在实验室里进行，科研和开发也需要经营。在瑞典成功的研发往往是有创意的人与公司、大学科研机构及潜在消费者之间的合作。他们认为，在研发过程中，一个好的企业经理人往往比科研人员更重要，因为他们了解市场，更注重科研成果商业化。

促进科技界和工业界联合。为培养更多的创新型科技人才，并让创新型人才到工业界去，英国注重提高工业界吸附新技术的能力，鼓励研究生到工业领域去工作，让公司看到科技领域的最新成果。同时促进科技界和工业界的联系，有计划地安排科技界的一些专业人士和咨询专家去访问企业，帮助它们解决一些科技疑难问题。这是英国科技政策演变的体现，促进了优秀人才向企业的集聚，加快了创新型人才的培养和发展。

4. 在海外设立研究机构应与吸引国际人才到国内工作结合起来

为跟上世界科技产业发展的趋势，国内很多企业都在海外设立了研发中心，试图利用国外的现地人才进行新产品、新技术的开发，这种模式在一定程度上有其合理性，也取得了一定的效果。但这种研发模式对于我国经济发展由"追赶型"向"超越型"转变的帮助并不大，因此，要把在海外设立研发机构和吸引国际人才到国内工作结合起来，形成良性互动。

目前中国在海外工作的人才中，在大学里从事教学和研究的"教授型或研究型人才"大约占10%，只有5%是具有创业和管理才能的"创业型人才"，占总数85%的人才在企业中从事高技术研发工作，属于"创新型人才"。在世界500强企业中，有很多"创新型"的华人担任主要技术骨干。

目前中国拥有大量的外币储备，却苦于无用武之地。西方国家限制中国收购资源型及高科技企业，中国只能把大量的外汇储备用于购买欧美国家的债券，服务于欧美的经济发展。

同时，我们也看到许多世界500强企业纷纷在中国设立产业研究院，如微软中国研究院、西门子中国研究院、谷歌中国研究院、IBM中国研究院等。这些产业研究院不光在帮助本企业开拓中国市场，与中国企业开展竞争，更重要的是网罗中国的高技术人才，和中国进行人才竞争。

为回应世界500强企业在中国建立研究院抢夺中国人才，中国也应鼓励与扶持企业和国家产业研究院在欧美建立海外创新中心，利用中国充足的外汇储备，进行最有回报的人才投资。同时，设立国际科技创新人才自贸区，吸引全球创新人才集聚中国。

通过吸引在欧美大企业工作的高技术人才加盟中国海外创新中心，吸收欧美的高新技术，可以提高中国整体的创新能力，为中国的高新技术企业服务。可利用中国丰富的外币储量，在欧美地区建立相应的产业研究分院，提高产业研究院的国际竞争能力，同时也能加强国际创新合作，加速高新技术产品的研发。

四　创建"科技创新型自由贸易试验区"的总体设想

1. 基本内涵

所谓"科技创新型自由贸易试验区"是指依托良好的区位优势、产业优势、科技优势和人才优势，通过全面深化改革，充分发挥市场在资源配置中的决定性作用，有机整合、叠加科技创新与自由贸易区优势，通过建立良好的政策环境、自由的创新创业机制和完善的服务体系，构建一种围绕知识聚集资本、凭借技术组织生产的新机制，让一切劳动、知识、技术、管理、资本的活力竞相迸发，让一切创造财富的源泉充分涌流，使该区域成为聚集全球科技创新人才、吸纳全球科技创新资源的"科技创新型自由贸易试验区"，实现高新技术产业的跨越式发展。具体来看，"科技创新型自由贸易试验区"的基本内涵主要体现在以下六个方面。

第一，创业自由。创业自由是"科技创新型自由贸易试验区"的灵魂。"科技创新型自由贸易试验区"将克服一切阻碍创业的不自由因素，形成鼓励自由创业的政策环境，最大限度地激发以大学生为代表的年轻人和企业创业。

第二，融资自由。融资自由是"科技创新型自由贸易试验区"的关键。"科技创新型自由贸易试验区"将对符合条件的民营资本和外资金融机构开放，支持各类企业投资设立风险投资公司、私募股权投资机构和天使投资基金等风险投资机构，为创业企业提供最大的融资便利。

第三，投资自由。投资自由是"科技创新型自由贸易试验区"的保障。"科技创新型自由贸易试验区"将简政放权，实行更为有效的"投资准入前国民待遇"和"负面清单"管理政策，为各类所有制企业创造公平竞争的市场环境。

第四，创新自由。创新自由是"科技创新型自由贸易试验区"的核心。"科技创新型自由贸易试验区"将为创新营造自由的环境，形成鼓励冒险和宽容失败的氛围，激发创新主体的创新意识和潜能。

第五，营商自由。营商自由是"科技创新型自由贸易试验区"的基础。"科技创新型自由贸易试验区"将充分发挥市场在资源配置中的决定性作用，破除阻碍企业自由经营的各种障碍，提供高效便利的公共服务，为创新企业提供最佳的栖息地。

第六，要素流动自由。要素流动自由是"科技创新型自由贸易试验区"的前提。"科技创新型自由贸易试验区"将破除阻碍人才、资本、知识、土地等生产要素自由流动的障碍，为企业自由高效地整合和配置全球要素提供最大的便利。

2. 主要原则

第一，坚持聚集全球英才的原则。习近平总书记在中国科学院第十七次院士大会、中国工程院第十二次院士大会上讲话时强调：盖有非常之功，必待非常之人，人是科技创新最关键的因素，我国要在科技创新方面走在世界前列，必须在创新实践中发现人才、在创新活动中培育人才、在创新事业中凝聚人才，必须大力培养造就规模宏大、结构合理、素质优良的创新型科技人才队伍。创建"科技创新型自由贸易试验区"应坚持聚集全球英才的原则，把人才资源开发放在科技创新的最优先位置，改革人才培养、引进、使用等机制，广泛吸引世界级科技大师、海外优秀专家学者、国际行业领军人才和尖子人才来园区工作和创业，努力造就和聚集一批世界水平的科学家、科技领军人才、工程师和高水平创新团队。

第二，坚持对接世界创新前沿的原则。面对科技创新发展新趋势，世界主要国家都在寻找科技创新的突破口，抢占未来经济科技发展的先机。我国不能在这场科技创新的大赛场上落伍，必须迎头赶上、奋起直追、力争超越。创建"科技创新型自由贸易试验区"应坚持对接世界创新前沿的原则，抓住第三次工业革命的发展机遇，掌握大数据、智能制造、互联网革命等新技术，引领全球产业分工新布局，使我国在第三次工业革命中占据先机，获得国际竞争新优势。

第三，坚持充分释放改革红利的原则。我国要实现创新驱动发展，就必须深化科技体制改革，破除一切制约科技创新的思想障碍和制度藩篱，处理好政府和市场的关系，推动科技和经济社会发展深度融合，打通从科技强到产业强、经济强、国家强的通道，以改革释放创新活力。创建"科技创新型自由贸易试验区"应坚持释放改革红利的原则，发挥"敢为天下先"的改革传统，在科技体制改革方面先行先试，面向全球创新高地，面向我国港澳台地区，面向上海、广州、深圳等区域创新中心，面向境内外知名高校院所，采取更加有效的措施以完善科技创新机制，把创新驱动的新引擎全速发动起来，让一切创新源泉充分涌流，为建立健全国家创新体系积累新经验。

第四，坚持营造开放包容的创新氛围的原则。营造开放包容的创新氛围，是激发创造力的重要条件。创新实质上是一种引入新思维、新方法的求异过程，原始创新具有很大的不确定性，在创新中既要为成功者喝彩，也要为失败者鼓劲，只有对那些尚未成功甚至失败过的创新、创业者给予呵护和宽容，我们的科技创新、创业起跑线上才会有更多的勇敢者和探索者。创建"科技创新型自由贸易试验区"应坚持营造开放包容的创新氛围的原则，在园区内大力营造一种开放包容的创新氛围，鼓励大胆创新、勇于创新、包容创新，既要重视成功，更要宽容失败，为人才发挥作用、施展才华提供更加广阔的天地。

第五，坚持科技和金融结合的原则。实践证明，科技创新需要金融服务的支持，科技与金融密切结合能够切实解决中小科技企业发展中面临的融资难问题，为成长期科技企业实现向成熟期顺利过渡提供更有效的金融产品和服务。创建"科技创新型自由贸易试验区"应坚持科技和金融结合的原则，积极稳妥发展风险投资和私募股权基金，支持成长期科技企业突破瓶颈的制约；积极创新推广符合科技企业特点的信贷模式与产品，满足科技发展的融资需求；积极发挥市场融资功能，建立符合科技企业需求的多层次金融市场融资渠道；加大银、证、保合作力度，建立金融支持科技发展长效机制；支持港澳台金融机构设立经营机构和开展私人银行、券商直投、信托租赁等金融创新业务，推动发展服务于科技金融结合的中介市场服务体系，为高科技创新提供系统性、创新性的金融支持。

3. 总体思路

构建"科技创新型自由贸易试验区"要结合党的十八大和十八届三中全会提出的加快建设创新型国家和全面深化改革的目标，把科技创新摆在发展全局的核心位置，努力推进科技领域的改革开放，积极探索建立投资准入前国民待遇和负面清单管理模式，建立健全鼓励原始创新、集成创新，引进消化吸收再创新的体制机制，充分发挥市场对技术研发方向、路线选择、要素价格、各类创新要素配置的导向作用，形成技术创新市场导向的新机制，建设具有国际水准的创新创业便利、监管高效便捷、法制环境规范的"科技创新型自由贸易试验区"，推动该区域成为全球创新的高地和我国经济转型升级与创新驱动发展的排头兵，为全国经济转型升级和创新驱动发展探索路径、积累经验。

第五章　新常态下的区域协同

基于对中国区域经济发展现状及其特征的深刻把握，以及对执政经验的系统总结，新一届中央领导对区域经济发展提出了新认识、新思路、新决策。在很短的时间内，我们看到，包括"丝绸之路经济带"和21世纪"海上丝绸之路"建设、京津冀协同发展、长江经济带以及上海自由贸易试验区建设等一系列全新的战略构想和战略举措相继提出并得以大力度实施，这为传统区域经济发展和开放型经济新体制的理论和实践赋予了全新的内涵，集中反映了内外联动、协同发展的战略思想。上述国家战略，从点到线再到面，从陆上到海上再到海外，从沿海到内陆再到沿边，贯穿其中的一条主线是以"国内外联动、区域间协同、外部协同与内部协同并重"理念为统领，打破单纯的行政区划甚至国界限制，把区域经济规划扩大到跨市跨省乃至跨国，力图使生产要素在一个更大的区间进行流动和组合。目前来看，中国经济新常态在区域经济发展方面的表现，最突出的特征就是内外联动、协同发展。

第一节　推动区域协调发展和优化全国生产力布局

一　新时期区域协调发展与全国生产力布局的内涵

1. 区域协调发展和生产力布局的内涵

新中国成立以来我国对区域协调发展的认识不断深入。区域协调发展是在符合国家主体功能区规划的前提下，按照市场经济的原则，各地区发挥比较优势，促进生产要素合理流动，推进区域间良性互动发展，逐步缩小区域差距，形成相互促进、优势互补、共同发展新格局的动态化过程。其内涵不仅包括生产因素，而且重视民生和环境，统筹考虑经济、社会和环境的良性互动和可持续发展。全国生产力布局强调的是国家结合不同历史时期的世情国情，在全国范围内对重大基础设施、产业发展等统筹规划，优化生产要素在区域空间的分布与配置。当前，优化全国生产力布局是推动我国区域经济协调发展的核心内容和重要抓手,是衡量区域协调发展的一个重要维度,更是区域协调发展的题中应有之义。

从实践来看,从新中国成立之初的处理好沿海内地关系,到后来的"三线"建设,再到改革开放后从沿海开放逐步推展到沿边、沿江的全方位开放格局,特别是近些年,我国以"四大板块"为核心的区域发展总体战略及主体功能区战略的提出和实施,近期中央又提出关于再造长江黄金水道、加快环渤海湾规划建设打造新的经济增长极、建设丝绸之路经济带等,都标志着我国区域协调发展理念的不断细化与优化。

2. 新时期推动区域协调发展和优化全国生产力布局的再认识

在打造中国经济升级版的新时期,需要对区域协调和全国生产力布局再认识:一是要把推进区域协调发展和优化全国生产力布局与提升中国经济全球竞争力结合起来,把区域结构调整作为推动中国经济转型升级的重要着力点。二是推进区域协调发展的制度建设,要打破限制区域互动发展的体制机制障碍,充分释放制度红利。三是经济发展到一定阶段后,实施区域经济平衡战略,推进区域协调发展,尤其是推进中西部的发展是中国经济未来很长一段时期平稳较快发展的最大回旋余地。四是推动区域协调发展要贯彻落实主体功能区战略,根据各地区的比较优势和环境容量,优化生产力布局,由以往过多注重经济指标,逐步转向综合生态保护、社会民生等,构建一个推进区域协调发展的新绩效评价体系。五是要更加注重亚区域的发展问题,尤其是以大江大河、大湖泊、大海湾和交通通道为联结纽带的流域经济和环带经济,东、中、西以及东北四大板块的划分已经无法适应经济社会发展的需要,区域协调发展政策的制定应进一步细化和更具有针对性,建立健全针对亚区域的瞄准机制。

二 区域协调发展的现状与问题

1. 区域协调发展的现状

(1)区域发展战略实施效果初显,良性互动的区域协调发展格局正在形成。国家促进区域协调发展的总体战略和主体功能区战略不断完善,促进了区域空间格局的优化,已形成珠三角、长三角和环渤海等若干带动力强及联系紧密的经济圈和经济带,以及晋陕豫黄河金三角、成渝地区、北部湾、中原经济区、关中—天水等一批新经济增长极,为区域协调发展提供了持久动力。尤其是西部大开发、中部崛起和东北等老工业基地振兴等区域战略的逐步实施，使中西部地区经济增速长期落后于东部地区的状况得以扭转。2007 年，西部经济增速首次超过东部，2008~2012 年，中西部和东北地区主要发展指标增速高于全国平均水平，各具特色、良性互动的区域发展格局正在形成。

（2）推进区域协调发展，公共财政政策体系不断完善，基本公共服务共享机制逐步健全。改革开放初期，国家顺应当时世界经济大调整的趋势，实施东部倾斜的区域发展政策，将东部的区位优势发挥出来，带动了东部地区和全国的经济崛起。进入 21 世纪后，国家实施西部大开发、中部崛起、东北振兴等区域战略，有效缩小了地区间的发展差距。以人均财政支出为例，中部地区与东部地区之比由 2005 年的 53.7% 上升到 2011 年的 73.5%，西部地区与东部地区之比由 69.7% 上升到 103.7%，东北地区与东部地区之比由 97.8% 上升到 111.3%。

（3）中西部地区发展呈现新特色，东部地区的引领效应进一步增强。中西部发展策略有新思路，增长有新路径。一是对外开放有新进展。中部和西部地区大力推进出海口战略，引进国际资本、技术、人员，并以航空和高铁为媒介大力发展开放型经济，极大推进了中西部地区的国际化进程。二是城市化进程有新的、更为切实的思路。部分地区推动组团式的城市发展，以高速干线连接这些组团，实现居住、生活和就业的协调发展，避免以往城市建设"摊大饼"式发展的弊病。三是新型城镇化建设更加强调就地就近城镇化，积极探索新型城镇化的有效模式。东部引领经济发展的角色日益强化，东部地区服务业加速发展，占地区生产总值的比重已由 2005 年的 40.55% 上升到 2011 年的 44.86%，为全国产业转型升级奠定了基础，有利于成为未来"中国创造"的战略高地，进一步发挥沿海地区对内地经济发展的带动和辐射作用。

2. 区域协调发展存在的主要问题

（1）促进区域协调发展的合作机制有待完善。一是推动区域协调发展的财税体制、生态环境污染补偿机制尚未建立，导致区域间在发展规划、基础设施和产业发展等方面往往缺乏必要的协调与合作。二是在一些行业和领域，还存在着"玻璃门""弹簧门"现象，地区封锁、市场分割和恶性竞争的状态仍然比较严重，使得整体利益受损。三是由于户籍、社保、基本公共服务等方面的制度性缺陷，生产要素特别是劳动力在空间上流动不畅，降低了资源配置效率。

（2）全国生产力布局的市场化程度有待提升。各地政府在自己行政区划下各自为战、政府干预过多、市场作用有待加强。目前，各地区、各行业发展不平衡，重复建设问题仍很突出。一是结构趋同，很多地区都把新能源、钢铁、汽车、重化工作为本地区的支柱产业，地区间产业结构、城市建设雷同，特色不突出。二是方式趋同，经济技术开发区和高新技术开发区是各地政府推动产业集聚发展的重要手段，但各地开发区的功能定位与产业布局大同小异。这些重复建设问题导致部分行业的产能严重过剩，如不及时加以调控和指导，将错失推动区域协调发展的历史机遇。

（3）生产力布局与主体功能区规划之间有待衔接。当前，由于区域规划协调制度不完善、环保政策执行不力、过度追求政绩等原因，部分地区生产力布局与环境承载力不匹配。一些生态环境承载力较高的地区，要素聚集度不高，经济活动不够活跃；而一些生态环境承载力弱的地区却过度开发，超出了生态环境承载能力。生产力空间布局与生态环境承载力的不协调造成资源和要素配置效率的损失，带来交通拥堵、环境污染和生态恶化等问题，甚至出现基础设施建设成本和商务运行成本过高等"区域病"或"城市病"。这种情况体现在区域板块之间，也出现在一些区域板块内部。

（4）四大区域板块的经济政策有待细化。从空间尺度上说，四大板块的划分仍然过大，板块内部不同地区之间在自然禀赋、产业结构、经济素质等诸多方面还存在较大差异。虽然国家出台了一系列具有较强针对性、务实性和可操作性的区域规划和政策文件，但是支撑区域协调发展的城市群和产业群分布广泛而不集中，以主要河流和交通要道为依托的城市群和产业群发展缓慢、整体竞争力较弱，跨行政区域的城市群和产业群受行政区划的影响大，这些不利因素均在一定程度上制约了各区域之间和区域内部的分工合作与协调发展。

（5）中西部等区域作为我国经济中长期平稳发展的重要地区，其潜力有待发挥。目前我国东部、中部与西部地区的交通基础设施水平存在较大差距。总体上看，东部地区基础设施建设已进入基本适应型；中部地区属于随后跟进型；西部地区则处于滞后状态，严重制约了经济发展。同时，中西部及东北地区现有的优惠政策还不足以支持其承接劳动密集型、环境友好型产业的转移，以及水、光、风等自然资源的开发利用和优势能源矿产资源的就地加工转化，需要加快研究制定差别化的经济政策。此外，由于我国改革开放以来实施的非均衡区域对外开放战略及递进式的区域开放模式，中西部及东北地区的对外开放相对滞后，需要加快推进向西和向北开放，在中西部及东北地区打造新的对外开放高地。

三　区域协调发展的新态势与新格局

1. 区域协调发展与生产力布局面临的新态势

（1）打造中国经济升级版为推动区域协调发展和优化全国生产力布局指明了新方向。经过 30 多年的高速增长，中国经济内外部环境发生了很大变化。在国内，经济发展越来越受到资源能源和环境瓶颈的制约，过于依赖投资和生产要素投入的粗放式发展模式难以为继。在国外，全球金融危机、欧债危机及其后续效应导致海外市场低迷，过于依赖出口的增长模式面临挑战。国际经验表明，发展中国家达到中等收入水平后，社会矛盾往往会集中爆发，经济增长可能减速，甚至会出现停滞现象。2014 年中国人均 GDP 超过 7500 美元，正处于跨越"中等收入陷阱"的关键时期。对此，我们要用智慧和勇气打造中国经济升级版，这就对区域经济协调发展和优化生产力布局提出了新的要求。

（2）进入深度调整期的世界经济给国内区域经济协调发展和优化生产力布局带来新挑战。世界经济已进入深度调整期，整体复苏艰难曲折。世界经济的低迷对于过度依赖出口的中国经济造成了冲击，特别是东部沿海以及江浙一带外向型经济水平较高的地区面临极大挑战。世界贸易增长速度放缓，各种形式的贸易保护主义明显抬头，新贸易壁垒更加隐蔽，并趋于长期化，给我国的出口产业带来了困难，光伏、汽车产品、电信业、风电业、家电业成为重灾区。商务部的数据显示，中国 2012 年共遭遇 21 国发起的 77 起贸易救济调查，涉案金额高达 277 亿美元，比前一年增长 369%。此外，美欧等发达国家大规模释放流动性、政府赤字等多种因素对中国经济的影响也不容小觑。在全球经济持续调整的大背景下，中国经济 30 多年来高速发展的外部环境发生了很大变化，原有的区域经济协调模式与生产力布局也面临着调整压力。

（3）新一轮全球产业调整为区域经济协调发展和优化生产力布局提供新机遇。当前新一轮科技革命和产业革命方兴未艾，信息通信技术、机器人技术、新能源、人工智能、3D 打印和新型材料等技术正在引发一轮新的科技和产业革命。推动区域经济协调发展和优化生产力布局要与全球产业调整大趋势结合起来，密切跟踪当今世界科技创新动态和新兴产业发展方向，充分发挥各地区的要素禀赋优势，培育和发展一批战略产业。充分利用新一轮产业转移的有利契机，推动区域经济协调发展，缩小区域发展差距，改变当前产业简单重复建设的现状。

（4）新型城镇化对区域经济协调发展和优化生产力布局提出新要求。新型城镇化的核心是人的城镇化，有序推进农业转移人口市民化，未来10~15年，将是我国城镇化进程较快发展的时期，要重点解决好当前2亿多流动人口及未来农村尚需转移出来的3亿人口的市民化。按照当前中央的城镇户籍制度改革的总体思路，未来将全面放开小城镇和小城市落户限制，有序放开中等城市落户限制，逐步放宽大城市落户条件，合理设定特大城市落户条件，在这一户籍改革思路下，各个区域之间的城市群、城市体系的发育，都会极大地影响未来产业的转移、布局和发展，影响重大基础设施的建设。

（5）化解产能过剩对区域协调发展和优化生产力布局提出新任务。我国这一轮产能过剩的范围之广、数量之大和影响之深是新中国成立以来前所未有的。从一个角度来说，当前的产能过剩是过去多年区域之间恶性竞争与产业重复建设的结果，未来一段时期推动区域协调发展，优化全国生产力布局是化解产能过剩的根本措施。在化解产能过剩的过程中，按照中央消化一批、转移一批、整合一批、淘汰一批的战略部署，构建更加合理的区域协调发展机制，这是一个重大的机遇，同时也是艰巨的挑战。

2. 区域经济协调发展与生产力布局呈现的新格局

（1）区域经济协调中的市场机制作用不断增强。我国的市场经济体制还未完全建立，地方行政主体还在要素流动和配置中发挥着重要作用。地方政府追求自身行政区内利益最大化、政绩最大化的行为往往导致行政区划壁垒、政区间恶性竞争，最终带来产能过剩、经济转型受阻等一系列问题。近年来，随着区域发展总体战略的实施，区域协同发展的深化，市场在区域经济协调中的作用日益增强，区域整合日益超出传统行政区划的束缚。长三角、珠三角、环渤海等区域经济一体化发展程度最高的地区，成为要求突破行政区划桎梏最为迫切的地区，2010年，国务院批复《长江三角洲地区区域规划》，就是破解这一问题的探索，在上海、江苏和浙江三个省市之间，统一规划产业发展、基础设施建设等，促进生产要素跨区域自由流动，提升区域内合作水平和经济竞争力。此外，长株潭城市群、大武汉经济圈、郑汴一体化、成渝经济区等经济区也积极探索，从交通、通信、金融等方面入手突破行政区划的桎梏，推动同城化或区域经济一体化发展。

（2）开放型国际合作的次区域经济发展格局初步形成。近年来我国着眼于推动国际区域经济互动，加快沿边经济开发的转型升级。2008年，国家提出把广西北部湾经济区建设成面向东南亚开放合作的重要国际区域经济合作区，这是全国第一个国际区域经济合作区。2009年，国务院批复《中国图们江区域合作开发规划纲要》，图们江区域已成为我国面向东北亚开放的重要门户。2012年，国务院批复内蒙古满洲里、广西东兴、云南瑞丽三个国家重点开发开放试验区实施方案。党的十八大明确提出，要全面提高开放型经济水平，加强区域次区域开放合作，次区域合作已成为我国开放型经济的重要组成部分，也是促进沿边地区经济发展的重要突破口。未来一段时期，应加大口岸城市的通关便利化、促进相互投资，并积极引导园区与口岸联合建设，积极发展跨境合作区，充分利用两种资源和两个市场，推动与周边国家的互利共赢、深化经贸关系，促进我国沿边地区的经济发展，形成命运共同体。

（3）产业大转移推动区域经济跨越式发展趋势日益明显。近年来，国际国内产业分工深刻调整，我国东部沿海地区产业向中西部地区转移加快，不仅有助于推动东部发达地区的产业转型升级，发展现代服务业和资本、技术密集型产业，而且有利于加速中西部地区的新型工业化和城镇化进程，实现区域经济的跨越式发展。为承接长三角地区的产业转移，引领中部地区崛起，2010年国务院批复了《皖江城市带承接产业转移示范区规划》；以长株潭城市群、环鄱阳湖城市群、皖江城市带、武汉城市圈为主体的长江中游城市集群正筹划推进长江中游城市集群的产业、交通、市场等的全面对接，打造我国经济增长的新增长极；位于长江上游的成渝经济区正积极承接东部产业转移，成为带动西部地区经济发展的新引擎。

（4）服务于国家战略的"大中华经济圈"布局初露端倪。随着海峡两岸关系的快速发展，特别是CEPA和ECFA等经济合作协议先后签订，着眼于经济合作的"大中华经济圈"正在逐步成为现实。珠海横琴定位于"一国两制"下探索粤港澳合作新模式的示范区，通过吸纳国外和港澳的优质发展资源，打造区域产业高地，促进珠三角和内地传统产业的技术改造和优化升级。深圳前海发展现代服务业，进一步深化粤港经济紧密合作，以现代服务业的发展来促进珠三角区域产业结构优化升级。海峡西岸经济区定位于两岸人民交流合作先行先试区域，努力构筑两岸交流合作的前沿平台，加强海峡西岸经济区与台湾地区经济的全面对接。福建平潭综合实验区努力建设两岸同胞合作建设、先行先试、科学发展的共同家园。江苏昆山深化两岸产业合作试验区充分发挥台资企业密集的优势，努力打造两岸产业合作转型升级先行先试区，推动两岸产业深度对接。

（5）"四大板块"中特色鲜明的亚区域经济增长极不断涌现。国家结合各地实际情况，制定出台了一系列具有较强针对性、务实性和可操作性的区域规划和政策，特色鲜明、功能明确的亚区域经济增长极不断涌现。率先发展的东部地区：深圳前海充分利用粤港两地优势，以现代服务业作为主要发展方向。中国（上海）自由贸易试验区顺应全球经贸发展新趋势，努力建设推进改革和提高开放型经济水平的"试验田"，打造中国经济"升级版"。舟山群岛新区充分发挥海洋资源丰富等综合优势，打造海洋经济发展的先导区域。中部地区：皖江城市带以产业转移为主题，推进安徽参与泛长三角区域发展分工，探索中西部地区承接产业转移新模式。中原经济区以郑州都市区为核心、中原城市群为支撑，打造全国区域协调发展的战略支点和重要的现代综合交通枢纽。西部地区：新疆霍尔果斯充分发挥面向中亚各国的口岸优势，努力建设新欧亚大陆桥的现代自由贸易港。关中—天水经济区发挥经济基础好、自然条件优越、人文历史深厚、发展潜力较大等优势，打造全国内陆型经济开发开放战略高地。广西东兴和云南瑞丽等国家重点开发开放试验区，打造对东盟开放合作的桥头堡。东北地区：长吉图开发开放先导区立足图们江，面向东北亚，全面推进图们江区域合作开发，努力建设我国沿边开发开放的先行区和示范区。辽宁沿海经济带立足辽宁，依托环渤海，努力培育和形成北方沿海地区新的经济增长极。

（6）基于要素禀赋的区域化产业聚集逐步深化。在区域发展总体战略指导下，通过实施西部大开发、振兴东北地区等老工业基地、中部崛起、鼓励东部地区率先发展等一系列重大区域协调发展战略举措，各区域产业结构不断调整优化，基于本地区要素禀赋优势的产业集聚进一步加强。东部沿海经济发达地区的装备制造、现代服务业、电子信息、生物医药等产业，中西部地区粮食及农牧产品加工、能源、化学、矿产资源等产业，产业聚集度不断提高。区域经济合作为产业聚集提供了支撑，各具特色的产业体系初步形成。长三角经济区以机械、电子、高科技等资本技术密集型产业为主，机械、汽车、计算机、金融商贸服务等产业聚集度较高。环渤海经济区以重化工、装备制造等资本密集型产业为主，钢铁、机械、汽车、石油化工以及微电子产业聚集度高。珠三角由以往以劳动密集型产业为主逐渐向资本技术密集型转变，在服装、玩具、家电等产业聚集的基础上，集成电路、通信设备等产业的聚集度逐渐提高。

四　区域协调发展的主要原则

1. 市场主导与政府调控相结合

在市场经济中，市场是资源配置的决定性方式和主要手段，因此应充分发挥市场在生产要素配置中的决定性作用，打破地区间的行政阻隔与政府过度干预，促进生产要素的自由流动，实现要素配置的最优效应。但同时也要充分发挥政府在推动区域协调发展中的重要作用。缩小区域发展差距是社会公平正义的本质要求，也是政府义不容辞的责任。政府和市场在促进区域协调发展方面各具优势，要在坚持市场主导的基础上，加强政府的宏观调控作用，把市场机制和政府调控更加有效地结合起来。

2. 对内改革与对外开放相结合

30 多年来的实践证明，改革是推动中国经济社会快速发展的根本动力，可以说，是一次次制度改革支撑了中国经济高速发展，创造了举世瞩目的"中国奇迹"。当前，国内改革已进入攻坚克难阶段，特别是区域协调发展涉及多方利益，难以向前推进。要通过进一步深化对外开放，引入外部动力，打破当前国内改革步伐趋缓的局面。中国的对外开放还有广阔空间，改革开放的制度红利仍是推动国内经济转型升级的强大动力。

3. 统筹兼顾与重点突出相结合

区域协调发展需要牢固树立全国一盘棋的思想，坚持统筹兼顾，也要突出重点，集中精力解决制约区域发展的突出矛盾和主要问题。一手抓条件较好地区的开发开放，着力培育形成新的增长极。另一手抓欠发达地区加快发展，增强其自我发展能力。重点地区在区域经济协调中具有重要的辐射带动作用，是事关全局的核心问题。要加强科学引导，不断深化体制机制改革，加快改革开放步伐，更好地发挥重点区域的辐射带动作用。

4. 经济增长与民生改善相结合

经济增长与改善民生是相辅相成、不可分割的一个整体。一方面，经济增长能为改善民生提供物质基础，是改善民生的根本手段。另一方面，民生的改善能扩大内需，激发广大社会成员创造财富的积极性，为经济增长提供动力和支撑。要把经济增长与改善民生相结合，以推动基本公共服务均等化作为主要方向，努力缩小地区间基本公共服务的差距，使各地区人民都能享受大体均等化的基本公共服务，确保改革发展成果由全体人民共享。

5. 区域协调与产业转移相结合

中国幅员辽阔、人口众多，各地区自然条件差异很大，区域经济社会发展水平很不平衡。产业的区域转移是发达地区带动欠发达地区，实现区域经济协调发展的重要手段。改革开放之初，我国实施了沿海优先发展战略，在沿海地区形成了一个外向程度高、发展速度快、技术先进、产业集聚程度高的工业化区域。在当前区域协调发展的新形势下，要充分重视发挥沿海工业发达地区的带动作用。先富带后富，加强合作，促进产业从沿海发达地区向中西部地区梯度转移，推动区域协调发展。后富追先富，促进竞争，按照要素禀赋优势优化产业布局，引导区域错位发展。

6. 总体战略与区域特色相结合

中国当前已初步形成了推动区域协调发展的"四大板块"战略和主体功能区战略。但考虑到各地自然环境、资源能源等要素禀赋差异，在具体政策制定上，要充分考虑各地的具体差别和实际要求，设定不同目标，提出不同要求，制定不同政策，实行区别对待。在符合国家整体战略布局的同时，要把结合各地实际差异化发展作为制定区域发展政策的重点。结合各地实际情况，制定出台具有较强针对性、务实性和可操作性的区域规划和政策，打造特色鲜明、功能明确的区域经济增长极。

五　推动区域协调发展和全国生产力布局的政策建议

1. 逐步完善国家规划指导下的市场化区域协调机制

进一步深化改革，破除限制区域协调发展的体制机制障碍，逐步完善形成市场化的区域协调机制。主要包括三方面内容：从立足于行政板块，依靠各地区行政主体单独推动区域协调，逐步向立足于经济区域，依靠各地区行政主体引导、各种经济社会组织协力推动、市场主导推动区域协调转变。从空间尺度过于宽泛、指导意见较为笼统的政策安排，逐步向空间尺度相对适宜、切合地方实际特点、可操作性较强的政策措施转变。从主要依赖行政体制及相应的行政手段与力量推动，逐步向运用区域政策、区域规划、区域法规等经济法律手段和市场力量推动转变。

2. 构建以开放促开发的特殊区域经济发展机制

在逐步开展跨境经济合作区、边境经济区等特殊经济合作区试验的基础上，推进完善自由贸易试验区试点工作。在以开放促开发的进程中，特别要注意中西部地区对外开放区域（保税区、口岸等）和高地的建设，以利于以开放促开发、促发展，使中西部地区尽快融入全球化进程。当前，构建以开放促开发的特殊区域经济发展机制，一是要全力推进试验区在财税政策、招商引资、投资融资以及管理体制等多方面的试点与改革，制定更加符合区域特色的区域产业政策和财税政策。推进开放模式创新，利用政策优势先行先试，广泛集聚国内外先进生产要素，充分发挥示范与带动效应。二是秉承积极参与国际产业分工理念，在全球经济一体化和区域经济合作分工中，坚持"引进来"和"走出去"相结合，充分利用国内国外两种资源、两个市场加快发展。近期，需要在加快制定沿边开放开发规划的同时，着力打造新疆沿边经济带等向西开放的桥头堡，服务于构建新丝绸之路经济带。加快推进亚太地区基础设施互联互通的规划和建设工作，尽快筹建亚洲基础设施投资银行。

3. 制定跨区域经济发展规划，重塑对内开放新格局

在未来一段时期的开放格局中，应将对内开放作为一个重要的突破口，立足于区域间开放合作、依靠各地区行政主体协调一致，促使资源要素在更大范围内优化配置与有效利用，推进区域间工业分工合作、区域开放市场体系建设、生态文明建设及交通基础设施建设等。

近期应着力制定跨区域的规划，主要包括长江黄金水道建设，统筹协调沿长江经济带水运、公路、铁路和海运运输系统，提高运输效率，借势上海自贸区开放的新动力，统筹规划沿江省市产业发展和城市布局，将长江经济带打造成中国经济的新支撑。尽快推进环渤海经济圈规划，统筹协调辽东半岛、山东半岛和京津冀地区，将山西和内蒙古纳入经济圈统筹规划，带动河南等省发展，推动区域内交通、能源通道和出海口建设等，打造新的经济增长极。基础设施的互连互通是实现区域内经济合作的重要基础，建议加快推进渤海海峡跨海通道规划和建设，该通道建设是关乎环渤海经济带乃至全国经济持续增长和转型升级的重大战略工程，应尽快开展对通道规划和建设领导新机制、重大技术公关、经费投入机制等的研究。

加快推进洞庭湖生态经济区规划和建设工作，推进洞庭湖生态经济区建设，以湖区水利和长江水资源系统调配相结合，推进粮食基地建设同湖区工业化、新型城镇化和信息化建设相结合，尽快形成快速发展的新局面。加快推进淮河经济带的规划和建设工作，抓住扩大内需的机遇，加大淮河治理、流域内基础设施建设和工农业投入，打造我国的绿色农产品基地、新型的能源化工基地和新的出海黄金水道。

4. 推动以城市群为增长核心的区域协调战略

首先，以大城市为依托，按照国家中心城市定位，培育中心增长极，做强做优大城市和主城区。其次，以中小城市为重点，按照城市群的发展思路，发挥大城市的辐射作用和集聚效应，做大做强"带""圈""群"，促进大中小城市和小城镇协调发展。再次，城市群的发展不应盲目蔓延，应在充分研究经济发展阶段和特点的基础上，合理规划地域空间、资源整合、产业布局，尽快研究长三角城市群的规划建设，打造长江黄金水道。近期，建议尽快编制环渤海城市群和长江中游城市群的规划建设，打造新的经济增长极。建议尽快启动跨渤海湾海峡跨海通道建设的规划和论证工作，打通东北地区和东部沿海地区的经济联系，构建更加畅通的物流通道。

5. 从国家层面加强对产业发展的规划指导

一是要从源头上防止区域间盲目投资、重复建设。建立产能利用情况信息发布制度，引导产业投资预期，严格市场准入管理，加强产业政策调控和引导，同时在提高产业集中度、完善企业退出机制和政策体系方面，转变政府职能和完善政绩考核等，抑制地方政府的盲目投资冲动和不当干预市场的行为。二是制定国家层面的产业转移规划。无论是向产业链的中上游延展、向高层次产业部门跨越，还是跨地区产业转移，中央政府需制定强有力的导向性规划，要善于提前规划和设计。有选择地重点扶持战略性企业，制定相关税收、金融及人才政策，有意识地提高重点加工品的层次和技术含量，可以集中我国经济能量提升专业化水平，主动推动产业结构向高水平演变，进而逐渐培育具有国际竞争力的战略产业群。三是在推进产业转移和区域协调发展的进程中，要充分发挥市场的作用，加快我国具有比较优势的产业发展，推动供应链的整合，形成若干集创新、制造、物流、金融等要素为一体的"供应链中心"。四是在一些区域注重培育和发展电子商务、大数据处理等新经济形态和产业，注重培育和发展新的能够带动消费的产业。

6. 尽快形成跨区域基础设施建设合作机制

基础设施建设是区域良性合作的基础和关键，尤其是交通运输条件，如横跨湘鄂赣皖四省的"环形"快速通道构建成的"两小时经济圈"，是四省生产力布局、城市化和区域经济的主轴，也是长江中上游城市群得以逐步发展和成熟的基础。因此，国家应通过转移支付、贴息贷款、多方融资等途径着力推进基础设施项目的建设，对于必须集中力量抓好的重点项目，国家应积极承担主导作用，重点建成连接城市的空间立体交通网络，承担起连接东、中、西部区域的纽带和桥梁作用，发展面向依托中、西部地区资源、能源输入的现代产业格局，推进东、中、西部城市的一体化发展。加强国内高铁网络建设，构建集海运、内河航运、铁路、公路、航空为一体的多式联运综合交通枢纽。加快空域开放和航空市场开放步伐，以促进区域协调发展。

7. 建立健全促进区域协调发展的财税体制

区域协调发展的要义还在于各个区域要服务于全国发展一盘棋，发挥自身的比较优势，避免产业雷同和重复建设，关键就在于建立健全合理的财税体制，资源价格以及环境生态补偿等几个重要的领域实现市场化改革，在促进劳动力流动等方面，促进基本公共服务均等化，同时在财政转移支付等方面建立更加符合中国经济空间格局的激励机制。中西部是能源资源丰富的地区，长期以来的能源价格剪刀差也是西部地区未能充分享受发展红利的一个重要原因。积极推进资源税费改革，扩大资源税的试点范围。对石油、天然气资源税的征缴方法由"从量定额"改为"从价定率"，并相应提高原油、天然气的税负水平。这样既可以促进资源节约开采利用、保护环境，也有利于实现经济社会可持续发展。同时，资源能源富集的地方财政收入将会增加，区域差距将会缩小，地方保障和改善民生以及治理环境等基本公共服务能力将会增强。

8. 大力推进地区间基本公共服务均等化

缩小地区公共服务差距、实现基本公共服务均等化，是实现缩小区域差距的关键内容，这不仅有利于经济发展，更关系到社会公平，是今后促进区域协调发展工作的主攻方向。要推进财政、金融等公共政策服务的均等化；要推进公民享有教育、卫生、医疗、就业等基本公共服务的同权化；要推进水、电、路、气、房等民生工程建设惠及全体人民。注意在经济发展的同时，将经济效益转化为社会效应，促进全国地区间基本公共服务均等化。

9. 建立健全更好服务于区域协调发展的人才培养和使用机制

人才是推动区域协调发展和优化全国生产力布局的决定性要素。欠发达区域发展缓慢的核心制约因素还是人才问题，这些区域缺乏培育人才的高质量教育资源，缺乏留住人才的政策环境，这一状况亟须改变。建议加大对欠发达地区优势教育资源的财政支持，提高吸引和留住高素质人才的政策环境，如继续完善奖励和支持师范大学毕业生、中西部生源毕业生前往或返回中西部工作制度等。

10. 构建区域协调发展的人口管理制度

劳动力在城乡之间、区域之间的自由流动是促进区域协调发展的重要制度基础，推广居住证制度，推进基本公共服务均等化，破除户籍制度藩篱，根据资源环境承载能力引导人口流动，按照主体功能分区和区域协调发展战略，优化全国人口布局。

第二节　内外联动、协同发展的全新区域经济战略思想

党的十八大以来，在区域经济发展方面，基于对未来中国改革开放和发展稳定大势的全面深入思考和系统谋划，习近平总书记亲自提出和推动了许多全新的战略构想和战略举措，如"丝绸之路经济带"和21世纪"海上丝绸之路"建设、京津冀协同发展以及上海自由贸易试验区建设等，为传统区域经济发展和开放型经济新体制的理论和实践赋予了全新的内涵，注入了鲜活的动力。这一系列重大战略部署集中反映了内外联动、协同发展的战略思想，充分展现了以习近平同志为总书记的新一届中央领导集体对区域经济乃至全国经济走向的新布局和大思路，这一内外联动、协同发展的新布局和大思路，战略上纵横宽广、慎思虑远，战术上精深务实、张弛有度，必将对21世纪的中国乃至世界发展，产生日益深远的影响。

一　共同建设"一带一路"打造命运共同体

2013年9月7日，习近平总书记在哈萨克斯坦纳扎尔巴耶夫大学发表演讲，提出共同建设"丝绸之路经济带"的战略构想。9月13日，在上海合作组织成员国元首理事会第十三次会议上，习总书记再次指出：为了使欧亚各国经济联系更加紧密、相互合作更加深入、发展空间更加广阔，

我们可以用创新的合作模式，共同建设"丝绸之路经济带"。以点带面，从线到片，以加强政策沟通、道路联通、贸易畅通、货币流通和民心相通为基础，逐步形成区域大合作。

同年 10 月 3 日，习近平总书记在印度尼西亚国会的演讲中指出：东南亚地区自古以来就是"海上丝绸之路"的重要枢纽，中国愿同东盟国家加强海上合作，使用好中国政府设立的中国—东盟海上合作基金，发展好海洋合作伙伴关系，共同建设 21 世纪"海上丝绸之路"。

在 2013 年 11 月举行的中共十八届三中全会以及稍后召开的中央经济工作会议上，"丝绸之路经济带"和 21 世纪"海上丝绸之路"建设作为重要的国家发展战略再次被写入会议文件，二者共同构成中国面向西部亚欧大陆以及国土以东广阔海洋寻求发展空间的两大战略支撑。

"一带一路"涉及范围极广，分别从中国的西部及东部出发，在陆上的三大走向分别是：从西北经波罗的海、北海至大西洋，从西北至地中海、波斯湾及印度洋，从西南经东南亚至印度洋。在海上的三大走向分别是：从沿海港口出发，抵达印度洋并经印度洋、地中海至大西洋，从沿海港口出发至南太平洋，从沿海港口出发经北太平洋至北冰洋。这六大战略方向将有效辐射东亚、中亚、西亚、南亚和欧洲、非洲，涉及三大洲几十个国家和几十亿人口，无疑将是世界上最长、最具活力和最具发展潜力的国际经济大走廊。

"一带一路"的提出，是中国适应经济全球化新形势、扩大同各国各地区利益汇合点的重大战略，是构建开放型经济新体制的重要举措，有利于中国与相关国家和地区实现共享机遇、共同发展、共同繁荣。这一战略构想体现了在坚持全球经济开放、自由、合作主旨下，促进世界经济繁荣的新理念，也揭示了中国和亚洲经济合作进程中如何惠及其他区域、带动相关区域经济一体化进程的新思路，更是中国站在全球经济繁荣的战略高度，推进中国与亚洲乃至欧洲和非洲合作跨区域效应的新举措，显示了中国不谋求排他性的区域经济集团的基本立场。

不仅如此，中国的战略意图并不局限于用世界、地区的资源服务于当前中国的发展，而是着眼于中华民族的长远利益，试图在更高层次上与沿线国家打造命运共同体，在坚持市场经济驱动、秉持自由贸易的原则基础上，继续推动全球市场的开放和生产要素的自由流动和增长。

也就是说，这一战略的目标，不仅反映中国的利益诉求，更兼顾对沿

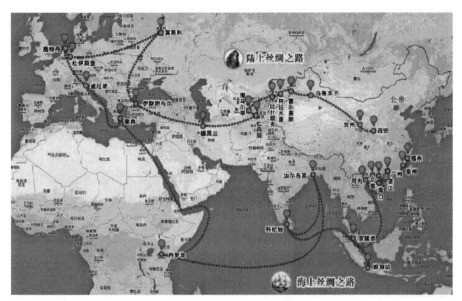

图 5 - 1　　"一带一路"战略示意

资料来源：新华社。

线国家的关切，这可从三个层面来加以观察：一是致力于打造利益共同体，提升经济合作理念，关注可持续发展，实现利益共享均沾，在国际层面实现产业的提升和整合，以开放促进各国的改革转型。二是致力于打造责任共同体，除了传统安全领域之外，在信息、灾害、环境保护、食品安全、公共卫生、恐怖袭击等非传统安全领域，中国也将努力开展国际合作，提升提供国际公共产品和服务的能力。三是致力于打造情感共同体，中国将秉承"亲诚惠容"的理念，加强人文交流，以包容和尊重减少不同文明间的冲突，实现不同文明间的和谐共处。

在上述三个共同体的基础上，最终实现建设"一带一路"的总目标——把中国梦同周边各国人民过上美好生活的愿望、同地区发展前景对接起来，让命运共同体意识在周边国家落地生根。

二　京津冀协同发展上升为国家战略

2014 年 2 月 26 日，习近平总书记在视察北京之后，又在京主持召开专题座谈会，强调实现京津冀协同发展，是一个重大国家战略，要坚持优势互补、互利共赢、扎实推进，加快走出一条科学持续的协同发展路子来。习近平总书记还从 7 个方面就推进京津冀协同发展提出了具体而又明确的要求，涉及区域经济一体化发展相关规划的编制、对协同发展的推动、产业对接协作的推进、城市布局和空间结构的调整优化、生态环境保护合作的加强、现代化交通网络系统的构建以及市场一体化进程的加快推进。

习近平总书记把京津冀发展上升为国家战略，并从传统的一体化转向了协同发展，其经济意义在于激活京津冀，启动环渤海，在更大范围内通过区域协同实现资源的优化配置，打造一个全新的世界级大型城市群，真正使这一区域成为中国名副其实的第三增长极。其生态意义，在于有效治理以雾霾为代表的环境污染问题，解决人民群众关心的身心健康和切身利益问题，将这一区域打造成全国生态文明的先行区、示范区。其政治和安全意义更是非同小可，京津冀只有有效实现一体化、协同发展，才能从根本上确保包括政治安全、经济安全、环境安全、功能安全和治安安全等在内的首都安全，消除多方面安全隐患和不确定性因素，确保首都核心功能正常高效有序运转。

三　上海自由贸易试验区要大胆闯、大胆试、自主改

上海自由贸易试验区的建设，是最近一年来我国改革开放向纵深发展的一部"重头戏"，这出大戏从构思、揭幕到精彩上演，习近平总书记一直非常重视和关心。

2014 年 3 月 5 日，习近平总书记在参加十二届全国人大二次会议上海代表团审议时强调，建设自由贸易试验区，是党中央为推进新形势下改革开放提出的一项重大举措。要牢牢把握国际通行规则，加快形成与国际投资、贸易通行规则相衔接的基本制度体系和监管模式，既充分发挥市场在资源配置中的决定性作用，又更好地发挥政府作用。要大胆闯、大胆试、自主改，尽快形成一批可复制、可推广的新制度，加快在促进投资贸易便利、监管高效便捷、法制环境规范等方面先推出首批管用、有效的成果。

随着上海自贸区建设如火如荼地推进，全国各地相继掀起了一股"自贸区"申报的热潮，从渤海湾到长三角、珠三角一直到北部湾，从东部沿海到内地腹地再到沿边，各个省区市纷纷抢抓机遇，利用各自优势，展开了一场围绕着"自贸区"的"竞跑"。其中，天津、福建和广东作为呼声最高的第一梯队，已经于 2014 年年底正式获批，成为第二批自贸区试点地区。目前，浙江、陕西、重庆、辽宁、河北、河南、山东、广西以及新疆等省区市也紧随其后。其背后的诉求，是地方对中央进一步简政放权让

利的渴望，是试图以自贸区推动经济转型升级、推动对外开放及经济体制改革的探索热情。

四　以全方位开放寻找区域发展新的驱动力

上述国家战略，从点到线再到面，从陆上到海上再到海外，从沿海到内陆再到沿边，实质上贯穿其中的一条主线是：以"国内外联动、区域间协同、外部协同与内部协同并重"理念为统领，打破单纯的行政区划甚至国界限制，把区域经济规划扩大到跨市跨省乃至跨国，力图使生产要素在一个摆脱行政区划束缚的、更大的区间进行流动和组合。

党的十八届三中全会提出，要推动对内对外开放相互促进、引进来和走出去更好地结合，促进国际国内要素有序自由流动、资源高效配置、市场深度融合，加快培育参与和引领国际经济合作竞争新优势。

"一带一路"战略构想除了在经济上的考虑外，更多的是政治、外交方面的考虑，是在继续推进沿海更高层次开放的同时，推进内陆和沿边开放，提高对外开放水平、拓展开放深度与广度，形成沿海开放和内陆、沿边开放相互协调、相互带动的对外开放新格局，力图为中华民族争取更为长远和更为广阔的生存和发展空间。与此同时，也充分展现了中国作为负责任大国的胸怀与担当、与世界经济互荣共进发展的坚定决心，表明我国将与沿线国家展开外部协同，承担大国责任。这是习近平总书记对外经济战略思想的集中体现，亦是区域经济发展战略的深化拓展，可谓高瞻远瞩，深谋远虑。

建设上海自由贸易试验区则可以看成这一大棋局中的关键一招，是我国顺应全球经贸发展新形势、实行主动开放战略的重大举措，表明中国仍然将对外开放作为撬动新一轮区域乃至国家发展和新一轮改革开放的动力。上海自贸区的建设目标是成为中国经济深化改革、扩大开放的试验田，寻求在全国可复制、可推广，以发挥示范带动、服务全国的积极作用。就内部发展来说，建立自贸区就是要通过开放来实现制度创新，从而促进内部改革。从国际层面来看，就是要以扩大开放来增强中国的国际竞争力。

京津冀协同发展则更多的是体现区域协同的国内方面，它既是战略驱动型的，也是问题倒逼型的，涉及环境污染的治理、城镇化的发展、城市功能特别是首都功能的疏解等多方面问题。这是在中国经济进入经济增速换挡期、结构调整阵痛期、前期刺激政策消化期"三期"叠加的新阶段，寻找具有全球竞争力的区域增长新引擎的重大举措。它不仅仅是一个短期的政策推动，更是一个长期的国家大战略。它不仅仅是以发展为主题，更关注具有突破性和可复制性的体制改革。它不仅仅着眼于区域经济发展，也着眼于对外开放大局，更着眼于政治安全稳定。

五　以"内外联动、协同发展"的理念来指导未来区域协调发展

当前，我国在区域协调发展中尚存在一些突出问题，比如，促进区域协同发展的合作机制有待完善，生产力布局的市场化程度有待提升，与主体功能区规划的衔接有待加强，中西部及东北地区的发展潜力有待发挥等。

关于区域经济发展，未来要以"内外联动、协同发展"的理念为工作指引，以全球视野和宏观思维来推进新时期区域协同发展。具体来看，以下六个方面应作为主要着力点。

第一，以政策沟通、设施联通、贸易畅通、资金融通、民心相通为核心内容，以基础设施互联互通为关键和抓手，刚柔相济，着眼长远，注重内外协同，统筹协调中方利益与周边国家及相关大国的关系，统筹协调国际战略和国内区域战略布局，统筹协调国内相关部门、军政商学各界及省区市，统筹协调陆上一带和海上一路建设，做好经略周边各项工作，拓展中国发展的战略纵深和回旋余地。

第二，进一步深化改革，破除限制区域协同发展的体制机制障碍，逐步完善国家规划指导下的市场化区域协调机制。制定跨区域经济发展规划，重塑对内开放新格局，并将此作为推动区域协同发展的重要突破口，推动资源要素在更大范围内优化配置与有效利用。推动以城市群为增长核心的区域协同战略，将城市群作为拉动区域经济发展的核心载体。

第三，在逐步开展跨境经济合作区、边境经济区等特殊经济合作区试验的基础上，推进完善自由贸易试验区试点工作，在沿海、沿边省份大力发展港口经济，推进自由贸易园（港）区建设，以开放促开发，形成引领国际经济合作与竞争的开放区域，培育带动区域发展的开放高地。

第四，从国家层面加强对产业发展的规划指导，有选择地重点扶持战略性企业，进而逐渐培育具有国际竞争力的战略性产业群，以尽快形成促进跨区域基础设施建设市场化合作机制。

第五，优化全国人口布局，构建区域协同发展的人口管理制度，建立

健全更好服务于区域协调发展的人才培养和使用机制。

第六，建立健全促进区域协同发展的财税体制，尽快在资源价格形成机制、资源税、环境生态补偿等重要领域推进市场化改革。

第三节　中国新型城镇化的现状与未来政策取向

新型城镇化是党的十八大确定的重大国家战略，是稳增长、扩内需的最大潜力所在，是转方式、调结构的重要抓手。我国改革开放以来，城镇人口净增 5 亿人，2013 年城镇化率达到 53.7%，超过世界平均水平。经过 30 多年的发展，我国城镇化已取得较大成果，过去单一的、粗放的旧城镇化发展模式已不能较好适应新形势、新要求。在此背景下，国家发布《国家新型城镇化规划（2014～2020 年）》。

一　新型城镇化的基本特征

1. "以人为本" 的城镇化

受城乡分割的户籍制度影响，大量农业转移人口难以融入城市社会，市民化进程远远滞后于城镇化进程。2013 年，全国户籍人口城镇化率仅为 35.2%，远低于全国常住人口城镇化率。目前，农民工已成为我国产业工人的主体，全国 2.34 亿农民工及其随迁家属，未能在教育、医疗、养老、保障性住房等方面享受城镇居民的基本公共服务。随着户籍人口与外来人口公共服务差距造成的城市内部二元结构矛盾日益凸显，主要依靠非均等化等基本公共服务压低成本推动城镇化快速发展的模式已不可持续。

实现新型城镇化，必须坚持以人为本。通过推进符合条件的农业人口落户城镇、推进农业转移人口享有城镇基本公共服务等举措，建立健全农业转移人口市民化推进机制，有序推进农业转移人口市民化。将城镇化的发展重心从工业化转移到市民化上来，使全体居民共享现代化建设成果。

2. "城乡一体" 的城镇化

长期存在的城乡二元结构，促使社会资源源源不断地从农村流向城市，城乡差距持续拉大。2013 年，城乡收入比为 3.03∶1，城乡居民收入差距绝对值进一步扩大。城乡就业、医疗、养老保障体系尚未并轨，城乡公共服务差异巨大。城乡的巨大差距已成为新型城镇化快速发展的阻碍，缩小城乡差距成为推进新型城镇化又好又快发展的关键。

　　推进城乡一体化，必须坚持四化同步、统筹城乡。随着城乡人口结构的根本性变化，需要打破以往城乡经济体系分别改革的思路，将城乡的土地、劳动力等要素自由平等双向流动作为改革的重要突破口。推动信息化和工业化深度融合、工业化和城镇化良性互动、城镇化和农业现代化相互协调，促进城镇发展与产业支撑、就业转移和人口集聚相统一，促进城乡要素平等交换和公共资源均衡配置，形成以工促农、以城带乡、工农互惠、城乡一体的新型工农、城乡关系。完善覆盖城乡的公共就业服务体系，加强统筹规划，尽快整合现有培训资源和公共就业服务体系，形成覆盖城乡的公共就业服务网络。

3. "生态文明"的城镇化

　　改革开放三十多年以来，因片面追求经济增长速度，地方政府采取的并不是资源节约型、环境友好型的发展方式，而是以资源浪费和环境破坏为代价，简单粗放的发展模式，由此造成的环境问题日益严重。2013 年，全国平均雾霾天数为 29.9 天，较常年同期增加 10.3 天，是近 52 年来雾霾天数最多的一年。与此同时，"城市病"愈发突出，大中城市人口过度集聚，导致交通拥堵、公共安全事件频发。

　　发展生态文明的城镇化，必须把生态文明理念全面融入城镇化进程，创新城镇化发展方式，着力推进绿色发展、循环发展、低碳发展，节约集约利用土地、水、能源等资源，强化环境保护和生态修复，减少对自然的干扰和损害，推动形成绿色低碳的生产生活方式和城市建设运营模式，着力打造资源节约型、环境友好型新型城市。

4. "承载传统"的城镇化

　　城市化进程中一些地方政府文化资源保护意识不强、保护水平不高、保护后使用不当等问题十分突出，致使不可再生的历史文化资源迅速流失、传承悠远的历史文脉被粗暴割裂、千姿百态的城市个性逐渐消遁。很多古建筑看似保存了下来，但它们赖以生存的生态环境已经被破坏。城镇化发展至今已经是"千城一面"，不能再搞"千镇一面"。

　　新型城镇化的"新"就是要由过去片面注重追求城市规模扩大、空间扩张，改变为以提升城市的文化、公共服务等内涵为中心，真正使城镇成为具有较高品质的适宜人居之所，而不是简单地建高楼和建广场。在新型城镇化进程中，要坚持"文化传承，彰显特色"的基本原则，根据不同地区的自然历史文化禀赋，体现区域差异性，提倡形态多样性，防止千城一面，发展有历史记忆、文化脉络、地域风貌、民族特点的美丽城镇，形成符合实际、各具特色的城镇化发展模式。

二　当前城镇化发展的四大特点

1. 东部化

以长三角和珠三角为代表的沿海城市已形成中心城市向周围辐射的城市圈，而中西部部分城市雏形才刚刚形成。从城镇人口与总人口占比来看，京津冀、长江三角洲、珠江三角洲三大城市群以 2.8% 的国土面积集聚了 18% 的人口。其中，上海、北京、天津三大城市已经进入高度城市化阶段，城镇化率超过 80%，广东、江苏、福建等东部沿海省份的城镇化率在 60% 左右。内蒙古、重庆、湖北等省份城镇化率在 50% 以上，其他中西部地区城镇化率低于平均水平。

2. 大和特大城市化

2013 年出台的《国家中长期新型城镇化规划》将市区常住人口超过 500 万人的城市认定为特大城市。迄今为止，我国共有 12 座特大城市，人口总数为 1.34 亿人，占全国人口总数的 9.86%。大城市已出现交通拥堵、贫困率和犯罪率上升等城市病。同时，中小城市和小城镇由于道路、垃圾处理、环境等综合承载力不足而缺乏吸引力。

3. "群" 城市化

目前，一些地方官员依靠 GDP 增长的政绩观未得到根本性转变，表面上城市的发展空间逐步扩大，相互之间有交往，但受制于不同城市之间的行政壁垒，城镇化呈现出断头路、市场分割、产业重复和基本公共服务不均等问题。我国目前的城市群发展并不是真正意义上的城市群化，而是仅仅局限于面积和总量变化的群城市化，在同一城市群内仍是各自为战的局面。地方政府盲目大干快上一些短期经济效益高、见效快的项目，导致邻城甚至同城竞争。在区位优势、自然禀赋相近的情况下，相邻区域的过度竞争反而削弱了彼此的竞争力，致使经济效率和资源利用率低。

4. 异地城镇化

我国自然环境、耕地分布及经济发展的空间不均衡性，导致东部尤其是东南沿海成为未来城市人口聚集的地区，也是大城市群尤其是世界级城市孕育的地方。改革开放以来，随着制度改革的推进与社会经济的发展，大批原本被束缚在土地上的过剩农村劳动力开始自由流动，进入城市和非农活动领域。特别是自 20 世纪 90 年代以来，我国流动人口数量迅速膨胀。2013 年，全国农民工总计 2.34 亿人，大规模流动人口已成为我国城镇化进程中的重要特点。

三　新型城镇化的未来发展趋势

1."中西部"化

从三大地带看，我国城镇和城镇人口相对集中于东部地区。2013 年，东部城镇化率最高，为 56.4%；中部次之，为 53.4%；西部最低，为 44.9%，东西部相差 11.5 个百分点。从省际差异看，城镇化水平最高的上海市达到 88.02%，而城镇化水平最低的西藏自治区只有 22.75%，二者相差 65.27%。2013 年各地区工业增加值数据显示，北京全年工业产值增长 7.5%、上海增长 3.1%，加工贸易大省广东的增加值为 7.3%，而同期广西为 14.2%，贵州为 16.8%，山西为 14.8%。2013 年以来，中西部作为国家基础设施重点投资区域，在东部沿海出口贸易复苏缓慢的情况下，中西部在经济发展中起到了举足轻重的作用，这就为中西部城镇化快速发展奠定了物质基础，而东部沿海劳动力和土地成本的上升进一步促进了中西部城镇化发展。

2."中小城市和小城镇"化

中小城市和小城镇成为"折返式"城镇化的主要载体。城市群并不是发达经济体城镇化的唯一选择，60% 以上的德国人居住在小城镇和乡村。2013 年，我国中小城市为 368 个，占全国城市总数的 56%，另有建制镇 20113 个，中小城市和小城镇是吸纳城镇人口的主要载体。研究显示，相当数量的农民工采取"折返式"进城的路子，他们在大城市积累一定资金和技术后，会选择进入门槛更低的中小城市和小城镇就业和创业，并逐步实现定居，这一趋势将因东部地区产业加速向中西部省份转移而得到强化。因此需尽快制定财税政策，扶持中小城市和小城镇公共服务能力，以提高城镇综合承载力，假设每个中小城市年均增容 0.5 万人，每个小城镇年均增容 0.1 万人，将会吸纳近 2000 万人进城，对于稳步推进我国城镇化有重要意义。

3."城市群"化

城市群是人口大国城镇化的主要空间载体，北美大西洋沿岸城市群、五大湖城市群、日本太平洋沿岸城市群，都是该国经济社会发展的火车头。我国过去30多年的高速发展，也得益于长三角、珠三角、京津冀三大城市群的带动。最近讨论的长江经济带，从规划角度讲，也有依托长江黄金水道建大都市连绵带的考虑。考察这些城市群或大都市连绵带，一般有四个基本特征：一是城镇化水平较高，城镇化率在70%以上。二是大中小城市规模协调，相邻等级城市人口比例大多在1∶5以内，最高不超过1∶10。三是以交通为重点的基础设施网络完善，各城市之间交通便捷、信讯畅通。四是城市功能布局合理、分工明确，产业优势互补。推进城镇化，应当以构建城市群为目标，积极培育包括特大城市、大城市和中小城市在内的城镇体系，促进城市间基础设施互联互通，产业、功能互补。

4. "就地就近城镇"化

就地就近城镇化将成为一种趋势性模式，长期以来，大规模的异地流动性农民工成为推动我国城镇化的新主力，但由于制度变迁的渐进性和长期性，使得农民真正转变为市民尚需时日。今后一个时期，应着重解决好现有三个"1亿人"的问题，促进约1亿农业转移人口落户城镇，改造约1亿人居住的城镇棚户区和城中村，引导约1亿人在中西部地区就近城镇化。拆除隐形篱笆墙，落实以人为本，建立新型城镇化发展的制度建设维度。有序推进农业转移人口市民化，推动户籍制度改革，实行不同规模城市差别化落户政策。把有能力、有意愿并长期在城镇务工经商的农民工及其家属逐步转为城镇居民。对未落户的农业转移人口，建立居住证制度，将更多进城务工人员随迁子女纳入城镇教育体系，实现异地升学，实施农民工职业技能提升计划。稳步推进城镇基本公共服务常住人口全覆盖，使农业转移人口和城镇居民共建共享城市现代文明。

四　新型城镇化的三大矛盾

当前，在推进城镇化的进程中，很多问题可以归结为"人、地、钱"三个问题，对这三个问题的认识将直接影响户籍制度、土地管理制度以及地方融资平台等改革进程。

1. 城市要"地"不要"人"

其根本原因在于传统的经济发展方式。长期以来，我国经济发展依靠的是高资源、高投资，农村人口的富余使得劳动力并不是一个现实的制约因素。另外，在我国东部城市的发展过程中，加工贸易的体量很大，加工贸易的"两头在外，中间在内"的产业结构所需要劳动力的年龄结构相对稳定在 18～35 岁，因此不是城市排斥大量的农村人口进入城市，而是总体上的经济结构无法容纳增速太快的城市人口，至少这个过程是缓慢的。近年来，城镇化进程中的人地"两张皮"的经济基础正在发生变化，这一变化最突出的就是"民工荒"的频繁出现以及以扩大内需为重点的经济发展方式的转变，推进户籍制度改革将成为重大政策的突破点。

2. 城乡分割的土地管理制度是诸多经济问题的病根所在

当前，城乡分割的土地管理制度的弊端已经显现，主要体现在两个方面：偏远农村宅基地的闲置问题和城市建设用地的紧缺问题。据统计，全国农村 10% 的宅基地是废弃的，空心村现象更加突出，这与城市建设用地的紧缺形成明显对比。城市近郊的"小产权房"现象愈演愈烈。事实上，"小产权房"现象是城市居民面对城市高房价和郊区农民应对城乡土地"剪刀差"的结合。高房价的危害不仅仅体现在房地产泡沫侵蚀实体经济，还会制约服务业的发展，而服务业的发展对于经济结构调整、扩大就业等有不可替代的作用。据不完全统计，我国当前的建设用地中，城市占 1/4 弱，县城和小城镇约占 1/4，农村则占了将近 1/2。显然，在推进城镇化的进程中，实现有效的城乡建设用地的转换以及建设用地和耕地之间的占补平衡极其重要。

3. 土地财政的痼疾不除，经济发展方式难转

在过去的 10 多年中，中国的城市面貌焕然一新，土地财政功不可没，但是，随着经济的发展，这种体制寅吃卯粮的弊端就更加显现，是城市房价"越调越高"的根本原因。随着当前地方融资平台风险越来越大，破解这一难题需尽快提上议程。除了尽快出台房产税等财产税增加地方政府税收来源、完善财税体制实现财权和事权的对等以外，尽快创新城镇化融资模式，推进民间资本进入城镇建设将是一个更加迫切的议题。同时，应有序推进地方政府自主发债试点工作，在充分论证的基础上，扩大试点范围和规模，拓宽城镇建设资金渠道。

五　政策建议

1. 创新城乡土地一体化管理制度

全面完成农村土地确权登记颁证工作，依法维护农民土地承包经营权。在坚持和完善最严格的耕地保护制度前提下，赋予农民对承包地占有、使用、收益、流转及承包经营权抵押、担保权能。保障农户宅基地用

益物权，改革完善农村宅基地制度，在试点基础上慎重稳妥推进农民住房财产权抵押、担保、转让。引导农村集体经营性建设用地入市。在符合规划和用途管制的前提下，允许农村集体经营性建设用地出让、租赁、入股，实行与国有土地同等入市、同权同价，加快建立农村集体经营性建设用地产权流转和增值收益分配制度。健全节约集约用地制度。开展城乡建设用地增减挂钩试点工作，合理拓展城镇化建设、产业发展用地空间，提高土地利用集约度。

2. 创新城镇化资金保障机制

深化投融资体制改革，加快财税体制和投融资机制改革，建立市政债券发行试点，拓宽城市建设融资渠道。创新金融服务，放开市场准入，逐步建立多元化、可持续的城镇化资金保障机制。发挥现有政策性金融机构的重要作用，研究制定政策性金融专项支持政策，研究建立城市基础设施、住宅政策性金融机构，为城市基础设施和保障性安居工程建设提供规范透明、成本合理、期限匹配的融资服务。应理顺政策性金融与商业性金融的关系，协调合作发展，完善和发展政策性金融机构主导的活动，稳步推进政策性金融机构改革。近日银监会批复国开行组建住宅金融事业部，应在充分试点的基础上，推广国家开发银行住宅金融事业部的经验，借助棚改专项贷款等政策性工具，设立城镇化发展专项基金，积极引导商业银行、保险、社保等社会资金参与城镇化建设。

3. 深化户籍管理制度改革

建立城乡统一的户口登记制度，取消城乡居民的身份差别。建立实施居住证制度，以居住证为载体，建立健全与居住年限等条件相挂钩的基本公共服务提供机制。户籍制度改革是一个地方层次的财政能力、管理能力与其实际规模或其地位相匹配的问题，户籍改革成功之后才是整个城市治理体系改革的进一步深化。户籍改革的关键是城市的公共服务均等化，即城市公共服务覆盖常住人口，而不仅仅覆盖户籍人口。因此需要一系列从全国到地方进行财政体系改革的举措，包括未来的政府管理机构改革等。户籍制度改革会使很多大中小城市发生变化，积极的效应是激励更多城市政府通过提高产业发展能力、就业能力、医疗教育等公共服务水平，吸引更多人口到城市里来。尤其是对于中小城市和小城镇的发展，转变地方政府观念，都有重要意义。除此之外，国家、地方和个人之间，城乡之间的利益机制要理顺。

4. 统筹城市群规划

健全省、市、县、乡、村五级联动的政务服务网络,加强公共资源交易中心建设。优化城市空间结构和管理格局。规划以生态资源保护为核心,形成适度强中心、依托交通通道拓展的城镇空间布局结构,壮大中心城市,实施各城市群差异化发展。促进城乡产业融合发展。以发展装备制造业为核心,提高服务业综合服务水平,打造优势产业集群,培育现代农业、生态农业和休闲农业,努力形成优势工业、现代服务业和现代农业的相互渗透、相互促进的发展格局。制定城镇化发展政策最重要的是分类和定向,要加大对中西部城市群的培育力度。所谓定向是指向中小城市和小城镇,提高中小城市和小城镇的公共服务能力,才能真正把更多的人口吸引到中小城和小城镇中来,使人口布局更加合理化。

第六章　新常态下的物价运行

目前中国经济面临的主要问题是经济增速持续放缓、通胀压力逐渐减轻，甚至出现了一定的通缩迹象。但是，以中长期的尺度考察，未来推升物价的因素仍是多方面的。就国内来看，劳动力成本缓慢爬升、资源性产品价格改革渐次展开、前期国内货币的天量投放、城镇化战略快速推进、对生态环境的保护和治理以及猪肉价格新一轮上涨周期的到来，都将使物价总体上仍在温和通胀区间运行。国际因素主要是国际流动性泛滥的滞后影响和主要发达经济体的温和复苏。未来 5～10 年，物价水平缓慢抬升、通胀水平总体保持温和态势将是中国经济新常态在物价运行方面的一个重要表现。

第一节　当前我国结构性通缩形势严峻

2015 年以来，受经济增速放缓和强势美元下大宗商品价格持续下降的影响，我国结构性通缩形势严峻，物价走势呈现以下 6 个特点。

第一，居民消费价格总水平（CPI）再下一个台阶，已呈现轻微通缩迹象。2015 年，CPI 比 2014 年同期上涨 1.4%，同比回落 0.5 个百分点；2015 年 12 月 CPI 同比上涨 1.6%，环比上涨 0.5%，同比增速连续 17 个月在"1 时代"运行。

第二，工业品出厂价格指数（PPI）创纪录持续下降，且负值水平明显扩大，生产领域深陷通货紧缩泥潭。2015 年，我国工业需求持续疲软，国际大宗商品价格低位徘徊，PPI 和工业品购进价格指数（PPIRM）同比连续下降，反映市场需求疲弱依旧，工业经济领域生产和销售都面临一定困难，企业效益继续下滑。2015 年，PPI 同比下降 5.2%，PPIRM 同比下降 6.1%，虽有所止跌企稳但仍处于极低水平。PPI 从 2012 年 3 月至 2015 年 12 月连续 46 个月同比下降，超过 20 世纪 90 年代亚洲金融危机时期的下跌周期，创改革开放以来的历史记录，PPIRM 从 2012 年 4 月至 2015 年 12 月连续 45 个月同比下降，可以说，生产资

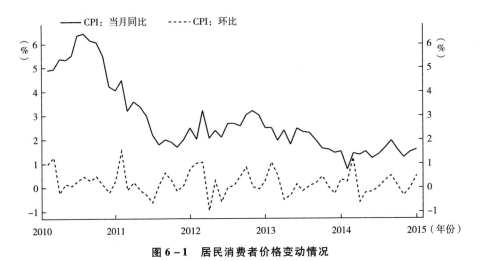

图 6 - 1　居民消费者价格变动情况

资料来源：Wind 资讯。

料价格下跌是 PPI 持续下跌的主导因素。特别是 2014 年年底以来，随着原油价格暴跌，全球通缩风险不断加剧和蔓延，已经给我国带来较为明显的输入型通货紧缩风险。

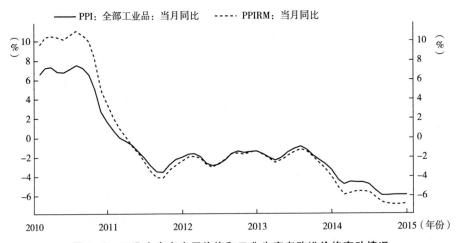

图 6 - 2　工业生产者出厂价格和工业生产者购进价格变动情况

资料来源：Wind 资讯。

第三，CPI 与 PPI 出现长时间正负"背离"现象，物价整体走势呈现结构性通缩而非全面通缩的特点。从 2011 年 10 月至 2015 年 12 月，PPI 低于 CPI 的现象已持续 51 个月，这次 PPI 与 CPI 的长时间背离是 2000 年以来持续时间最长的一次，而且二者之间的"剪刀差"还在进一步扩大，已经达到了 1994 年以来最大差距，这种"背离"放大构成了未来巨大的通缩压力，市场出现通缩迹象的可能性越来越大。尽管工业品价格已经连续近 4 年为负，但消费品价格依然在食品价格上涨的带动下勉强为正，PPI 对 CPI 的传导机制并不顺畅，PPI 并没有完全沿着工业原材料→生产资料→生活消费品产业链传导到 CPI 上来，消费品价格也很难通过需求传导反作用于生产领域。

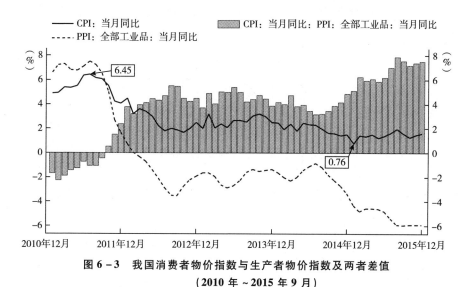

图 6 - 3　我国消费者物价指数与生产者物价指数及两者差值
（2010 年 ~ 2015 年 9 月）

资料来源：Wind 资讯。

　　第四，房价同比、环比降幅继续收窄，上涨城市数量稳步增加。2014 年特别是下半年以来，全国房地产限贷限购政策相继调整，加之该年 11 月 21 日以后，央行 4 次降准，5 次降息，并于 2015 年相继出台了"330 房贷新政""二套房首付降至 4 成""营业税免征期限 5 年改 2 年"以及公积金新政、不动产登记条例的实施、在不实施"限购"措施的城市居民首次购房贷款最低首付款比例调整为不低于 25% 等一系列稳定房地产市场的新政，共同刺激房地产市场特别是房地产投资的逐渐回暖，房地产成交量持续走高。国家统计局发布的 70 个大中城市住宅销售价格数据显示，2015 年 12 月，新建商品住宅房价，同比正增长城市有 21 个，环比上涨城市为 39 个；同比下降城市有 49 个，环比下降城市为 27 个。二手住宅价格，同比正增长城市有 35 个，环比上涨城市为 37 个；

同比下降城市有34个，环比下降城市为24个。分城市看，房价分化依然非常明显。一线城市需求较旺，成交量增长较多，北、上、广、深房价继续领跑全国，新建商品住宅及二手住宅价格涨幅远高于二、三线城市。二线城市房价总体平稳，涨幅仍然较小。三线城市房价仍然下降，降幅继续收窄。与2014年相比，越来越多的城市房价降幅有所收窄，个别城市同比出现上涨。

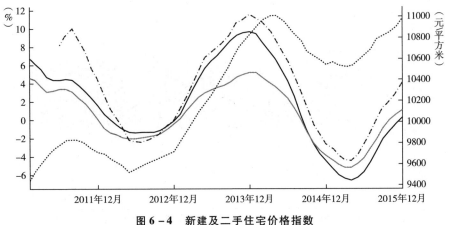

图6-4　新建及二手住宅价格指数

资料来源：Wind资讯。

第五，国际大宗商品价格步入中长期低迷的"冰河期"。受美元不断走强的影响，2015年年初以来，国际大宗商品价格呈持续下跌走势，下半年下跌趋势更加明显。除美元升值因素外，新兴市场国家经济增速下滑导致对商品需求的下降也是大宗商品价格下跌的主要原因。此外，美国能源库存较高以及伊朗核协议达成也都对近期国际原油价格及能源价格整体形成打压因素。分品种看，以原油为代表的全球大宗商品市场依旧一片萧条。无论是基本金属、黄金、谷物、煤炭，还是棉花都难以独善其身，尤其是原油、铁矿石、铜、铝这几种全球最大宗的产品，更是在半年时间内上演了"断崖式"下跌，大宗商品市场的多米诺骨牌已经被推倒，大宗商品市场陷入了价格下跌的恶性循环。

第六，猪肉价格出现快速反弹后见顶回落。在CPI篮子的权重分布中，食品单项占比最大（约三成），并呈现强周期性，故食品价格的变

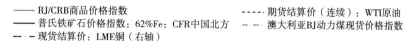

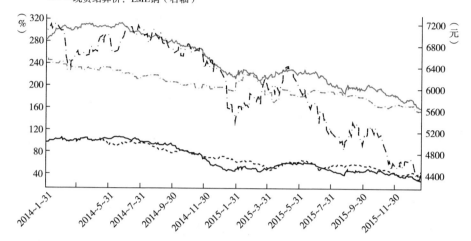

图 6 - 5　CRB 商品指数、原油价格、普氏铁矿石指数、煤炭指数、铜价格走势
资料来源：Wind 资讯。

化与 CPI 整体变化高度相关。在食品类子项权重中，肉禽及其制品（38%）和粮食（15%）占比在食品篮子中超过一半（53%）的份额，其中猪肉单项占 CPI 比重约为 10%。2015 年 3 月中旬起，生猪价格迎来了一波强劲反弹，至这轮反弹最高点 8 月中旬累计上涨 61%。作为生猪价格的滞后指标，猪肉价格同期最高上涨 38%。8 月下旬后，生猪和猪肉价格开始见顶回落。这一轮猪肉价格快速上涨的最主要原因是供给急剧收缩遭遇需求企稳。生猪市场是典型的蛛网模型，需求与供给存在着错配。当猪价处于猪周期的下行阶段时，前期扩张的产能被迫淘汰。从供给面来看，行业惨淡、长期亏损导致养殖户退出，生猪存栏量下降自 2014 年 10 月起持续减少，创 2009 年来的新低，导致供给出现收缩，存在较为明显的过度去产能化。从需求端来看，自 2015 年 5 月以来，随着社会消费品零售总额连续 5 个月反弹，总消费的上升也带动占总消费 60% ~ 70% 的家庭消费基本保持平稳，剩余 30% ~ 40% 为餐饮消费。经济下行与反腐对中高端餐饮和三公消费的影响和抑制空间逐渐在收窄，进一步压缩的空间有限，猪肉需求日渐企稳，也对猪肉价格的回升起到促进作用。从历史经验以及近半年来 CPI 的上升原因来看，多半是受到食品上涨的冲击，这彰显我国粮食生产和供应在整体上安全的同时，结构性缺陷明显，导致食品价格持续上涨，"猪周期"屡屡发威，绑架了居民消费品价格，导致物价的波动也呈现结构性特征。但从经济运行状态来看，由于结构性缺陷引发的食品价格上涨推高 CPI 的现象存在着数据失真风险，因此，当前经济通缩威胁远胜于通胀引发的忧虑。

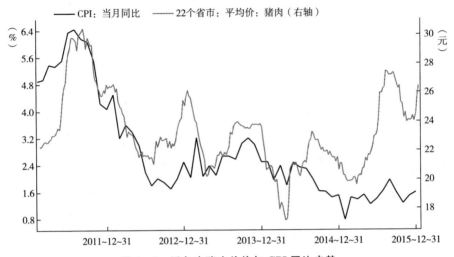

图 6-6　近年来猪肉价格与 CPI 同比走势

资料来源：Wind 资讯。

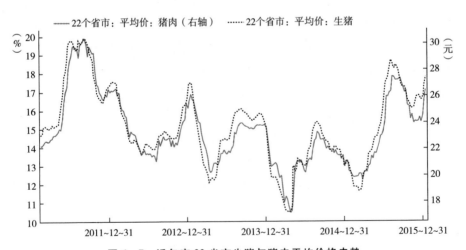

图 6-7　近年来 22 省市生猪与猪肉平均价格走势

资料来源：Wind 资讯。

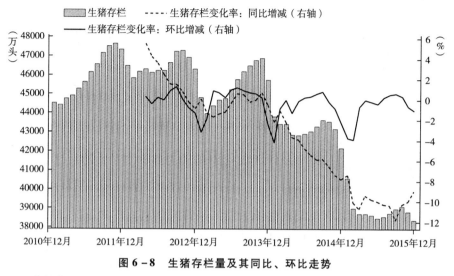

图 6 - 8　生猪存栏量及其同比、环比走势

资料来源：Wind 资讯。

第二节　未来几年物价运行的主要风险：短期通货紧缩压力较大，中长期通货膨胀隐忧难消

　　未来几年，我国经济仍将处于艰难的探底过程中，有效需求总体上仍将显露疲态，价格运行因而也将面临较大的下行压力。综合宏观、微观及影响价格运行的各种因素来看，2016 年物价增速下行的压力将大于2015 年。预计 2016 年居民消费价格 CPI 涨幅将继续低位震荡，大概率落在 1% ~ 2% 这一较低区间内。工业品价格下滑的态势仍将延续，PPI同比降幅仍将处于负值区间，转正遥遥无期，工业品价格涨幅将落在−3% ~ −5% 这一区间内，全面通货紧缩的风险仍然较大。

　　第一，总需求疲弱将带动消费品价格延续低位运行态势。当前国内经济下行压力仍然较大，2015 年四个季度 GDP 同比增长分别为 7.0%、7.0%、6.9% 和 6.8%，经济增长动能不足，需求较弱的态势并未得到根本改变，且主要靠大型企业及基建投资拉动，经济增长对政策的依赖性较大，增长缺乏内生动力及可持续性。总需求增长持续放缓成为带动价格水平总体不断走低的基本经济因素。一是投资增速继续趋势性下滑，有可能继续维持低位增长。二是世界经济仍处在危机后的深度调整中，经济复苏比较缓慢，且前景存在分化，外需难以明显回升，出口增速回升动力不足。总之，总需求较弱的局面仍将难有根本性改观，不足以支撑价格涨幅明显上行。物价一般是总需求的滞后指标，因此，总需求的持续下行将进一步加大通货紧缩压力。从趋势上看，随着总需求欲振乏力和产能过剩压力不减，预计 2016 年 CPI 走势仍将延续 2013 年以来的走势，即低位震荡。

第二，产能过剩问题将继续压制工业品价格回升。尽管存在需求的原因，但当前矛盾的焦点应当在供给方面，部分领域的产能过剩是导致 CPI 持续低速、PPI 持续负增长的主要原因。从需求角度来看，工业领域过去很大程度上依靠国内刺激政策来拉动需求。随着政策刺激作用逐渐消退，尤其是不再搞新的大规模的刺激政策，以及调结构、促转型的不断深化，需求逐步回落至相对合理水平。经济结构的深入调整进一步增加了工业领域需求不足的现象。从供给角度来看，当前我国出现物价下行压力主要是在总需求增长放缓的情况下工业领域生产能力保持较高水平所致，而生产能力的持续扩张与之前金融危机后出台的 4 万亿元的经济刺激计划等政策强力刺激下总需求迅速膨胀密切相关。当这部分需求下降，供给过剩的问题便凸显出来。当前，部分行业的产能过剩问题仍较突出。以钢铁行业为例，截至 2014 年，我国钢铁产能利用率约为 75%，与公认的 80% 左右的合理水平仍存在较大差距，导致钢材库存不断攀升，价格持续下跌，钢铁协会钢材综合价格指数已从 2011 年 2 月 18 日的 136.31 高点跌至 2016 年 1 月 8 日的 58.12，跌幅达 57.36%。目前钢材、煤炭等主要工业品库存仍在高位，显示未来一段时期内工业品去库存的压力不减，主要工业品价格可能继续下降。展望 2016 年，生产资料价格（采掘业、原材料等）持续低迷、供给相对过剩仍将是 PPI 负增长的主要压力。更为严重的是，产能过剩具有严重的资产负债表风险传染机制，将会强化顺周期效应对金融货币体系的冲击，从而使物价进入一个下降螺旋，甚至使货币金融体系进入一个流动性陷阱，进而加剧通货紧缩局面。当经济减速、公司债务高企时，通缩循环将是中国经济最大的风险堆积。

第三，国际大宗商品价格中长期颓势难改将继续输入全球通缩风险。对未来 3 ~ 5 年国际大宗商品价格走势，我们认为将步入中长期低迷的"冰河期"，并给出未来几年的 5 个判断。一是多数大宗商品价格将维持低位震荡，熊市还将继续。从供需形势看，国际大宗商品价格下跌与全球需求疲软息息相关，但也与供给出现大量过剩密切关联。尽管欧洲和日本持续释放流动性刺激需求，但还不足以抵消美联储退出量化宽松及加息预期的影响，美元持续走强、主产国货币贬值使得以美元计价的大宗商品价格整体承压。二是在多重抑制政策的作用下，能源市场供大于求的态势还难以根本性改变，石油、煤炭、天然气价格都将稳定在较低位运行，长期出现报复性反弹的可能性不大。三是基本金属价格仍将持续下跌，并陷入"负反馈"的恶性循环。考虑到未来全球经济复苏前景并不乐观，尤其是中国和欧洲需求难转旺盛，加上各品种产能仍在不断提高、供给充足，估计多数主要金属——铜、铝、铅、锌、锡都将在2008年全球金融危机以来的最低水准徘徊。四是随着中国需求继续放缓，再加上市场供应增加，中国所需铁矿石的增长空间非常有限，过剩的钢铁产能也将长期压制铁矿石价格的回升，铁矿石价格还有继续下探的可能，预计不会重返每吨60美元以上水平。五是国际农产品价格更多地体现商品属性。国际农产品供应受地域自然灾害和气候季节性影响较大，因而其低价形势可能不会持续那么久。从近期走势看，尽管价格涨跌互现，但上涨品种的表现总体难抵价格下跌品种的拖累，食品类大宗商品价格受供需平稳的影响，进一步下跌的幅度不会太大。综合来看，国际大宗商品因供应和需求两方面原因，市场仍将进一步承压，价格"跌跌不休"将进一步加剧通缩预期和输入性通缩压力，导致我国工业品价格持续低迷。但输入性因素并非工业领域结构性通缩的主要原因，而只是外生的附加因素。

第四，由供给端决定的猪肉价格整体上涨空间有限，"猪周期"效应减弱，不会对物价持续上涨产生影响。目前生猪养殖经过2015年年中的一轮快速上涨，其价格基本上处于盈亏平衡点上下。因部分散养养殖户前期大量淘汰生猪产能，导致目前生猪存栏量有所下降。从未来走势看，猪肉及其他肉禽价格具有一定的不确定性，因供求关系变化出现价格的震荡回升乃至新一轮"猪周期"再度来袭的可能性存在，但是，像前几年那样对物价走势产生很大影响则不太可能。尽管生猪价格从3月起开始上涨，但生猪存栏量的上涨有一定的滞后期，在3月至6月仍连月下降。7月之后，生猪存栏量开始对猪价上涨做出反应，生猪养殖户开始补栏，生猪存栏量连续三个月出现增加，生猪和能繁母猪存栏的环比变化率都在增加（见图6-10），预计经6个月左右即可形成新的大批生猪供给，此时恰逢2016年的元旦和春节，逐渐增加的供应将能够满足相对旺盛的需求，因而2016年猪肉价格继续上涨的压力并不大，可能会重回下跌通道。而且，

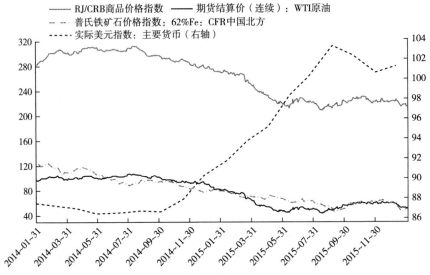

图 6-9　路透-杰弗逊 CRB 商品价格指数、WTI 原油价格、普氏铁矿石价格指数、实际美元指数

资料来源：Wind 资讯。

因为存在多品类的替代性肉类，猪肉价格并未带动其他肉类价格联动上涨，本次"猪周期"推动 CPI 涨幅有限。经济基本面的疲弱也决定了猪价仍会延续一段震荡调整期，但整体上涨空间有限。

再从供应链的上下游来看，一般而言，猪肉上游价格（仔猪）涨幅超过中下游价格的持续性不强，通常是价格增速到顶的前兆，需求的疲弱最终将反向限制供给的增长。目前数据显示，猪肉价格涨幅小于生猪和仔猪价格涨幅（见图 6-11），这意味着终端需求并未明显恢复，这也不支持猪肉价格未来的持续上涨。从需求角度来看，居民收入的持续上升，将导致猪肉消费在全部开支中的比重下降。同时，2016 年统计部门将启用新的 CPI 权重方案，从过去 5 年消费结构变化来看，猪肉在 CPI 当中的权重必将有所下调。因此，猪肉价格的波动对 CPI 的整体影响也将有所削弱。

当然，如果把观察的视线稍微拉长一些，比如今后 5~10 年，我们对物价再次返身上行的压力也不可忽视。未来推升物价缓慢攀升的潜在因素主要有 5 个方面。一是随着全国部分省份继续上调最低工资标准，以及全国城镇、农村居民收入的快速提高，近年来用工荒已经从东部扩展到中西部，制造业劳动力成本大幅上涨，已成为困扰物价中长期走势的"达摩克利斯之剑"。二是前期国内货币的天量投放造成我国货币存量偏大，货币

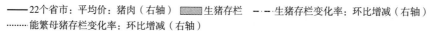

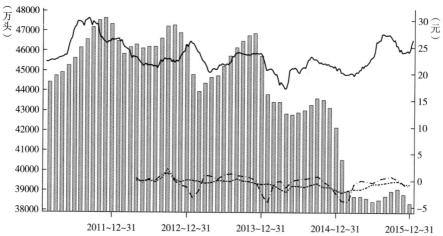

图 6-10 生猪存栏量、能繁母猪存栏及生猪存栏环比变化与
22 省市生猪平均价格走势

资料来源：Wind 资讯。

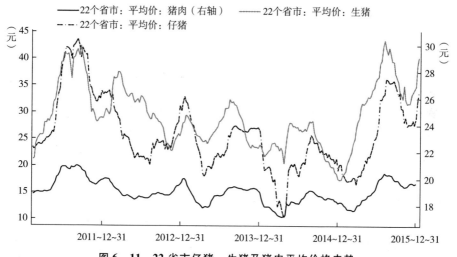

图 6-11 22 省市仔猪、生猪及猪肉平均价格走势

资料来源：Wind 资讯。

流动性增长相对较快，未来广义货币（M2）增长仍会明显快于名义 GDP 增速，存在一定的物价上涨货币基础。三是水、电、油、气等资源性产品价格改革一旦大规模实施，势必引起多种能源资源类产品价格上涨，进而带动众多下游产品价格上涨，将对物价上涨产生一定影响。四是城镇化战略快速推进和对生态环境的保护和治理以及各城市公共服务价格上涨、国内各大景区门票持续上涨，都将使物价运行有逐步走高之忧。五是最重要的也是最不确定性的即"猪周期"再次发威导致猪肉价格的反弹。

综合上述因素来看，未来几年中国经济在物价方面的主要风险，或者说物价方面的新常态的表现，可简单地概括为"短期通货紧缩压力较大，中长期通货膨胀隐忧难消"。

第三节　未来国际大宗商品价格走势分析及其对中国经济的影响和应对

2011 年下半年以来，国际大宗商品价格呈现趋势性震荡下跌走势，尤其是从 2014 年下半年开始，出现了快速下跌趋势，且表现出与 2008 年国际金融危机期间近似的下跌走势特征。然而，在机理及影响上，这一次下跌与 2008 年开启的下跌存在较大不同。因为这次下跌并不能完全由需求萎缩来解释，也不大可能快速反弹。未来大宗商品价格走势如何，将对正进入"新常态"的中国经济产生何种影响，我国又该如何积极应对，分外引人关注。

一　多数大宗商品正步入中长期价格低迷的"冰河时代"

与 2008 年国际危机期间的大宗商品价格暴跌暴涨不同，2014 年以来的商品价格下跌进入了相对低迷的熊市周期。从中长期来看，国际大宗商品价格将维持低位弱势震荡，但由于世界各国经济基本面和货币政策出现分化，短期内不确定性因素较多，国际大宗商品价格料将呈现震荡分化趋势，价格波动将有所加剧，投资机遇和风险都会增加，不同商品也可能出现不同程度的触底回升。但总体而言，未来国际大宗商品将步入中长期低迷的"冰河时代"。这里，笔者对于未来一个时期国际大宗商品价格的走势给出五个趋势性的判断。

1. 多数国际大宗商品价格在 3～5 年内将维持低位震荡

从供需形势看，国际大宗商品价格下跌与全球需求疲软息息相关，但也与供给出现大量过剩密切关联。美国经济复苏还远不足以弥补欧洲、日本等发达经济体和新兴经济体集体疲软带来的需求走软，而为确保市场份额，主要商品输出国尚未做出产能调整。原油、天然气、煤炭、铜、铁矿石、农产品等供需形势皆不相同，有的品种受供应大幅增加的影响，如原油、天然气、铜和农产品，而有的品种则因需求放缓而导致价格暴跌，如煤炭、铁矿石等。除了供求变化的影响，大宗商品价格的普遍下跌还有其他影响因素，且不同品种价格下跌的主导因素也存在差异。其中，影响大宗商品价格集体走低的一个共同因素是美元走强。

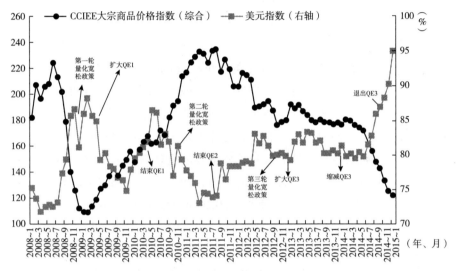

图 6 - 12 CCIEE 国际大宗商品价格指数与美元指数走势

注：CCIEE 国际大宗商品价格指数是由中国国际经济交流中心开发编制的侧重于反映中国需求和中国因素的国际大宗商品价格波动情况指数。

随着美联储退出量化宽松政策，美元进入了加速升值通道。美元升值的背后是美联储的加息预期，而美国真实利率（经通胀调整后）的上升通常会伴随着大宗商品价格的下跌，反之亦然。因为美联储加息预期将对商品投资收益产生冲击，促使投资者加速增产和去库存，即将商品存货及时变现，引发机构投资者纷纷退出大宗商品资产配置。短期内，美国的经济好转不可能促使美元出现大幅贬值，至少奥巴马任期内再次推出量化宽松货币政策的可能性不大，而且美国货币政策的正常化和欧日及新兴经济体更加宽松的货币政策，会进一步夯实强势美元的地位，这意味着未来 3～5 年内将使多数国际大宗商品价格承压，预计会长期维持在低位震荡。

2. 廉价石油将使化石能源重获低成本优势

受全球需求放缓的影响，全球原油供给大幅过剩，再加上美元走强、地缘政治等因素，导致以美元计价的油价从每桶 100 美元以上暴跌至每桶 30 美元左右，预计未来 3 ~ 5 年世界石油市场供需宽松态势难以根本性改变，以美元计价的油价会在低位回稳，大致维持在每桶 30 ~ 60 美元区间震荡波动。究其原因，2015 年以前，需求不足为油价下跌的主导因素，之后供给因素影响可能更大。供给端的变化主要来自两个方面，一是美国页岩气的供应。二是欧佩克维持计划产量不变。

受需求增长放缓、供应大量增加和国际油价下跌等因素影响，国际天然气市场供过于求的局面趋于长期化，导致气价大幅走跌，其中亚洲液化天然气（LNG）现货价格从每百万英热单位（mmbtu）17.25 美元跌破每百万英热单位 7 美元。随着气价走低，很多国家计划用较清洁的天然气取代煤炭。中国、印度等国家正寻求将更多天然气用于发电，以代替对环境不利的煤炭发电，同时也希望在交通运输中用天然气代替柴油。

受天然气价格持续低迷和二氧化碳减排的全球强约束影响，国际煤炭价格继续寻底过程。今后较长一段时期内，即便全球能源需求转好，煤炭仍可能是唯一表现疲软的大宗商品。2015 年，澳大利亚煤炭价格可能将再跌近 9%，欧洲煤炭价格跌幅将可能高达 25%。导致煤炭行业深陷困境主要有两个原因，中国需求下降和美元走强。在多重抑制政策的作用下，预计未来 3 ~ 5 年内，国际煤炭市场供大于求的态势还难以根本性改变，在能效改善和环境政策日趋严格的支持下，中国的煤炭需求增长会显著放缓，煤炭价格将稳定在较低位运行，长期出现报复性反弹的可能性不大。

3. 基本金属价格中长期呈现分化震荡走势

2014 年以来，基本金属价格呈现不同程度的下跌，而且品种出现分化情形。尤其是铜、铝价格长期下跌态势较为明显，铅、锡、镍价长期下行中略有反弹，而锌价在下跌后出现较大幅度的回升。考虑到未来全球经济复苏前景并不乐观，尤其是中国和欧洲需求难转旺盛，国际评级机构穆迪公司将全球基本金属行业展望从稳定下调至负面。

具体来看，全球经济增长前景暗淡和市场供需失衡是近期铜价重挫的重要原因。尤其是新兴经济体需求疲软，而精炼铜供应增速快于趋势水平，致使铜市场出现供过于求的局面。在全球需求存在不确定性和输入成本下降的情况下，铜价将需要寻找一个新的供需均衡点。作为全球最大的铜消费国，中国需求将成为影响铜价的重要变量。本轮铜价出现回落主要是因为中国楼市需求减弱所致。进入 2015 年以来，中国正在启动新一轮基础设施建设投资项目，但不会改变中国经济进入中高速增长的新常态，这意味着铜价的快速反弹缺少坚实的支撑。尽管不少经营铜材的企业正在有步骤地削减铜产能，但受制于需求疲软、美元走强等多重因素的影响，铜价大幅反弹的可能性不大。我们预计，未来铜市场的需求乏力情况将更为严重，铜价走低趋势将延续。

2014 年以来，国际国内铝价反弹主要是因为供应缺口的扩大。据世界金属统计局（WBMS）数据显示，2014 年全球铝市供应短缺 84.9 万吨，而其在 2013 年为供应过剩 56.9 万吨。然而随着 2015 年供应增加和需求放缓，铝市场供需将渐趋平衡。今后铝价反弹的空间也不大，预计仍会维持震荡调整态势。

由于全球电池制造业需求萎靡不振，尤其是中国目前是全球最大的铅消费国，其中电动自行车行业的铅需求占中国铅需求总量的 36%。短期内，来自中国和欧洲的制造业活动放缓，这使得铅价仍会面临下行压力。

此外，锌成为基本金属领涨的品种，原因在于锌供应出现收缩，短期内供给不足超过预期，海外部分锌精矿因矿山服务年限将近而逐步减产，甚至部分大矿即将关停，同时全球 1/4 的锌矿产能面临产量下滑的局面。未来锌的基本面相对较好，因为市场存在海外矿山关停预期带来的产能收缩和来自远离中国房地产行业的镀锌板的稳定需求。

4. 中国钢铁过剩产能将长期压制铁矿石的价格回升

铁矿石定价权长期被国际矿石厂商垄断，但随着近年来中国需求放缓，再加上市场供应增加，铁矿石将转为买方市场。铁矿石价格不再如以往那么坚挺，而是出现大幅下跌。进入 2016 年年初，铁矿石价格进一步下滑到近 6 年的低位，价格约在 42 美元/吨。这是因为中国粗钢产量占世界总产量的一半以上，2014 年中国铁矿石进口量达到 9.33 亿吨，对外依存度再度升高到 78.5%。当前，中国经济增长降温抑制了钢铁需求，而且出于调整产业结构、解决环境污染问题和消化过剩产能的需要，中国政府采取措施压减部分钢铁产能，到 2017 年年底全国要压减 8000 万吨钢铁产能，其中河北省就要压减 6000 万吨，这使得过去货币宽松时期刺激的铁矿石价格泡沫失去了膨胀下去的推动力，从而出现严重的产出与需求错配，从而使铁矿石价格泡沫走向破裂，将更多地回归商品属性。尽管中国政府可能通过一定规模的基建投资来重振经济增长，但是中国钢铁消费已经进入平台期，铁矿石价格不会重回以往廉价资本驱动的泡沫化上涨时

期。随着中国废钢量的增加,中国所需铁矿石的增长空间非常有限。未来
2～3年,国际矿企生产成本较低,有继续扩产的积极性。在生产继续扩
张的条件下,受钢铁产能过剩、钢材需求增长放缓等因素的影响,铁矿石
价格将还有继续下探的可能,预计3～5年内不会重返每吨80美元以上
水平。

5. 国际农产品价格中长期更多体现其商品属性

与工业品不同,国际农产品供应受地域自然灾害和气候季节性影响较
大,因而其低价形势可能不会持续那么久。农产品生产成本还受到种子、
化肥和能源价格的影响,而农产品消费通常会表现平稳,只是有时作为加
工业原料受到油压榨、饲料加工等活动的调节。从近期走势看,尽管价格
涨跌互现,但上涨品种的表现总体难抵价格下跌品种的拖累,食品类大宗
商品价格自2011年以来下跌20%。考虑到2014～2015年当季粮食、食油
和肉类及饮料(以咖啡为首)作物丰收前景良好,预计2016年仍将进一
步下跌。但受供需平稳影响,进一步下跌的幅度不会太大。考虑到未来南
美主生产区气候良好,2015年大豆和玉米丰产的可能性较大,将会继续
使大豆和玉米的价格承压。中长期看,如果未来天气不能够造成南美大豆
大幅减产,随着后期南美大豆的丰产上市,全球大豆供需进一步转向宽
松,大豆期价也将承受更多的下行压力。

二　国际大宗商品价格中长期低迷将对中国乃至全球经济产生深远影响

我们判断,大宗商品价格将进入中长期低迷期,这将对全球经济产生
重要影响,至少在未来3～5年,有可能逐步改变商品净进口国和净出口
国之间的现有利益格局,还有可能导致世界贸易、投资、金融和货币政策
的新变化,引发不可预期的地缘政治冲突和利益纠葛。

(一) 在世界范围内产生再分配效应

直观来看,国际大宗商品价格下跌会给全球带来低成本红利,利好全
球经济增长和就业增加,但会在商品输出国和输入国之间出现重要的分配
效应。据野村证券近期研究报告称,大宗商品价格下跌将通过5种渠道影
响新兴市场经济,包括商品贸易、消费者物价指数(CPI)、企业利润率、
政府财政状况和经济增长(GDP增速)。对大宗商品净进口国来说,大宗
商品价格下降可以降低能源及其他商品的生产成本,改善贸易条件,扩大

贸易盈余和经常账户顺差，减轻提供食品及燃料价格补贴政府的财政压力，继而降低中间投入成本，增加企业利润率，促进国民收入增长和就业增加。大宗商品净出口国的情况则刚好相反，不仅会减少这些国家的出口收入，使其财政和国际收支平衡面临压力，甚至遭遇债务违约、本币贬值和经济陷入衰退的风险。

鉴于政治周期、政策反应、汇率变动及经济基础条件的差异，不同国家受到的影响可能不尽相同。不管如何，全球经济体中总会出现明显的赢家，包括印度、菲律宾、泰国及埃及，它们会从大宗商品价格下跌中受益良多。同时也会出现显著的输家，大宗商品价格下跌将动摇其经济依赖的根基，尤其会对俄罗斯、委内瑞拉、尼日利亚、巴西、智利、哥伦比亚、马来西亚、印度尼西亚等大宗商品供应国产生不利的冲击。野村证券认为，中国也出现在输家之列，其原因在于低迷的大宗商品价格和疲弱的经济增长将引发中国经常项目顺差缩减、通货紧缩风险加剧、人民币贬值、资本外逃及被做空的压力，而因其他新兴经济体及大宗商品出口国的疲弱经济表现，中国的服务贸易平衡可能会进一步恶化。

即便对部分商品输入国也并非完全利好。商品消费国可能从贸易条件改善中受益，但价格波动极易诱发贸易融资风险和通缩风险。明显的是，大宗商品价格持续走低可能形成物价下行预期，将给那些致力于反通缩的经济体带来更为复杂的挑战。诸如日本和欧元区正在实施大规模的量化宽松政策以实现温和的通胀目标。如果大宗原材料价格下跌促使产成品价格下跌幅度更深，那么不仅会影响企业的补库存行为，甚至会进一步拖累总需求的复苏。比如，油价下跌会导致物价下行，并可能产生一定的通缩压力，对此影响需客观全面分析。一是油价下跌主要影响供给面，但并不意味着最终需求下降。相反的逻辑是，原材料成本下降有助于企业降本增效，进而增加居民收入、扩大消费需求。二是油价下跌有助于推进资源性产品价格改革，在此期间我国曾连续提高成品油消费税，同时也为减少财政补贴提供了基础，这在一定程度上减轻了油价下跌对物价的直接影响。

（二）对中国经济的影响总体利大于弊

作为全球重要的大宗商品生产国、消费国和贸易国，中国可能从大宗商品价格下跌之中受益，也可能会承受输入性通缩风险。逻辑上讲，国际大宗商品价格下跌对中国的影响表现在宏观经济层面有四个影响渠道（见

图 6 - 13)。一是通过进口成本下降改善初级产品贸易赤字状况。二是通过价格传导使整体物价水平降低。三是降低原材料进口生产厂商采购成本，进而影响厂商利润状况和未来投资行为。四是通过物价水平下降和企业利润增加，提高中国居民的福利水平，从而促进居民提升消费能力。

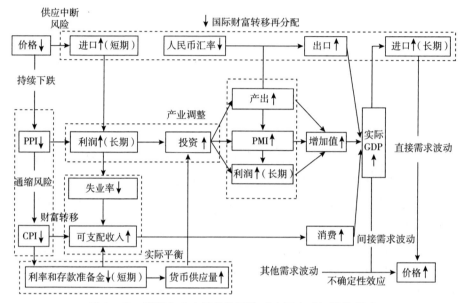

图 6 - 13　国际大宗商品价格下降对中国宏观经济的影响

1. 有利于改善商品贸易条件

如图 6 - 13 所示，国际大宗商品走低有助于降低中国进口成本、改善贸易条件（出口价格指数与进口价格指数之比）、扩大贸易顺差，能有效减少国家财政赤字，给财税改革提供更大空间。以原油、铁矿石、大豆和铜材为例，2014 年中国进口原油超过 3 亿吨，进口均价较 2013 年下降了4.92%；进口铁矿石达到 9.33 亿吨，进口均价较 2013 年下降了 20.75%；进口大豆 0.71 亿吨，进口均价较 2013 年下降了 5.84%；进口未锻造的铜及铜材、废铜和铜矿砂及精矿分别为 482.54 万吨、387.49 万吨和1186.18 万吨，而进口平均价格较 2013 年分别下降了 4.98%、9.34% 和5.48%，按照这个数量和 2013 年均价计算，2014 年四种商品进口金额合计节约 433.88 亿美元。倘若 2015 年全年进口均价参照 2015 年初商品现价（见表 6 - 1），那么四种商品进口金额比 2014 年同等数量能少花超过1568.09 亿美元，按照 1 美元兑 6.2 元人民币，节省的开支将高达 9722 亿元，约占我国 2014 年进口总额的 8%，约占 GDP 的 1.5%。这样算来，贸易条件改善带来的社会福利远远大于 GDP 增长率下降引起的损失，而且经济增长放缓也有利于改善环境和减少劳累。

表 6-1　大宗商品价格下跌时我国贸易条件改善情况[①]

	2013 年			2014 年				2015 年	
	进口量 （亿吨）	进口额 （亿美元）	平均单价 （美元/吨）	进口量 （亿吨）	进口额 （亿美元）	平均单价 （美元/吨）	节省 支出[②] （亿美元）	预期 均价[③] （美元/吨）	节省 支出[④] （亿美元）
原油	2.82	2195.49	778.13	3.08	2281.29	739.82	118.12	366.5 （50 美 元/桶）	1151.16
铁矿石	8.20	1048.90	127.87	9.33	945.51	101.33	247.64	70	292.33
未锻造的铜及铜材	0.045	354.89	7812.09	0.048	358.20	7423.23	18.76	5800	78.33
废铜	0.044	137.91	3153.95	0.039	110.80	2859.33	12.20	2730	4.33
铜矿砂及精矿	0.101	195.09	1937.34	0.118	216.45	1831.21	12.16	1720	13.49
大豆	0.63	380.34	599.86	0.71	403.30	564.85	25.00	525	28.45
合计							433.88		1568.09

注：①表中"平均单价"为实际数据。

②2014 年节省支出指以 2013 年价格购买同等数量的商品支出额扣减 2014 年实际支出额的净值。

③2015 年的预期均价是以 2015 年 1 月平均现货价格为基准设定。

④节省支出是以 2014 年实际支出额扣减以预期均价购买同等数量商品的支出额的净值。

2. 有利于应对经济下行压力

当前，我国经济仍处于工业化和城镇化进程中，资源进口依赖程度较高。原油、铁矿石、铜材、大豆等大宗商品价格持续下跌，将带动制成品价格下行，如原油价格下跌直接节约家庭燃料开支，相当于给予消费者直接补贴而增加实际收入，进而扩大终端消费潜力。铁矿石和铜材价格下跌有利于钢铁企业和铜制品企业降低生产成本与增加盈利。大豆等都是用于榨油，豆粕大量用于饲料生产，其价格下跌对养殖业降低成本是有利的，这些都会增加经济产出，有助于减缓经济下行压力。国际大宗商品价格下跌带来较多的社会福利，足以抵消 GDP 增速放缓引起的损失。据初步估算，因国际商品价格深度下跌带来贸易顺差扩大，进而提高净出口对经济增长的贡献率，由此获得的经济收益约占 GDP 的 2～3 个百分点。商品价格下跌还能使普通消费者直接受益，如国际油价持续下跌引发国内成品油价连续下跌，汽车消费者加满一箱油将节约支出人民币 100 元左右，这意味着消费者实际收入增加了，可以用于其他消费活动。因而，商品价格下跌将利好中国经济成长。据国际货币基金组织（IMF）模拟分析的结果，因油价下跌将使中国 2015 年 GDP 比基准情形大致增长 0.4%～0.7%，2016 年提升 0.5%～0.9%。另据美国美林银行估计，国际油价每下降 10%，将提升中国 GDP 增长 0.15 个百分点，且经常账户平衡增长 GDP 的 0.2%，将为中国经济"稳增长"提供有效支撑和缓冲。

3. 有利于"两头在外"相关产业加速转型

近年来，随着国内外需求放缓，中国传统的生产制造业面临产能过剩的压力，部分行业同时遭受高成本进口和低价格出口的双向夹击，而上游初级产品价格迅速降低，短期内能提高这些行业的资本回报率，降低相关行业的债务负担，缓解制造企业面临的盈利压力。此轮大宗商品下跌还有利于改变预期及投资行为，有利于加速资源品价格改革进程，推进传统制造业转移过剩产能、拓展国际合作空间。因为大宗商品价格下跌给国际上的资源出口商带来业绩压力，从而使从低价中受益的中国企业寻找到海外资产重组的机会，使其积累更多资本以提前实施国际化战略，加快发展和海外投资，比如以较低的并购成本获得优质的份额资源，保障长期转型发展的核心利益，增强在价格反转过程中的主动性，从而加快消化过剩产能和推进结构调整。

4. 对我国不同行业减税效应存在差异

大宗商品价格下跌带来的减税效应显然不能惠及所有行业，原材料开采或转化业可能从中受损，比如石油采掘业和煤化工产业受负面影响较大。在煤炭、原油、铁矿石等大宗原材料持续下跌中，整体受益的行业仅集中在电力、化纤、黑色金属冶炼（特种钢材）等。行业受益的前提条件是，原材料成本下跌的幅度超过产成品价格的跌幅。从行业表现看，那些行业集中度越高、具有刚性需求、在产业链下游的行业受益更为确定。比如，油价下跌首先导致油气勘探开采业盈利下降，也会导致以天然气、煤炭、生物质等为原材料生产同质化产品，而产品价格由石油路线确定的子行业，如煤制油、煤制气、煤制甲醇、煤制乙二醇、煤制烯烃、燃料酒精、生物柴油等化工产品经济性受到严重挑战。油价下跌对化工领域各子行业的影响方向和强度表现不均，因为油价暴跌会直接拉低汽油、柴油、化肥、农药、农膜、除草剂等产品价格，但石油化工产业链上价格传导变化会有所差异，如对无机化学品、橡胶等造成下行压力，而对纺织化学品、精细化工品等市场形成利好。因为处于产业链上游的乙烯、丙烯、甲苯、苯乙烯、纯苯、二甲苯、苯酚、丙酮、苯胺、丁二烯等制成品价格通常会同步下跌，从而使该环节产业利润受损，而处于产业链下游的精细化工原料、日化品、涂料、油墨、改性塑料等终端化工产品价格下降幅度较小，这些行业可能会从中有所受益。由于成品油价格的同步下跌，而以成品油为原料的航空运输、干散货集运、公路交通等行业的盈利会得到显著改善。煤炭价格持续下滑，对煤炭勘探开采造成较大负面冲击，但有利于电力、石油加工、炼焦及核燃料加工业，同时以煤炭为燃料的非金属矿物制造、金属冶炼加工等行业利润率与煤炭价格将呈同向变化。铁矿石价格下降短期可以使钢铁行业被动获益，但受钢铁市场需求不振和产能持续扩张的影响，原料成本下行能够有效传递到下游价格，低成本竞争加剧会导致钢材价格出现大幅下降态势，最终反而使钢铁企业重新陷入困境，而只有附加值较高的板材、特种钢企业才会依靠产品品质和高价从原料成本长期下降中显著受益。

5. 容易引发国内物价下行风险

国际大宗商品价格持续走低，极易引发国内外对全球通缩风险的担忧。据统计，原油、煤炭、钢材和铜材等大宗商品价格大幅回落，通常会在 3 ~ 6 个月后传导到产品价格上来。受此影响，我国工业品出厂价格指数（PPI）已连续 46 个月呈现负增长，是 20 世纪 90 年代以来历次下跌周期中最长的一次，且降幅有持续扩大的迹象。国际大宗商品价格持续下跌，使我国 PPI 下行压力增加。与此同时，更能直接反映上游初级产品价格变化的工业品购进价格指数（PPIRM）也呈现同样的连续下降趋势，从 2012 年 4 月至 2015 年 12 月连续 45 个月同比下降，也未显示出止跌回升迹象。可以说，生产资料价格下跌是 PPI 持续下跌的主导因素。在我国，PPI 对消费者物价指数（CPI）的传导机制尽管并不顺畅，但上游初级产品价格下跌正传递到交通类的燃料价格、居住类的水电燃气价格的下行调整，从而拖累 CPI 逐步走低，表现在中国 CPI 同比已经连续 10 个月维持在2%以下，而达到2%的通胀目标恰恰是日本和欧元区实施货币刺激的初衷。据测算，国际油价下跌10%将可能分别拉低CPI和PPI约0.1个和0.5个百分点，并进一步导致两者分化。

6. 延阻资源节约和可再生能源战略实施

大宗商品价格回落虽然有利于降低进口成本，但由于能源资源比价关系发生改变，无论是消费者还是投资者，人们对可再生资源开发利用、新能源汽车激励、燃油经济性标准等各种措施的兴趣可能会大幅减弱。比如，倘若国际油价长期处于低位，反而会提高化石能源的经济性和竞争力，这将给页岩油气和新能源汽车发展带来更多不确定性，至少当前页岩气和风能、太阳能、生物质能等新能源开发成本尚不足与低廉的原油开采成本相竞争。例如，发展生物能源需要国家油价维持在每桶80美元以上。较低的能源价格将延阻清洁能源取代煤炭、石油等化石能源的进程。例如，液化石油气可能挤占天然气的市场空间，还会降低对太阳能、风能、生物质能等可再生能源投资的吸引力，可能使"弃风""弃光"等问题更加突出，并给政府对鼓励资源节约和可再生能源开发的补贴政策带来更大的挑战。

三　抓住大宗商品价格中长期低迷期有利时机，对我国全球能源资源战略进行战略性调整

当前，中国经济发展正逐步进入"新常态"，同时国际商品市场进入中长期低迷期。我国应积极抓住此次国际大宗商品市场调整的机遇期，主动改变决策方式，对我国全球能源资源战略进行整体设计，推进战略性调整，为中国在新一轮国际竞争中争取新的优势。

1. 扩大海外资源储备能力，加快矿山并购与投资

抓住油价处于低位的机遇，全面实施低价原油战略储备计划，新建或扩建原油储备库，争取尽早使中国原油储备由15天提升至90天的水平。进一步完善原油的商业储备制度，鼓励更多企业进入原油储备领域开展原油储运。利用天然气价格较低的时机，加快天然气储备库建设，推进LNG接受码头建设，完善天然气输运管网设施，使储气库兼具调峰功能。加快筹建或扩建稀有金属战略储备库，调整修订国内建筑和管道用钢标准，使之尽快与国际标准接轨，鼓励城镇更多地建设钢架结构建筑，提高我国各类建筑设施中的钢材含量，把钢材储备转化为有形建筑

物储备，全面整顿国内矿山开采秩序，健全铜、铝、铁矿石等金属矿山的商业储备制度，鼓励企业"走出去"获取权益矿山，建立"虚拟矿山""虚拟油田"等海外能源资源储备体系，鼓励企业积极在期货市场订立远期合约，提前锁定矿产资源涨价风险。对国内丰富的稀土资源，全面整顿矿山开采秩序，实施矿山开采许可制度，推进稀土矿产有序开采，同时建立健全稀土资源的战略储备和商业储备制度，鼓励更多企业参与稀土资源储备库建设。

2. 努力形成体现中国利益，以需求为导向的大宗商品定价中心

作为稳定商品价格的重要参与者，中国应依靠需求端的影响力，与同处亚洲的日本、韩国、印度等紧密合作，让国际大宗商品的需求中心发挥稳定预期和价格发现的积极作用，有效缓解长期困扰亚洲进口国家或地区的商品溢价问题。建议在中国现有的三大期货交易所发展的基础上，加快构建以大数据分析系统为基础的现代化交易平台，形成全球性的交易产品和交易市场以及必要的交割库，积极构建现代化的商品储备体系和连续发布大宗商品价格指数，发挥库存调节与指数引领对交易价格的影响力。积极推进我国大宗商品的流通体制市场化改革，通过现货交易平台增加贸易量，把现货、期货品种上市审批制改为备案制，让大宗商品价格由商品现货、期货市场来形成，并加快丰富期货交易市场的大宗商品品种，建立与国际期货市场完全对应的期货品种，适时推出国债等利率期货和离岸外汇衍生品交易等品种，完善区域内大宗商品金融衍生品市场功能，使其提供大宗商品风险管理平台和服务，以满足亚太地区客户对冲国际大宗商品价格风险的需求。鼓励国内银行和券商等金融机构大胆向海外扩张，加大对大宗商品业务的投入，重点培育具有国际影响力的投资银行，对国际大宗商品交易所实施并购重组，鼓励与产业资本结合灵活运用"需求"因素，开展各种大宗商品金融创新。抓住大宗商品供过于求的有利时机，引导国际资源市场由卖方市场转为买方市场。加强人民币在部分双边贸易中作为计价结算货币的努力，增强人民币在大宗商品定价中发挥的作用，重塑以美元计价的国际大宗商品基准价格体系，在G20框架下构建公平透明的大宗商品价格全球治理机制。

3. 理顺资源性产品价格，压缩新能源外的各种能源补贴

深入推进资源性产品价格改革，完善石油、天然气、电力等领域由市场决定的价格机制，采取一揽子价税调整机制，使上中下游价格顺畅联动，重点推动深化电力体制改革和理顺电价形成机制，加快放开上网电价和销售电价，推动输配电价和发售电价分开，进一步降低电力成本，提高制成品的市场竞争力。在清费减税的基础上，逐步理顺新能源和可再生能源财税优惠政策，各级政府逐步压缩除新能源外的财政补贴和税收减免，加快取消财政对能源公司和中低收入消费者的燃料补贴，以减轻政府日益紧缩的财政收支压力。深化成品油价格与消费税改革，在强化论证的基础上，争取一步到位上调燃油税。加快深化天然气价格与资源税改革，如推动天然气价格按热值计量定价，分类分期提高煤炭、原油、天然气、铜、铝等各类矿产资源开采利用的资源税税率，加快取消稀有金属指令性生产计划，率先推进钨、钼等稀有金属矿资源税改革，加快从量计征改为从价计征的进度，把资源补偿费和资源税合并，并逐步在全国范围推行，最大限度上使资源价格切实反映资源使用的全社会成本。

4. 深化油气等资源领域体制改革，构建多元化供应渠道

抓住油价处于低位的有利时机，尽快放开油气等资源进口、管输、储备、配送等流通环节，废除那些维护行业垄断所设置的门槛和进入管制，尤其是推进原油、稀土等资源进出口许可制度，鼓励更多民营企业进口国外油气等矿产资源，加大油气矿产等资源的商业储备和国外份额矿产。同时放开国内油气矿产等资源市场准入，通过招标等市场化手段，鼓励民企、外企等参与油气等矿产矿业权出让转让，拓展与俄罗斯、中亚与东南亚国家及加拿大等石油出口国的谈判与合作，逐步降低对中东国家油源的过度依赖，加快启动扩建中哈管道二线，抓紧建设中俄管道东线并力争谈成西线，加快推进中土天然气 D 线建设，保障中缅油气管线安全正常运行，构建国际国内相互融通的多元化油气资源供应渠道，保持经济发展所需廉价能源资源供给的多样性和丰富性。

5. 鼓励跨国收购页岩油气、可再生能源领域的先进技术

当国际油价跌破每桶 50 ~ 60 美元时，美欧日等国页岩油气技术、太阳能技术、新能源汽车等领域可能遭遇发展困境，我国企业可利用购买廉价原油节省的资金，适时兼并收购掌握这些技术的企业，或者通过参股、合资等方式开展国际技术合作，加快培育具有核心自主知识产权的煤炭清洁高效技术，以推进在页岩油气以及煤层气等领域的勘探开采，探索风能、太阳能等可再生能源技术的开发利用，并积极在新能源汽车研发领域掌握技术制高点。通过技术引进、联合攻关和并购学习等多种手段，尽快

摆脱对外国技术和工业产品的依赖，在石油勘探和开采设备制造等领域，加快发展新技术，生产有竞争力的产品，尤其是加快培育具有核心自主知识产权的煤炭清洁高效技术和新兴产业，推动能源结构优化。同时，依靠技术进步实现能源行业转型。

6. 推进国内重资产行业转型重组、去产能化、去杠杆化

受制于国际大宗商品价格迅速下降的影响，国内能源资源类企业面临较大经营压力。对这类企业，可通过压力倒逼机制推动国有企业混合所有制改革，重点吸引民营资本进入或与国际资本联手，完善在商品现货市场上的价格对冲机制。与之相反，如钢铁、机械、化工等重资产类企业则从原材料价格下跌受益。对这类企业，既要利用京津冀协同发展、长江经济带以及"一带一路"三大战略布局，激活有效需求，如开工建设一批重大基础设施以消化部分过剩产能，并积极利用亚洲基础设施投资银行、丝绸之路基金等各种资本输出带动商品输出，把国内消化不完的产能释放到国外市场上，使其转化为对外的竞争力。与此同时，加快推进国内行业资产去产能化和债务去杠杆化，实施全产业链互联网改造和智能化升级，重点培育发展如集成电路、新型平板显示器等高新技术产业，支持发展如研发设计、科技服务等生产性服务业，鼓励企业整合行业优质资产并进行必要的技术储备和新产能投资，使其逐步向全球价值链高端布局，有效提升其市场灵活性和国际竞争力。

7. 适时调整煤化工项目，转向开发煤炭清洁高效利用技术

当前油价处于低位，国内一些煤制油、煤制气等煤化工项目将可能面临不具备经济性的尴尬，为此，应适时调整煤化工项目，加快调整优化煤炭使用的方向和结构，重点转向煤炭的清洁高效利用技术研发和分级分质利用，充分利用煤炭清洁高效开发利用技术，如煤分级热转化和定向热转化技术、煤热解燃烧分级转化和能量梯级利用、煤热解过程提高焦油产率的技术、热解煤半焦水蒸气/氧气条件下的气化技术等，重点促进低阶煤提质增效，促进发展伴生气发电、煤矸石综合利用项目，提高煤炭资源利用率；同时适度控制煤炭产能扩张，加快淘汰分散燃煤小锅炉；采用安全高效的开采利用方法，推动煤炭洗选配洁净化、规模化生产和清洁化利用；因地制宜稳步推进"煤改电"和"煤改气"替代改造；实施煤电节能减排升级改造行动计划，强制推广新型燃煤技术和脱硫脱硝除尘技术，加快推动燃煤电厂烟气污染物协同脱除及资源化利用，尽可能减少煤炭转化过程中的资源再消耗和次生污染。

第四节　防范和化解短期通货紧缩风险的建议

未来一个时期，我国经济下行压力犹存，潜在增长率放缓的趋势短期内难有根本性改观，总需求增长依然可能进一步放缓。尽管还未出现整体性通缩，但结构性通货紧缩已非常明显，2016 年全面通货紧缩的压力会进一步增大，我们仍须对潜在通缩显性化风险保持高度警惕。必须采取有效措施，多管齐下，保持 CPI 温和上涨，减轻 PPI 通缩风险，防范经济下滑与物价下行相互影响造成全面通货紧缩变为现实。

一　建议不再公布价格预期调控目标并以预测值替代

第一，综观世界上成熟的市场经济国家，几乎没有一个经济体像我们这样每个年度由政府正式发布价格预期调控目标。既然我们强调要"发挥市场在资源配置中的决定性作用"，当然包括市场对一般价格水平的决定作用。对于价格调控，政府能做的是加强对预期的引导，是对价格总水平的预测，而不是每年制定和发布一个很难实现的、与最终实际数值相差甚远的不切实际的目标。近几年，价格调控目标几乎每年都偏离目标值较大，这样的目标其实很难起到引导预期的作用，象征意义更大一些。

第二，众所周知，CPI 受食品价格波动的影响极大。CPI 的涨跌总是看食品价格的脸色，时而是猪肉，时而是牛羊肉，时而是蔬菜瓜果，近几年居住成本攀升也成为 CPI 上行的重要推手。由于我们没有公认的核心通胀这一指标和概念，以当前这种食品比重过高的 CPI 表征的消费物价水平是失真的，很难真实反映总需求水平、消费物价波动情况以及居民切身感受，存在时而高估、时而低估通胀的可能，一直以来饱受学界和民众的诟病。因此，在对 CPI 构成没有做实质性完善和修改之前，发布 CPI 的预期调控目标意义有限。

第三，CPI 与 GDP 一样是重要的政绩考核指标，未来应通过不发布或公布预测值的形式来淡化处理。自 2012 年以来，为抵御经济下行压力，政府每年都需要对经济进行微刺激，在这样较强的人为干预情况下，CPI "天然地"存在失真的倾向。未来继续发布 CPI 预期目标不利于正确引导科学的政绩观的形成，并增加宏观经济调控与运行的成本。

因此，笔者建议，今后可尝试不再公布年度价格调控预期目标。如果要公布，可以考虑以公布预测值的形式引导市场预期，而不是具体的、一定要确保实现的目标。并且在形式上，采取前一年年底公布一次，当年年中调整一次预测值的做法，或者可考虑每个季度调整并对外公布一次。预测值是一个预测性和参考性的目标，不是一定要完成的目标，这样做比较主动，也比较符合国际惯例。

如果一定要确定一个像往年一样的预期目标的具体数值，我们趋向于发布每一年度物价上涨的预测值或者说预期值，并且，这一预测值应当被看做是调控的中线，而非"底线"或"下限"。也就是说，价格调控与宏观调控一样，都应坚持"中线思维，区间管理"的理念，完整的价格调控目标应当是一个区间。只要物价在目标区间内运行，没有触及"上限"和"下限"，就应保持政策稳定，保持战略定力，不应为经济一时波动而采取短期的强刺激和强紧缩政策。一方面，适当提高对经济增速放缓的容忍度。另一方面，仍然要保持对通胀较低的容忍度。这样围绕中线进行调控，会给市场主体更加明确的预期，会使价格运行的合理区间更富弹性，使调控更加主动、灵活，上下都有回旋余地。这是真正稳定价格总水平的思路和做法，而非疲于奔命的被动应付。

在这一指导原则下，政府有关部门的责任是运用相应的政策工具力争使通货膨胀的实际值和预期调控目标相吻合，通过自我约束规则的建立和执行，实现规则性和灵活性的高度统一，提高各项政策的透明度，促进物价的长期稳定与经济的平稳发展。

二　进一步挖掘和释放内需潜力，尽快稳定和扩大总需求

1. 扩大有效投资是稳增长的关键支撑，应加大公共服务投资，不断扩大有效供给，积极培育有效需求，防止投资大幅滑坡

整体来看，我国经济增长依然面临较大下行压力，今后一段时期，稳增长仍是宏观调控的首要任务。而在"三驾马车"中，扩大有效投资是稳增长的关键支撑。扩大投资的关键是引导资金投向关键、重点、基础性领域，提高资金使用效率。从扩大有效投资的具体领域来看，应不断加大公共服务投资，不断努力扩大有效供给，积极培育有效需求，以防止投资继续大幅滑坡。

加大城市基本公共服务和基础设施的投资力度，解决长期以来城市功

能不完善、不到位所造成的公共产品提供不足的问题，弥补历史欠账。着重改善城市地下管网、给排水、城市道路、停车场以及城市轨道交通、高速铁路、城际铁路等基础设施，提高义务教育、基本医疗和公共卫生、养老康复、环境保护、河道整治方面的投资，解决看病难、上学难、出行难、停车难、养老难、买房难等突出问题。进一步扩大对中西部地区和农村地区的投资力度，加强对公路、自来水管道与电网等基础设施的建设，适度、合理地拉动需求。

加大节能环保领域的投资。实施重大生态修复工程，推进河道及大气污染、荒漠化、石漠化综合治理；加快建设城市污水、垃圾处理设施，允许一定规模以上的城市建设集中供暖设施。支持节能低碳产业发展，加大对新能源和可再生能源包括核电、生物能源及煤层气、页岩气等非常规能源发展的支持。抓紧完善节能环保产品优先采购和强制采购制度，加大政府采购力度，扩大节能环保产品消费。

集中实施一批有利长远、增强国家综合实力的重大项目。瞄准产业链的关键环节，着力解决由低附加值向高附加值转变的瓶颈环节。把握新一轮科技革命契机，充分利用"互联网＋"、云计算、大数据、移动互联、物联网等信息技术优势，在3D打印、智能制造、信息与网络安全、工业机器人、高端装备、现代农业机械、新材料、高端医疗器械和药品等重点领域，实施一批重点工程，打通关键环节。加大财政资金对创新发展领域的投入，加大科研经费和固定资产投资规模，引导社会资本进入基础研究领域，建设一批公益实验室，鼓励开展前端研究和基础性、共性研究，提升原材料工艺和质量水平。

2. 鼓励居民消费，优化居民消费环境，继续发挥对经济增长稳定器和压舱石之作用

进一步完善收入分配制度，加快落实收入分配改革指导意见，切实提高居民收入在国民收入中的比重，提高劳动报酬占初次分配中的比重，从根本上理顺居民、企业和政府之间的收入分配关系。适当提高个税起征点，增加居民的收入，提升居民的消费能力。做强、做大、做活资本市场，增加城乡居民的财产性收入，释放财富效应。增加农村、农民收入，着力推进农村土地制度改革，增加农民财产性收入。

改善消费条件和消费环境，大力推进住房、医疗、养老等福利保障制度改革，消除居民消费的后顾之忧，加快释放消费潜力，扩大居民消费市场空间。加快推进以"人口市民化"为先导的新型城镇化进程，完善居民生活设施，强化城镇服务功能。大力推进特大城市圈（带）和卫星城建设。加大新农村建设力度，重点围绕"新农业＋新农村"模式，改革以往房地产扩张式的新农村建设方式，以提高农业科技水平和设备化水平，提高农产品价值含量，推动土地规模化利用，适度推进土地流转，引入"互联网＋新型农业"生产模式，发展现代化农业物流、现代化农场和现代化新农村。

挖掘消费增长潜力，大力培育电子信息消费、环保消费、农村服务消费、绿色循环消费和社区消费等新的消费增长点，推进技术进步，开发各种新产品和新服务，为消费者提供丰富多彩的可选择的消费品。

降低部分传统意义上的"奢侈品"关税，如高档饰品、化妆品、品牌服装、电子消费产品、进口奶粉等，将部分境外高端消费者吸引回国内消费。同时，适应当前网购和其他电子商务快速发展的需要，规范互联网购物环境，要把网上购物打造成新的消费增长点。加快推进跨境贸易电子商务服务工作，把加强口岸监管和促进电子商务健康发展紧密结合起来，创造新的消费领域和新型消费模式。

3. 加强政策储备，打好政策组合拳

要积极主动作为，全面了解经济社会领域的突出问题和情况，注重做好预先研究，做好政策储备工作。进一步发挥专业部门优势，推动立足全国、不带部门色彩的政策出台。要统筹用好财政政策、货币政策、产业政策，加强战略、规划、计划与价格、土地、环保、贸易等政策的配合协调。实施差别化政策，突出分类指导，缩小政策单元，提高政策精准性。当前，为应对经济下行压力，实现稳增长目标，维护社会稳定和谐，要尽快研究出台社会托底政策，重点解决因经济不景气、企业利润下滑带来的就业问题，引导农民工返乡创业、大学生创业、在职科研人员创业等，完善相关配套措施。

三　积极调整宏观经济政策，实施更加积极、更有力度的财政政策，执行适度宽松、更有效率、更加灵活的货币政策

为适应中国经济正在向新常态的演进和过渡，当前的宏观政策也需要有新的政策框架和政策调整，宏观调控理念和思路的创新也要成为新常态。未来几年应实施更加积极、更有力度的财政政策，执行适度宽松、更

有效率、更加灵活的货币政策。

1. 采取更加积极的财政政策，适当增加财政赤字，进一步扩大内需，扩大投资

从两大政策工具的协调配合来讲，宏观调控不能光靠货币政策单打独斗，货币政策毕竟还是总量政策，对资金定向流动很难监控，在调结构上效果有限，不宜过于细化定向到具体行业或投资项目。有鉴于此，未来应一改过去名义积极、实际保守的政策基调，应采取更大力度、更加全面的减税政策，有效减轻企业的税费负担，坚决杜绝违法征收"过头税"，真正体现财政政策更加积极、更加主动并且更有力度的取向。

鉴于国家层面债务率仍安全可控，中央政府可考虑适当增加赤字规模，适当提高赤字率，将企业和地方政府的债务逐步有序地转移到中央政府的资产负债表中，进行全面债务重组。一方面，要进一步加大财政支出力度，特别是加大对现代制造业、战略性新兴产业等重点领域和"三农"、小微企业、中西部地区、城市公共服务设施等薄弱环节的支持力度。另一方面，财政政策中还有很多效果很好的结构性工具，应适时出手，比如，给服务业减税，给战略性新兴产业和小微企业的资本支出以贷款贴息或坏账准备金补贴的方式给予支持，以定向减税、减负、贴息和财政补贴等方面的政策，给实体经济特别是"三农"和小微企业真正的实惠，等等。

此外，应更加注重发挥财政政策的作用。适应调控重心偏向供给管理，财政政策应发挥更大的作用。过去几年的调控实践告诉我们，信贷货币政策是调节供需总量的有效手段，但如果不能准确把握调控力度，也会不可避免地伤及实体经济，因而常面临决策"两难"的境地。而财政政策强调"有保有压""有扶有控"，不仅能够影响总量调控，而且在推进结构优化和抑制通胀方面能够发挥不可替代的作用。当前有必要也有条件积极地发挥财政政策在稳增长、控物价、调结构中的独特作用。

第一，要更加强调优化财政支出结构。重点投向前期重大投资项目的后续建设，加大在教育、就业、社会保障、保障房建设、公共医疗卫生、公共文化等领域的民生支出，确保"三农"、战略性新兴产业、节能环保、西部开发、自主创新等领域的财政投入。

第二，加大结构性减税力度。逐步降低宏观税负，增强微观主体的经济活力和竞争力。出台针对小微企业、节能减排、研发创新、生产性服务业和战略性新兴产业的税收减免优惠政策，调整个人所得税起征点，推进服务和运输行业营业税转增值税。

第三，强化财政政策的针对性，着力提高有效供给能力。财政政策可直接渗入到"生产—流通—销售"整个链条上，通过投资、税收、补贴、奖励等多种手段调节短期供给，从而提高供给产品的竞争力，保持合理的价格水平，有效缓解通胀的压力。

目前，从财政政策的实际执行情况来看，积极的程度很难让人满意。

长期以来，我国企业的税负就较为沉重，1994年新税制改革后，全国税收增长率就一直高于GDP增长率。结构性减税，一方面，可减少企业成本，增强企业活力，营造宽松的投资环境，有利于刺激企业投资和扩大再生产，并增厚其利润空间。另一方面，也可通过政府给企业减税让利，企业给居民提高工资、增加分红，进而提高居民收入水平，刺激消费，扩大内需，促进经济增长。

而自2014年以来，新一轮结构性减税只规定了项目而没有规定减税总额目标，可以说是从手段上着眼而不是从效果上着眼，这一点同其他成熟市场经济国家通行的减税做法有所不同。还有，政府在推出减税项目的同时，也在增加一些税收项目，如上海和重庆的房产税试点、资源税从量计征到从价计征以及个税改革导致中高收入人群税负增加等，都体现了"有增有减"的"结构性"特点。特别是，迫于经济下滑导致的财政压力，地方政府增收新招层出不穷，结构性减税已陷入实际效果不一以及同地方财政收入压力的博弈之中。

从总体上看，结构性减税对于企业税负的真正减轻没有起到应有的作用，效果不十分明显。现行的结构性减税，很难判断最终的结果是增税多还是减税多。因此，未来结构性减税还需真正落实，进一步加大力度，切实减轻企业负担。

目前，我国的税收结构以间接税为主，更大力度减税的潜力在于间接税方面，在于居民在消费过程中所承担的隐形税。从长远发展方向来讲，应逐步降低间接税比重、增加直接税比重，今后更多的减税不在个人所得税方面，更多的是要减轻居民在商品价内的税负。

在减税对象的选择上，结构性减税政策要更有针对性，未来应更倾向于小微企业和居民，更倾向于自主创新和研发能力强的企业，以推动企业转型升级，鼓励居民扩大消费。

从三大需求来说，短期来看，无论是净出口、消费，还是民间投资，动力都不是很足，未来主要的推动力还是要看投资，特别是政府投资，更多的是在基建领域的投资。这又是积极财政政策需要发力的另一个方面，其背后有一个很关键的因素，就是建设资金怎么解决，钱从哪里来。

2. 适时改变过于稳健的政策取向，实行适度宽松的货币政策

中国经济的长期目标是着眼于提质增效、推进经济结构的转型升级。为此，从中短期看，有必要将货币政策的主基调从名义稳健、貌似宽松、实质中性的基调改为适度宽松或者稳健偏松，以避免经济增速过快回落，尽可能为经济转型争取足够的时间。并且，未来五年应该是继续放松货币政策后各种风险最小的历史时期，适度宽松的货币政策只会起到托底和稳增长的作用，而不会像20世纪80~90年代那样诱发经济过热。不仅如此，当前我国面临全面通缩的风险大于通胀，放松货币政策也不会带来明显的通货膨胀。就国际环境而言，近期美联储加息预期被其非农数据不佳所延迟，资金外流压力减少，这也为政策宽松打开了空间。综合来看，未来放松货币政策风险不大。

2016年货币政策应该以我为主，以货币宽松应对通缩风险上行，降息、降准、贬值和加强流动性管理四策并举、多管齐下，保持国内相对宽松的货币环境，稳定我国经济增长，促进我国经济发展，缓解国内通货紧缩压力。

第一，继续推动利率下行，以有效降低企业融资成本。现阶段，我国贷款利率和实体经济的融资成本仍然较高，严重制约实体经济的发展。因此，为鼓励消费和投资，促进实体经济的发展，缓解国内通货紧缩的压力，全面降息降准仍是应对总需求疲弱的最优政策选择，目前通缩压力隐现更给了货币宽松充裕的政策空间。降息有助于进一步引导实体经济融资成本下行，进一步推进利率形成机制的市场化改革，让利率成为调节货币供求的媒介。

第二，继续下调存款准备金率，尤其是要降低服务薄弱领域（如小微企业、"三农"和中西部地区）金融机构的存款准备金率。尽管2015年央行已四次下调存款准备金率至17.5%。但总体来看，我国目前的存款准备金率仍然过高，全面降准的空间依然是存在的。央行应选择时机，继续下调准备金率，释放更多的流动性。同时，通过降准还可以对冲外汇占款下降导致的基础货币供应和货币乘数下降，置换高位的法定准备金率和巨额储备，对冲地方政府债务置换，对商业银行资产负债表

进行修复，为加快资本输出和人民币国际化提供配合，并逐渐获取货币政策主动权。

第三，在不消减人民币长期吸引力的前提下，进一步推进汇率形成机制的市场化改革，以对一揽子货币适度贬值来减轻出口部门面临的巨大压力。

第四，及时根据经济和金融形势的变化加强流动性管理。应通过逆回购、公开市场短期流动性调节工具和常设借贷便利等政策工具，灵活提供流动性，保持全社会流动性总体宽松，保持货币信贷及社会融资规模适度平稳增长，货币供应 M2 增速宜保持在 13% 左右，为稳定经济增长和缓解通缩压力创造良好的外部环境。

四 更多运用市场化机制，积极化解产能过剩矛盾，改善国内竞争环境

第一，进一步完善行业管理，充分发挥行业规划、政策、标准的引导和约束作用，及时发布产能严重过剩行业等相关信息，定期发布淘汰落后产能企业名单。将现行企业统计、景气指数分析与产能利用率评价结合起来，逐步建立统一的行业产能利用信息发布制度、产能过剩评估指标体系和预警系统。加强产能过剩行业产能及开工率统一监测，适时向社会发布产业政策导向及产业规模、社会需求等信息，引导投资预期。

第二，进一步严格市场准入管理，加强产业政策的调控和引导，从源头上堵住落后产能。对产能严重过剩的行业，从严审批各类新上项目，新上项目必须淘汰相应的过剩产能，实行产能等量置换。减少乃至最终取消各级政府对过剩产能的不合理支持，使企业盈亏能够真实反映其经营能力和市场需求，让市场机制和经济杠杆倒逼企业加大技术创新和转型升级。结合治理环境污染，深化资源、环境税费改革，强化项目环评约束，以促进技术创新为目标，从环境污染、能源消耗、技术标准等方面提高准入门槛，约束低成本的无序扩张。实行环境容量管理制度，建立区域排污总量严格约束制度和排污权交易制度。重点强化"两高一资"行业能耗、水耗、环保、土地、安全等硬约束指标管理，对那些规模小、效率低、污染重，单位能耗高，对生态环境构成严重威胁的落后产能，应严格关停。使用市场机制和必要的电价、环境容量等经济与行政手段，消减钢铁、水泥、电解铝、平板玻璃等传统过剩行业产能。制定新的行业技术标准，对

于落后的锅炉、窑炉、高炉、电机等设备和落后的烧结、冶炼、合成、加工等工艺,引导企业通过更新改造,加快淘汰进度。对在建和拟建项目也要进行严格审查,提高准入门槛,加大减排力度,鼓励开发应用清洁生产技术和环境友好技术。

第三,加快淘汰落后产能,培育新兴产业,有效推进产业结构调整和升级,推动增长方式向集约化转型。一方面,应加快淘汰落后产能,促进行业结构调整优化和行业整体竞争力的提升。坚持疏堵结合,引导地方政府和企业以转型升级和提高竞争力为目标,推进产业、产品结构调整。大力发展并购金融市场,鼓励企业跨地域的横向整合和产业链上下游的纵向并购,纠正资源错配和扭曲。鼓励企业通过并购重组等方式,提高产业集中度,避免无序竞争。另一方面,应大力培育新兴产业,推进产业结构升级,并积极引导资源投向有发展前景的行业。提高企业技术创新能力。为企业科研工作提供适当资金支持,激励企业发展高端产品,淘汰低附加值产品。加强企业在新材料、新工艺、产品替代等领域的关键技术和工艺的研究,使一些过剩产能向精深产品方向转化。

第四,积极扩大有效需求,促进国内国际两个市场消费增长,以资本输出带动商品和劳务输出。从长期看,解决产能过剩必须依靠扩大内需。同时,必须结合对外开放战略,如加快推进"一带一路"战略,通过扩大对外投资、深化国际产能合作,积极鼓励社会各类资本参与沿线国家的基础设施投资,带动我国相关水泥、钢铁、基建的产业发展,消化相关行业的过剩产能。充分利用我国在制造业、重工业及基础设施建设等方面的优势,鼓励企业"走出去",通过扩大对外投资,拓展相关国际需求,输出国内具有比较优势的产能。继续通过转变出口产品结构、开拓新市场等方式促进出口的增长。要进一步加大钢铁产品、电解铝出口力度,通过出台税收政策等措施鼓励企业提高产品国际竞争力,比如降低在能源紧张时期加征的15%电解铝出口关税,鼓励高附加值铝加工产品对外出口。采取财税、金融等手段,鼓励产能过剩行业企业积极"走出去"。到东南亚、俄罗斯等资源能源富集的国家和地区进行生产,把电解铝这类耗能高、污染大的生产环节向海外转移,通过扩大境外投资、充分利用国际市场消化过剩产能。

第五,健全和完善企业退出的机制和政策体系。包括发挥资本市场的作用以帮助企业有序退出,从低附加值领域向高附加值领域转型,从传统加工制造业向新兴领域拓展。

第六，转变政府职能和政绩考核导向，抑制地方政府的投资冲动和不当干预市场。改革以考核 GDP 增长为重点的政府政绩考核体制，逐步把经济发展质量、能源资源消耗和人文发展情况等作为主要考核指标，将淘汰落后产能目标完成情况纳入政府绩效管理和国有企业业绩管理，实行问责制。优化中央与地方之间的财税分配，使地方政府的财力和事权相匹配，弱化地方政府的投资动机。

第七章　新常态下的体制改革

改革是培育和释放市场主体活力、推动经济社会持续健康发展的根本动力。客观而言，近年来改革红利的释放遇到了多方阻隔。一些主要的改革领域所遇到的阻力或风险，和宏观经济处于经济增速换挡期、结构调整阵痛期、前期刺激政策消化期这"三期"叠加交织在一起，使得改革所面临的挑战尤其艰巨。因此，今后如何平衡促改革和稳增长等各项重要任务的关系是发展的关键。全面深化改革需要考虑每项改革对宏观经济的影响，统筹安排各项改革的节奏、力度、先后顺序及其彼此间的配合，对经济具有扩张性的改革措施先行，对经济具有紧缩性的改革措施缓行，尽量减少和缓和改革对宏观经济的短期不利冲击。未来具有极大挑战性的任务和目标是：如何围绕破解经济社会发展突出问题的体制机制障碍，通过平衡促改革和稳增长、调结构、惠民生、防风险的关系，来持续释放改革红利，使市场在资源配置中起决定性作用和更好发挥政府作用，并使之成为一种常态。

第一节　十八届三中全会决定中的重大理论创新

党的十八届三中全会通过的全面深化改革的决定，亮点多、突破大、步子稳、措施实，既有顶层设计，更有务实举措，既注重整体推进，又强调重点突破，有许多超出人们预期的亮点，体现了新一届中央领导集体对未来十年整体治国理政的方略和思路，体现了新一届中央领导人锐意改革进取、坚决深化开放的魄力、勇气和决心，体现了全党、全社会在全面深化改革这一时代主题和发展方向上的共识与自信。

一　首次提出"全面深化改革的总目标"及其时间表、路线图

党的十八届三中全会提出，改革的总目标是完善和发展中国特色社会主义制度，推进国家治理体系和治理能力现代化。时间表是到2020年，在重要领域和关键环节改革上取得决定性成果，完成本决定提出的改革任

务，形成系统完备、科学规范、运行有效的制度体系，使各方面制度更加成熟、更加定型。并且从16个方面、60项改革举措具体描绘出一幅清晰的改革路线图。

这次会议决定中使用了"治理"这样一个充满现代感和法治化的词语解读国家和社会、人民的关系，这是一个全新的提法，是从制度层面提出的现代化目标，丰富了我国现代化的内涵，具有理论上的创新意义。它强调的是包括政府、市场、民众、社会组织等在内的多个参与主体，它强调权力、责任和利益的统一，兼具效率和公平，体现了未来国家治理将更加科学、更加民主，同时也更加制度化、规范化、程序化。标志着我们改革的目标不仅仅是建设小康社会或民族复兴等这些宏大和难以量化的概念，而且定位在非常明确、正中要害且能与国际接轨的提法上。这一理论创新从始至终体现在后面的各个改革部分，如"科学的宏观调控，有效的政府治理，是发挥社会主义市场经济体制优势的内在要求""财政是国家治理的基础和重要支柱""必须健全体制机制，形成以工促农、以城带乡、工农互惠、城乡一体的新型工农城乡关系，让广大农民平等参与现代化进程、共同分享现代化成果"等。

二　着重强调"发挥经济体制改革牵引作用"

全会用"六个紧紧围绕"全方位部署了经济、政治、文化、社会、生态和党的建设等六大领域的改革重点和路线图，突出强调了"以经济体制改革为重点，发挥经济体制改革牵引作用"。这是一个带有全局性、根本性的重要判断和理论突破，为全面深化改革明确了着力点和突破口。

在中国过去30多年的改革历程中，经济体制改革始终对其他方面改革具有重要影响和传导作用，重大经济体制改革的进度决定着其他方面改革的进度，具有牵一发而动全身的作用。这次全会坚持问题导向原则，把经济体制改革作为全面深化改革的重点，发挥其对其他领域改革的"牵引作用"。在15个改革任务中，6个是经济，生态文明体制也与经济密切相关，经济改革占了所有改革任务的近半。未来要把改革向纵深推进，就必须把握好这一战略重点、主攻方向，必须从理论和实践上都坚持这一点，把推进经济持续健康发展作为党和国家的首要任务，真正依靠改革红利释放社会活力、实现可持续发展。

三 首次提出"使市场在资源配置中起决定性作用和更好发挥政府作用"

全会决定指出："经济体制改革是全面深化改革的重点，核心问题是处理好政府和市场的关系，使市场在资源配置中起决定性作用和更好发挥政府作用。"从"市场在资源配置中起基础性作用"到"使市场在资源配置中起决定性作用"，一词之别，是对市场作用提法的升级，反映了我们党在有关"政府与市场"关系理论和实践上的又一次重大飞跃，意味着中国经济体制改革将更加明确其市场化取向，这凸显了中央坚持市场化改革方向的决心，打消了外界对中国发展道路的疑虑和困惑。可以说，这一论断是全会决定的最大亮点和最大理论创新，是思想解放的重大突破。

过去，理论界对政府干预与市场调节孰优孰劣一直存在争议，在具体实践中，尽管市场在发挥着基础性作用，但政府通过财政、金融、产业等宏观调控政策调整经济深入改革，依然是经济增长的决定性因素。这次会议明确了市场处于核心地位，在资源配置中起决定性作用，其他力量可以影响和引导资源配置，但决定者不是别的，只有市场。

通观决定全文，"市场起决定性作用"这一闪亮的思想贯穿始终。例如，"必须积极稳妥从广度和深度上推进市场化改革，大幅度减少政府对资源的直接配置，推动资源配置依据市场规则、市场价格、市场竞争实现效益最大化和效率最优化""建设统一开放、竞争有序的市场体系，是使市场在资源配置中起决定性作用的基础""完善主要由市场决定价格的机制。凡是能由市场形成价格的都交给市场，政府不进行不当干预""完善农产品价格形成机制，注重发挥市场形成价格作用""发挥市场对技术研发方向、路线选择、要素价格、各类创新要素配置的导向作用""建立主要由市场决定技术创新项目和经费分配、评价成果的机制""市场机制能有效调节的经济活动，一律取消审批"，等等。这实质上表明，"市场起决定性作用"这一论断明确了经济体制改革的主线、突破口和路线图，其他各个方面的改革都要以此为标尺进行。

四 首次提出"公有制经济和非公有制经济都是社会主义市场经济的重要组成部分，都是我国经济社会发展的重要基础"

两个"都是"以及两个"毫不动摇"是决定中非常引人注目的提法，把公有制经济和非公有制经济放到了同等重要的位置上，一视同仁，没有老大、老二之分。尽管两个"毫不动摇"是重申所有制和基本经济制度，但在当前的环境下，仍具有重要理论意义，它体现了我们党在完善基本经济制度方面的理论突破和创新。特别是首次明确提出并强调"公有制经济财产权不可侵犯，非公有制经济财产权同样不可侵犯"，令人耳目一新，很多人大呼过瘾、超出预料。对于那些因担忧中国经济前景乃至人身、财产安全而转移资产或移民的企业家而言，这样明确地向国内外宣示和交代，无疑有助于激发非公有制经济的活力和创造力，让这部分社会精英吃了一颗"定心丸"。

五　首次提出"财政是国家治理的基础和重要支柱"

此次全会对财税体制改革非常重视，最主要表现在第一次把它和全面深化改革的总目标联系在一起，把它和实现国家治理现代化相对接，从而赋予财税以"国家治理的基础和重要支柱"的特殊地位。国家治理的好与坏，与公共财政的科学、透明、预算约束密切相关。而且在决定中讲"基础"的时候没讲"之一"，讲"支柱"的时候用的是"重要"，这样的表述就把财税体制改革的重要性凸显出来。可以预见，以建立科学的财税体制为目的的新一轮财税改革，将被赋予更为重要的使命，将成为深化经济体制改革的着力点。未来通过财税体制改革，建立现代财政制度，不仅要增强中央在财政上的宏观调控能力，还要逐步让地方财政走出目前的困境，也就是说要"发挥中央和地方两个积极性"。因此，这一提法也具有理论上的创新意义。

六　首次提出"健全自然资源资产产权制度"

这是在生态文明领域的一个"革命性"的重大理论创新和突破。自然资源资产产权制度是资源节约利用乃至生态文明制度体系的核心制度，本质上是一种激励机制，有了产权，相关主体才有保护和节约自然资源的动力。自然资源资产产权制度的改革，是将生态环境保护纳入市场化管理的重要前提。现在中国的自然资源被滥用、生态环境遭到严重破坏，一个很关键的问题就是自然资源没有纳入市场定价的约束。要让自然资源有价值，必须让市场为它定价，而让市场定价的前提就是要进行产权制度改革，这是生态文明建设制度化的重要改革内容。如果没有形成一个归属清晰、权责明确、监管有效的自然资源资产产权制度，没有对自然资源资产产权进行清晰界定和严格保护，国家、地方、企业和个人在自然资源收益权的分配上就不会清晰，对自然资源资产产权的保护也就不可能有力。

第二节　改革的风险、阻力与突破口

十八届三中全会结束后，时至今日社会各界对改革的关注热度始终未减，当改革进入新的阶段，各种矛盾、风险和阻力都像海上的冰山一般，浮出水面并横亘于中国这艘巨轮面前，我们决不能忽视改革任务的艰巨性和复杂性。

这绝不是危言耸听。尽管大家对中国改革的信心开始增强，尽管改革有利于经济中长期的增长，但改革不可能一夜之间解决所有的问题，中国经济长期积累形成的不平衡、不协调、不可持续的问题依然存在，既得利益群体维持现状的意愿仍很强烈。基于此，全面深化改革在短期内甚至可能将对经济增长、企业盈利和居民切身利益产生一定的负面影响。

一　高度关注改革进程遇阻与经济增速回落叠加的风险

就主要的改革领域而言，可能面临的风险大致分为两类：一类是各界关注度很高、本身很重要，但因种种原因，至今尚未破题，进展十分缓慢，远远落后于社会期待。比如，最受理论界和实务界关注的财税体制改革，推进的速度最慢。包括中央与地方收支结构的调整、事权和税制的关系、转移支付等问题，都还看不出破题的迹象。再如，收入分配领域改革，是社会普遍关注、影响面广、利益格局调整大的关键领域和重要环节，也并未见到实质性改革举措。还有一类改革，虽然已经全面启动，但并不是顺风顺水。

以金融体制改革为例，利率市场化改革无疑对中国经济长远利好，但因为与市场化步伐加快相伴随的是实际利率水平的进一步提升，因而短期内可能是一个利空。也就是说，利率市场化将提高企业特别是中小企业的资金使用成本，挤压银行业的利润空间，扭曲直接融资与间接融资的比例关系，并对实体经济部门产生挤出效应，造成产业空心化，进一步扭曲宏观金融结构和经济结构，进而从供给方面抑制经济。在债务率已经居高不下的背景下，高利率还会加剧房地产泡沫破灭，也导致民营经济苦不堪言，其结果必然是进一步扭曲经济结构，造成逆向选择，加剧"国进民退"。因此，利率市场化改革存在的风险不容小觑。

其负面影响还不仅如此。随着金融业自由度和竞争的加剧，如果不能很好地在金融监管与金融创新、金融发展之间维持有效平衡，金融体系可能还会经历一段不稳定期，可能会引致金融体系风险的上升和宏观经济脆弱性的加剧。

再有，汇率改革也可能引起一些震荡。单向的升值可能有损于出口部门的利益，过快的贬值也会使进口部门的利益受到冲击。资本项目的过快开放，同样会对宏观经济的稳定和货币政策的独立性产生严重干扰。2015年"8·11"汇改之后所引发的金融市场巨大波动即是明证。

金融结构的变化也会带来一些潜在风险隐患。比如，互联网金融的快速发展，在一定程度上打破金融系统平静湖面的同时，也隐藏着一些不规范的问题。2015年下半年以来，P2P网络借贷开始集中爆发风险。

扩大银行业对民间资本的开放，允许民间资本发起设立银行，除了一般商业银行面临的风险之外，之前所没有出现过的风险，诸如关联企业贷款、控制权争夺、监管滞后等风险，都会成为新的问题。

金融领域为服务实体经济而采取的主动去杠杆、清理银行影子业务、打破刚性兑付等改革措施，对经济增速的短期影响无疑是直接的和负面的。

以国企混合所有制改革为例，十几年都没有大突破，时至今日，仍有很多人并不看好此轮混合所有制改革，问题到底出在哪儿？阻力和症结何在？笔者认为，最大的障碍恐怕还是意识形态桎梏下根深蒂固的所有制歧视。

只要所有制歧视不被打破，民间资本就很难获得公平均等的机会和市场竞争环境，其正当合法权益就很难得到保障，其发展空间就很难突破行政性垄断的顽固堡垒，就很难改变国有资本较为严重的过度市场化和过度追逐经济效益的倾向以及在不该与民争利的一般竞争性领域大踏步地"国进民退"。

因此，面对国有资本单相思般推进混合所有制改革的积极态度，民间资本表现得出奇的冷静和理智。在长期所有制歧视下，民间资本对新一轮发展混合所有制的热潮，普遍处于观望状态，改革信心严重不足，对自己财产权利和人身权利缺乏安全感，不敢轻举妄动。很多企业家有一种"一遭被蛇咬，十年怕井绳"的谨慎心态，担心再次被"公私合营"，甚至被国有资本吞掉。

尤其令人担忧的是，上述领域改革所遇到的阻力或风险，又和当前宏观经济处于经济增速换挡期、结构调整阵痛期、前期刺激政策消化期这"三期"叠加交织在一起，使得改革所面临的挑战尤其艰巨。

因此，未来如何平衡促改革和稳增长的关系是关键。全面深化改革需要考虑每项改革对宏观经济的影响，统筹安排各项改革的节奏、力度、先后顺序及其彼此间的配合，对经济具有扩张性的改革措施先行，对经济具有紧缩性的改革措施缓行，尽量减少和缓和改革对宏观经济的短期不利冲击。

二　有可能使改革停滞的阻力和博弈

中国改革已进入攻坚期和深水区，现在是"啃硬骨头""涉险滩"的改革。为避免既得利益群体的抵制和阻挠，为顺利地对长期以来形成的、盘根错节的利益格局进行彻底调整，决策者设计了"领导小组"及其"办公室"，并且还下设了六个分项改革"领导小组"及其"办公室"。然而有一些操作环节和技术细节依然值得人们担忧。

比如，在强调所有改革都需顶层设计并制定时间表和路线图的同时，如何调动好各地方、各部门、各方面的积极性、主动性，如何发挥好市场在资源配置中的决定性作用，如何避免将系统性、整体性、协同性强的改革大业碎片化、线性化、程式化，社会各界都难免有很多担忧。

再比如，从全会结束后各方的心态看，一些部门及官员不乏持有观望、等待的消极心理，而面对着反腐风暴、简政放权等中央层面的重大部署，部分官员以其谨慎心态应对改革似乎有其道理，也得到一些人的理解。

从经济学成本—收益角度分析，为使大家充分享受改革的收益和红利，必须建立一个科学合理的改革成本分摊机制。尽可能在改革成本一定的情况下，使更多的人从改革中获取利益；或者在改革收益一定的情况下，使改革的成本和阻力尽可能小，从而避免因改革引发社会群体的大规模利益冲突。这需要社会各利益相关方充分的博弈与谨慎的平衡，当然也需要决策者的政治智慧。

最后，也许是最重要也最容易被忽视的，要重视和防止行政部门架空改革的可能。有这种看似荒谬的担心，是因为长期以来我们都没有很好地处理"政府与市场"的边界和关系这一问题。尽管全会决定中前所未有地强调"市场的决定性作用"，但最有可能颠覆这一重大理论创新的，最有可能采取各种手段削弱、曲解、拖延和架空改革本意和精髓的，往往就是政府中缺乏必要制约和监督的行政部门。以前人们总爱说政策落实需要打通"最后一公里"，但现在的情况似乎是，改革与发展的肠梗阻是在"最先一公里"。

为此，今后如何根据宪法的基本原则，严格限制行政部门的权力，如何防止这些行政部门利用部门的"解释权"来歪曲改革并夹带部门私货、利用技术性理由对抗、拖延改革，应引起最高层的重视和警觉。

三　改革的突破口在于建设法治政府

正如李克强总理所言："中国改革如逆水行舟，不进则退。"当前，改革正处于"涉险滩，过暗礁，闯激流"的关键阶段，是进是退，取决于对下一步全面深化改革选取哪个方面作为突破口和着力点。

我们认为，真正牵一发而动全身的改革突破口，在于建立一个法治政府、法治国家。要使十八届三中全会决定中最大的亮点——使市场在资源配置中起决定性作用——永不失色，必须彻底落实依法治国，让政府真正敬畏法律、遵守法律，让所有社会组织、企业和每一个公民，真正敬畏法律、遵守法律。只有彻底落实法治，保障宪法权威、司法公正、行政公平，才能以制度化的方式实现对公权力和掌权者的有效监督、制衡和约束，真正把权力关在制度的笼子里并把钥匙握在监督者手中；才能尽快建立合理利益表达、正常施加压力和良性社会博弈的机制，促进公民意识和社会组织的发育，促进公平与正义的实现；才能真正使政府职能得以转变，从根本上破除权贵资本主义，使执政者与特殊利益集团实现切割，确保全面深化改革得以成功。

对于政府，这意味着要切实转变政府职能，减少政府对经济的直接控制和不当干预，消除各级政府、各个部门的既得利益；这意味着要真正尊重市场机制，充分发挥市场的决定性作用；这意味着改革的发起者和组织者，同时也是改革的对象。

当然，这并不代表政府将无所作为。决定中在"使市场在资源配置中起决定性作用"之后，还有一句"更好发挥政府作用"。这就需要在排除政府对市场的过度干扰的同时，还需要"加强中央政府宏观调控职责和能力，加强地方政府公共服务、市场监管、社会管理、环境保护等职责"。

因此，建设法治政府和法治国家，意味着必须以法治的理念和精神指导改革，用法律的形式界定政府与市场的边界，并用法律程序、法律规则矫正政府随时可能出现的越位、缺位和错位。

总之，对待处于关键时期的改革，一方面，要高度重视改革过程中的风险和不确定性因素，警惕和关注改革停滞甚至回潮的迹象，适当调整各界对于改革的过高预期。

另一方面，各级政府、各个部门也要借助社会各界期盼改革、支持改革的强大势能，以"踏石留印、抓铁有痕"的劲头，真正推动各项改革方案的落实和执行，克服巨大的旧体制惯性与利益集团的阻挠，更加注重改革的系统性、整体性、协同性，重塑政府与企业关系，以建设法治政府为切入点和突破口，强化法治理念，打破政府主导，尊重市场机制。

这将是未来中国最终创造改革红利、释放发展活力的关键所在。

第三节　加快推动财政税收体制改革

1994 年实施分税制改革以来，我国初步建立了适应社会主义市场经济体制的财税体制框架，增强了中央财政的宏观调控能力，促进了财政税收的稳定增长。然而，由于现行财税体制存在诸多不完善之处，致使其在执行过程中面临一些矛盾和问题，难以满足构建现代化市场经济体制的要求，不利于我国财税体制的科学发展。2013 年以来，为推动财税体制改革、强化地方政府债务管理，中央政府出台一系列政策意向，主要围绕完善现行预算体制、化解地方政府性债务风险、推进营改增及资源税费改革等方面展开。下一步，应在征收、支出、预算、监督等环节进行一系列改革。

一　我国财政税收体制改革简要回顾

1. 实行政府统收统支的财政政策（1950～1980 年）

中央集权式的财政使我国在短时间内积累了大量发展工业的资金，但也造就了很多难以解决的问题，中央政府通过操纵价格从其他部门抽调大量资金用于工业发展，导致了各部门尤其工农之间的严重失调，同时地方政府的主动权受到压制，使地方财政收入与支出隔离，地方公共服务发展缓慢。另外中央政府与国企之间的"五保""五定"协议极大地削弱了国企的效率，降低了企业工人的积极性，对经济发展产生了滞后的效果，计划体制下的财政体制就是在这种产权边界不清、激励与约束缺乏的统收统支的"大锅饭"形式下运作的，产权界定不清必然使交易成本扩大，财力的可能与需要之间存在的巨大缺口，造成制度性普遍短缺、资源配置低效率，形成了长期的财政压力。

2. 实行行政性分权型"财政包干"体制（1980~1994年）

其中最大亮点在于"承包制"的实行，是一次大胆的创新，初期具有一定的激励效应，当然也存在着诸多弊端。首先表现在承包制的实施过程中，中央政府与地方政府、政府与企业之间的博弈过程具有很多不确定性，机会主义倾向十分严重，而在信息充分性方面中央政府无疑处于劣势。各级政府为了实现自身利益最大化，盲目下拉项目，中央财政收支的矛盾在后期愈演愈烈，出现了"中央请客，政府买单""上有政策，下有对策"的不良现象。中央财政收入的比例不断下降，导致中央政府的宏观调控能力不断削弱，违背了改革的初衷。

3. 分税制改革（1994年至今）

被现代市场经济国家广泛采用的分税制，作为一种经济性财政分权，是在取消企业行政隶属关系、政企完全分开的前提下，中央和地方政府之间实行的规范的财政收支划分制度，包括政府事权的划分、财政支出范围的划分、收入（税种）的划分或税基（税款）比例的划分。实施分税制是对中央和地方政府财政关系较为彻底的一次规范化和制度化改革。分税制度的优越性在于它的长期性、透明性、可预测性和统一性，分税制较好地克服了承包制必然带来的中央与地方间的谈判、纠纷以及由此产生的地方对中央的离心力和地方间的互相封锁倾向，较好地解决了财政资源和配置资源的权力在中央和地方间的配置问题，搭起了一座财政与市场经济体制沟通的桥梁，为中央、地方和企业等经济活动主体实现自身收益最大化提供了较大的制度空间和体制激励，使各主体经济活动效用内部化、成本外部化变为可能，体制的效率得到了平稳释放。

二　我国财税体制中存在的问题

分税制财政体制改革和税收制度改革取得了巨大成就。但是，随着经济和社会环境发生巨大变化，现行财政体制和税收制度与科学发展观的要求、与经济和社会发展的需要、与人民群众的期望，都存在一些不相适应的问题，政府性收入管理还不够规范，财政支出管理还不够科学。

1. 财税规模偏大

多年来财政收入连续以高于经济发展的速度大幅度增长，规模已经很大，挤压了居民收入增长的空间，不利于国民收入分配结构调整。2012 年国家财政收入 117210 亿元、全国政府性基金收入 37517 亿元、国有企业实现利润 21959.6 亿元，3 项共计 176686.6 亿元，占 GDP 的 34%。如果加上我国地方债务总额 12.1 万亿元，4 项合计 29.7 万亿元，占 GDP 的 57%。财政部经济建设司发布的一份报告显示，当前我国企业税费负担较重，综合考虑税收、政府性基金、各项收费和社保金等项目后的税负达 40% 左右。财税总体规模偏大，既不利于国家对国民收入分配结构调整做出宏观决策，也不利于发挥市场有效配置资源的作用，容易对企业投资产生挤出效应。

2. 财政收入结构不够合理

宏观税负中，各类非税收入占 45% 左右；税收收入中，直接税比重过低，财产税几乎空白，资源、环境税负较低，同当前资源、环保和收入分配领域的形势不相称。在税收收入中，增值税、消费税、营业税等所占比重偏高，所得税和财产税所占比重偏低。目前，居民之间的收入差距已经很大，亟须加强税收调节，但所得税和财产税所占比重偏低的格局仍未从根本上扭转。有些税种的功能定位不够清晰，政策导向不够明确。比如，对于汽车产品的税收，既征收增值税、消费税，又征收车辆购置税和车船税，这不仅存在重复征税的问题，也与当前国家鼓励汽车消费的政策导向不一致。在一些需要税收发挥调控功能、促进发展方式转变和经济结构调整的领域，如控制高能耗产业、限制高污染产品、抑制高消费行为、调节高收入分配等，在税种设置上还不够完善。我国现行的税制结构，筹集财政收入的功能比较强，调节收入分配、促进发展方式转变和经济结构调整的功能比较弱。

3. 财政调节收入差距的功能发挥不够

个人所得税通常采用累进税率，具有在经济高涨时自动增税、经济衰退时自动减税，对经济周期"削峰填谷"的功能。在我国目前的税制结构中，流转税所占比重高达 60% 左右，而所得税的比重只有 20% 左右，个人所得税只占 10% 左右，个人所得税比重过低，以及个人所得税制度、财产税制度的不完善使税收制度发挥自动调节经济运行的作用受到限制。

4. 政府财政职能尚未转换到位

各级政府尤其是多数地方政府仍将发展经济、开辟财源作为政府的首要职责，把公共服务作为第二位职责。不少地方政府直接筹划和投资竞争性项目，而用于公共服务的资金长期不足，缺口很大，基层财政的上述表现越突出，矛盾也越尖锐。财政还没有从它"越位"的领域完全退出，"缺位"的领域进入不足。哪些支出应该由政府负责，哪些支出应该由社会承担，缺乏规范的制度规定，还存在很大的随意性。有些应该由政府支出的义务教育、基础科研、公共卫生、基本医疗、社会保障、文化事业等经费，还远未到位，在某些领域甚至将支出责任推向了市场，淡化了社会事业的公益性。而有些应该由企业或民间投资的企业技术改造、扩大生产规模、交通运输、城市基础设施建设等，却由政府直接投资，使财政承担了沉重的支出责任。

5. 中央与地方政府之间责任划分不清

1993年国务院《关于实行分税制财政管理体制的决定》，对划分中央和地方事权做了原则规定，但在实际执行中却没有真正落实。由于事权既包括事务的决策权，又包括事务的执行权，在我国的行政体制下，决策权一般在中央政府和省级政府，执行权主要在市、县基层政府，按照权责一致的原则，明确划分各级政府之间的事权确实存在很大困难。这种状况导致中央与地方之间责任混淆不清，既不利于政府统筹履行职能，也难以考核政府责任的落实情况。

6. 省与县市支出和资金分配失衡

地方各级政府之间责任划分不够合理。目前，省级财政除了保障本级政府履行职能所需支出和辖区内宏观调控所需支出外，承担的具体支出事务很少，却掌握了很大的资金分配权。大量的支出事务，如支农、教育、卫生、社保、城乡建设和公共安全等，主要由县、市政府承担，而基层政府可支配的财力却很少，主要依赖上级补助，导致"支出责任在基层、财力分配在上级"的不合理局面，造成基层政府的支出责任与财力保障严重不匹配。

7. 地方政府缺乏稳定的自主财源

中西部地区特别是少数民族地区的自主财源仍明显不足，主要依靠中央转移支付维持运转。有些西部省份的财政支出预算中，来自中央的转移支付占其总财力的70%，地方自有财力只有30%；有些县级财政支出预算中，来自上级的转移支付占90%以上，地方自有财力还不到10%。地方政府缺乏稳定的自有财源，造成支出责任与财力保障严重倒挂，"跑部钱进""要饭财政"等问题也难以避免。同时，地方税制结构不合理，地方税无论是税种的收入规模还是其占整个税收收入的比重都比较小，且地方税收收入受中央税收政策调整变化的影响较大，缺乏稳定性，地方政府对预算外和制度外资金的依赖程度较高。不少地方政府为履行职责，保障支出需要，千方百计筹集非税收入。

8. 财政转移支付制度不够规范

税收返还与体制补助、财力性转移支付、专项转移支付是构成我国转移支付的三大部分。在这当中，仍然有很多地方存在着需要尽快改善并加以解决的问题。税收返还、体制补助的资金比例在转移支付总量中所占比例过高。税收返还、体制补助带有明显的有利于地方的倾向，而一般性转移支付所占比例很小，它主要能反映地方财务均等平衡的状况，经济发达地区的税收返还额度高是正常的，但是比例悬殊就不利于经济的平衡发展，税收返还额度在成一定的比例增加，也使某些经济落后的地方社会经济和社会服务的发展水平严重滞后。转移支付结构不够合理。很多专项转移支付项目要求地方配套资金，有些项目的配套比例甚至高达70%以上。在地方自有财源严重不足的情况下，再由地方用自有财力安排配套资金，更加剧了地方财政收支紧张的矛盾。专项转移支付管理成本高、效率低。每年上万亿的专项转移支付资金，由中央部门确定项目下达到省级财政，再由省级部门下达到市、县级财政，环节很多，工作量很大。一些基层政府部门为争取专项转移支付资金，层层向上级"汇报"，成本很高。一些项目审批和资金分配的透明度不高，容易滋生腐败。不少专项转移支付项目下达较晚，有些甚至到年底都难以下达，造成年终大量资金结转和闲置。有关部门对专项转移支付重分配、轻管理，难以实施有效的绩效评价和执行监督，影响财政支出效果。

9. 征收、监督和预算等管理不完善

在现行的财政税收管理体制下，管理人员受业务、行政双重管理体制的影响，不可避免地产生了诸多弊端。主要表现在对有关财政税收管理的难以有效控制和管理，甚至有的不能坚持原则，不把法律法规放在心上。加上现行的财政税收管理体制没有一套行之有效的监督约束机制，许多财政税收管理人员缺乏紧迫感、责任感和使命感，往往造成一些违法违纪行

为的发生。由于我国机构改革的推进，一些地区削弱了财政税收管理力量，不少财政税收管理机构和人员被撤并，导致了财政税收管理人员队伍不稳定、工作积极主动性不高，管理滞后。不少地方存在没有设立财政税收管理机构、没有落实专门的管理经费、没有配备专职管理人员等问题。一些地方和单位没有很好地落实政务公开和民主管理制度。政务公开、民主管理、民主监督制度是新时期党的建设工作的一项中心任务。其中，财务公开、民主理财就是这一制度的关键内容。实际上，许多地方和单位虽然成立了民主理财领导小组，但成员大多不是经过民主选举的，而是领导指定的，根本起不到监督的作用。预算管理领域的主要问题表现在：完整性、透明度离社会期望的差距较大，预算立法、执法严肃性不足。这一方面导致人大和社会各界无法有效发挥全面监督功能，另一方面也降低了政府公信力，在深层次上影响了财税改革的进程。

10. 地方政府债务管理不健全

近年来，地方政府逐步发展出"土地财政＋地方融资平台"的融资机制，对于城市基础设施建设起到了较大的促进作用，但其负面作用日益凸显。正常的预算管理制度无法管理这类体外循环资金，进而导致城市建设行为缺乏必要的公共约束，浪费、腐败以及好大喜功的市政建设难以避免。土地出让收入是地方融资平台运转的基础，但地价、房价不断攀高的现实极度恶化了收入分配，高收入人群的投机性或投资性购房更是加剧了社会分裂。政府债务缺乏统一的统计口径，难以全面、真实地反映各级政府的实际负债状况。有些地方举债随意性很大，债出多门的情况比较普遍，许多政府债务没有纳入预算管理。国家有关法律、法规对地方政府借债缺乏必要的约束和控制。多数地方政府没有建立偿债机制，只考虑借钱、不考虑还钱的倾向比较普遍，导致债务规模大大超过财政承受能力。

三 财税体制改革的重点任务

以科学发展观为指导，坚持循序渐进，保持财政体制相对稳定性和连续性，以现有体制框架为基础，以解决现有体制中不利于明晰政府与市场界限的问题为抓手，以市场经济体制框架下"更好地发挥政府作用"为目标，公开化、正规化、程序化地推进财税体制改革。

1. 按照公共财政体制转变政府职能

财政体制的职能要发生较大的变化。从以单一促进经济增长为核心，向兼顾经济增长、经济波动、收入分配以及污染治理等多重任务转变。转变政府职能是界定各级政府事权和财政支出范围的基础。在市场经济条件下，政府该干什么，不该干什么，必须界定清楚。凡是市场机制能够解决的问题，政府就不要介入，不要"越位"。对满足社会需要而必须提供的公共服务，政府则要积极介入，不能"缺位"。调整财政支出结构，加快公共财政体系建设。按照公共性、市场化和引导性原则，明确政府支出范围，进一步调整财政支出结构，财政支出要加大对重点支出项目的财政保障力度，更多地向农业和农村基础设施建设倾斜，向教育、科技、卫生、社会保障等方面倾斜。政府资金要逐步减少直至退出在一般竞争性领域的直接投入，而投向提供公共服务的行业。

2. 完善中央与地方财力分配和事权划分格局

进一步规范政府间财政关系，建立健全与事权相匹配的财政体制。规范政府间的财政关系，进一步界定各级政府的财政支出责任，完善中央和省级政府的财政转移支付制度，按照财权与事权相匹配的原则，理顺省级以下财政管理体制。全国性基本公共服务以及具有调节收入分配性质的支出责任，由中央政府承担；地区性公共服务的支出责任，由地方政府承担；对具有跨地区性质的公共服务的支出，要分清主次责任，由中央与地方政府共同承担。有条件的地方政府实行省级直接对县的管理体制，减少财政管理层次，提高行政效率和资金使用效益。实行乡镇财政管理体制改革试点，对一般乡镇实行"乡财县管"方式。着力解决"营改增"全面推开之后的中央、地方政府财力分配问题，以调整增值税分成比例、改进分配方式来弥补营业税消失后的地方财力缺口。分配依据除地方本地企业缴纳的增值税之外，还应将其常住人口指标，甚至包括节能环保指标加入综合考虑，以重构地方政府发展激励。按"外部性、信息复杂程度、激励相容"三原则逐步明晰，增加中央支出责任。逐步实现基础养老保险由中央承担，基础医疗保险由省级政府负责。司法、流动人口子女义务教育、食品药品监管、环保等领域也要适度增强中央和省级政府的支出责任和干预力度。

3. 进一步规范转移支付制度

转移支付制度应以压缩规模、调整结构为重点加以重构。重点帮助中西部地区解决财力不足的问题，加大对中西部地区的一般性转移支付，合理确定对各地区的转移支付规模，优化转移支付结构，严格控制专项转移支付规模，增加一般性转移支付规模，加大对财政困难县乡的支持力度。通过专项立法的方式，明确转移支付的分配标准和程序，让地方政府形成稳定预期，避免干扰其正常财政运转。专项转移支付应按领域采取分块拨款、事后审计的方式，增强地方财政自主支配权。

4. 构建以市政债为主体的公共投资筹资体系

重新构建"市政债＋政策性金融"的公共投资筹资制度。在规范已有的地方政府性债务，特别是地方融资平台的基础上，采取由中央确定总盘子基础上的市场调控性地方债制度，正式启动省级和县级政府在公开市场捆绑发放地方债，市级政府独立发行市政债。继续发展以政策性金融为基础设施的建设筹资。在债务明晰化之后，应探索防范地方债风险的制度建设。

5. 加快建立"科学规范、完整透明"的预算管理体制

预算管理体制是财税体制的基础，只有管理程序科学合理，才能保证结果的科学合理。以法治为导向，建立"科学规范、完整透明"的预算管理体制，即预算权力的配置、制度设计应科学，预算的编制与执行过程应依法规范。预算报告应包含所有的政府收支信息，并按照便于分析、审批的要求编制好，完整、透明地展示政府的财务信息。从"广度"和"深度"两方面加强完整性。在现有公共预算、政府性基金预算、国有资本经营预算、社会保障预算的基础上编制综合预算。应允许地方政府自行发债，同时独立编制资本与债务预算，强化对政府投资行为的管理。逐步编制税式支出报表，探索建立中期预算框架，编制政府资产负债表，从存量上全面深入地反映政府的财务状况。采取限定范围、抓住热点、分块推进的方式，大幅增强预算的公开透明。既要严格执法，也要科学慎重地立法，实现预算法治。加强人大等部门的预算管理能力建设，加强审计等部门对财政支出的事后监管，弱化事前审批。尤其应大力增强审计部门的能力建设，增加其权限，充分发挥其对于财政资金的合规性、使用绩效的事后审计功能，以此为基础可弱化对财政资金的事前审批，提高效率并减少腐败。

6. 增加国企分红，增强财政收入体系的调节功能

大幅提高国有企业上缴利润比例并纳入公共财政，其中一部分专项用于社会保障，另一部分作为推进若干领域结构性减税的资金支持。结构性减税的重点是清理整顿各种行政事业性收费和政府性基金，或取消，或并入各类税种，大幅降低非税收入比重。

四 推进新一轮税制改革的"加法、减法和混合运算"

财政是国家治理的基础和重要支柱,科学的财税体制是优化资源配置、维护市场统一、促进社会公平、实现国家长治久安的制度保障。十八届三中全会后,我国税制改革一直未有实质性措施推出。未来应下决心以推动新一轮税制改革为突破口,做好税收制度改革的"加法、减法和混合运算",加快推出一批改革的新举措。应逐步适应经济发展水平的需要,逐渐降低间接税的比重,建立和完善以居民财产、行为为课税对象的直接税税制,发挥税收在优化经济结构、理顺经济关系特别是中央与地方关系、提升经济发展素质、抑制地方政府投资冲动、化解社会矛盾、完善收入分配关系中的积极作用,进一步释放生产力,推进国家治理体系和治理能力现代化。

在"加法"方面,应注重发挥税收在优化经济结构和提升经济发展素质中的作用。建立和完善财产税收体系,尽快启动立法程序,逐步创造条件,同步推进征管能力建设和税制完善,在全国范围内着力推进以免征一定自住面积为前提的房地产税开征,逐步将房地产税培育成地方的主体税种之一。与之相配套,尽快建立健全城镇住房信息登记制度,实行全国联网。进一步推进资源税改革,尽快将煤炭及其他非金属矿原矿、铁矿及其他金属矿等具备条件的税目改为从价计征,提高资源税税率并增加覆盖范围,将水、森林、草原、湿地、滩涂等资源一一纳入,促进资源节约。对排放废气、废水、固体废物和产生噪声等行为主体开征环境保护税,促进环境友好型社会建设。开征垄断企业利润税和社会保障税,将所得税收充实到社会保障账户中。

在"减法"方面,充分发挥税收在调节收入分配尤其是初次分配中的作用。加大结构性减税力度,适度降低总体税负水平,减轻企业和居民尤其是现代服务业、小微企业和低收入人群的税负。改革个人所得税制度,提高直接税比重并强化其调节收入分配功能,推进个人收入申报和财产登记等社会征信系统建设,逐步健全综合和分类相结合的个人所得税制度,未来应尽快将个人所得税起征点进一步提高到5000元,同时加大对高收入者的税收调节力度,促进社会公平。以促进统一税制、公平税负、公平竞争为着眼点,清理整顿各类以区域和产业政策名义出台的税收优惠,降低非税收入与政府性基金收入占政府总收入的比例,清理不够合理、规范的收费和政府性基金，通过税制合理化减少税收扭曲。

在"混合运算"方面，继续推进"营改增"，实现全行业和全区域覆盖，同时进一步深化增值税转型改革，真正落实消费型增值税，取消增值税地方分成，变共享为中央独享，抑制地方政府投资冲动。与此相配套，中央进一步增加对地方的一般转移支付，增加对社保、义务教育和医疗卫生等方面的支出，促进全国基本公共服务均等化。稳步扩大增值税征收范围，相应调减营业税等税收，进一步消除重复征税，促进服务业特别是现代服务业的发展。完善消费税制度，适应消费品升级换代加速、一些高端消费品向普通消费品转变以及节约能源资源的要求日益迫切等趋势，合理调整消费税范围、环节、税目和税率，将部分容易污染环境、大量消耗能源资源的产品等纳入消费税征收范围，充分发挥消费税促进节能减排和引导理性消费的作用。完善鼓励创新的企业所得税制度。

第四节　继续深化金融体制改革

当前国内存在的风险部分原因是体制问题造成的，如互联网金融、影子银行的快速发展，部分是由还未实现利率市场化造成的。深化金融体制改革，是一项紧迫而重要的任务。深化金融体制改革的基本着眼点是，加快构建多种所有制和多种经营形式、结构合理、功能完善、高效安全的现代金融体系，加快提高银行业、证券业、保险业竞争力，促进金融业持续健康安全发展，为实现经济社会又好又快发展做出更大贡献。金融改革的核心是处理好政府与市场的关系，更多地发挥市场配置资源的决定性作用，把应由市场发挥作用的交给市场，把应由社会发挥作用的交给社会。

一　深化金融机构改革，打破金融垄断，发展农村金融、民间金融

1. 继续深化银行业改革，完善现代企业制度

工、农、中、建、交等大型商业银行股份制改革启动于 1997 年亚洲金融危机冲击之后，在本次国际金融危机爆发之时已初见成效。但是大型商业银行改革的道路仍然没有走完，有必要进一步深化商业银行改革。一是银行业深化改革的重点要转向转变发展方式和调整结构。一方面，要继续推进已改制大型商业银行，完善公司治理结构，建立现代金融企业制

度。另一方面，要进一步健全和完善多元化的金融组织体系，特别是加快发展主要为"三农"和小微企业服务的金融机构。加大对薄弱领域的金融支持，特别要加快解决农村金融服务不足、小型微型企业融资难的问题。二是继续完善逆周期的金融宏观审慎管理制度框架，提高商业银行的风险防范能力。三是扩大对外开放，提高商业银行国际竞争力。四是加快配套改革，改善商业银行发展环境，加快推进利率市场化建设。

2. 构建多层次、广覆盖、可持续的农村金融服务体系

以服务"三农"为根本方向，充分发挥政策性金融、商业性金融和合作性金融的作用。中国农业银行要稳定和发展在农村地区的网点和业务，进一步强化为"三农"服务的市场定位和责任，充分利用在县域的资金、网络和专业等方面的优势，更好地为"三农"和县域经济服务。中国农业发展银行要深化内部改革，完善功能定位和运作机制，适当扩大政策性业务范围，将贷款支持对象扩大到农林牧渔生产、加工转化及农业科技等更广泛的农村经济领域。中国邮政储蓄银行要健全体制机制，发挥自身优势，鼓励和促进邮政储蓄资金回流农村。农村信用社要继续深化改革，不断完善产权制度、组织形式和内控机制，进一步发挥农村金融主力军作用。积极推进新型农村金融机构发展，继续做好调整放宽农村地区金融机构准入工作，大力培育和发展以从事小额信贷业务为主的多种所有制性质的新型农村金融机构。

3. 加快发展民营金融机构

金融改革要打破金融垄断，建立普惠金融体系。普惠金融体系最重要的主体是中小银行、金融机构、合作的金融组织和民间金融。鼓励社会资金参与中小金融机构的重组改造、稳步发展各种所有制金融企业，是中央支持和鼓励非公有制经济发展、完善社会主义市场经济体制的一项重要政策。加快发展民营金融机构对改善基层金融服务具有重要意义。金融服务本质上属于竞争性行业，竞争是改善供给、合理定价的根本途径。经过多年的金融改革和发展，我国大中企业、大中城市的融资环境得到明显改善，但部分基层和农村地区仍然存在金融服务供给不足的问题。要鼓励和引导民间资本发展社区类金融服务企业，扩大新型信息科技在金融服务领域的运用。加强统筹协调，增强基层金融机构的监管力量，并通过加快建立存款保险制度等途径，为民营中小金融机构健康发展创造良好的外部环境。

二　加快多层次金融市场体系建设

1. 大力发展债券市场

资本市场改革的重中之重就是要大力发展债券市场，特别是政府的债券市场。国债首先是金融资产，其次才是国家融资的工具，没有一个大规模的国债市场，健康的金融市场很难成型，增发国债还有利于人民币国际化的推进。经济发达地区的地方政府可以发行地方债，其中会涉及预算法修改，地方政府须公开财政预算，这也是政治体制改革的契机。短期可以试行银行成熟贷款的证券化，把银行最高质量资产变成现金，对于银行是注资，对于资本市场等于把存款逐步转变为债券市场的持有者。扩大企业债券发行规模，大力发展公司债券，完善债券管理体制、市场化发行机制和发债主体的自我约束机制，提高审核效率，逐步丰富债券品种。稳步扩大债券市场规模，推进金融产品创新和多元化，加大资产证券化试点力度，发展中小企业集合债券等融资工具。发展私募债等融资工具，拓宽融资渠道。加强债券发行管理部门的协调配合，提高信息披露标准，落实监管责任。加强债券市场基础设施建设，进一步促进银行间市场和交易所市场协调发展。

2. 继续完善主板、中小企业板、创业板和新三板市场

稳步提高上市公司治理水平和透明度，完善现代企业制度。深化新股发行制度市场化改革，进一步弱化行政审批，强化资本约束、市场约束和诚信约束。完善上市公司投资者回报机制，引导和鼓励增加现金分红。健全退市制度，不断提高上市公司质量。继续推动境内优质大型企业和高成长性中小企业发行上市，研究推动红筹股公司及其他境外公司在 A 股市场上市，逐步扩大已上市公司实际进入流通的股份比重。全方位推进市场化的并购重组，继续支持有条件的上市公司参与行业整合、产业整合或跨行业收购兼并，促进产业结构调整和升级。服务于创新型国家战略的实施，加快创业板市场和新三板市场的发展，努力缓解中小企业尤其是中小高科技企业融资难的问题，促进创业投资的发展和企业创新机制的形成。继续加强资本市场监管，建立和维护公开、公平、公正的市场秩序，严惩内幕交易、操纵市场、欺诈上市、虚假披露等违法违规行为，切实保护投资者尤其是中小投资者的合法权益，促进资本市场稳定健康发展。

三　完善金融调控和监管

加强金融监管，切实防范和化解金融风险。适应金融改革、创新、发展、开放新形势的要求，不断完善金融监管体制机制，进一步加强金融监管工作的协调配合。

1. 健全系统性金融风险的防范预警和评估体系，完善市场危机应对机制

借鉴国际经验，建立健全适合我国国情的系统性金融风险监测评估方法和操作框架，完善压力测试和金融机构稳健性现场评估等政策工具和手段，加强对重大风险的早期识别和预警，强化跨行业、跨市场金融风险的监测评估。加强对具有融资功能的非金融机构及民间借贷的统计监测，密切关注其对金融体系的影响。针对 2015 年年中出现的股市暴跌，有必要尽快着手解决一行三会之间在资本市场监管方面存在的协调混乱与监管真空问题。在国内金融业混业经营趋势日益明显的背景下，长期以来我们所固守的分业监管框架面临严峻挑战。未来应考虑重新整合分业监管框架，或是考虑再度合并一行三会，或是在更高层面上成立金融监管委员会或金融稳定委员会。同时，要加快建立健全宏观审慎监管政策，加强金融监管的前瞻性，在资产价格泡沫形成阶段即进行监管，例如，以限制杠杆倍数、清查民间配资等来抑制资产价格上涨。在市场出现异常暴跌并有可能引发系统性金融危机乃至经济危机之时，则应尽快启动危机应急机制，当机立断，尽快稳定市场预期，避免市场非理性的恐慌情绪蔓延，并通过政策配合协调与统一救市框架，防止危机扩散，以确保救市的效果。

2. 加强监管地方债务风险

事前监管方面，规定借债目的、类别和发债的程序，坚持财政实力与债务规模相平衡的原则。事中要强化信息披露，若有影响偿债能力的事件发生，需发出预警。事后监管要防止道德风险。因为中央政府在地方财政恶化时不可能不予救助，但这种援助往往会增加道德风险，使地方举债随意化。考虑到我国国情，目前监管的重点是早期干预和动态监测，利用现代信息技术建立全国性的举债数据网，防止地方债务恶化。

3. 加强对"影子银行"的规范与监管

建立符合"影子银行"风险特征的有针对性的监管指标体系。加强对

各类"影子银行"机构的流动性、期限错配、杠杆率、交易对手风险等风险监管；加强对具有系统重要性"影子银行"的风险监管；提高对"影子银行"的信息披露要求；加大对隐性担保、误导性销售（甚至欺诈销售）等操作风险的处罚力度等。加强对地方债务的风险监管。完善系统性金融风险处置机制。强化系统性金融风险处置能力建设，建立层次清晰的系统性金融风险处置机制和清算安排，健全金融安全网。完善中央银行最后贷款人的功能定位和工具手段。加快存款保险立法进程，择机出台并组织实施存款保险制度方案。完善证券投资者保护基金、保险保障基金和期货投资者保障基金管理制度。建立健全金融机构市场退出机制，防范道德风险。

4. 加强银行贷款监管

平台贷款与房地产相关贷款仍是贷款风险防控需要重点关注的两大领域。坚持"政策不变、深化整改、审慎退出、重在增信"的基本思路，督促银行业金融机构组织开展平台"大户"检查和年内到期的平台贷款风险排查，并根据贷款到期情况、风险状况和偿还能力等，区别对待、分类施策。继续督促银行业金融机构严格实施差别化房贷政策，加强开发商"名单式"的管理，对住房销售回笼资金实行封闭管理，加强土地储备贷款管理，严格把握土地抵押率。

第五节　深化国有企业混合所有制改革的思考和建议

一　对混合所有制改革的理解和认识——核心是消除所有制歧视

自从 2013 年党的十八届三中全会提出"积极发展混合所有制经济"以来，相关的讨论一直很热烈，不同人士从各自立场做出了各自解读，那么到底该如何认识这一问题，发展混合所有制经济的核心究竟是什么？

事实上，当前如火如荼的混合所有制改革并不是一个新鲜事物，从理论上看也不是什么新概念和新提法，早在十多年前党的十六大和十六届三中全会就已提出，实务界也有过具体操作。

2005 年和 2010 年，国务院还先后出台了两个"36 条"，试图鼓励支持非公有制经济发展，允许和引导民间资本进入垄断行业。但遗憾的是，一切努力似乎都不明显，一直都没有什么大的突破，国企改革还是在原地打转转、兜圈子，民间资本面对的还是只可远观、不可亵玩的各种"玻璃门"和"弹簧门"。

迄今为止，国有经济在整体经济中仍然占比过高，不适应市场经济规律的国有经济组织管理模式仍制约着整体经济发展，一些经济领域国有资本仍处于绝对垄断地位，效率问题突出，亟须引入其他类型的资本以改变公司治理，增加活力。国企改革、混合所有制经济十几年没有大突破，问题到底出在哪儿？

我们认为，最大的障碍是意识形态桎梏下根深蒂固的所有制歧视。在所有制歧视下，民间资本很难获得公平、均等的机会，不合理的市场准入限制随处可见、公平的市场竞争环境始终难以形成。在所有制歧视下，民间资本的正当合法权益很难得到保障，同股不同权、同股不同价，民营资产的隐形和显性流失同样大量存在。在所有制歧视下，政府一再释放的诚意和出台的措施很难真正转化为政策红利，行政性垄断的发展已经极大地挤压了民间资本的发展空间。在所有制歧视下，国有资本的投向已逐渐偏离于国家安全和国民经济命脉的重点行业及关键领域这一国家目标，存在较为严重的过度市场化和过度追逐经济效益的倾向，在不该与民争利的一般竞争性领域大踏步地"国进民退"。在所有制歧视下，民间资本对新一轮发展混合所有制的热潮，普遍处于观望状态，很多民营企业家有一种"一朝被蛇咬，十年怕井绳"的谨慎心态，担心再次被"公私合营"，甚至被国有资本吞掉。

因此，要想使民营资本积极参与发展混合所有制改革，还需真正打破所有制歧视，打破限制竞争的行政性垄断，放宽市场准入条件，使民营资本和国有资本拥有均等的机会和权利，使它们真正站在同一条起跑线上。真正让民营资本进入自然垄断行业和一般竞争性领域，并且真正有与其出资比例相称的话语权和投票权，释放经济持续增长的活力。

打破所有制歧视，当前迫切需要对国有企业进行分类管理，实施分类改革，通过国有资本的战略调整，优化国有经济的布局，实现不同领域的有进有退，而不是单纯的"国进民退"或"国退民进"。

对于公益性的国有垄断企业，包括提供具有非竞争性、非排他性和外部性的公共产品和公共服务，如公交地铁、环卫、国防、义务教育、公共卫生等，主要追求社会效益，不以盈利为目的，实质上是一类特殊的法人，一般需由公益性国有垄断企业垄断提供，私人资本一般不愿介入，这一领域应鼓励和强化"国进民退"。

对于适度经营性的国有垄断企业，包括处于自然垄断行业和部分稀缺性资源行业的国有企业，前者如铁路运输、输电、自来水、管道燃气、水利基础设施等，后者如石油、金属、非金属矿产品开采等，可适当兼顾社会效益和经济效益，宜保本微利，这一领域可由民间资本自行决定是否进入。

对于竞争性的国有企业，包括大量的一般制造业、加工业、商业、服务业等，这些领域以盈利为目的，目前绝大部分国有资产分布于这些行业，但显然这是民间资本更适宜存在的领域，应坚决鼓励"国退民进"，国有资本应逐步、彻底退出，保留国有资本的意义不大，这是一个长期的方向。否则以行政性垄断来与民争利，民资则永无出头之日，这也是很多私人企业对混合所有制颇多顾忌的主要原因。

考虑到现实情况和既得利益群体的存在，竞争性国有企业仍将在相当长的时期存在，且大多仍将保持控股地位。作为过渡阶段，政府应真正下放权力，尊重市场规律，国有资本应从一般竞争性领域逐步退出，起码有部分企业可以先全部退出，或只保留低于50%的参股权，通过市价减持、增资扩股、委托经营、挂牌出让、发行可转换债券等方式，吸收民间资本参与国有股权多元化改革。企业改革的终极形态应是淡化所有制的区分。

与此同时，暂时没有退出的国有企业，必须解决国有股一股独大所导致的缺少制衡、缺乏效率以及非市场化的行政干预等突出问题，加快国有企业自身管理体制和经营体制的改革，按照《公司法》的要求，完善以董事会为核心的现代企业制度和公司治理结构，同股同权，保证既没有国有资产的流失，也没有民营资产的流失，公有制经济财产权和非公有制经济财产权同样不可侵犯。

二　当前混合所有制改革中存在并亟须解决的若干问题

1. 行政干预扭曲公司治理的问题

我国的很多企业，特别是上市公司在股权结构上早已是混合所有制。不过，这些企业仅有混合所有制之名，尚无混合所有制之实，与充分市场化、商业化的现代企业制度的运行机制尚有较大差距。很多企业从股权结构上看，社会资本已经控股，但实际上公司的管理权还牢牢掌握在政府手里。这正是当前深化国有企业混合所有制改革的难点所在。在公司治理上，我们的企业普遍存在董事会决策功能不足，内部制衡机制不够健全等问题。这些问题在地方国有企业中显得更为突出。在一些地方上市企业中，地方政府实际上的经营控制权力很大，民资股东或外资股东对企业的经营发挥不了什么作用。

混合所有制公司，必然要建立股权多元化状态下的股东委托、董事会决策、经理人管理的公司治理机制，必然要约束国有股东，使其在法律和章程的范围内行使权利。非市场化行政干预因素在一定程度上制约了企业股东大会和董事会发挥的应有作用，也在一定范围内限制了企业公司治理的有效运作。比如，股东大会、董事会在利润分配、不良资产处置、高管人员考核评价等方面的积极作用未能充分发挥，这会降低企业自身发展动力和积极性。

通过调研我们发现，有些上市公司国有股东持股比例已较低，且不是第一大股东，但仍然在股份增发、董事会改选、高管选聘等方面，受到来自国有股东、国有资产管理部门的强行干预，完全违背了资本多数原则和公司治理机制。

2. 资本混合问题

非国有资本未能有效参与公司治理的重大决策，未能充分体现企业财产所有者的地位，未能严格按照资本多数原则参与企业的重大决策和经营管理。现实中，往往出现国有资本的"一言堂"，民营资本、外资资本仍然无法有效参与。只有外资股东、民营资本、国有资本平等地参与公司的治理建设，各种所有制的优势才能有效发挥。

有一些股份制企业，股权结构已经非常分散和混合，其国有股东已经不是第一大股东，但依然在方方面面行使着事实上的控股股东的权利，非国有股东对此往往是敢怒而不敢言。

3. 干部及人事问题

搞混合所有制，董事会结构一定要反映国有资本、社会资本、外资资本的权重。制度设计上要保证相关利益主体在推选董事上真正发挥作用。目前，国有控股上市公司所有董事的提名，包括独董的提名和选举，仍是由国有股东最终决定。虽然证监会也搞了董事选举的累积投票制度，希望以此削弱控股股东在董事选举中的绝对决定权，但实际上并未起到什么作用。在干部管理方面，政府组织部门仍起着决定性作用，还没有找到从"管人、管事、管企业、管资产"向"管资本"转变的路径。在职业经理人队伍培养、企业人才建设等方面，如何发挥市场化作用还没有很好解决。特别突出的问题是在企业高级管理人员的选拔和任命上，仍由行政主导，且选拔和任用标准带有明显的行政干部管理色彩，这不利于职业经理人的培养和选聘，更缺乏"干部能上能下、能进能出"的用人机制，企业优胜劣汰的竞争机制很难形成。总之，推进混合所有制改革，在人事制度上必须有重大突破，必须突破现行的国企组织人事制度模式，转而实行董事会聘任"职业经理人"的制度。

在当前有些股份制企业中，董事会内部任命高管时，组织考察和选聘工作的不是董事会，而是当地的组织部门和国资部门，完全是行政主导，且选拔和任用标准带有行政干部管理的浓厚色彩，让人很难想象这是已经上市多年的公众公司。

4. 政策限制和行政审批问题

如中高级管理层的股权激励计划、市场准入、创新性业务发展等方面，都存在不同机构的监管政策限制。还有就是我们的很多差异化监管政策的落实情况很不理想，存在部门之间和政策之间"打架"的现象，有些部门的鼓励政策与其他部门的限制政策明显相悖。在区域发展和业务拓展方面，政府部门对企业的行政审批繁杂，甚至对某些业务实行了一些非常不合法、不合情、不合理的歧视性限制。

5. 企业员工股权激励计划问题

当前，员工和管理层持股、股权激励等正向激励的机制普遍用得不够。比如，2009 年财政部《关于金融类国有和国有控股企业负责人薪酬管理有关问题的通知》，暂停金融企业实施员工持股计划，至今仍未恢复，客观上阻碍了混合所有制性质的金融企业对员工持股计划的探索。

三 深化国有企业混合所有制改革的几点思考和建议

1. 各级政府和主要领导要转变观念

要首先解决思想认识上的问题，打破所有制歧视的陈腐观念，搁置有关意识形态的争议。只要是能为国家提供税收、就业，有利于国富民强，给股东分红的企业，就应一视同仁，都受法律保护。政府的各个部委办局必须贯彻依法治国的基本理念，转变观念，切实简政放权，而且不仅是简单地下放权力，权力下放到哪里？省市县？有些权力恐怕要彻底放弃，从这个意义上讲，改革确实是一场革命。

2. 选择各行各业有代表性的企业作为混合所有制改革的试点

采取先行先试的办法，让改革先改起来、动起来、干起来。一个基本的原则是：分类改革，小步快走，分步到位。通过试点改革，对当前中央提出的发展混合所有制经济、进一步深化国有企业改革探索新路，积累经验，提供参考。

3. 试点国有资产管理体制改革

重点是以下4个方面：一是从"管人、管事、管企业、管资产"逐渐转为管资本，激发企业活力，真正发挥国有资本的资本撬动效应。二是以提升资本收益率为目标，逐步实施把部分国有股转为优先股，实现国有股的保值增值，并将国有资本收益投向关系国家安全、国民经济命脉的重要行业和关键领域，优化和提升国有资本分配结构。三是继续推动股权多元化改革，特别是在竞争性行业，国有股比例可进一步降低，使企业的股权结构和治理结构进一步优化。四是分类管理，进一步放权。这种分类既可以按照行业性质分类，如公益性的、适度经营性的和竞争性的国有企业。也可以按照持股比例分类。比如50%以上，绝对控股的国有企业，国有股东可以绝对说了算；30%～50%，相对控股，国有股东可以相对管得多一些；30%以下，国有参股，是否可以尝试政府对企业的全面放权，尝试党委书记和董事长的分设？国有股东只管到党委书记，或者顶多再加上董事长。

4. 完善公司治理机制

一是要按照《公司法》要求，构建包括股东大会、董事会、经理层和监事会之间相互制衡的规范的内部经营管理结构。让企业的投资者真正成为企业财产所有者，充分发挥股东大会、董事会在利润分配、不良资产处置、高管人员考核评价等方面的积极作用。二是重大事项真正由股东大会来决定，给予企业更多自主权；完全根据股票多少来决定投票权和表决权；国有股东的权利，是与其持股比例相适应的投票权。三是进一步完善董事会体制，让更大权利回归董事会。落实董事会选人用人、考核奖惩和薪酬分配权，让董事会在战略管理、高管人员管理、薪酬管理和业务风险管理中发挥主导作用。建立发展目标责任制、风险管控责任制和经营投资责任追究机制，让管理层在业务发展管理中担当更大责任。

5. 在党管干部和高管选聘上要有突破创新

要尽快落实三中全会决定，把党管干部与市场化选聘高管结合起来，明确各自定位，以实现政企分开，增加市场选聘高管的比例。党委的先锋领导和政治保障作用，党组织的组织优势和政治觉悟优势，主要体现在思想凝聚、政治引导、组织协调、廉政教育和经营管理等方面。比如，今后能否尝试20%或30%以下的公司，把党的关系下放到街道或社区，甚至党委书记由党的代表大会选举，党支部在街道或社区进行备案？经营层、董事长的退休年龄是否可由董事会决定？要充分尊重市场规律，不能像管理党政干部一样来管理企业高管，高管的任职要按市场化标准来操作，而非党政机关的标准，让真正懂市场规律的职业经理人来管理。要健全企业职业经理人的培养机制，董事会按国际惯例和市场化原则招聘或解聘高管人员，高管薪酬与业绩挂钩，由董事会根据业绩完成情况决定。建立"能上能下、能高能低、能进能出"的用人机制和薪酬机制。

6. 建立健全完善的公司治理的法制环境

要使十八届三中全会决定中最大的亮点——使市场在资源配置中起决定性作用——永不失色，必须彻底落实依法治国的国策，让政府真正敬畏法律、遵守法律，让一切社会组织、企业和每一个公民，真正敬畏法律、遵守法律。只有彻底落实法治，保障宪法权威、司法公正、行政公平，才能以制度化的方式实现对公权力和掌权者有效的监督、制衡和约束，真正把权力关在笼子里并把钥匙握在监督者手中。

具体来讲，就是政府要真正带头守法，带头保证《公司法》《证券法》等法律法规的贯彻执行。对企业的合法业务要减少行政审批，取消业务的歧视性限制。给企业进一步简政放权，落实企业的自主经营权。让企业真正成为经营决策、承担责任的主体，在市场环境中自主经营、自担风险、自主决策、自担责任。应建立和完善股东大会、董事会、高管层的授权经营体系。可以探索负面清单管理，法律法规禁止的不可为，没有明令禁止的即可探索创新。可以探索监管与国有资产管理一体化运营的体制。

7. 试点员工持股、管理层持股、高管和员工股权激励机制

为激发企业员工和高管的活力和积极性，提振工作热情，提升企业业绩，按照十八届三中全会要求，可以尽快大胆地试点这些改革措施，以形成资本所有者和劳动者的利益共同体。当前，在这方面应该更加大胆一些，目前各方面的条件已经基本具备了。

四　资本市场在混合所有制改革中可发挥的积极作用

资本市场在推进国有企业混合所有制改革方面可以发挥非常重要和独

特的作用，主要体现在以下几个方面。

1. 资本市场的发展，有利于推动企业的公司制改造以及现代企业制度的建立和完善

我们都知道，具有中国特色的情况是：不是先有规范的公司制企业，而是为了争取在资本市场上市，有关企业不得不按照《公司法》的要求，事先进行相对规范的公司制改造，建立法人治理结构。同时，还要受到相关证券法规的约束，履行包括充分信息披露在内的各种义务，完成公司上市的规范操作。这就使得企业的经营活动必须承担更多的法律责任，其运行机制也更加符合现代企业制度的要求。也就是说，我们可以借助当前混合所有制改革的契机，推动企业改制为股份制企业，通过完善公司治理使企业做到自主经营、自负盈亏、自担风险和自谋发展，实现自身快速发展。

2. 资本市场的发展，有利于重塑国有企业产权主体，彻底解决所有者缺位及内部人控制的问题

当国有企业完成了公司制改造并进入资本市场后，其产权结构就具有了开放性和灵活性，一方面，新的投资主体（主要是各类非国有性质的产权主体）可以进入。另一方面，原有的股东（主要是国有产权主体）也可以借助资本市场实现顺利退出（国有股减持），从而逐步实现企业产权主体的多元化和分散化，彻底实现企业产权主体的重新构造。也就是说，可以通过引进民资、外资，实现国资、民资、中外资本的融合，提升企业的市场化、国际化水平以及核心竞争力。

3. 资本市场的发展，有利于通过企业股权多元化改革，构建有效率的激励和约束机制

这种功能的实现依赖两种机制：股票定价机制和企业接管机制。股票定价机制是指在股票市场上通过股票价格的高低及其波动情况反映公司的经营状况、衡量企业经理人员的才能及努力程度，从而监控经理人员的行为。但是，单纯的股票定价机制是一种被动的间接监控机制，而企业接管机制则是主动依据股票市场为公司业绩、经理人员才能及努力程度准确定价，即一旦公司经营不善，投资者抛售股票，导致该公司股票价格下跌，一些股东就有可能通过发动代理权竞争或敌意收购来接管公司的控制权，直接介入公司的经营和控制，改变公司的经营战略和战术，任免经理人员直至改组公司。这种机制的存在与经理更换的压力，也是促使经理人努力

工作的重要原因。

4. 资本市场的发展，有利于促进企业法人治理结构的改善，进而提高上市公司质量

企业登陆资本市场成为公众持股公司后，有利于企业的股权结构持续优化、公司治理更加规范透明，实现业务经营、运营管理、业绩考核等微观层面的市场化。作为上市公司，企业的重大决策和人事组织变动全部经股东大会、董事会审议决策。每年按照规范制度向投资者、社会披露经营管理信息，增进投资者、社会对企业发展的了解与支持，可提升公司治理水平，提高信息透明度。

总之，通过资本市场特有的机制，可以引导上市公司完善现代企业制度，建立健全市场化经营机制，规范经营决策；可以规范上市公司控股股东、实际控制人行为，保障公司独立主体地位，维护各类股东的平等权利；可以推动混合所有制经济发展，提高企业竞争能力，提升资本回报率，促进资本形成和股权流转，激发民间资本活力，进而提高全社会资金形成和配置效率。

第八章　新常态下的对外开放

当前，国内改革已进入攻坚克难阶段。毫无疑问，随着我国经济与世界经济的互联互动不断深化，我国对外开放还具有十分广阔的空间，开放的制度红利仍是推动国内经济改革和转型升级的强大动力。我们有理由相信，以更加积极的开放战略倒逼改革和促进转型，力争形成对外开放新体制，加快培育国际竞争新优势，将成为中国经济新常态的特点之一。

第一节　中国经济与世界经济的互联互动不断深化

经过改革开放后 30 多年的快速发展，当今的中国已是世界第二大经济体、第二大贸易国、第一大货物贸易国、第一大出口国、第二大进口国、第一外汇储备大国、第一大利用外资发展中国家、年度投资流量全球第三大对外投资国、年度投资存量全球第二大对外投资国，对外直接投资累计净额（存量）居全球第 11 位，人民币也已经成为全球第四大支付结算货币、第九大外汇交易货币、第七大储备货币。世界经济深刻影响着中国经济的发展和走势，中国经济也在深刻改变着世界经济的版图和格局，中国经济与世界经济的互联互动与交融合作不断加深，其深度、广度前所未有，其复杂性、多样性前所未有。

对此，习近平总书记在 2014 年 11 月底举行的中央外事工作会议上深刻地指出，我国已经进入了实现中华民族伟大复兴的关键阶段。中国与世界的关系正在发生深刻变化，我国同国际社会的互联互动也已变得空前紧密，我国对世界的依靠、对国际事务的参与在不断加深，世界对我国的依靠、对我国的影响也在不断加深。我们观察和规划改革发展，必须统筹考虑和综合运用国际国内两个市场、国际国内两种资源、国际国内两类规则。

观察中国经济与世界经济的互联互动，可从战略、商品与资本、价格以及政策四个方面加以深入分析。

一　战略互联互动：以"一带一路"战略和自由贸易区战略为代表的国家战略与世界经济的互动蓬勃而起，方兴未艾

1. "一带一路"战略是构建开放型经济新体制的重要举措

"丝绸之路经济带"和21世纪"海上丝绸之路"建设作为重要的国家发展战略，二者共同构成中国面向西部亚欧大陆以及国土以东和以南广阔海洋寻求发展空间的两大战略支撑，一个着眼于加快向西开放，一个着眼于建设海上强国，这是一个中华民族自古至今从未有过的雄心勃勃的宏大战略，而且是一个外向的、开放的战略。

"一带一路"战略的提出，是中国适应经济全球化新形势、扩大同各国各地区利益汇合点的重大战略，是构建开放型经济新体制的重要举措，它顺应了时代要求和各国加快发展的愿望，提供了一个包容性巨大的发展平台，具有深厚的历史渊源和人文基础，能够把快速发展的中国经济同沿线国家的利益结合起来，有利于中国与相关国家和地区实现共享机遇、共同发展、共同繁荣。这一战略构想体现了在坚持全球经济开放、自由、合作的主旨下，促进世界经济繁荣的新理念，也揭示了中国和亚洲经济合作进程中惠及其他区域、带动相关区域经济一体化进程的新思路，更是中国站在全球经济繁荣的战略高度，推进中国与亚洲乃至欧洲和非洲合作跨区域效应的新举措。

一方面，在继续推进沿海更高层次开放的同时，推进内陆和沿边开放，提高对外开放水平、拓展开放深度与广度，形成沿海开放和内陆、沿边开放相互协调、相互带动的对外开放新格局，以开发促开放，以开放促改革，以改革求发展，力图为中华民族争取更为长远和更为广阔的生存和发展空间。另一方面，在"五通"的基础上，努力做好经略周边各项工作，推进贸易投资便利化、深化经济技术合作与交流，建立以我国为主导的亚太自由贸易区，打造与沿线国家和地区的命运共同体，拓展中国发展的战略纵深和回旋余地。要充分展现中国作为负责任大国的胸怀与担当、与世界经济互荣共进发展的坚定决心，表明我国将与沿线国家和地区展开外部协同，承担大国责任，打造新的国际版图。

也就是说，中国的战略意图并不局限于利用世界、地区的资源服务于当前中国的发展，而是着眼于中华民族的长远利益，试图在更高层次上与沿线国家打造命运共同体，在坚持市场经济驱动、秉持自由贸易原则的基础上，继续推动全球市场的开放和生产要素的自由流动和增长。特别是，为更好地推动"一带一路"战略的实施，中国还发起并同一些沿线国家和地区合作建立了亚洲基础设施投资银行，以便为"一带一路"沿线国家和地区的基础设施建设提供资金支持，促进经济合作。而设立丝路基金则是要利用中国资金实力直接支持"一带一路"建设。

2. 自由贸易区战略是我国新一轮对外开放的重要内容，是积极运筹对外关系、实现对外战略目标的重要手段，是积极参与国际经贸规则制定、争取全球经济治理制度性权利的重要平台

如果说"一带一路"战略更侧重"硬件"方面的互联互通，侧重以基础设施为先导和核心促进沿线国家实现"五通"，那么，自贸区战略则偏重"软件"方面的互联互通，侧重降低贸易门槛，以提升贸易投资便利化、自由化程度来加快区域内的经济一体化进程。

习近平总书记指出，加快实施自由贸易区战略，是我国新一轮对外开放的重要内容，是积极运筹对外关系、实现对外战略目标的重要手段，是积极参与国际经贸规则制定、争取全球经济治理制度性权利的重要平台，我们不能当旁观者、跟随者，要做参与者、引领者。

自由贸易区战略不仅仅是传统意义上的零关税和零配额的概念，它更包含贸易和投资自由化、便利化，金融服务业更加开放以及政府监管制度的不断完善等丰富内涵，是一个国家经济体系全方位开放和深度融入全球化进程的重要标志。加快实施自由贸易区战略，有助于我们在新时期更好地"统筹考虑和综合运用国际国内两个市场、国际国内两种资源、国际国内两类规则"。

自由贸易区战略因其内涵丰富并符合世界经济发展的潮流，已日益成为国际经贸领域的一项成熟制度安排。加快实施自由贸易区战略，有助于我们积极运筹对外关系、实现对外战略目标。

自由贸易区战略作为一项区域贸易安排，是驱动经济全球化向前发展的"两个轮子"之一。在当前多边贸易体制突破陷入僵局、停滞不前的背景下，加快实施自由贸易区战略就显得尤为重要，它有助于增强我国国际竞争力，有助于在国际经贸规则制定和争取全球经济治理制度性权利中发出更多中国声音、注入更多中国元素、体现更多中国利益。

当前是中国加快实施自由贸易区战略的有利时机，"机者如神，难遇易失"。就国际环境而言，世界经济进入深度转型调整期，第三次工业革命处于孕育期和服务经济时代的来临，为中国经济转型升级提供了难得的机遇，有利于培育我国经济发展的新优势。就国内形势来看，经过多年经济发展和不断深化改革，我国经济正逐步迈入新常态，而要寻找新的发展动力，妥善应对我国经济社会发展中面临的困难和挑战，就必须进一步扩大对外开放，必须统筹考虑和综合运用国际国内两个市场、两种资源和两类规则，实现要素资源更加优化配置。

近年来，欧美等西方国家积极倡导和推进 TPP（《跨太平洋伙伴关系协议》）、TTIP（《跨大西洋贸易与投资伙伴协定》）、TISA（《服务贸易协定》）等新自由贸易协定，进一步加大了我国对外开放的差距，使我国深化对外开放、发展开放型经济面临严峻挑战。未来我们只有以更加开放的心态把握全球的资源，把握全球的需求，把握全球的人才，才能在全球化的过程中实现合作双赢，才能有效地"反制"与"平衡"TPP、TTIP 和 TISA 等。

二　商品和资本互联互动：包含对外贸易、利用外资、对外投资、跨境资本流动等在内的对外开放新格局和开放型经济新体制已经初步确立

2014 年 12 月初召开的中央经济工作会议用"三个平衡"重新定位了我国对外开放格局。会议提出，面对当前对外开放出现的新特点，必须更加积极地促进内需和外需平衡、进口和出口平衡、引进外资和对外投资平衡，逐步实现国际收支基本平衡，构建开放型经济新体制。

众所周知，当前世界经济仍处于国际金融危机后的深度调整期，未来世界经济增速可能会略有回升，但总体复苏疲弱态势难有明显改观，全球总需求不振，我国低成本比较优势也发生了转化，同时我国出口竞争优势依然存在，高水平引进来、大规模走出去正在同步发生。基于此，中国与世界经济在商品和资本方面的互联互动将呈现诸多新的特点。

1. 对外贸易低速增长将是常态

回顾过去，2012 年我国外贸增速仅为 6.2%，远低于当年初确定的 10% 的目标；2013 年我国对外货物贸易突破 4 万亿美元大关，超过美国成为世界第一，但 7.6% 的增速仍然低于 8% 的增长目标；2014 年，进出口增速同比增长仅为 2.3%，远远低于 7.5% 的预期目标，连续三年无法完成外贸目标。尽管 2.3% 这一数字仍是全球贸易增长的一个亮点，但也显示出，国际经济形势依然严峻，中国外贸形势并不乐观。

对于未来两到三年，鉴于全球经济增速继续在低位徘徊是一个大概率

事件，中国外贸低速增长、出口个位数增长将是常态。一方面，美国消费回暖带动经济强劲复苏，欧元区继续加码宽松政策、助力内需稳定，发达经济体终端需求有所恢复，有助于提振全球贸易。根据 IMF 的预测，2014年、2015 年全球贸易分别增长 3.8% 和 4.9%，尽管显著低于危机前年均7.3% 的增长率，但较 2012 年和 2013 年 3% 左右的增速有显著的回升。另一方面，2015 年主要经济体货币方向性背离继续加大，人民币对美元将保持相对稳定，而对日元、欧元等主要货币则会"被动"升值，加权平均计算的实际有效汇率将进一步上升，从而削弱我国外贸部门的竞争力，这将对中国出口构成下行风险。在上述两方面相反力量的影响下，2015 年，我国进出口总值为 24.58 万亿元，比 2014 年同期下降 7.0%。其中，出口14.14 万亿元，下降 1.8%；进口 10.45 万亿元，下降 13.2%；贸易顺差3.69 万亿元，扩大 57%。

2. 利用外资的环境将有所恶化

从绝对额来看，我国利用外资规模连续 23 年保持在发展中国家的首位，非金融类对外直接投资保持较快增长，即将迎来双向投资的首次平衡。但必须承认，2014 年利用外资的环境有所恶化，连续 4 个月中国利用外资呈负增长。据商务部数据，2014 年中国利用外资 1195.7 亿美元，同比仅仅增长了 1.7%。当然，这是在全球外资普遍收缩、撤离的大背景下发生的，横向比较，中国的成绩单并不算差：欧盟 2014 年上半年利用外资下降 32%，俄罗斯下降 50%，巴西下降 2%，美国则是负数。2015 年，中国实际利用外资 1262.7 亿美元，同比增长 6.4%。展望 2016 年全年，随着中国经济增速继续温和回落，外资对中国经济长期发展的信心仍将呈现微妙的变化，利用外资的环境难言得到根本性改善。

3. 年度对外投资总量将历史性地超过利用外资

2014 年，中国对外直接投资继续高速增长，创下 1231.2 亿美元的历史最高值，同比增长 14.2%。自 2003 年中国发布年度对外直接投资统计数据以来，连续 12 年实现增长，2014 年流量是 2002 年的 45.6 倍，2002~2014 年的年均增长速度高达 37.5%。2014 年，中国对外直接投资与中国吸引外资仅差 53.8 亿美元，双向投资首次接近平衡。对比其他主要发达国家，美国对外投资下降了 27%，日本对外投资下降 22.9%，中国无疑是 2014 年国际跨国投资中的一个亮点。2015 年，中国非金融类对外直接投资累计 1180.2 亿美元，同比增长 14.7%，实现对外直接投资连续 13 年增长，年均增幅高达 33.6%。同时，中国对外投资金额占外汇储备比例较低，2015 年年底外汇储备余额 3.33 万亿美元，是全球第一外储大国，但非金融类对外投资累计净额占外汇储备余额的比例仅为 3.54%。外汇储备余额大及对外投资存量小，显示中国未来对外投资空间巨大。定调 2015 年中国宏观经济政策的中央经济工作会议明确指出，目前中国"高水平引进来、大规模走出去"正在同步发生，要更加积极地促进引进外资和对外投资平衡。

4. 影响跨境资本流动的因素日趋多样化、复杂化

就我国跨境资本流动而言，2014 年呈现两个较为明显的背离：一是贸易顺差与外汇储备增长相背离。2014 年的第二、三季度，海关统计的外贸进出口顺差合计达 2144 亿美元，同比增长 69%，同期国际收支口径的外汇储备资产（剔除了汇率和资产价格变动的估值效应影响）仅增加了 224 亿美元，同比增长减少 85%。二是本外币利差与跨境资金流向相背离。上述两个"明显背离"表明，影响我国跨境资本流动的因素正日趋多样化、复杂化。[1] 除传统的贸易、利差因素外，其他国内外经济基本面因素也为市场参与者日益关注，进而影响市场主体的风险偏好和财务运作。与此同时，境内外汇市场的多重均衡特征更加凸显，在进出口顺差和本外币正利差的给定条件下，外汇市场既可能供大于求，也可能供不应求，跨境资本流动的波动性加大。

在影响 2016 年我国国际收支运行的因素中，一方面，我国将继续保持较大规模的外贸进出口顺差，人民币将继续维持对美元、欧元、日元等主要国际货币的正利差，我国经济增长速度将维持在世界主要经济体中的较高水平。另一方面，国内经济运行、人民币汇率走势、财政金融风险释放、货币政策调整以及世界经济与货币政策分化程度等因素较不确定。可以预见，在经常项目继续顺差的格局下，2016 年我国跨境资本流动的双向波动将更为频繁：当境内外因素偏多时，跨境资本大量流入，境内市场外汇供大于求，且供求缺口可能超过贸易顺差。当境内或境外因素偏空，尤其是境内外偏空因素叠加时，跨境资本流出压力加大，境内市场外汇供求趋向基本平衡，供求缺口小于贸易顺差，甚至有可能出现外汇供不应求。

---

① 管涛：《迎接跨境资本双向冲击的挑战》，《上海证券报》2014 年 12 月 25 日。

三　价格互联互动：货币的对内价格（物价）和对外价格（汇率）的影响因素与形成机制愈加复杂多样，且与国际市场的互联互动愈加深入多变

1. 国际大宗商品价格下跌将引致国内输入性通缩

自 2014 年下半年以来，以原油为代表的全球大宗商品市场开始快速下跌，一片萧条。无论是谷物、黄金、煤炭，还是棉花都难以独善其身，尤其是原油、铁矿石这两种全球最大宗的产品，更是在半年时间内普遍走弱，上演了"断崖式"下跌且呈现"跌跌不休"之势，此番景象与 21 世纪初由新兴经济体飞速发展带来的长期繁荣形成了鲜明对比。

以国际原油为例，三大因素的叠加不断给油价施压，使纽约 WTI 和北海布伦特原油期货价格再度跌至七年来的低位：一是尽管美国经济持续复苏，但欧洲、日本以及广大发展中国家的经济状况并不理想，全球经济整体复苏放缓导致需求端乏力，供需面失衡引发价格回落。二是随着美国页岩技术、生物技术和深海技术日趋成熟，能源供应的革命性突破加上石油输出国组织（欧佩克，OPEC）并未采取任何减产保价的措施，让全球原油供需紧张的局势持续。三是美联储如期加息，这使得美元长期走势更加稳固，美元的坚挺以及美债利率的上升，给以美元计价的原油造成直接打击。其他大宗商品的走势及其影响因素与原油类似。

从影响 2016 年大宗商品下跌的诸多因素看，美联储进入加息周期将使美元持续走强，俄罗斯、伊朗、沙特等地缘政治紧张局势依旧，全球需求放缓使中国、欧洲、日本等主要经济体都将实行较为宽松的货币政策，以及美国页岩油发展等，短期内都很难出现重大改变，2016 年其仍将影响大宗商品市场的走势，这也就决定了大宗商品将进入"惯性下滑"状态，其下跌趋势还远谈不上结束，市场的恐慌情绪还在加重，并不排除还将进一步蔓延。因此，展望 2016 年，受需求萎缩和供应增加的双重打击，国际大宗商品价格预计仍将维持颓势，在低位徘徊并有所反弹，但预计反弹空间不大。

国际大宗商品价格持续大幅下跌对中国的直接影响是，将全球通缩风险输入至国内，它将直接影响国内包括成品油、铁矿石、金属在内的上游原材料价格，进而影响 PPI 采掘、化工类工业价格以及 CPI 交通类的燃料价格、居住类的水电燃气价格的调整。经济运行成本下降会降低 CPI 上升压力，特别是油价快速下跌可能进一步加剧中国经济通缩的风险。从中长

期看，原油价格暴跌对国内能源结构调整也是弊大于利，低油价使其他替代能源如页岩气、煤层气、太阳能、风能的开发利用缺乏动力。

当然，作为工业血液，国际油价大幅下跌对国内宏观经济也有利好的一面，航运、物流、汽车工业直接受益，与石油相关的化工、塑料、服装、化肥等产业成本降低。从国际趋势看，国际地缘局势也将改变，原油生产国和进口国之间的利益将重新分配，各国围绕能源、资源价格波动所展开的各种政治、军事及经济博弈也将愈演愈烈。

2. 人民币双向浮动的空间和弹性将进一步加大

与货币对内价格的剧烈波动相比，货币对外价格的起伏升降一样是触目惊心的。

2014 年下半年开始，受全球原油价格持续下跌和美元走强的直接影响，俄罗斯卢布出现大幅贬值，在年底俄罗斯甚至发起了"卢布保卫战"。卢布危机带动新兴市场货币出现震荡，巴西、土耳其和印尼等国货币兑美元汇率剧烈贬值。12 月上旬，摩根大通新兴市场货币指数刷新了自 2000 年以来的最低纪录。从新兴市场经济体来看，俄罗斯、巴西、南非等国家的经济形势令人担忧，加之全球大宗商品市场持续处于熊市，导致这些经济体货币贬值。此外，美国经济持续复苏，美联储退出量化宽松，以及对美联储将于 2016 年继续加息的预期，是新兴市场国家货币大跌的另一大原因。在货币动荡的同时，资本流出的趋势加剧。

与之形成鲜明对比的是，从 2014 年年底至 2015 年年初，随着美联储加息预期的升温，美元指数"一枝独秀"，创下 9 年以来的新高。统计数据显示，2014 年下半年以来，美元指数已经累计上涨超过 10%，这在过去 18 年间是绝无仅有的，而推动美元汇率持续上涨的动力则来自其表现良好的经济基本面。与此同时，一场大规模的资本迁徙由此展开，资本持续从新兴市场回流美国。鉴于目前美国经济复苏整体良好，国际资本回流美国，2016 年美联储继续加息将不可避免，将支撑美元继续走强，预计 2016 年美元指数将稳步提升。同时，欧元、日元兑美元将进一步贬值。

在新兴市场货币动荡的同时，人民币汇率也一改此前数月的稳步升值趋势，在 2014 年年底出现了明显贬值。其原因主要有：国际市场对中国经济的短期增长前景依旧不太乐观；中国经济对外投资的规模呈上升趋势，资本账户有可能出现多年来的第一次的逆差；美国货币政策的收紧、美元走强也导致人民币汇率存在贬值压力。为增强人民币兑美元汇率中间价的市场化程度和基准性，中国人民银行决定完善人民币兑美元汇率中间价报价。自 2015 年 8 月 11 日起，做市商在每日银行间外汇市场开盘前，参考上日银行间外汇市场收盘汇率，综合考虑外汇供求情况以及国际主要货币汇率变化向中国外汇交易中心提供中间价报价。同时，下调人民币兑美元中间价约 1.9%，当日在岸和离岸人民币兑美元分别贬值 1.8% 和 2.8%。自 2011 年第四季度以来，人民币曾多次小幅贬值，但一次贬值 1.8% 则是 1994 年汇改以后人民币的最大单日降幅。

笔者认为，当前汇率的贬值有一定的阶段性，但不具备长期性。人民币已经接近均衡汇率，不会大幅度贬值，而且央行有足够的能力来保持人民币币值的稳定。展望 2016 年，强势美元、中国经济继续减速换挡、中美利差收窄等因素将给予人民币贬值的空间；而人民币市场化及国际化的内在要求以及外部政治压力，使得人民币的双向浮动的空间和弹性可能会加大，而且有可能出现人民币兑美元先抑后扬的走势，未来人民币兑美元在 6.5~7 区间内波动的可能性较大。

四 政策互联互动：发达经济体与新兴经济体复苏节奏、复苏力度的不一致，导致我货币政策的独立性受到影响、国际协调难度加大

1. 发达经济体复苏分化，新兴经济体调整仍未结束

2014 年以来，全球经济增长继续分化，多层次复苏趋势更加明显。在发达经济体中，美英经济复苏形势向好，特别是美国经济增长在第三季度的表现尤为抢眼，而欧洲和日本的经济增长形势则面临巨大挑战，依旧摆脱不了陷入衰退的窘境。新兴经济体总体增长率均有下滑，除中国仍保持中高速增长而"一枝独秀"外，俄罗斯和巴西等国经济放缓的形势更加明显。在这一大背景下，各主要经济体央行的货币政策走向亦出现明显分化。美联储正式结束量化宽松政策，率先开启了货币政策正常化的大幕，但是在启动加息的具体时点上仍然十分谨慎。同时，由于经济增长陷入困境，欧洲央行正在酝酿推出欧版量化宽松措施，日本央行也在进一步放宽货币政策，表现为质化兼量化宽松（QQE）。

就发达国家而言，货币政策仍将维持宽松。金融危机以后，发达国家普遍推行了极为宽松的货币政策措施，基准利率几乎都维持在历史低点，美联储、英国央行和日本央行均推出了量化宽松政策以提振经济。随着经济复苏的分化，发达经济体货币政策的差异也更加明显，美英等发达国家开始货币政策的正常化，美国 2014 年已经正式结束量化宽松政策并于 2015 年 12 月正式开启加息进程，英国央行也在考虑何时进行首次加息，但欧洲和日本的经济困境令其仍在进一步放宽货币政策。由于全球经济增长尚未获得持续动能，目前看来，2016 年全球各主要央行在放松或收紧货币政策方面都将十分谨慎，以呵护经济增势。

对于新兴经济体，调整仍未结束。2014 年新兴经济体经济总体增长率均有所下滑，不少央行的货币政策均呈宽松趋势。在大多数新兴市场，国际油价的下滑减缓了通胀压力，为各国央行在保持宽松的货币政策方面提供了更多空间。但由于新兴经济体面临金融市场动荡和通胀率居高不下等更多不确定因素，其央行的货币政策走向往往具备更多不确定性。金融危机以来，发达经济体的宽松货币政策立场一直在持续影响新兴经济体的金融市场。大量资金从发达经济体流向新兴经济体，推高了其资产价格和债务规模。随着美联储表态收紧货币政策，2014 年新兴经济体金融市场两度遭到抛售，遭遇大幅动荡。如果美联储 2016 年转向实质性加息，将可能给新兴市场造成非常负面的影响，新兴市场将再次面临挑战。

展望 2016 年，世界经济将继续延续复苏态势，但难以有大的改善。考虑美国经济增长强劲，各机构普遍预计 2016 年全球经济增长将继续保持复苏态势，增速较 2015 年有所提高。国际货币基金组织（IMF）预测 2016 年全球经济增长 3.6%，较 2015 年提高 0.5 个百分点。

但同时也要充分估计一些不利因素和风险隐患：国际贸易保护主义不断抬头，主要发达经济体宏观政策分化和转换带来的冲击，地缘政治形势更加动荡，等等。因此，发达经济体经济增长总体仍较为疲软，短期内难以真正走出低谷，一些主要新兴市场经济体，供给方面的制约因素和金融条件的收紧对经济增长造成的不利影响可能持续更长时间，2016 年世界经济仍只是边际上的改善。

2. 全球货币政策的调整与变化对新常态下我国经济运行和宏观政策的影响

综合来看，2016 年全球政策宽松仍是主流，流动性盛宴仍将难以结束。全球货币政策的调整与变化，仍将对我国新常态下经济运行和宏观政策产生直接影响。

一方面，美联储退出量化宽松政策，货币政策取向已发生根本性转变，这一转变将带来美元升值以及后续一系列重大影响：美元升值已导致全球大宗商品价格尤其是能源商品价格大幅下跌；美国经济的强劲上升，将给全球经济带来新的驱动力，带动全球经济好转；大宗商品价格下跌，全球通胀压力大大减轻，而通缩阴影则日益加大，并将向全球输出，中国作为能源资源进口大国，自然首当其冲；美元升值使美国的进口能力大幅增强，从而使全球很多国家出口面临的外部环境好转，外部需求得以改善；美元升值也使全球资本加速向美国回流，这对包括中国在内的新兴经济体影响深远，资本持续流出将加剧宏观经济的波动性。

另一方面，因日本经济近年一直有反复，欧洲经济虽然已经走出谷底，但复苏的劲头不够强劲，在这种情况下，日本央行、欧洲央行仍然执行量化宽松的货币政策，以图继续刺激经济复苏。这类政策会产生更大的流动性效应，其外溢效应对中国来讲更多的是正面影响。

因此，在全球货币仍处普遍宽松的背景下，为完成国内稳增长、调结构、促改革、惠民生等艰巨任务，国内货币政策逐步转向适度宽松将不可避免。与此同时，货币政策还要时刻盯住通货膨胀，防止资产价格泡沫再起和过剩产能、僵尸企业死灰复燃。为在多重目标之间寻求平衡，要求2016 年中国的货币政策更加灵活前瞻、更加松紧适度、更加富有效率。总之，发达经济体与新兴经济体复苏节奏、复苏力度的不一致，必然导致各个经济体的宏观政策的独立性受到影响、国际协调难度加大。

第二节　"一带一路"战略的总体思路、战略目标和基本原则

"一带一路"战略的提出，是中国适应经济全球化新形势、扩大同各国各地区利益汇合点的重大战略，是构建开放型经济新体制的重要举措，有利于中国与相关国家和地区实现共享机遇、共同发展、共同繁荣，有利于塑造中国和平发展的崭新时代形象。这一战略构想体现了在坚持全球经济开放、自由、合作主旨下，促进世界经济繁荣的新理念，也揭示了中国和亚洲经济合作进程中惠及其他区域、带动相关区域经济一体化进程的新思路，更是中国站在全球经济繁荣的战略高度，推进中国与亚洲乃至欧洲和非洲合作跨区域效应的新举措，显示了中国不谋求排他性的区域经济集团的基本立场，而是以"一带一路"战略为重要抓手，以通达亚欧非的国际大通道为依托，以重点地区开发开放为先导，以重大战略项目为支撑，

形成全方位相互开放、互利共赢的战略格局。

一　总体思路

"一带一路"建设，要在全面贯彻落实党的十八大和十八届三中全会精神的基础上，认真贯彻落实习近平总书记系列讲话精神和对"一带一路"各项工作的重大部署，既要秉承厚重的历史文化，与古老的丝绸之路一脉相承，延续与沿线国家的传统友谊，又要着眼于续写现代文明，兼顾国际与国内两方面的战略需求，高举和平发展大旗，坚持团结互信、平等互利、包容互鉴、合作共赢的核心价值理念，以改革创新为动力，以增强我国综合国力、国家竞争力与国际影响力为主线，以沿线国家相互开放、互利共赢为根本宗旨，以"政策沟通、设施联通、贸易畅通、资金融通和民心相通"为核心内容，以基础设施互联互通为关键和抓手，以重点国别、重点园区、重点项目开发开放为先导和重点，以人文交流为纽带，循序渐进，重点突破，最终将"一带一路"打造成与沿线国家的利益共同体、命运共同体和责任共同体，打造成普惠经济带与和平合作之路，再现"丝绸之路"曾经的繁荣与辉煌，实现中华民族伟大复兴的中国梦，维护世界和平稳定、促进共同发展。

二　战略目标

"一带一路"建设的总体目标是，全面形成安全高效的陆海空战略通道网络，"五通"目标全面实现，在产业投资、经贸合作、能源金融、人文交流等领域取得突破性进展和重大收获，构建一批全面开放的国际经济合作走廊和海上战略支点，打造陆海统筹、东西互济的全方位对外开放新格局，拓展发展空间，巩固和延长战略机遇期，把我国建设成富强民主、文明和谐的现代化国家，在全球治理结构中占据主导优势，把中华民族伟大复兴的中国梦同周边各国人民过上美好生活的愿望、同地区发展前景对接起来，建立面向亚非欧大陆和连接三大洋（太平洋、大西洋、印度洋）的均衡战略布局，将"一带一路"发展成同时连接亚太经济圈、欧洲经济圈和非洲经济圈的世界上最长、最大、最具活力和最具发展潜力的国际政治经济外交人文大走廊。

1. 在经济方面

实现互联互通，推进贸易投资便利化，逐步形成以点带线，从线到片，促进形成互利共赢、多元平衡、安全高效的开放型经济体系,为我国改革发展的稳定争取良好的外部条件,使我国的发展更多地惠及周边国家。

(1) 基础设施方面。以互联互通为关键和抓手,近期要规划实施一批交通基础设施重点项目,远期与沿线国家的 6 条战略大通道基本建成。

(2) 经贸合作方面。重点推进机制建设、自贸区谈判、跨境经济合作区建设及毗邻区规划编制,市场开放度和贸易便利化、标准化程度大大提高,未来十年我国与沿线国家的贸易总额突破 2.5 万亿美元,年均增长 10% 左右。

(3) 产业投资方面。重点建设一批工业开发区、产业园区和农业示范园区,未来十年对沿线国家的直接投资累计达到 4000 亿美元左右,占我国对外直接投资总额的 30%。

(4) 能源资源合作方面。重点建设一批油气、火电、水电、核电及矿产项目,力争到 2020 年,从"一带一路"沿线国家进口石油 3.5 亿吨,天然气 1400 亿立方米,提高能源安全保障水平,增强我国战略主动性和抗风险能力。

(5) 金融合作方面。加快建设亚洲基础设施投资银行、上海合作组织开发银行和金砖国家开发银行,设立亚洲债券基金,建设亚洲信用体系研究中心,并使之发挥积极作用,未来十年争取与沿线国家和地区达成本币互换协议和本币结算协议,争取人民币成为沿线主要国家地区储备货币。

(6) 区域发展方面。加强东中西地区互动合作,全面提升开放型经济水平;构建丝绸之路经济带核心区和向西开放新高地,构建面向东南亚、南亚开放桥头堡和重要门户;发挥沿海地区龙头引领作用,构建海上合作战略支点,建设海上丝绸之路排头兵和主力军;发挥内陆腹地战略支撑作用,打造一批内陆型经济开放高地。

(7) 开放型经济新体制建设方面。构建"引进来"与"走出去"互动并进、合作共赢的开放型经济新格局,向西开放、海洋强国建设取得成功,以我国为主的亚太自贸区和"一带一路"区域经济一体化新态势基本建立,沿线国家形成共同发展、共同繁荣的利益共同体和命运共同体。

2. 在外交方面

增进与沿线国家特别是周边国家的政治互信和睦邻友好,逐渐做大我国在沿线国家全方位的影响力和控制力,增强我国外交软实力和巧实力,提高我国经略周边的能力,扩大我国安全战略的回旋空间,维护我国国家主权、安全、发展利益，实现西进、南下、北上、东防的总体外交布局，形成更为开放、更为包容、更为信任、更为亲和的新的地缘政治经济关系，确立我国的新型大国地位，展示负责任大国的形象，提升在全球治理结构中的话语权和影响力。西进即增强与上海合作组织国家的关系，特别是与中亚国家的关系；南下即扩大与东盟的合作，处理好与印度的双边关系；北上即获取俄罗斯的战略合作；东防即建立中美新型大国关系，防止日本的疑虑干扰。

3. 在文化方面

充分展示中华文化的独特魅力，全面传播当代中国价值观的核心理念，弘扬和传承丝绸之路友好合作精神，精心打造中外文化交流的品牌，努力搭建促进中外文化交流的长效机制，促进我国与沿线国家在教育、文化、旅游、体育、卫生、科技等领域开展全方位的人文交流合作，讲好中国故事，传播好中国声音，阐释好中国特色，提高中国国际话语权和影响力，提升国家文化软实力和巧实力，形成中华文化"走出去"的整体合力，占领世界文化的制高点，促进人类各种文明之花竞相绽放，让相互尊重、平等包容的理念深入人心，使你中有我、我中有你的命运共同体意识深深扎根，使沿线国家广大民众成为"一带一路"战略的坚定支持者、积极建设者和真正受益者，为深化我国与沿线国家的全面合作奠定坚实的文化基础和民意基础。未来十年，向沿线国家提供超过 10 万个政府奖学金名额，资助沿线国家各界精英超过 6 万人次来我国研修培训。

4. 在安全方面

除了传统的军事领域之外，在信息、灾害、食品、航道、环境保护、公共卫生、跨国犯罪、恐怖袭击等非传统安全领域，努力开展国际合作，搭建地区安全合作新架构，提升提供国际公共产品和服务的能力。近期要维护好国家能源安全，满足反恐战略需要。远期要增强和巩固我国在沿线国家的地缘政治优势，从根本上破除追求霸权主义、强权政治和武力至上的旧安全观，积极宣扬和践行我国倡导的共同、综合、合作、可持续的新安全观，在"一带一路"建立国家安全对话机制，构建安全合作模式与架构，建立与主要沿线国家的安全合作新方式与新机制，求同存异，凝聚共识，共同担当起维护沿线地区和平与发展的重任，通过合作满足成员国传统领域和非传统领域的安全需要，保障沿线各国的持久安全，推动相关国家形成责任共同体，努力走出一条共建、共享、共赢的沿线地区安全之路。

三　基本原则

1. 理念先行，寻求认同

自古以来，无论是陆上还是海上丝绸之路，都象征着开放、包容、合作与和平，它始终内含着丝路之上的人文联系和交流，以及思想、文化、艺术和科技的交流。"一带一路"战略构想要想在沿线国家落地生根，需要突破"独占、独建、独享"的传统思维，倡导"共商、共建、共赢"的合作理念，宣示"开放包容、互利共赢、绿色低碳、可持续发展"等新的理念和价值观，并让外界理解、接受和认同。要在这些共同理念和价值观的基础上，进一步凝聚对权力、利益、责任的共识，形成各国的利益汇合点，共同打造利益共同体、命运共同体和责任共同体。

2. 开放包容，互利共赢

"一带一路"战略的出发点和落脚点是着眼于国内，但它不只是中国的一个倡议和独角戏，不只是大国角逐的符号，更是沿线每一个国家共同的事情和共同的追求，是服务于沿线国家乃至整个世界共同利益的互利共赢之路。我们是抱着开放包容的心态、本着合作共赢的目标提出和落实这个战略的，这一战略具有广泛的开放性、包容性和互利性，需要得到沿线国家的广泛认同和积极参与。为此，我们既要"打中华牌"，从国家利益和国际战略出发，努力实现我国核心利益的最大化。同时更要"唱国际歌"，不能以中国的利益作为唯一诉求，要注意国家之间的互利共赢，充分考虑沿线国家的现实需要，尊重和照顾沿线国家及相关大国的合理关切，协调彼此利益分歧，最终实现中国与沿线国家共同应对全球性挑战、共同分享发展的机遇。

3. 多轮驱动，统筹兼顾

"一带一路"战略涉及面广、相关利益者众多，要实现其宏大布局，必须采取经济、外交、安全和人文多轮驱动，有效整合相关资源，统筹协调各方力量。具体来看，要统筹好改革与开放，以国内的配套改革支撑对外开放，通过开放倒逼促进国内改革；要统筹好国内区域战略布局与国际战略，把国际国内"两个市场、两种资源"充分用好，尽可能降低或减少彼此间的疑虑猜忌和战略误判；要统筹好中央与地方，在尊重基层首创精神的基础上，中央要有顶层设计，规划好战略方向和战略重点，统筹协调国内相关部门、军政商学各界及省区市；要统筹好陆上"一带"和海上"一路"建设，两大战略应彼此呼应、相互支撑、互为补充，强化海陆结合，形成有效的战略联动。

4. 循序渐进，重点突破

"一带一路"战略在操作和实施上，应先易后难，循序渐进，分类施策，重点突破。从优先合作领域来看，应聚焦于以下七个方面：交通基础设施互联互通、贸易与投资、能源资源、金融、生态环境保护、海上合作领域以及软性的科技、教育、文化、卫生和旅游等人文领域。初始阶段要注重加强低敏感领域的合作，强调早期收获特别是当年收获。从重点合作地区来看，应由近到远，突出重点，从与我国经济往来密切、经济利益关联度大的相关国家开始，以加强双边合作为切入点，逐步建立若干巩固的全面战略伙伴关系。对于陆上"一带"，中亚地区的俄罗斯、哈萨克斯坦、乌兹别克斯坦、吉尔吉斯斯坦、塔吉克斯坦等上海合作组织成员国以及土库曼斯坦是重点和优先。对于海上"一路"，在布局和起步阶段，印度尼西亚、泰国、老挝、缅甸和马来西亚应作为东南亚地区的重点国家，巴基斯坦、斯里兰卡、孟加拉和印度应作为南亚地区的重点国家。

5. 政府引导，市场运作

"一带一路"战略的实施，既要充分发挥市场作用，更要强化政府引导，实现市场驱动与国家支持相互促进。政府的引导主要应体现在顶层设计、宏观谋划、政策支持、资源投入和指导服务等方面。此外，还应以官带民，尽可能广泛调动政党、智库、媒体、非政府组织等多方力量积极参与。在对国内外宣传特别是对外宣传方面，应保持低调、把握分寸，适度、适当、务实，多做、少说、慎说。在强调政府作用的同时，更要遵循国际通行规则，充分发挥市场配置资源的决定性作用，激发企业的主体作用，通过完善市场机制和利益导向机制，以商业化原则、市场化机制和手段推进重点项目建设。

6. 优化存量，创造增量

在"一带一路"战略构想所涵盖的广袤区域内，不同国家在不同时期提出了多个相近或类似的计划、战略，已经产生和积累了大量的存量资源。为此，利用好现有政策和现有平台，将产生事半功倍的效果。我们可更加科学合理地规划和利用好沿线多个国际组织和合作平台，比如，上海合作组织，东盟"10＋1""10＋3"和"10＋6"框架，东北亚合作机制，博鳌亚洲论坛，中国—东盟博览会，中国—亚欧博览会，中国—南亚博览会，中国—阿拉伯国家博览会，中国西部国际博览会等多个现有的行之有效的各类机制、组织和论坛。

在积极盘活现有存量的同时，也要注重努力创造增量。除抓紧筹建亚洲基础设施投资银行之外，还应有效整合和动员我国日益增强的金融能力和基础设施建设能力，从亚洲区域和基础设施领域继续向纵深拓展。比如，可以考虑设立更具地域和发展领域的开放性、更加符合中国长远国际发展目标的"一带一路开发基金"或者"一带一路开发银行"，通过大规模的金融动员方法，为"一带一路"战略构想的落地实施做好坚实的金融准备。从组织保障上，应整合分散于多个部门的对外援助、国际开发合作的职能，在中央层面成立一个服务于这一宏大战略的国际开发合作机构，加强统筹指导，引导服务企业，协调我国经济"走出去"和在沿线国家的经贸活动。

第三节　上海自由贸易试验区成立以来所形成的可复制、可推广的经验[①]

一　制度创新

试验区核心任务是制度创新，而不是政策优惠。根据总体方案的要求，自贸试验区建设主要突出 4 个方面的 18 项基本制度创新任务。

1. 投资管理制度创新

核心内容是借鉴国际通行规则，按照简政放权、转变政府职能的要求，积极推进投资管理体制改革，提高投资便利化水平。

（1）探索准入前国民待遇加负面清单管理制度。目前我国在外商投资准入环节，采取的是"正面清单"管理模式。正面清单不可能穷尽所有的管理内容，特别是一些新经济、新业态和新模式，许多事情需要一事一议，缺乏透明度，既增加了政府部门的工作量，也容易滋生寻租行为，同时也不符合国际通行做法。我国与美国进行投资谈判的主要分歧点就包括这一方面，国际上有 77 个国家采取负面清单管理方式，我们要加入《跨

---

① 本节部分内容引自笔者与上海市咨询业行业协会合作研究课题——"创建'科技创新型自由贸易园区'研究"。这一部分由陈积芳、李小钢执笔。

太平洋伙伴协议（TPP）》等国际组织就必须改变原来的投资管理模式。

在商务部和国家发展改革委的指导下，自贸区对外商投资试行准入前国民待遇，先后制定发布了 2013 年和 2014 年负面清单。

2013 年负面清单作为我国首份负面清单，主要依据国家法律法规，列明 190 项对外商投资保留的特别管理措施，涉及国民经济 18 个行业门类、89 个大类、419 个中类和 1069 个小类，制造业限制小类占比约 12%，服务业限制小类占比约 23%，开放度超过 80%。它引起了国内外的高度关注，总体上各方给予了高度肯定。它的意义主要体现在以下几个方面：一是建立了负面清单管理模式。负面清单以外的外商投资项目核准和企业合同章程审批均改为备案管理，并建立了备案信息多部门共享、备案结果网上公示、备案机构定期核查等配套制度，外商投资管理模式由正面清单管理模式向负面清单管理模式转变，提高了行政透明度。二是投资开放度大幅提升。特别是国务院批准的自贸试验区总体方案中明确的服务业 6 大领域、23 项开放措施，进一步提高了自贸试验区对外资的开放程度。三是投资便利化程度显著提高。操作中备案的领域大大超过审批的领域。截至 2014 年 7 月底，自贸试验区新设外商投资企业 1420 家，通过备案方式设立外商投资企业的比例超过 91%。负面清单之外的外资企业备案当场即可完成，比原先的平均 8 天时间大大缩短。

2014 年 6 月 30 日，2014 年负面清单按计划对外发布，主要从进一步提高开放度、增加透明度、与国际通行规则相衔接三个方面对 2013 年负面清单进行完善，外商投资特别管理措施由原先的 190 条调整为 139 条，调整率达 26.8%。为进一步提高开放度，2014 年负面清单取消了 14 条管理措施，放宽了 19 条管理措施，与 2013 年相比，进一步开放的比率达 17.4%。为进一步增加透明度，将 2013 年负面清单中无具体限制条件的 55 条管理措施大幅缩减为 25 条。为与国际通行规则进一步衔接，对 2013 年负面清单中 14 条对内外资均有限制或禁止要求的管理措施，不再列入负面清单。

（2）创新商事登记制度。企业是推动经济转型升级的原动力，也是市场竞争的主体，市场主体数量越多，布局结构越合理，市场就会越活跃，经济发展动力就会越强劲。我国现行的企业登记制度脱胎于计划经济时代，存在层层审批、严格审查、退出困难等问题，不利于激发企业的活力。一是市场准入门槛高。比如，有限责任公司要求最低注册资本 3 万元，一人有限责任公司最低注册资本 10 万元，股份有限公司最低注册资本 500 万元。这些规定，严重限制了中小企业、小微企业的发展活力，特别是代表新兴生产力发展的企业。二是前置条件多。目前，企业登记实行"先证后照"制，需要先向专业领域管理部门提交申请，拿到相关专业许可证后，才能向工商部门申请登记，取得营业执照。比如，开办一家饭店，在办理营业执照之前，需要到有关部门办理经营场地证明、身体健康检查证、餐饮服务许可证、消防许可证、卫生许可证、排污许可证等各类证书。三是登记时间长。按照正常的企业登记流程办理，拿到营业执照、企业代码和税务登记，一般需要近一个月时间。

为进一步丰富市场主体、激发企业活力，强化经济转型升级动力，在国家工商总局的指导下，自贸试验区工商登记与商事登记制度改革相衔接，逐步优化登记流程，区内试行注册资本认缴制等登记制度改革。试行注册资本认缴制后，工商部门只登记认缴的注册资本或认购的股本总额，不登记公司实收资本。同时放宽注册资本登记条件，取消最低注册资本要求，不再限制首次出资额及比例、货币出资金额的比例以及缴足出资的期限。同时借鉴国际通行证照样式，把企业营业执照由 14 种样式统一成一种，既提高了登记管理效率，体现了不同经济类型企业在法律地位上的平等，更为实现登记发照全程电子化奠定了基础。2014 年 3 月 1 日起注册登记制度改革的有关事项已在全国推广。

同时，积极推进"先照后证"登记制度改革，已梳理形成一批"先照后证"事项清单和相关试点工作方案，正在与国家相关部门进行沟通。

（3）实施企业准入"单一窗口"制度。为缩短企业登记时间，自贸试验区还实施了企业准入"单一窗口"制度。主要做法是，采取试验区管委会、工商、税务、质监等 4 个部门"一表登记、一口受理、并联办事"的服务模式，由工商部门统一接受申请材料并统一送达许可决定、备案文书和相关证照，相关申请信息推送至试验区相关管理部门，实现后台综合办理和信息共享。同时推行部分事务网上办理，实现线上线下结合优化流程。通过采取上述举措，优化了审批流程、压缩了办理时间、减少了企业往返次数、促进了公开透明，实现了由"多个部门多头受理"向"一个部门、一个窗口集中受理"模式的转变，企业 4 天就可以拿到营业执照、企业代码和税务登记，比原来需要 29 天时间大幅减少，大大方便了投资者。

目前工商部门正推动企业准入"单一窗口"制度拓展到变更业务和进

出口经营资格的备案登记。质监部门推出了组织机构代码实时赋码。税务总局推出 10 项"办税一网通"创新措施，实现税务登记号码网上自动赋码。下一步，"单一窗口"制度将借鉴国际先进做法，实行全程网上电子化登记管理。

（4）改革境外投资管理制度。在商务部和国家发改委的指导下，对境外投资实行备案管理，提高境外投资便利化程度，创新投资服务促进机制，加强境外投资事后管理和服务。自贸试验区管委会可在 5 个工作日内出具相关备案文件，缩短了办理时限并提高了行政透明度和可预期性。截至 2014 年 7 月底，已办结 65 个境外投资项目备案，分别投向 13 个国家和地区，中方对外投资总额累计 16.46 亿美元。目前正在进一步优化境外投资管理流程，搭建境外投资服务促进平台，实现融资、保险、法律、咨询、会计、信息等配套服务功能。

2. 贸易监管制度创新

核心内容是围绕推动海关特殊监管区域转型升级的目标，创新海关和检验检疫监管模式，促进区内货物、服务等各类要素自由流动，提升贸易便利化水平。外贸主要取决于三个因素：一是外部环境。二是企业竞争力。三是政府的配套政策和监管水平。在国际环境相似、产品质量趋同、企业竞争日趋激烈的今天，政府的贸易监管水平已成为影响一个国家或地区外贸走势的重要因素。随着我国融入全球化进程的深入和产业功能的升级，要应对更为激烈的国际竞争，加快转变贸易发展方式，提高贸易便利化水平的要求越来越高（比如，荷兰鹿特丹港通过信息技术、诚信管理等支撑，实现了货物状态分类监管；新加坡港致力于整合不同监管部门的行政和信息资源，使得其货物通关速度始终保持全球领先，这些措施有效提升了港口竞争力）。只有在贸易便利化方面下更大的功夫，才能有效参与全球竞争。

（1）创新"一线放开、二线安全高效管住、区内自由"的监管制度。2014 年上半年上海海关实施了首批 14 项海关监管服务创新制度，7 月初又推出 5 项新制度。其中，"先进区、后报关"的企业数量已增加至 300 家；"批次进出、集中申报"已在区内 150 多家企业运作；"备案清单简化申报要素"已于 6 月 30 日正式实施；"卡口智能验放"改造工程实现了过卡入区全流程智能化作业。上海检验检疫推出了 23 项检验检疫管理创新制度。其中，通过实施分线管理，在"一线"全面实行"入境免签"，

"二线"实施"预检核销",平均每批货物可节省 7～12 天的物流时间；积极推进"管检分离",3 月 1 日起实施进口机动车采信第三方检验结果试点。同时,海关、检验检疫联动实施了"一次申报、一次查验、一次放行"监管试点,并在一线出境、二线入区环节实现通关单无纸化。下一步,上海将推动口岸监管部门深化完善相关改革试点,力争形成透明化的制度标准,让符合标准的企业都能实现便利通关。

（2）探索建立货物状态分类监管制度。明确货物状态分类监管涉及的货物状态（保税货物、非保税货物、口岸货物）以及贸易便利化措施,鼓励企业统筹开展国际国内贸易,实现内外贸一体化发展。对从境内区外入区进行简单加工后出区的货物,按非保税货物进行监管；入区货物按照分区存放、分设账册、跟踪监控等要求接受监管；符合条件的企业,可实施保税和非保税货物同仓存储。海关已制定出监管方案和操作规范,对使用仓库管理系统（WMS）的仓储物流企业,实施"联网监管＋库位管理＋实时核注"的监管模式,为货物状态分类监管奠定基础。

（3）探索建立国际贸易"单一窗口"管理制度。借鉴国际通行规则,建立区内跨部门的贸易、运输、加工、仓储等业务的综合管理服务平台,推动监管部门"信息互换、监管互认、执法互助",实现各管理部门在一个平台上提供高效便捷的服务,企业通过单一窗口一点接入、一次性递交相关标准化电子信息、处理结果通过单一窗口反馈。2014 年 6 月 18 日,上海国际贸易"单一窗口"平台正式上线运行,首单业务通过"单一窗口"完成一般贸易进口货物的申报手续,首批试点项目包括"一般贸易进口货物的申报与结果反馈"和"船舶出口岸联网核放"两项内容。

3. 金融制度创新

实体经济的发展和转型升级离不开金融的服务和保障作用。自贸试验区金融改革作为国家金融改革的前期"压力测试",核心内容是围绕金融为实体经济服务、促进贸易和投资便利化的目标,在风险可控前提下,创造条件,重点在资本项目可兑换、人民币跨境使用、利率市场化等方面先行先试,并建立与自贸试验区相适应的外汇管理体制。试验区"金融改革的逻辑",主要是四句话：一是区内企业融资来源要广泛。二是区内外资金流动要畅通。三是企业融资成本要合理。四是资金和机构管理要规范。通过深化改革开放,在可持续发展中防范系统性风险,努力在资金自由流动、资金市场化定价、金融高效监管等方面形成可复制、可推广的经验。

（1）金融制度创新框架体系基本形成。2013 年 12 月 2 日人民银行发布了《关于金融支持中国（上海）自由贸易试验区建设的意见》，涉及投融资汇兑便利、人民币跨境使用、利率市场化、外汇管理等支持自贸试验区建设 30 条金融措施，银监会、证监会、保监会也分别制定发布了 8 条、5 条和 8 条支持自贸试验区建设的有关意见和措施。人民银行上海总部、上海银监局、保监会已制定发布了 8 个细则文件。目前，大部分内容都已进入具体操作实施阶段，自贸试验区金融制度创新框架体系已基本形成。主要包括五个重点领域的制度创新。

创新有利于风险管理的账户体系。区内的居民可通过设立本外币自由贸易账户实现分账核算管理，非居民可在试验区内银行开立本外币非居民自由贸易账户，按准入前国民待遇原则享受相关金融服务。人民银行已于 2014 年 5 月 22 日发布自贸试验区自由贸易账户体系操作细则，6 月 18 日举行了自由贸易账户业务启动仪式，截至 2014 年 7 月底已通过验收的 7 家银行共开立 1972 个自由贸易账户，部分企业已开展跨境资金划拨和贸易融资活动。

探索投融资汇兑便利。促进企业和个人境内外投融资便利，推动资本市场的双向开放。国家外汇管理局将配合人民银行，尽快出台相关操作细则，完善外债管理制度，支持区内金融机构发展跨境融资业务和推进跨境投资金融服务，稳步推进资本市场开放。

扩大人民币跨境使用。区内企业和个人可更加灵活使用本币进行跨境交易，提高资金使用效率，增强人民币流动性。已发布人民币跨境使用实施细则，启动跨境人民币双向资金池、跨境人民币借款、第三方支付机构参与自贸试验区跨境人民币支付等新兴业务，并简化经常和直接投资项下人民币跨境使用流程。下一步，还将鼓励区内金融要素市场和大宗商品现货市场的交易品种以跨境人民币计价、交易。

稳步推进利率市场化。推动存款利率市场化先行先试，建立由市场供求决定的利率形成机制，提高资金的配置效率。目前，人民银行已出台放开小额外币存款利率上限的操作细则，上海地区金融机构对 300 万美元以下的小额外币存贷款可自主定价，不再进行利率管控，在国内率先实现外币存贷款利率完全市场化。

深化外汇管理改革。简化外汇审批流程和手续，促进投资贸易便利化，并针对跨国公司总部推动外汇资金集中运营管理。上海外汇管理分局已发布实施细则，重点是简化行政审批流程和登记手续，整合跨国公司总部外汇资金集中管理、境内外币资金池和国际贸易结算中心外汇管理试点工作。

（2）金融服务功能初步显现。区内金融机构根据实体经济需求，形成了一批金融业务创新成果和典型案例。截至2014年7月底，试验区跨境人民币结算总额达1355.36亿元，同比增长2.5倍，占上海市的14.7%。跨境人民币境外借款共发生78笔，累计金额171.83亿元；36家企业参与跨境人民币双向资金池业务，收支总额232.47亿元；经常项下结算757.43亿元；直接投资项下结算474.83亿元。自贸试验区跨国公司总部外汇资金集中运营管理试点启动以来，已为23家区内跨国公司出具试点资质证明，其中7家完成外汇管理局备案。小额外币存款挂牌利率基本稳定。

（3）金融服务业蓄势待发。截至2014年7月底，区内新增持牌类金融机构84家（其中，中资银行分行14家，外资银行支行23家，银监审批的非银金融机构2家，保险公司分支机构11家，证监审批的金融机构再投资项目15家，交易平台2家，支付结算机构17家），股权投资等类金融机构414家、金融信息服务企业267家、投资与资产管理企业2016家等，共计2781家，占新设企业总数的24.8%。面向国际的金融市场正在起步，国际能源交易中心、国际黄金交易中心已在区内注册成立，国际金融资产交易中心正在加紧筹建。

（4）完善金融监管和防范金融风险的机制开始建立。积极探索适应新形势的金融风险管理模式和方法，"一行三会"驻沪机构和上海市政府建立完善监管协调机制和跨境资金监测机制，人民银行上海总部和自贸试验区管委会建立"反洗钱、反恐融资、反逃税"监管机制。同时，进一步完善金融宏观审慎管理措施以及各类金融机构风险防范工作机制。

4. 政府事中事后监管制度创新

核心内容是深化行政管理体制改革，创新政府管理方式，减少行政审批事项，推进政府管理由注重事前审批转为注重事中、事后监管。审批是"人来找你"，监管是"你去找人"，看似简单，实则考验"功力"。对于自贸试验区来说，完善监管体系，夯实信息支撑，建立横向到边、纵向到底的监管网络和科学有效的监管机制和方式，是一项重大考验和挑战，也是检验自贸区改革成败的重要因素。

自贸试验区通过加快转变政府职能，有放有管、放管结合。在简政放权方面，国家相关部门已下放和取消一批行政审批事项，上海市政府已赋予自贸试验区管委会区域统筹管理权，下放自贸试验区管理机构能够承接的行政审批和管理事项。目前，自贸试验区管委会已承接相关部门下放的60多项行政审批事项，近期将再承接一批行政审批事项，并探索建立公开透明、可预期的行政权力清单制度，实行审批事项标准化管理。在市级层面2014年已取消113项行政审批事项的基础上，自贸试验区管委会正梳理进一步取消的审批事项，尽可能取消对市场机制可以有效调节和社会组织可以替代的行政审批事项。

在事中、事后监管方面，主要是建立6项制度，加强对市场主体"宽进"以后的过程监督和后续管理。

（1）建立安全审查制度。在国家安全审查制度框架下，重点是形成与负面清单管理模式和外商投资备案管理改革相衔接的制度安排。扩大安全审查范围和内容，审查范围由外资并购扩大到新设，审查内容研究增加对国家文化安全和意识形态的影响。建立发现识别机制，试验区管委会探索以信息共享平台为支撑，通过网上信息平台对外商投资企业的相关材料，从关键词、实际控制权等方面进行系统辅助筛选，并指派专人进行人工筛查。建立初步审查机制，由市相关部门组成试验区安全审查联席会议，对可能涉及安全审查的企业进行初步审查，并协助国家相关部门开展安全调查。探索建立信息共享和定期巡查机制，国家相关部门通过与试验区信息共享系统连接，对试验区安全审查工作进行实时监测和动态管理，并定期对试验区安全审查工作进行巡查指导。

（2）建立反垄断审查制度。重点是探索自贸区参与反垄断审查的制度安排。在经营者集中反垄断审查方面，根据国家相关部门委托，自贸试验区承担区内反垄断申请受理和转报、提请和协助国家调查、监督和检查执行情况等职责。管委会对需要进行反垄断审查的经营者行为进行初步识别，开展初步调查，对经营者履行限制性条件的行为进行监督检查，形成识别、申报、审查、监督的工作流程。在垄断协议和滥用市场支配地位反垄断审查方面，形成由日常监管、信息共享、投诉举报等组成的垄断行为发现和分析甄别机制，按照国家相关部门授权开展案件调查、认定和处理工作，并建立工商、物价等反垄断机构间的双向抄告、案件移送、定期会商机制。

（3）健全社会信用体系。重点是建立完善与信用信息、信用产品使用有关的一系列制度。建立信用信息记录、共享与披露制度，依托市公共信用信息服务平台，建设自贸试验区服务平台，提供信用信息查询比对、公示预警等服务功能。建立试验区管理部门信用信息记录、共享、披露的相关标准和工作规程，完善信用信息跨部门共享机制。建立信用信息和信用产品使用制度，试验区管理部门建立完善行政相对人信用管理机制，加大信用信息查询和信用产品使用力度，在市场准入、身份管理、特许经营、资质认定、日常监管等管理环节将信用状况作为分类监管的重要依据，建立跨部门的信用联动奖惩机制。推动信用服务产业发展，建立有利于信用服务机构采集信用信息的机制，支持试验区管理部门在主体身份核查、资信证明展示、资质信誉评估、信用信息核实等方面发挥信用服务机构的专业作用。推动设立区内第三方专业信用评级机构，开展信用评级、信用产品开发等工作。

（4）建立企业年度报告公示和经营异常名录制度。重点是与注册资本认缴制等工商登记制度改革相配套，运用市场化、社会化的方式对企业进行监管。将企业年检制改为年度报告公示制度，企业对年度报告信息的真实性、合法性负责，对上市公司、国有企业、注册资本或全年营业收入2000万元以上的公司以及从事金融等20个特定行业的企业（约占区内应报告企业总数的36%），还需提交会计师事务所出具的年度审计报告，并鼓励其他企业按照自愿原则提交年度审计报告。工商部门在抽查中发现有隐瞒真实情况、弄虚作假的，依法予以处罚，并将有失信行为和违法违规记录的市场主体列入经营异常名录，依法有序向社会公布。自贸试验区年度报告公示办法和经营异常名录管理办法已于2014年3月1日开始实施。截至7月底，已有10315家企业提交年度报告，其中7394家提交了会计师事务所出具的年度审计报告（4272家为按规定提交，3122家为自愿提交）。

（5）健全信息共享和综合执法制度。在信息共享方面，重点是建设试验区信息服务和共享平台，依托平台实现各管理部门监管信息的归集应用和全面共享，打破管理部门间的"信息孤岛"状况，推动跨部门联合监管，为建立高效的事中、事后监管提供支撑。目前，平台已汇集口岸和金融等中央垂管部门信息、法人库和项目库的市级部门信息以及试验区管委会业务系统的相关信息数据422万余条，涉及30个部门；已制定自贸试验区《共享平台信息共享管理办法》，正在征求相关部门意见。在综合执法方面，重点是建立各部门联动执法、协调合作机制。相对集中执法事权，在现有城市管理、规划建设、劳动监察等领域相对集中行政检查和处罚的基础上，拓展试验区管委会综合执法领域，在知识产权、文化等领域实施市场监管综合执法。建设网上执法办案系统，探索采用移动终端"执法通"、执法信息数据远程联网等智能化手段，提高执法办案效能，实现动态监管。利用网上执法办案系统，规范执法程序和强化执法监督，实现整个执法程序及相关证据的网络化和数字化，减少执法随意性。建设联勤联动指挥平台，建立试验区各管理部门联动执法机制，整合区内执法资源，实现日常管理动态信息互通，建立相对统一的问题发现、专项检查、日常巡查、抽查等指挥调度机制。

（6）建立社会力量参与市场监督制度。重点是通过准入环节的制度设计、政府购买服务、制定行业标准等进行引导，发挥行业协会和专业服务机构在行业准入、认证鉴定、评审评估、标准制定、竞争秩序维护等方面的作用。设立"社会参与委员会"，管委会建立企业和相关行业组织代表组成的社会参与机制，引导企业和行业组织表达利益诉求、参与试点政策评估。加强行业自律，在贸易、航运、物流、安全生产、环境保护、知识产权等领域引入行业组织，鼓励支持在区内设立新的行业协会和分支机构，推动行业协会制定行业公约和行业标准，承接部分政府管理和服务事项。发挥专业服务机构作用，将资产评估、鉴定、咨询、认证等社会职能逐步交由法律、会计、审计等专业服务机构承担。目前已在企业年报公示环节提交年度审计报告、进出口商品检验采信第三方检验鉴定结果等方面进行探索。发挥工会组织的监督作用，进一步推行工会组织代表劳动者参与企业集体协商机制，解决工资、劳动条件等争议纠纷。鼓励商事纠纷调解和仲裁机构发挥作用，目前上海市现代服务业联合会已在区内设立经贸商事调解分中心，开展商事纠纷调解。上海国际仲裁中心设立了自由贸易试验区仲裁院，制定发布了中国上海自贸试验区仲裁规则，借鉴国际经验，纳入"友好仲裁""紧急仲裁庭"等制度，确立仲裁员开放名册制，增设"小额争议程序"并降低相应仲裁收费。

同时，与事中、事后的宏观监管相互补充，积极推进行业监管和微观监管，从投资者条件、企业设立程序、业务规则、监督管理、违规处罚等方面对扩大开放行业明确具体监管要求，建立相应的监管制度。通过行业风险审慎管理、经营者风险过程管理、业务风险分级管理、经营风险分类管理、技术标准监管、诚信管理等手段，提高开放环境下的事中、事后监管水平，确保开放和监管同步到位。

二 扩大开放

2013 年根据试验区《总体方案》，在金融服务、航运服务、商贸服务、专业服务、文化服务以及社会服务 6 个领域、18 个行业扩大开放，暂停或取消投资者资质要求、股比限制、经营范围限制等准入限制措施共 23 项。目前，自贸试验区总体方案明确的服务业 23 项开放措施均可实施，并建立完善相应的监管制度和监管措施。

23 项服务业扩大开放措施中，金融服务 5 项，包括试点设立外资专业健康医疗保险机构、取消融资租赁公司在区内设立单机单船子公司的最低注册资本限制、允许融资租赁公司兼营与主营业务有关的商业保理业务、允许符合条件的外资金融机构设立外资银行和中外合资银行并适时在区内试点设立有限牌照银行、允许区内符合条件的中资银行开办离岸业务。

航运服务领域 3 项，先行先试沿海捎带业务、允许设立外商独资国际船舶管理企业、放宽国际船舶运输企业外资股比限制。

商贸服务领域 2 项，允许外资企业从事游戏游艺设备生产和销售、允许外资企业经营特定形式的部分增值电信业务（依据我国《电信业务分类目录》，增值电信业务分为 8 类，工信部确定对试验区开放除 IDC "因特网数据中心"外的 7 类业务。其中，对信息服务、存储转发、呼叫中心、国内多方通信服务、因特网接入服务等 5 类业务，允许外资持股比例达到100%；对在线数据处理与交易处理业务外资持股比例放宽到 55%；国内因特网虚拟专用网业务外资股比不超过 50%。这次开放的领域和幅度，比 CEPA 和 ECFA 中的增值电信业务开放力度还大，是我国增值电信业务在对外开放上的重大突破）。

专业服务领域 8 项，包括允许设外商投资资信调查公司和股份制外资投资性公司，允许区内注册的符合条件的中外合资旅行社从事除中国台湾地区以外的出境旅游业务，放宽中外合资、外资人才中介机构在股权比例、最低注册资金等方面的部分限制，取消外资工程设计和建筑服务在业绩要求、项目股权比例等方面的部分限制、探索密切中国律师事务所与外国律师事务所业务合作的方式和机制。

文化服务领域 2 项，允许设立外商独资演出经纪公司和外商独资的娱乐场所。

社会服务领域 3 项，允许举办中外合作经营性教育培训机构、允许举办中外合作经营性职业技能培训机构、允许设立外商独资医疗机构。

2014 年 6 月 28 日，国务院批准了《中国（上海）自由贸易试验区进一步扩大开放的措施》。新的 31 条措施涉及服务业领域 14 条、制造业领域 14 条，采矿业领域 2 条，建筑业领域 1 条。在服务业扩大开放方面，在 2013 年 23 条服务业扩大开放措施的基础上，新增了 14 条开放措施，突出了航运贸易等自贸试验区主导产业；在制造业和采矿业扩大开放方面，突出了研发设计；在建筑业扩大开放方面，体现了基础设施建设对外资的开放。这些开放措施将有利于自贸试验区抓住国际产业重新布局的机遇，发挥好促进我国产业发展转型的"试验田"作用。

三　功能拓展

自贸试验区以国际贸易、金融服务、航运服务、专业服务和高端制造五大产业为导向，深化在功能创新拓展、产业转型升级等方面的试点，努力形成与上海"四个中心"建设的联动机制，发挥好辐射带动作用，更好地服务全国。

一是打造总部经济，成为具有国际竞争力的总部集聚地。培育跨国公司地区总部。拓展跨国公司资金集中运营管理功能和离岸业务功能。建成境外投资服务促进平台，不断拓展离岸投资功能，形成本土跨国公司国际总部的集聚地。

二是拓展贸易功能，成为上海贸易中心建设的重要平台。深化贸易服务平台建设。做大做强专业贸易平台，在森兰、临港地区建设保税展示交易中心，设立首批大宗商品现货交易市场，打造艺术品保税展示交易中心。发展新型贸易和服务贸易。重点推进维修检测再制造、跨境贸易电子商务服务平台、研发服务外包和离岸贸易。

三是提升金融功能，成为上海国际金融中心建设的突破口。搭建面向国际的金融市场。国际能源交易中心、国际黄金交易中心已在区内注册成立，国际金融资产交易中心正在加紧筹建，上海联合产权交易所已设立资产交易服务平台。中国外汇交易中心、中国金融期货交易所、上海清算所、上海股权交易中心等也将在区内新设或增设交易场所。拓展跨境金融服务。鼓励金融机构在区内开展跨境银行、跨境证券、跨境保险服务，拓展大宗商品贸易融资、外保内贷、跨境船舶融资、跨境并购贷款和项目贷款、跨境资产管理和财富管理等跨境投融资业务。推动融资租赁全面发展。截至 2014 年 7 月底，依托海关推出的融资租赁制度，区内已累计引进 455 家境内外融资租赁母公司（146 家）和 SPV 项目子公司（309 家），累计注册资本超过 368.57 亿元人民币，租赁资产总额超过 85 亿美元。融资租赁跨境资产交易平台启动，重点开展融资租赁资产的物权、债权和股权交易，进一步带动融资租赁上下游产业的拓展和延伸，已推出首批挂牌转让资产约 50 亿元。

四是深化航运功能，成为上海国际航运中心建设的重要载体。拓展国际中转集拼功能，建立海运、空运中转集拼制度化标准，逐步做大国际中转集拼规模。探索国际船舶登记制度，尽快落实国际船舶登记试点工作。

五是发展战略性新兴产业，成为区域转型发展的重要支撑。以中国商飞项目为抓手，探索建立"经营性总部＋生产性分支机构"的运作模式，实现高端制造企业的区内外联动。积极落实选择性纳税政策，吸引一批战略性新兴产业项目落户区内发展。

四　法制保障

在国家层面，全国人大、国务院针对试点内容已暂时调整实施 3 部法律、15 部行政法规和 3 部国务院文件的部分规定。同时，17 个国家相关部门已出台 47 个支持意见和实施细则。在国务院法制办的协调下，涉及进一步扩大开放举措需要调整实施的 3 部行政法规和 3 部部门规章已上报国务院批准。在上海市层面，市政府已发布实施自贸试验区《管理办法》，市级层面已出台 57 个配套文件，市人大常委会已审议通过自贸试验区《条例》。

第四节　亚洲基础设施投资银行的使命与挑战

"有志者事竟成。"作为中国多年以来的一个梦想，作为新中国成立以来我国经济外交领域的一个重大成果，亚洲基础设施投资银行已正式成立并开业运行。我们一定要清醒地认识到，这仅仅是万里长征的第一步，亚投行所承载的巨大历史使命需要各方付出艰辛的努力、智慧和汗水才能实现。正如习近平在亚投行开业仪式上的致辞中所指出的："亚投行要取得成功，需要各方团结协作、形成合力。"

一 亚投行的七大历史使命

亚洲基础设施投资银行这一全新投融资平台的设立，对于亚洲的长远发展，可以承担起以下七大历史使命。

第一，促进亚洲各国加深合作，加强亚洲国家之间的利益联系，缓解当前亚洲地区特别是东亚地缘政治紧张的压力。构建亚投行有利于带动亚洲各国在政治、外交、经济、社会、文化等领域的合作，形成你中有我、我中有你的局面。对我国而言，有利于落实"与邻为善、以邻为伴"的周边外交方针，促进东海、南海资源共同开发，加快两岸和平进程，维护周边陆上边疆安全，确保能源资源安全。

第二，发挥在经济金融领域的桥梁纽带作用，加强投融资提供国与投资目的国的政治与经贸联系。在亚投行运营的过程中，我国可与志同道合的国家共同合作，通过财政出资，在亚投行内设立亚洲基础设施互联互通援助基金、中国基础设施技术投资援助基金和中国特别基金等规模、用途不同的各类基金，以便为亚洲基础设施建设的投资主体和项目开发提供融资支持。

第三，加强亚洲各国基础设施之间的互联互通。一方面，亚投行能够制定更长远的发展规划，重点打通制约亚洲基础设施互联互通的主要瓶颈。另一方面，亚投行能够破解基础设施建设融资难的问题，为各国企业和相关机构开展基础设施建设提供优惠贷款，降低运营成本，推动亚洲基础设施的互联互通。

第四，推动我国企业开展对外投资，提高在全球范围内合理高效配置资源的能力。这一多边商业性投融资平台，可促进我国企业参与亚洲互联互通项目建设，减少周边国家和国际社会对我国的疑虑，避开双边合作中的敏感问题和分歧矛盾，有效回避主权财富基金直接投资的敏感，为国内企业"走出去"创造较好条件。亚投行不仅有助于实现以资本输出带动商品和劳务输出，拓展我国企业的海外市场，还可以其为纽带，将我国援外资金、各类基金、商业银行和企业连接成一个整体，形成"走出去"联盟。

第五，促进产业转移和升级，实现地区内经济发展的平衡性与可持续性。亚投行的设立可帮助我国企业"走出去",缓解我国相关产业和企业的产能过剩压力,并借此在全球范围内配置各类资源并实现产业结构优化。同时,借助基础设施建设合作,可积极拓展国际合作领域,促进产业升级。例如,在能源、矿产乃至制造业领域进行合作,可借助基础设施建设协助相关国家就地开发能源、资源并进行深加工,在繁荣别国经济中增加中方企业盈利,还可促进国内银行在境外开展增值业务。

第六,助推人民币国际化,扩大人民币跨境结算和货币互换的规模。在亚投行的资本构成中,人民币应是重要组成部分,这就便于使用人民币对亚洲基础设施互联互通建设进行贷款和投资,将增大人民币跨境存款的规模,增加离岸人民币的供应,加快培育离岸人民币市场的发展,形成一个以实体经济为后盾支持人民币走出去,又以人民币走出去为杠杆拉动需求的良性循环。以人民币进行对外基础设施投资的最大优点是使双方国家的相关企业可避免由汇率风险所造成的损失,降低投资和运营管理成本。

第七,发挥智力密集的优势和巨大的聚集辐射作用,培养国际高级金融人才,并在基础上形成高端和有国际影响力的研究咨询平台。亚投行的运行和发展需要大量的高级金融人才,同时其良好的发展前景会吸引国际高级金融人才加入,也会聚集一大批我国国内优秀的金融人才。因此,亚投行有利于吸引、集聚和培养我们自己的国际高级金融人才与干部。亚投行还可通过设立亚洲共同发展研究署(院),加强对国际经济的调研并提供全方位咨询服务,为各国企业"走出去"对外投融资提供更多的智力支持和信息服务,同时还可以聚集更多的国际人才,将研究署(院)打造成一个具有世界一流水平、国际一流话语权和影响力的国际经济研究咨询平台,乃至发展成一个重要的国际经济智库。

二 四大艰巨挑战需积极应对

展望未来,有关各方如何才能团结协作,形成合力,是今后亚投行在运营和发展过程中所要面对的重要课题。笔者认为,以下四个方面的艰巨挑战将考验着亚投行。

1. 大国间的政治经济博弈将始终如影随形

亚投行在筹建过程中,获得了全世界的响应,特别是英、法、德等西方国家,出于自身利益的考量,为了给本国经济寻找新的经济增长点,为了分享中国经济快速增长的成果,选择了加入亚投行,一时间让亚投行在成立之初就备受国际瞩目。然而令人遗憾的是，在创始成员国中，全球前10大经济体唯独缺席美国和日本。且在可预见的近期，美日加入亚投行的可能性也较低。这无疑对未来亚投行的发展蒙上了一层阴影，这些反对、疑虑甚至阻碍的态度有可能在一定程度上影响亚投行的正常运作和长远发展。尽管亚投行仅是一个经济组织，其未来的成功与否主要取决于它在经济金融方面的运作，但不可否认，以中国目前的经济体量和地位，亚投行作为中国第一次真正主导设立的多边国际金融机构，不可避免地将被卷入大国政治博弈的旋涡，而不仅仅是经济机制的博弈。

日本的反应完全可以理解，它反映了长期以来中日之间对亚洲地区国际事务主动权的争夺和博弈。过去很多年，亚洲可以说是美日主导的亚洲，日本是马前卒，美国是其后盾，美日联合在事关亚洲的重大事务中发挥主导作用，两国在亚洲开发银行中的配合就是一个很好的印证。亚投行的建立显然会对亚洲开发银行形成一定的制衡，理所当然地被认为是在"有意"挑战美日在亚洲经济金融领域的霸权。因此，当我们看到，某些国家一厢情愿地把一些具有时空局限的经验当成"最佳实践"，把所谓的"标准发展模式"不加区别地到处推广，就不难理解了。

亚投行作为新生事物，难免会受到以美日为代表的部分国家的反对、疑虑甚至阻碍，这背后实质上反映的是世界主要经济体对全球经济金融影响力、话语权与主导权的较量与争夺，以及对所谓"中国威胁论"的潜在担忧。但是，亚洲经济崛起与中国和平发展的大势不可阻挡，各方需要秉承合作共赢的理念，以强大的国家政治意志与娴熟的专业技巧，积极推进全球经济的有效治理。

亚投行要坚持开放包容的心态，主动学习现有多边金融机构的成熟运作经验，加强与现有国际各类政治经济力量在项目管理、人员培训等方面的交流合作。我国与东盟等周边发展中国家在互联互通的相互需求方面最为突出，这些国家又是我国外交的政治基础。因此，首先需要强化这些国家对于亚投行的积极支持与参与。同时，妥善处理好与美、日的关系，通过充分沟通，增信释疑，争取其理解和支持，力争形成共同合力建设亚洲的局面，避免长期对亚投行的抵制或掣肘。未来在时机成熟时，亚投行的朋友圈依然欢迎包括美日在内的其他经济体的广泛参与。

2. 推进和改善全球经济金融治理以及完善自身的公司治理任重而道远

从参与全球多边治理的角度而言，亚投行无疑对中国是一次崭新的尝试和宝贵的试验。来自亚、欧、非、南美、大洋洲57个意向创始成员国，使亚投行集罕见荣耀、巨大责任和无形压力于一身。作为一个全球性金融机构，未来它将如何搭建一个更为理想、合理的治理模式，以便在适应全球治理、兼顾各方实力分配、满足多元化利益诉求、协调集体利益并适度体现中国主导等诸多方面寻求平衡；它将如何通过自身的实践去开创全球金融治理的新格局，这将是一个非常巨大而严峻的挑战。

目前国际上比较主流和常见的多边组织的治理模式有两种：一种是以世界银行、IMF、亚洲开发银行等为代表的公司治理型，其特点是以认缴份额为基础的投票权为基本决策工具。其议事规则讲求"关键多数"，但可能出现一家独大或利益集团控制，导致低效率、官僚化等问题。另一种是以世界贸易组织、亚太经合组织等为代表的成员治理型，其特点是各成员国拥有形式上平等的权利和义务，议事规则为"协商一致"，但其缺陷在于往往很难产生共识、达成一致。

以某国际性开发金融机构为例，其治理结构的缺陷和不足十分明显：设立常驻董事会，易造成机构官僚化、人力资源浪费、行政效率降低等弊端；行政首脑的产生非选举，而是由委派产生，即小范围暗箱操作决定，透明性较差。再以某区域性开发金融机构为例，其行政首脑的产生表面上看似民主透明，但多年来一直由一国人担任，并有其同盟国的强烈烙印，这种程序公平并不能够完全服众。其资金提供更是有一定的"政治指导"色彩，凡是不符合其"审美情趣"的投资项目很难拿到资金。

亚投行的治理结构和议事规则充分借鉴了国际经验和实践，既遵循了公司治理型的基本原则，又尽量借鉴成员治理型在多边协商上的优势，着眼于提高决策和执行的效率，强调"精简、廉洁、绿色"（lean, clean, green）的原则和目标。在治理结构上，亚投行设立理事会、董事会、管理层三层管理架构，董事会为非常驻机构，力求其组成更加平等、更科学合理和更具有代表性。在决策机制上，理事会采用简单多数、特别多数和超级多数原则进行决策，总投票权由股份投票权、基本投票权以及创始成员享有的创始成员投票权组成，体现了关键多数和协商一致并重的原则。

动态来看，正式运营之后的亚投行，在完善治理方面，仍须坚持立足亚洲，合理分配并动态调整权力结构和利益格局；注意平衡效率和风险，简化内部决策流程，降低成员国间的协调成本，不断提高内部运作透明度；加强沟通协调，特别是与发达国家的沟通协调，重要决策尽量民主协商，务求做到公开、公平、公正，努力打造一个包容、开放、透明的新型全球金融机构。

3. 寻求商业性与公益性的统一是其成功运营的关键和标志

众所周知，基础设施项目具有准公共品属性，资金需求量大、建设周期长、收入流不确定，可能遇到各国政治形势、经济周期、法律体系、政府政策、审批流程、利益协调、投资回报等较多风险因素的干扰，其投资收益并不稳定，且存在相当大的风险。

因此，对于以基础设施投资与建设为主营方向的亚投行而言，如何在商业性与公益性之间找到一个合适的平衡点至关重要，这是考验其长远运作是否成功的真正重要标志之一。命运共同体最终要建立在利益共同体的基础上，如果亚投行不能给当初蜂拥而至的国家带来切实的利益，未来也有可能会步履维艰。

为化解这种国际压力，应借鉴世界银行和亚洲开发银行等多边金融机构较成功的运作经验，在处理商业运作与注重公益的关系时，应把握以下几个基本原则。

一是坚持塑造"精简、廉洁、绿色"的经营文化和核心理念。强调规划先行，以规划引领业务发展。尊重成员国和项目所在国的价值取向和历史文化传统，以赢得各国人民的理解和尊重。

二是坚持"商业运行、兼顾公益、保本微利"的价值取向。投资必须考虑资金回报，做到适度投资和审慎投资，力争实现财务可持续。这既是吸引各方投资的需要，也是回避政治目的的好办法，同时还有助于与亚行、世行相区别。在商业运作的同时，适当兼顾一些对目的国有重要意义的公益性项目，将营利性和公益性有机结合起来。作为追求自身利益的金融机构，亚投行所投项目一般均要求所在国家的政府财政或相应战略性资源或资产予以担保，这可在一定程度上有效规避投资风险，从而取得较高且稳定的回报。

三是坚持投资与治理并重。忽视治理而只问投资，往往会带来腐败盛行、贫富分化及投资依赖等弊病，这在世行和亚行多年的实践中有着特别惨痛的教训。作为多边国际机构，亚投行有义务帮助发展中国家在改善基础设施的同时，不断改善国家治理体系和治理能力。

坚持这三项原则，才能真正为亚投行的投资以及投资运行模式构筑起一道坚实的防火墙和安全的缓冲垫。

4. 破解安全困境需妥善处理好与其他多边金融机构的关系

很多国家反对亚投行的一个重要理由是区域内已经存在一些国际多边金融机构，它们彼此之间会有潜在的冲突和竞争，会形成安全困境。

亚投行是对国际多边开发金融机制进行的"增量"改革和有益补充，与亚行等现有区域性金融机构不存在整体对立关系，将是互补、合作与竞争的关系，可并行不悖，实现共存互赢。

亚行的主要任务是社会事业、扶贫开发，而且受资本金限制，其可用资金相对有限，年贷款规模仅为100亿美元左右，无法满足亚洲地区巨大的基础设施建设需求，亚投行可弥补亚行上述先天缺陷。亚投行与金砖国家新发展银行、上海合作组织开发银行等，在区域涵盖、地缘和经济互联性等方面具有较大不同，彼此完全有条件基本回避交叉与恶性竞争、实现合作共赢。

退一步讲，即使这些机构之间存在一定程度的竞争，也不见得是坏事。市场经济的灵魂就是鼓励竞争，在合作中竞争，在竞争中共同提高，竞争无疑有助于提高资源配置效率。面对区域内明显供不应求的基础设施改善需求和融资需求，广袤的亚洲地区完全容纳得下更多的开放性金融机构，集众资、集众智方能成大事。目前，国际上区域性与次区域性的多边金融机构并存已成为一种趋势。例如，欧洲有复兴开发银行和欧洲投资银行，又成立了北欧开发银行；美洲有美洲开发银行和北美开发银行。

应以开放包容的思维去理解和处理亚投行与其他开发银行的关系，破解不合时宜的安全困境思维。习近平主席指出，亚投行应该奉行开放的区域主义，同现有多边开发银行相互补充，应该以其优势和特色给现有多边体系增添新活力。亚投行与上述金融机构通过互相竞争、协调合作，投资于亚洲的基础设施互联互通建设，改善区域贸易和投资的软硬环境，为亚洲经济社会发展提供强有力的资金支持，并以此推动地区经济的可持续发展，促进地区经济合作不断深化。

此外还需特别强调的一点是，亚投行就其定位而言是国际多边组织，并不是中国一家的银行，也不仅仅是服务中国"一带一路"战略的单一目标，更无意对抗或颠覆现有的国际金融秩序。团结、发展与繁荣是亚洲大势所趋，中国作为地区性乃至世界性有影响力的大国，发起设立亚投行，是用自身实际行动表明：中国始终是亚洲团结、发展与繁荣的坚决维护者与支持者。

我们相信，通过打破传统的思维方式和合作方式，借助丰富多样的金融手段，亚投行必将以创新的形式推动亚洲基础设施领域的合作，更有效地推进本地区基础设施建设，也为全球提供更多的公共产品，从而带动和促进亚洲乃至世界的持续增长与繁荣发展，共创亚洲和世界光明美好的未来。

第五节　提高对外开放水平研究

一　我国对外开放进入全面提升的关键时期

1. 我国是贸易大国但并不是贸易强国

据世界贸易组织发布，2013年我国货物进出口总额达4.16万亿美元，超越美国跃居世界第一货物贸易大国。但是，我国贸易规模虽大，竞争优势却不强。

第一，我国产业总体上在全球产业分工中仍处于中低端位置，出口附加值水平不高，出口价值回报相对较低。2013年，我国机电产品61.2%是外资企业生产的，51.1%是以加工贸易方式出口的；高新技术产品73%是外资企业生产的，65.3%是以加工贸易方式出口的。

第二，我国本土企业缺乏具有国际竞争力的品牌优势，多靠贴牌生产，没有掌握定价权，导致利润分成很低。由世界品牌实验室编制的世界品牌100强排行榜中，中国无一品牌入选。

第三，与货物贸易在全球的位置相比，我国服务贸易发展相对滞后。2012年，我国服务贸易出口总额占货物贸易和服务贸易出口总额的比重为8.51%，远低于世界的平均水平19.03%。

第四，随着国际竞争越发激烈，竞争压力不断增长，传统优势深受挑战。企业用工成本不断攀升，经营压力加大。2010~2012年，全国2/3以上省份的最低工资标准以年均20%的增速上涨，用工短缺、招工难、留工难问题日益突出。同时，自2005年7月启动汇率改革以来，人民币兑美元的升值幅度已超过30%，而其他主要竞争国家货币纷纷贬值，人民币升值给出口企业带来了极大的压力。

因此，积极推进从贸易大国向贸易强国转变成为全国上下的共同期许，也成为我国外贸必须破解的重要命题。我国对外贸易由小到大依靠的是规模优势和经验积累，但由弱到强则需要依靠技术升级、结构调整以及综合实力的提升，关键还是要培育国际竞争新优势。

2. 我国正处于培育国际经济合作竞争新优势的重要机遇期

世界经济进入深度转型调整期。一方面，世界经济平衡出现新变化。近年来，主要发达经济体复苏乏力，新兴经济体发展较快，经济总量最大的 10 个新兴经济体占世界经济的比重从 2001 年的 14.1% 上升到 2010 年的 24.2%。同时，随着亚太地区经济一体化的不断发展，该地区各经济体之间的经济联系与分工日益深化，经济总量不断扩大，世界经济重心呈现向亚太地区转移的新趋势。另一方面，发达经济体和新兴经济体加速转型。国际金融危机对世界经济造成了巨大冲击，在复杂多变、不确定性因素增加的形势下，经济低迷将成为未来一段时间世界经济的新常态。发达国家致力于改变借贷消费的模式，吸引制造业回流，扩大实体经济的比重。新兴经济体则致力于扩大国内需求，加快产业转型升级，努力实现创新驱动发展。世界经济进入深度转型调整期、第三次工业革命处于孕育期以及服务经济时代的来临为中国经济升级提供了难得的机遇，有利于培育我国经济发展的新优势。

3. 我国经济面临的国际风险与日俱增

首先，各种形式的国际贸易保护主义明显抬头。不论从数量上还是从涉案金额上看，据商务部公布的中国出口产品遭遇贸易救济调查统计发现，2012 年国外针对中国的贸易救济措施调查共 77 起，涉案金额 277 亿美元，分别增长 11.6% 和 369%。从调查发起国家来看，越来越多的由美国、欧盟、加拿大等发达国家发起。从涉案产品来看，也从传统的农产品、低附加值工业品拓展到高附加值产品。

其次，对外投资遭遇越来越多的壁垒。中国的对外投资同样遭受保护主义的侵扰，无论是国有企业还是私营企业，在海外的投资并购频频受阻，尤以欧美国家为甚，如华为、中兴、三一重工等企业，相继被某些国家以"威胁国家安全"为名拒之门外。

再次，国际金融风险加剧。为应对国际金融危机，美、日等国家采取了量化宽松的货币政策，导致全球流动性泛滥，不仅导致我国外汇资产保值增值的难度不断增大，更导致我国面临的世界经济不确定性增加。近 10 年来，我国的外汇储备不断增加，截至 2015 年 12 月底，我国的外汇储备余额为 3.33 万亿美元，且主要以美元资产为主，而 2000～2012 年，美元兑其他一揽子货币累计贬值 23.35%。同时，在全球货币竞相降息贬值的情况下，近年来人民币汇率不断走高，人民币存在利差和汇差的双重优势，导致国际热钱不断涌入中国套利，不仅增加了经济发展的不确定性，还增加了人民币需求，推动人民币不断升值。人民币汇率不断上升对我国出口企业造成巨大压力，增加了成本，降低了利润。

最后，进一步深化对外开放的热情有所降低。当前，国内存在一种满足加入世界贸易组织所带来的改革开放红利和所取得经济发展成就、对国际自由贸易的新标准和新发展知之甚少或简单排斥的倾向，在进一步扩大对外开放、推动开放型经济发展上缺乏战略性眼光和突破性进展，少数领域陷于停滞甚至有所倒退。尤其是近年来欧美等西方国家积极倡导和推进 TPP、TTIP、TISA 等新自由贸易协定，进一步加大了我国对外开放的差距，使我国深化对外开放，发展开放型经济面临严峻挑战。无论是发达国家还是发展中国家，在全球化进程中都应制定积极的开放战略，在保护本国利益的同时积极参与其中。只有以开放的心态把握全球的资源，把握全球的需求，把握全球的人才，才能在全球化的过程中实现合作双赢。

二　提高我国对外开放水平的基本思路

面对全球经济新形势，必须实行更加积极主动的对外开放战略。党的十八大后，习近平总书记多次指出："中国开放的大门不会关上，芝麻开门，这门已经开了你就关不上了，经济全球化和区域经济一体化乃大势所趋，中国顺应了这样一个时代潮流，坚定不移对外开放为中国经济发展提供了重要的推动力。"他还指出：现在"不是要不要开放的问题，而是怎么使我们的开放水平更高的问题"。并强调：必须实施更加积极主动的开放战略，创建新的竞争优势，在更大范围、更宽领域、更深层次上全面提高开放型经济水平。

1. 扩大我国与世界各国的利益汇合点

对外经贸往来已成为我国同世界各国各地区的重要利益汇合点。改革开放 30 多年来，特别是加入世界贸易组织以来，中国对外贸易实现了跨越式发展。1978 年，中国货物进出口总额只有 206 亿美元，在世界各国货物贸易中排名第 32 位，所占比重不足 1%。2013 年，我国货物进出口总额达到 4.16 万亿美元，约占 2013 年全球货物贸易总额的 12%，成为世界货物贸易第一大国。目前，中国已经是 120 多个国家和地区最大的贸易伙伴，每年进口近 2 万亿美元商品，为全球贸易伙伴创造了大量就业岗位和投资机会，为世界各国各地区的经济发展做出了重要贡献。同时，中国服务贸易发展迅速。我国服务贸易统计始于 1982 年，最初的进出口总额仅为 44 亿美元，全球占比仅为 0.6%。2013 年，我国服务贸易进出口总额达 5396.4 亿美元，比上年增长 14.7%，超过货物贸易进出口总额增速 7.6% 的近 1 倍。服务贸易在我国对外贸易总额中的占比稳步提升，2013 年这一比例已达 11.5%。此外，截至 2013 年年底，中国境外直接投资累计超过 6300 亿美元，已成为世界第三大对外投资国。未来，随着我国经济规模的持续扩大，进口总量和对外投资规模也将不断扩大，将为各方带来更大的发展机遇，不断扩大我国与世界各国的利益汇合点。未来，我国应适应经济全球化新趋势，加快推动对内对外开放相互促进、"引进来"和"走出去"更好结合，促进国际国内市场深度融合，加快发展自由贸易园（港）区、加快同有关国家和地区商签贸易投资协定，以周边为基础加快实施自由贸易区战略，扩大我国与世界各国的利益汇合点，不仅让中国从其他国家发展中获得裨益和助力，更让其他国家受益于中国的快速发展，共同增进全世界人民的福祉。

2. 加快培育参与和引领国际经济合作竞争新优势

我国发展面临的外部环境将日趋复杂多变，迫切需要在重点领域和关键环节通过深化改革开放来加快培育参与和引领国际经济合作竞争新优势，抢占未来全球产业发展制高点，实现由"中国制造"向"中国创造"和"中国服务"跨越。一是推动出口从传统的生产成本优势向新的核心竞争优势转化，增强企业技术创新、自我转型的内生动力，夯实出口的产业和技术基础，鼓励技术含量高的机电产品和战略性新兴产业开拓国际市场。二是大力培育出口品牌，支持企业建立境外营销网络，提高出口产品附加值。鼓励内地企业在香港设立资本运营中心，使香港成为"走出去"的信息平台和融资平台。三是鼓励国内企业在科技资源密集的国家和地区，通过自建、并购、合资、合作等多种方式在海外设立研发中心，利用全球资源促进产业创新。四是充分发挥技术进出口交易促进平台的作用，加强引进消化吸收再创新，以大型骨干企业、产业技术创新联盟为依托，突破一批关键核心技术，提升我国产业创新发展能力与核心竞争力。五是完善对外投资的管理方式，为企业走出去提供便利的环境条件和保障支持，通过促进我国企业"走出去"提升企业综合能力。六是统筹多双边和区域合作，建立一个高水平、面向全球的自由贸易区网络，为培育参与和引领国际经济合作竞争新优势赢得更广阔的发展空间。

3. 扩大对外开放的广度和深度

经济全球化是第二次世界大战以来，特别是进入21世纪以来世界经济发展的重要趋势。2013年，世界货物和服务出口总额占世界生产总值的比例达31%，比2000年提高了6.5个百分点；2014年全球对外直接投资（FDI）流量总额达到2.6万亿美元，是2000年全球对外直接投资流量总额的3.47倍。我国要构建开放型经济新体制，推动新一轮对外开放，在国际市场汪洋大海中搏击风浪，倒逼深层次改革和结构调整，提升开放型经济发展水平。

一方面，要扩大对外开放的广度，实施全方位的对外开放。一是坚持积极有效利用外资，打造内外资企业一视同仁、公平竞争的营商环境，使中国继续成为外商投资首选地。二是建设好、管理好上海自贸试验区、深圳前海深港现代服务业合作区和珠海横琴新区、福建平潭综合实验区等服务业开放先行先试区域，形成可复制、可推广的体制机制。三是扩展内陆沿边开放，支持内陆城市增开国际客货运航线，发展多式联运，形成横贯东中西、联结南北方的对外经济走廊，允许沿边重点口岸、边境城市、经济合作区在人员往来、加工物流、旅游等方面实行特殊方式和政策，让广袤大地成为对外开放的热土。四是扩大服务业对外开放，推进金融、教育、文化、医疗等服务业领域有序开放，放开育幼养老、建筑设计、会计审计、商贸物流、电子商务等服务业领域外资准入限制。

另一方面，要扩大对外开放的深度，实施制度化的对外开放。一是加快推进中韩、中日韩自贸区和区域全面经济伙伴关系协定以及推进与澳大利亚、海湾合作委员会的谈判，加快中美、中欧贸易投资协定谈判，推动建立亚太自贸区、亚欧自贸区、亚非自贸区，形成覆盖周边、面向全世界的自贸区网络，建设利益共享的全球价值链。二是推动服务贸易协定、政府采购协定、信息技术协定等谈判，加快环保、电子商务等新议题谈判，坚持推动贸易和投资自由化、便利化，实现与各国互利共赢。三是进一步推进湄公河、图们江、中亚等区域次区域合作，建立互利共赢的区域合作机制，以贸易与投资、经济技术合作的互联互动加快区域合作的发展。四是通过完善法规和行业政策为自主品牌提供企业国际化发展的基本环境，通过规划引导、项目推进、平台建设、信息咨询建立系统化的服务体系，大力扶持本土企业提升国际化水平。

三　提高我国对外开放水平的主要建议

1. 建立安全高效的开放型经济体系

国内外形势的深刻变化，对新时期开放型经济发展提出了新的更高要求，必须建立安全高效的开放型经济体系，才能在激烈的国际经贸格局变化中争取主动，才能解决开放型经济发展中不可持续的问题，才能提升开放型经济发展质量和水平。建立安全高效的开放型经济体系，就是在对外开放中要坚持转变对外经济发展方式，培育开放型经济发展新优势，提高开放型经济的综合效益，增强抵御外部冲击和国际风险的能力。

建立统一高效的对外开放决策、协调、管理和评估机制，完善开放条件下的对外经贸促进体系和风险防范机制，增强风险防控水平，全力维护国家和产业的核心利益，切实保障经济安全。

坚持出口和进口并重，强化贸易政策和产业政策协调，促进加工贸易转型升级，发展服务贸易，形成以技术、品牌、质量、服务为核心的出口竞争优势，要提高利用外资综合优势和总体效益，推动引资、引技、引智有机结合，要加快走出去的步伐，增强企业国际化的经营能力，培育一批世界水平的跨国公司，全面提高开放型经济对国民经济的贡献。

2. 谋求掌控国际产业链的核心环节

随着经济全球化和区域经济一体化的深度拓展，全球产业链竞争时代的来临，区域产业竞争的焦点已转向产业链核心环节。产业链是各个产业部门之间基于特定的经济关联、逻辑关系和时空布局关系客观形成的链条式产业形态。而产业链的核心环节是指某些特定的能够创造或带来更多价值增值的产业环节，正成为提升一国经济竞争力和国际影响力的最重要因素。

（1）培育和聚集世界级企业，掌握产业研发和营运环节。培育世界级企业是掌握产业链核心环节最直接有效的方式，凭借这些企业的核心技术、独特竞争能力、强大营销网络和品牌优势，能够引领国际创新发展，并在所属行业占据较高的市场份额，形成较强的国际行业引领力。美国、日本、德国、英国等世界主要发达经济体均是跨国公司或跨国银行总部或地区分支机构最集中的国家，它们占据绝大部分总部资源，为所属国家控制产业链核心环节奠定了良好的资源基础、价格基础及管理基础。以美国为例，《财富》杂志公布的"2013 年世界 500 强排行榜"显示，美国依然是全球大型企业最多的国家，上榜公司 132 家。同时，由世界品牌实验室（World Brand Lab）独家编制的 2013 年度（第十届）《世界品牌 500 强》排行榜显示，美国占据世界品牌 500 强中的 232 席，继续保持品牌大国的地位；法国以 47 个品牌位居第二；日本以 41 个品牌排名第三；英国、德国、瑞士和意大利是品牌大国的第二阵营，分别有 39 个、23 个、21 个和 18 个品牌入选。世界级企业的高度聚集有效地巩固了美国对国际产业链核心环节的控制能力。中国虽然有 25 个品牌入选，但在前 100 个世界品牌中中国无一个入选，相对于 13 亿多人口，中国显然还处于"品牌第三世界"。

我国在产业链核心环节的选择上，应优先选择产业链各环节布局相对完善，研发和营运两大核心环节优质的企业，其聚集规模和发展水平已经具备一定基础的产业。对于金融业，前期重点谋求金融服务创新、金融产品创新以及金融衍生工具创新等环节的国际竞争力，后期重点培育国际期货市场和国际期权交易市场；对于商务服务业，应进一步聚集总部企业，促进其实体化和功能化经营，不断提升对国际商务服务业的引领力和影响力，前期重点谋求企业管理、法律、会计、广告等行业的核心环节，后期重点谋求审计、评估、科技、知识产权等行业的核心环节；对于文化创意产业，应进一步聚集国内外知名的创意型企业，促进其不断提升文化的国际竞争力，前期重点谋求文化艺术、新闻出版、设计服务等行业的核心环节，后期重点谋求广播、电视、电影等行业的核心环节。同时，引导加工贸易转型升级，支持企业打造自主品牌和国际营销网络，发展服务贸易和服务外包，提升中国制造在国际分工中的地位，重点鼓励通信、铁路、电站等大型成套设备出口，让中国装备享誉全球。

（2）建设全球型交易市场，影响国际交易量和价格生成。全球型交易市场，以其强大的交易功能影响商品和服务的国际交易量和国际价格的生成，引导国际资源配置，形成较强的国际行业控制力。全球排名前 50 位的期货期权交易所的总部主要分布在全球 40 个城市中，其交易量占全球交易总量的 98%。其中，伦敦、纽约、芝加哥、东京、巴黎、中国香港和新加坡 7 个城市交易所完成的期货期权交易量占全球交易总量的 60.7%；

其中85.1%的能源类期货期权交易在芝加哥、伦敦、东京和纽约等城市的交易所完成，49.8%的金属类期货期权交易在伦敦、纽约和东京等城市的交易所完成。全球型交易市场为所在国家影响国际商品交易量及价格的生成提供了良好的平台。

要在上海、北京等条件相当成熟的城市，着手打造国际大宗商品交易与价格发现中心，重点加快发展要素市场和战略资源专业化市场，加大对稀土、能源、钢铁等战略资源价格形成的影响力，增加对虚拟水、碳排放国际交易的话语权；继续引导和扶持拍卖行业发展，推动文物、艺术品高端拍卖市场扩大国际影响力。

（3）吸引国际组织落户，影响国际产业标准和规则制定。后工业社会中，衡量一个国家综合竞争力的一个重要指标，就是参与国际标准和规则制定的能力。国际组织凭借其国际产业标准和规则制定的主导权，在绝大多数行业发展中具有较大的话语权，左右国际利益分配，形成较强的国际行业影响力。国际组织的总部往往落户在具有国际影响力的国家，尤其是青睐国际化大都市。目前国际组织分布居前10位的城市依次是巴黎、布鲁塞尔、伦敦、罗马、日内瓦、纽约、华盛顿、斯德哥尔摩、维也纳和哥本哈根，这10个城市8个在欧洲、2个在美国。

随着我国国际地位和国际影响力的提升，很有必要吸引一些重要国际组织在中国设立总部或地区总部。目前我国在吸引国际组织落户方面严重滞后，全球大大小小的国际组织有4万多个，却只有几个总部设在中国（博鳌亚洲论坛的总部设立在海南省琼海市博鳌镇，上海合作组织的秘书处设立在北京），这在一定程度上制约了我国对外开放水平的提高，不利于提升开放型经济的发展水平。我国可适时在北京、上海、广州等主要城市规划建设国际组织集聚区，吸引联合国及其专门机构设立办事处，有针对性地吸引国际经济、金融组织等经济类国际组织入驻，鼓励科技、文化、体育等专业类国际组织设立分支机构，使中国成为国际组织的重要集聚地。

3. 全面建设丝绸之路经济带和21世纪海上丝绸之路

建设"一带一路"是我国扩大同各国各地区利益汇合点的重大战略举措。这两个战略构想交相辉映，一个着眼于大陆，一个着眼于海洋，都以周边国家为基础同时对其他国家和地区开放。可以预见，在两大战略构想指引下，我们的对外开放和交流合作必将进一步得到扩大，必将进一步促进共同发展，造福各国人民。当前应全面打造"一带一路"的战略支点，促进"一带一路"战略持续稳定发展。

（1）加快设立亚洲基础设施投资银行，为建设"一带一路"提供便利的投融资支持。基础设施互联互通是建设"一带一路"的基础工作。2013年10月2日下午，国家主席习近平在雅加达同印度尼西亚总统苏西洛举行会谈时表示，为促进本地区互联互通建设和经济一体化进程，中方倡议筹建亚洲基础设施投资银行，愿为包括东盟国家在内的本地区发展中国家基础设施建设提供资金支持。在亚太经合组织第二十一次领导人非正式会议的讲话中，习近平再次倡议筹建亚洲基础设施投资银行。加快设立亚洲基础设施投资银行，能够为建设"一带一路"搭建强有力的投融资平台，为我国与相关国家开展高铁、港口、机场等基础设施互联互通建设提供便利的投融资支持，进而有助于加强相互间的基础设施互联互通，为"一带一路"提供有力的物质支撑。同时，为获得更多国家的响应和支持，可考虑将该银行总部设在印尼、泰国、新加坡等"一带一路"沿线与我国友好国家的首都。

（2）积极推动全面经济伙伴关系协定（RCEP）谈判，为建设"一带一路"提供长远的制度支持。推动RCEP谈判符合我国实施的"睦邻、安邻、富邻"的外交政策，有利于提高本区域的经济一体化程度，为建设"一带一路"提供长远的制度支持。加强RCEP成员国间的政治互信，优化相互间的经济合作和政治关系，加快推动中韩自贸区、中日韩自贸区、中澳自贸区谈判，进而推进RCEP谈判。研究制定合适的RCEP规则，特别是在最大潜在利益的服务贸易领域推进自由化，形成面向全球的高标准自由贸易区。

（3）全力打造中国—东盟自贸区升级版，为建设"一带一路"提供强大的经济基础。作为亚洲新兴市场国家，中国和东盟是地区乃至世界经济持续增长的希望所在。加强我国与东盟的经贸往来是建设"一带一路"的重点，同时双方经贸往来的加强也会推动"一带一路"的建设。我国应积极推进中国—东盟自贸区升级版谈判，并可参照TPP的标准逐步提高我国与东盟的自由贸易程度，特别要加快与东盟国家服务贸易的自由化，建设中国—东盟命运共同体，为双方发展提供广阔空间和不竭商机，在双方合作历经"黄金十年"之后努力创造"钻石十年"，携手实现共同发展和共同繁荣。

（4）适时加入 TPP 谈判，为建设"一带一路"解除合作伙伴的后顾之忧。美国加入并主导 TPP 谈判进程，推行自己的贸易议题，意在建立将我国排除在外的全新世界贸易体系。TPP 协议加上美国重返亚洲的政治、军事战略部署，将对我国建设"一带一路"构成实际威胁和直接挑战。为应对美国主导的 TPP，我国可采取积极主动的对策，加快签署中美投资协定，着手开展中美自由贸易区谈判，并适时加入 TPP 谈判，解除合作伙伴建设"一带一路"的后顾之忧。

（5）推动沿线地区发展口岸经济和自由贸易园（港）区，为建设"一带一路"提供先行先试的载体。"一带一路"的持续发展需要以若干沿路口岸经济区作为支撑。我国要用好自由贸易园（港）区这一区域合作平台，加快沿线地区自由贸易园（港）区建设，着力消除现有开放领域中的体制机制障碍和壁垒，扩大市场准入，推动重点领域对外开放。近期，要建设好上海自贸区，探索对外商投资实行准入前国民待遇和负面清单管理模式，建立公平公开透明的市场规则，推进在更宽领域、更高层次的对外开放。同时，加快在广东、广西、福建、海南、云南等沿海、沿边省份推进自由贸易园（港）区建设，形成引领国际经济合作与竞争的开放区域，培育带动区域发展的开放高地。此外，要大力支持中国与泰国合作建设的泰中罗勇中国工业园、与马来西亚合作建设的马中关丹工业园等境外经济贸易合作区的建设发展，并与沿线国家加强政策协调，进一步提升贸易便利化、自由化水平。

（6）谋划建设若干"驿站"，为建设"一带一路"提供安全的通道保障。航道安全是"一带一路"持续稳定发展的关键，而建设保障陆路和航道安全的"驿站"则是重中之重。"驿站"不仅要具备货物装卸的物流功能，还要提供汽车、火车、轮船和人员补给的服务，更要保障周边通道的安全，为各国的经贸往来提供安全、便捷的路上和海上通道。"驿站"既可以由我国单独建设，也可与其他国家联合建设，甚至可以租用国外现有的驿站。此外，还可以"驿站"为依托，扩大"一带一路"的辐射范围。

4. 积极实施自由贸易区战略

全面提升对外开放水平的一个重要战略步骤，就是实施自由贸易区战略。国际金融危机爆发后，世界经济中的保护主义有所抬头。我国应坚决反对任何形式的保护主义，倡导通过协商妥善解决同有关国家的经贸分歧，积极推动建立均衡、共赢、关注发展的多边经贸体制。2012 年

年底的中央经济工作会议提出：要加快实施自由贸易区战略。2013 年
10 月，习近平在亚太经合组织工商领导人峰会上强调："我们将统筹双
边、多边、区域次区域开放合作，加快实施自由贸易区战略，推动同周
边国家互联互通。"实施自由贸易区战略的一个具体步骤，就是 2013 年
9 月 29 日中国（上海）自由贸易试验区正式挂牌。十八届三中全会通
过的《中共中央关于全面深化改革若干重大问题的决定》强调，要把中
国（上海）自由贸易试验区建设好、管理好，同时在推进现有试点基础
上，选择若干具备条件的地方发展自由贸易园（港）区，并以周边为基
础加快实施自由贸易区战略，形成面向全球的高标准自由贸易区网络。

目前，我国正在建设 18 个自贸区，涉及 31 个国家和地区。其中，已
签署 12 个自贸协定，分别是我国与东盟、新加坡、巴基斯坦、新西兰、
智利、秘鲁、哥斯达黎加、冰岛和瑞士的自贸协定，内地与香港、澳门的
更紧密经贸关系安排，以及大陆与台湾的海峡两岸经济合作框架协议。除
了与冰岛和瑞士的自贸协定还未生效外，其余均已实施。正在谈判的 6 个
自贸协定，分别是我国与韩国、海湾合作委员会、澳大利亚和挪威的自贸
谈判，以及中日韩自贸区和《区域全面经济合作伙伴关系协定》谈判。此
外，我国还完成了与印度的区域贸易安排（RTA）联合研究；正与哥伦比
亚和斯里兰卡等开展自贸区联合可行性研究。通过自贸协定与相关国家互
相减免关税、实施贸易投资便利化，极大地带动了与相关国家贸易的发
展。比如，中国东盟自由贸易区成立后，2013 年双方贸易总额达到 4400
多亿美元，与 2002 年相比，超过 7 倍以上。

未来，要统筹双边、多边、区域、次区域开放合作，加快实施自由贸
易区战略，推动同周边国家互联互通，提高抵御国际经济风险的能力。支
持在有条件的国家设立境外经贸合作区、跨境经济合作区等多种形式的经
济园区，鼓励国内企业到沿线国家开展投资合作。要加强泛北部湾经济合
作、大湄公河次区域合作、中越"两廊一圈"合作、南宁—新加坡经济走
廊合作、孟中印缅经济走廊、中巴经济走廊等重要区域及通道的双边和多
边合作，逐步形成区域及次区域大合作。着眼于打造一个政策沟通、道路
联通、贸易畅通、货币流通、民心相通的新活力经济带，逐步形成一个东
起西太平洋沿岸、西到波罗的海、横跨欧亚大陆的新兴经济合作区。同
时，要积极推动建立亚太自贸区（FTAAP）。我国与美国主导的"跨太平
洋战略经济伙伴关系协定"（TPP）的谈判目前已达成基础协议。TPP 质

量虽高，但市场容量有限，APEC 成员中国、印度和俄罗斯未加入 TPP。推进 FTAAP 建设，如果另起炉灶，从零开始，则费时费力。可考虑以区域内现有的经济合作机制为平台和基础，对 RCEP 和 TTP 等平台进行有效整合。中国应努力获得印度和俄罗斯的支持，并积极与美国沟通，共同推动 FTAAP 谈判，形成世界最大的区域贸易协定，逐步提高参与国际贸易规则制定的能力和水平。

第九章　新常态下的风险挑战

目前以及今后可预见的一段时期，中国经济面临的主要风险包括：传统制造业产能普遍过剩，企业经营困难；地方融资平台贷款和影子银行快速扩张导致的信用违约风险不断增加，流动性错配严重，企业融资难、融资贵；房地产调控长效机制还未建立，房地产市场风险如何平稳化解、房地产去库存进度如何尚存变数；国际经济环境及政策变化、国际资本市场波动、国际贸易保护主义抬头、对外投资壁垒将长期困扰中国经济等。与此同时，上述环环相扣、相互影响的各类风险显性化也将成为常态。

除了上述市场普遍关注的显性风险源外，2015 年以来，随着中国经济进入新常态，国内各项改革滞后叠加经济下行压力持续加大的风险，国内资本市场的异常波动及其后续负面影响，美国加息所引发的国际资本流动逆转、国际金融市场动荡加剧及国际政策协调风险，长期被排除在 TPP 之外的风险，国际大宗商品陷入中长期低迷的风险等，这些潜在的风险是否会持续暴露并冲击中国的经济发展，成为各方担忧所在，也给国内经济社会发展增添了新的不确定性。

第一节　当前经济运行中部分突出问题和主要风险

一　部分行业的产能严重过剩

受国际金融危机的深层次影响，国际市场持续低迷，国内需求增速趋缓，我国部分产业供过于求的矛盾日益凸显，传统制造业产能普遍过剩，钢铁、水泥、电解铝等高消耗、高排放行业尤为突出。2012 年年底，我国钢铁、水泥、电解铝、平板玻璃、船舶行业的产能利用率分别仅为 72%、73.7%、71.9%、73.1% 和 75%，明显低于国际通常水平。同时，钢铁、电解铝、船舶等行业利润大幅下滑，企业普遍经营困难。值得关注的是，这些产能严重过剩行业仍有一批在建、拟建项目，产能过剩呈加剧之势。如不及时采取措施化解，势必会加剧市场恶性竞争，造成行业亏损面扩大、企业职工失业、银行不良资产增加、能源资源瓶颈加剧、生态环境恶化等问题，直接危及产业健康发展，甚至影响民生改善和社会稳定的大局。

当前，我国出现产能严重过剩主要受发展阶段、发展理念和体制机制等多种因素的影响。在加快推进工业化、城镇化的发展阶段，市场需求快速增长，一些企业对市场预期过于乐观，盲目投资，加剧了产能扩张；部分行业发展方式粗放，创新能力不强，产业集中度低，没有形成由优强企业主导的产业发展格局，导致行业无序竞争、重复建设严重；一些地方过于追求发展速度，过分倚重投资拉动，通过廉价供地、税收减免、低价配置资源等方式招商引资，助推了重复投资和产能扩张；与此同时，资源要素市场化改革滞后，政策、规划、标准、环保等引导和约束不强，投资体制和管理方式不完善，监督检查和责任追究不到位，导致生产要素价格扭曲，公平竞争的市场环境不健全，市场机制作用未能有效发挥，落后产能退出渠道不畅，产能过剩矛盾不断加剧。产能严重过剩越来越成为我国经济运行中的突出矛盾和诸多问题的根源。企业经营困难、财政收入下降、金融风险积累等，都与产能过剩密切相连。

二　改革迟缓、滞后及落实不力所导致的改革红利的释放差于市场预期，改革信心不足并缺乏市场信任感

一是谨防市场波动延误改革时机。这一次股市暴跌已经使得计划中的注册制改革无限期退后、多层次资本市场建设步伐放缓、国企混合所有制改革与股权激励政策更趋保守、资本账户开放步伐更加谨慎。改革开放"开弓没有回头箭"，不能因为金融市场波动而延误改革时机。从根本上讲，无论是股市、债市还是汇市，金融市场大幅波动的深层次原因都是因为改革的滞后、改革不到位以及改革不够协调，原有的金融形态已不能满足金融市场化发展的要求。金融管制并不能减少金融市场的波动，最终阻挡不了金融市场化的趋势，金融市场波动反而是推进金融改革的契机。从过往历史来看，拖延改革会延长市场的不稳定状态，所以应该加快改革，协调推进各项改革，唯有如此，才可能降低改革成本，降低改革延误、迟疑不决的风险。

二是谨防利益牵制迟缓改革方案推出。从20世纪90年代至今，我国一轮又一轮的财税、金融、价格、收入分配和国企改革已经历了20多年，改革任务仍未完成。其中很重要的一个原因是国内外形势变化使然，但更

重要的因素恐怕在于，每一次改革都受到了相关利益群体的干涉、阻挠、博弈，使得每一次改革都有其极大的局限性，推进缓慢，留下了许多尾巴，不得不留给后人去解决。在改革中，应重点对长期以来形成的、盘根错节的利益格局进行彻底调整，避免既得利益群体的抵制和阻挠。当前，财税、金融、行政、国企、土地制度等多领域改革均明显滞后，其影响已经日益表现出来。虽然从表面上看，不改革无成本，但难以估量、巨大的时间成本也是中国经济不能承受之重，它会随着时间的推移，逐步成为经济增长的最大羁绊。

三是谨防懒政、庸政及不作为妨碍改革落实。从当前的实际情况看，各地方、各部门、各级干部中都存在一定程度的懒政庸政、等待观望、拖延应付、不作为等种种消极态度和投机思想，亟须坚决破除。在强调所有改革都需顶层设计并制定时间表和路线图的同时，未来需要有效调动好各地方、各部门、各方面的积极性、主动性，以"踏石留印、抓铁有痕"的劲头，真正推动各项改革方案的落实和执行，克服旧体制的巨大惯性与利益集团的阻挠，坚决消除中梗阻、肠梗阻，提高改革方案穿透力，发挥好市场在资源配置中的决定性作用，避免将系统性、整体性、协同性强的改革大业碎片化、线性化、程式化。此外，相对于较为显性的懒政、庸政及不作为，更重要也是更为隐蔽的是，防止政府中缺乏必要制约和监督的行政部门，采取各种手段削弱、曲解、拖延和架空改革本意和改革精髓，防止这些行政部门利用部门的"解释权"来歪曲改革，并夹带部门私货、利用技术性理由对抗、拖延改革，这一风险应引起决策层的重视和警觉。

三　罕见股灾对金融体系和实体经济的负面影响及其后续蔓延传染风险

从 2015 年 6 月 12 日至 8 月 26 日，在短短两个多月的时间内，上证综指由 5178 点闪电般跌至 2850 点，跌幅高达 45%。一时间，股票市场风声鹤唳，一片恐慌。在此次历史罕见的股市暴跌中，A 股市值最高蒸发 33 万亿元，相当于 2014 年 GDP 的 52%。尽管我国政府出台了一系列救市政策，并取得了一定效果，但股市暴跌对金融体系乃至实体经济均已产生局部性影响，其后的救市成本及其风险也不可忽视。2016 年年初，在有欠慎重、不合时宜的"熔断机制"的推动下，A 股市场 11 个交易日又再次恐慌性下跌高达 21%，颇有"股灾 3.0"的味道。

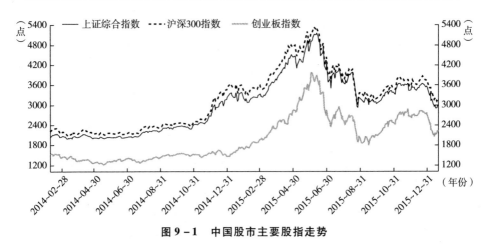

图 9 - 1　中国股市主要股指走势

第一，尽管此次股灾并未对金融机构资产负债结构形成较大冲击，但不可不防其风险暴露对整个金融系统的传染性和外溢性影响。

由于我国目前的金融体系仍是以间接融资为主，A股市场与金融体系联系相对较弱，银行体系没有在股市暴跌中遭受巨大损失，通过股权质押与理财产品配资等渠道参与股市总体的规模不到两万亿人民币，且杠杆率通常为 1：1。但是，未来股市如果继续恐慌性下跌，距高点跌幅超过50%，将有可能击穿银行的安全边际，更将会对券商、信托、P2P 等实力较为薄弱的金融部门构成较大冲击，若任其蔓延和传染，难免爆发系统性金融风险。特别是，如果股市下跌再叠加汇市的动荡，也有可能引发一定程度的资本外逃和强化汇率贬值。从改革的角度看，股市的剧烈震荡已经让正在进行中的金融改革如 IPO 注册制改革、做空机制的完善乃至逐步开放资本账户等再次延迟，陷入停滞，使得近期推进金融市场的改革失去了本来可以很好利用的资本市场的支撑。

此外，此次股灾发生在经济全球化和一体化日益加深、全球经济整体复苏乏力、中国经济增长减速等大背景下，包括股市、债市、汇市、商品市场等在内的全球市场联动机制、风险传递机制和连锁反应日渐明显，中国市场风险的外溢性和传染性已非同以往。

第二，尽管此次股灾并未对实体经济构成严重影响，但与经济下行叠加所产生的微观紧缩效应仍将在宏观层面得以充分体现。

从资产负债表渠道来看，股市下跌对内需特别是消费的抑制体现在两个方面：一方面，微观主体出现巨大的负财富效应。此次股灾相较于以往最大的区别在于加杠杆，特别是融资能力较强和股票资产较高的中高收入阶层杠杆率普遍较高，对场外配资和正常融资的强制平仓和清理，对高净值人群财富的毁灭和信心的打击是惊人的，其对消费需求的抑制将会逐渐显现。另一方面，企业抵押物等资产缩水使其投资能力受到一定抑制。尽管企业股权质押规模在社会融资总量中还十分有限，但股价缩水对企业整体融资能力和未来投资意向的冲击还是显而易见的，融资渠道收窄、成本上升，将使其对新兴产业、创新领域的投资更趋保守和谨慎。

从信贷渠道来看，尽管股票融资在我国社会融资中占比较低，不足5%，但考虑到中国股市"牛短熊长"的特点，未来股市持续下跌将使IPO何时恢复、注册制改革何时启动，都将变得很不确定。上市渠道不通畅势必对企业创新产生较大的打击，不排除未来会出现股市与实体经济螺旋式恶化的局面，使引发中国式的金融危机和经济危机的可能性大大增加。

第三，此次股灾大大延迟了居民资产配置调整和企业融资结构优化的节奏和步伐，错失了宏观上将高杠杆从政府和企业部门平滑移动到居民部门的良好机会。

2015年这轮难得的牛市给居民资产配置腾挪和企业实现债转股创造了有利条件。一方面，居民通过购买基金或直接投资股市获得资产收益，形成良性的财富效应。另一方面，随着新股大量发行以及计划中的IPO注册制和战略新兴板有望推出、新三板交投活跃，使得众多企业通过增加股权融资、降低信贷比例成为可能。但短期内市场趋势的迅速反转不仅使大量投资者损失惨重，更让极不容易调动起来的市场各方对股票市场的投资热情再次被泼上一盆冷水，使投资者对市场产生怀疑，使市场对政府信用产生怀疑，使原本正在进行的居民大类资产重新配置和企业资产债转股和降杠杆的进程都被迫紧急刹车。

第四，应对市场重大危机时政府监管部门展现出不及时、不专业、不协调等一系列问题，监管失灵加剧了本已严重的市场失灵，导致市场再次崩溃和功能再次丧失的风险犹存。

将这一轮股市震荡简单归咎于杠杆工具是极不公平的。尽管各类杠杆工具模糊了投资者适当性原则，提高了社会资金整体的风险偏好，培育了事后风险的温床。但事实上，杠杆本身并不是问题。或者说，杠杆问题的暴露和疯狂并酿成大祸，本来就是监管默许、放纵和最终粗暴干预去杠杆的结果。

长期以来，由于存在制度黏性，渐进的制度变迁始终落后于转型期间的金融创新步伐，金融监管制度改革大大滞后于杠杆工具的跨界创新，银行、证券、信托等交叉监管领域出现了一定的真空，越来越多的高杠杆工具游离于监管的覆盖范围之外，对于杠杆工具的规模、分布及资金来源等关键信息严重缺失，由此相应的高风险也就没有得到有效控制。我国长期以来坚持的"分业经营、分业监管"原则事实上已被突破，资本市场与银行之间的"防火墙"也被突破，这就为防范金融业系统性风险带来了新的挑战。说到风险，当市场出现逆向调整时，信息缺失极易诱发出意想不到的传染性、非理性恐慌。简言之，从一开始，就是监管不到位背景下的高杠杆资金催生了巨大的股市泡沫。

之后，超预期的去杠杆速度、投资者羊群效应和交易制度的缺陷，导致了股市价值回归演变为一场波及面巨大、影响深远的流动性危机。在去杠杆过程中，很遗憾，监管部门展现出的不及时（犹豫不决于救市的正当性和必要性而错失稳定市场的良机、挤牙膏式的应对措施放任了流动性的崩溃）、不专业（救市信心不坚决、目标不明确，对做空机制的过度限制、一刀切式的配资清理）、不协调（一行三会动作不一致、严重缺乏应有的协调）等一系列问题又导致了监管失灵，加剧了本已严重的市场失灵，一度使市场的崩溃预期不断得到自我实现和自我强化，交易制度的缺陷在去杠杆过程中被放大，跌停潮、停牌潮和基金赎回潮，再加上高频的程序化交易，吞噬着市场的流动性。股市下跌的风险变异为整个金融市场的流动性危机，引致期货、外汇、债券以及商品市场等多市场联动的流动性危机，更对中国金融市场的稳定提出了挑战。

第五，直接干预市场的措施不可长期化，救市本身亦存在多重潜在风险。

政府通过注资、发债、同业拆借、IPO暂停、鼓励上市公司大股东和央企增持股票等救市措施，已使市场流动性有所恢复，稳定了市场预期，阻止了风险由局部蔓延至全局，金融体系的稳定性暂时得到保证。然而，我们必须清醒地认识到，非常时期实行的直接干预措施是存在持久"副作用"的。

一是应急措施放慢了股市的价值回归。对于部分过高估值的个股，应急措施并未使泡沫消失，股价并未回归到合理水平。在对市场应急措施的不当解读下，个人投资者的赌徒心理有可能再度回归。

二是政府通过央行再贷款及证金公司的发债等提供了显性信用，有可能诱发投资者的道德风险。政府反复托底为一些短线投资者提供了明确的套利空间，由此将产生较大的道德风险。在市场普遍形成"政策托市"的刚性预期下，增加了市场在政策区间反复震荡的概率。一方面使管理层面临进退两难的政策困境。另一方面使投资者对应急措施产生依赖，市场自我调节机制失灵。

三是应急处置措施的资金有很大一部分来源于商业银行表内的同业拆借和企业贷款，意味着风险由分散的投资者向银行系统集中。这些政策短期有利于稳定股市，但如果长期维持，则不利于金融机构的风险管理和上市公司的治理，甚至可能为未来潜在的系统性风险埋下伏笔。

四　全球经济复苏进程不一致以及美国启动首次加息，由此引发的国际金融市场动荡、国际资本流动逆转及国际政策冲突加剧亟须协调等风险

2014年以来，主要经济体宏观经济基本面各不相同。美国、英国经济增长稳健，而日本和欧元区复苏脚步迟缓，以中国为代表的许多新兴市场经济体增速也在放缓。这不可避免地导致了主要发达经济体之间处于不同的货币政策周期。尽管美联储及英格兰银行已表示愿意采取措施转向货币政策正常化，但国际上多数中央银行都偏好宽松的货币政策——自2015年年初以来，已有20多个央行放松了货币政策，其中尤以欧元区和日本的刺激政策为甚。这集中反映了多数经济体对未来几年通缩压力的担心以及经济不景气的预期。

从方向和程度上看，中美欧日货币政策分化显著增大，这种反向的宏观政策将产生多种效应，其中最显性的是汇率波动。美元升值对欧日出口复苏有利，但同时会引起资本向美国汇聚，从而抵消欧日央行宽松政策的效果。另外，美元升值长远来看也不利于美国经济的持续复苏，会在一定程度上降低其仍显屡弱的出口竞争力。美元汇率如果出现大幅震荡，各国货币如果竞相进行竞争性贬值，将引起全球资产价格和资本大规模异动，同时也加大了国际间协调各项宏观经济政策面临的巨大挑战和失误的风险。可以说，中美欧日货币政策分化是未来全球经济面临的最重大挑战，沟通和处理不好，将殃及全球经济复苏进程。

特别是，作为全球最大的两个经济体，中美货币政策走向的分歧正在加剧。展望2016年，随着国内经济持续复苏的势头愈发明显，美联储大概率将在 2015 年年底首次加息的基础上继续上调国内利率水平；而受困于国内经济的持续下行，中国央行将进一步放松货币政策。两国货币政策走向的分歧将加剧，不同货币政策周期的国际溢出效应势必对未来经济增长、资产价格、资本流动、汇率以及大国间的政策协调等造成显著影响。

2015 年年底，随着美联储首次加息变为现实以及人民币快速贬值，加剧了国际社会对中国及全球经济增长进一步减缓的担忧，国际投资者的信心严重受挫，外汇市场上主要国家货币对美元呈现普遍的贬值态势，世界各主要股票市场均出现了下跌。由于担心避险资金回流至发达市场，新兴市场股票跌幅尤为明显，新兴市场 ETF 和 VIX 波动率指数创两年来新高。美国三大股指也尽显疲态，纷纷跌破趋势线，有构筑头部之嫌。一时间投资者风险偏好快速下降，市场波动加大，恐慌情绪在全球市场蔓延。

未来包括中国经济在内的全球经济面临的风险主要是美联储加息的不确定性：包括美联储未来加息时点、频率、幅度和持续时间长短不确定所带来的对后续市场的影响。美联储加息频率越密集、幅度越大、持续时间越长，市场波动的时间就越长、幅度就越大，对新兴市场的影响就越偏负面、越持久。

历史经验表明，凡是过于倚重外资或外贸、外汇储备规模较小、资本管制手段较少、赤字率较高的国家，美联储加息所带来的负面影响会更大。根据此标准预计，美联储首次加息，将对俄罗斯、土耳其、马来西亚、印度尼西亚、泰国、巴西和智利等新兴经济体的冲击较大。

中国的风险和挑战在于，能否坚持市场决定资源配置的基本导向，能否坚持以"提质增效"作为发展的主旋律而适时放弃片面追求增长的发展观，能否在为追求短期和中长期稳增长目标而采取适度宽松货币政策的同时，平衡处理好调结构、推改革、防风险、促创新等诸多关系。

当前及今后一段时期，中国经济面临的最大挑战和任务是有效对抗日益沉重的通货紧缩压力。目前 CPI 同比增速连续 18 个月运行在 2.0% 以下，PPI 同比增速出现了持续 50 多个月的通缩状态。鉴于全球大宗商品价格的持续低迷及中国制造业的严重产能过剩，PPI 同比增速在 2016 年仍有继续下行的可能。

考虑到目前中国企业较为沉重的杠杆率，在内外需持续萎缩的背景下，信用扩张无法带动有效的经济增长，因此，降杠杆、去产能、调结构是必然的趋势。然而，工业品严重的通货紧缩可能与企业去杠杆相互作用，形成可怕的"债务—通缩"循环，即通货紧缩加剧企业去杠杆压力，而企业去杠杆又会加剧通缩压力，两者相互作用、相互恶化。一旦这一恶性循环自我实现，经济增长就可能出现断崖式下滑。

为此，需要中国货币政策及时从稳健转向事实上的宽松，2016 年进一步降息与降准仍是政策的重要选项。由于美联储未来一年将继续逐渐加息，中国央行在继续放松货币政策的过程中，必然会加大两国货币政策的分化，由此产生的压力将对中国的货币政策操作形成巨大牵制与掣肘。中国降息，而美联储加息，中美利差将会显著收窄。其结果有二：一是人民币兑美元汇率将面临更大的贬值压力，从而增强市场主体做空人民币的动力，这无疑将加大中国央行进一步维持汇率稳定的难度。二是中美利差收窄导致的人民币贬值预期加剧，可能导致更大规模的短期资本外流，并可能加剧国内银行间市场的流动性短缺，从而进一步产生其他负面影响。因此，中国央行为反通缩、打破"债务—通缩"循环所采取的货币政策操作，将使自己面临两难处境：如果不放松，经济下滑趋势难以遏制；放松，则会加大中美货币政策的分歧，从而加剧人民币贬值、资产价格下跌与资本外流压力。如何兼顾多重因素的平衡，考验着决策者的智慧。

五　中国被排除在跨太平洋伙伴关系协定（TPP）之外对政治经济的中长期负面影响不可忽视

泛太平洋 12 国历经 20 年最终于 2015 年 10 月达成了 TPP 基本协议，这意味着规模占全球四成的巨大经济圈将应运而生。TPP 是由美国主导的合作组织，它是希望通过 TPP 全面介入亚太区域经济一体化进程，确保其地缘政治、经济和安全利益，重塑并主导亚太区域经济整合进程，稀释中日等国的影响力，进而实现其长期称霸全球的政治意图。TPP 的核心是美国需要通过这一新的多边协议把美国的核心利益变成国际法律予以确立，这些利益包括农产品市场开放、资本市场开放、平等竞争（用工制度、环境保护、政府采购与补贴、国有企业等）、知识产权保护、安全标准、技术贸易壁垒、动植物卫生检疫、争端解决等。对中国而言，这是美国试图以多边框架对抗中国近年来与很多国家签署的双边合作协议，是针对中国的"重返亚太"战略在经贸和投资领域的具体体现。奥巴马在当天发表的声明中指出："当超过 95% 的潜在客户生活在我们的国境之外，我们不能让像中国这样的国家书写全球经济的规则。"这一露骨表态已经再明白无误地传递了美国一贯的遏制中国崛起的战略意图。

TPP 在版图意义上，构建了一个跨太平洋的、多区域的、新的区域生产网络，从降低关税、投资一体化等方面来看，该协议影响重大，值得关注。就短期而言，基础协议达成不等于生效，也不等于立马实施零关税。同时，TPP 12 个成员的经济总量占全球经济总量的40%，而贸易总量占全球贸易总量的比例不足30%，并且区内贸易投资占比更低，也就是说实际的一体化程度和经济相互依赖程度并不高。因此，TPP 对中国短期的负面影响更多体现在心理层面、政治博弈层面，并非立竿见影，实质的经济冲击较小。但对国际投资者信心的负面影响，伴随着中国经济下行、美国经济开始复苏的大趋势，将会变得非常微妙。

虽然短期内 TPP 对中国产生的影响有限，但是不能忽略长远影响。从中长期来看，我们所面临的风险主要包括以下六点。

第一，TPP 意味着全球贸易投资规则演变和升级的开始，标志着新一轮国际贸易投资规则之争的开始，未来由一系列代表发达国家利益的高标准的贸易投资规则形成的壁垒，将对我国构成更大的冲击与挑战，国际贸易"规则之争"将超越"市场之争"而成为新一轮全球化博弈的焦点。

第二，TPP 会影响中国周边的地缘政治。中国跟美日贸易的竞争性不大，相反互补性大。越南和马来西亚会对中国产生两个影响：一是产生虹吸效应，会加快中国资本外移到越南和马来西亚。二是还未加入 TPP 的东南亚国家会受到越南和马来西亚的影响，积极要求加入 TPP，从而导致中国在加入 TPP 的第二轮谈判中比较被动。

第三，由于协定国家实行"零关税"，TPP 对中国的贸易和国民收入会有负面影响，可能会带来就业减少和产业流失。有学者估算，在目前的 P12 情况下，对美国出口可以提振 0.37%，但对中国则是负面的 0.14% 的影响，同时由此带来的福利损失为 40.58 亿美元。若长期被排除在外，区域内国家对中国将形成实际上的贸易歧视和贸易转移，这对中国大部分可贸易部门都将产生负面冲击。还有学者测算，在 TPP 成员国达到 16 个（"大 TPP"）的情况下，如果不加入，中国会因此损失 2.2% 的 GDP。假设 TPP 的过渡期为四年，则在该阶段内的年均机会成本略超过 0.5% 的 GDP。

第四，在产业层面的影响有利有弊。有分析认为，纺织品、食品加工、服装、汽车出口将下降大约2% ~3%，而电子产品、有色金属、皮革制品等行业的出口或将上升0.5% ~1.5%，这主要是因为TPP将促进成员国GDP的增长，进而增加对我国某些行业产品的进口。进口方面，除了电子产品将轻微上升外，其他所有产业的进口量下降幅度平均在1%左右，这主要是因为不加入TPP将对我国经济增长不利，进而导致我国进口减少。"大TPP"情景下将使中国的纺织、服装、电子设备等行业的实际产出明显上升，幅度达4% ~8%，而采矿、石化、运输设备、机械设备行业将面对更强的国际竞争，因此产出略有下降。

第五，TPP成员可能存在进一步扩大的趋势，这将加大美国对亚太事务以及全球贸易投资规则的主导。日本加入TPP对周边很多国家都会是一个触动，很多国家都在观望TPP的进一步发展，比如韩国就在观察到底中国加不加入以便决定自己要不要加入、什么时候加入。印度现在的态度比较消极，但未来是否会有变化还不确定。如果TPP继续扩大的话，再加上如果跨大西洋贸易和投资伙伴关系协定（TTIP）成功推进，那么美国将可能继续主导全球贸易投资新规则，这样将完全有利于美国自身在亚太的利益，势必将挤占我国的利益。

第六，未来如果美国将TPP与TTIP对接，将由此诞生全球规模最大的自由贸易区。双方针对亚太国家的政策协调程度无疑会明显加强，美国借助TPP与TTIP充当亚太地区"领袖"的角色将得到显著强化，这对中国的潜在影响更大。

第二节 财政风险分析

一 当前我国地方政府债务风险评估

1. 地方政府债务数据

根据审计署报告，截至2013年6月底，全国地方政府的相关债务约达17.9万亿元，其中地方政府负有偿还责任的债务约为10.9万亿元，负有担保责任的债务约为2.7万亿元，可能承担一定救助责任的债务为4.3万亿元。审计署还公布过2010年年底地方政府债务余额为10.7万亿元，2012年底约为15.9万亿元。根据以上数据估算，2011年我国地方政府债务余额为13.3万亿元，2013年年底可达20万亿元，2014年底为24.7万亿元。

表 9-1　我国地方政府债务情况

	三类债务合计		政府负有偿还		政府负有担保		其他相关债务	
	数额 (亿元)	比例 (%)	数额 (亿元)	比例 (%)	数额 (亿元)	比例 (%)	数额 (亿元)	比例 (%)
2010 年年底	107174.9	100.00	67109.51	62.62	23369.74	21.81	16695.66	15.58
2011 年年底	133016.6	100.00	81695.69	61.61	24120.52	18.73	27200.41	19.66
2012 年年底	158858.3	100.00	96281.87	60.61	24871.29	15.66	37705.16	23.74
2013 年 6 月底	178908.7	100.00	108859.2	60.85	26655.77	14.90	43393.72	24.25
2013 年年底	201588.2	100.00	123079.4	61.08	28568.28	14.18	49940.51	24.79
2014 年年底	247200.3	100.00	150668.0	60.97	35933.95	14.54	60598.38	24.52

　　资料来源：2010 年年底、2012 年年底和 2013 年 6 月底数据来自审计署报告，2011 年数据由 2010 年和 2012 年的平均数估计，2013 年年底数据按照 2013 年上半年增速和 6 月底数据估算。2014 年债务数据根据 GDP 与估计债务率测算，三类债务比例为 2013 年数据和 2012 年数据均值。

2. 地方政府收入

从地方政府收入结构来看，一般预算收入占地方政府收入的 47.37%，不到全部地方政府收入的一半。2010 年、2011 年、2012 年、2013 年和 2014 年地方政府一般预算收入分别为 4.06 万亿元、5.25 万亿元、6.11 万亿元、6.89 万亿元和 7.58 万亿元。那么，相应，2010 年、2011 年、2012 年、2013 年和 2014 年地方政府收入分别为 8.57 万亿元、11.08 万亿元、12.9 万亿元、14.55 万亿元和 15.8 万亿元。

3. 我国地方债务风险形势严峻

从整体经济偿还能力来看，我国地方政府债务风险已经很大。根据以上假设，我们列出了地方政府债务余额比较图。可以看到，债务占 GDP 的比例从 2010 年的 26.65% 上升到了 2013 年的 35.34%，如果算上中央政府债务余额约 13 万亿元，合计政府债务占 GDP 比例为 58%，已经接近国际上 60% 的预警线；如果中央政府债务余额约 13 万亿元，2014 年合计政府债务占 GDP 比例已经为 60%。从债务占预算收入和债务占总预算收入指标来看，也是呈上升趋势。因此，从政府偿还能力来看，也说明我国地方政府债务风险到了关键阶段，需要引起高度重视。

国际上关于政府债务偿还能力还有另一个重要指标，即财政赤字占 GDP 的比率小于 3%。我们这里用地方收入赤字与 GDP 比来表示，用地方政府债务余额变化作为收入赤字的估计。2013 年和 2014 年，该指标分别达

表 9 – 2 地方政府债务余额指标比较

年份	地方政府债务余额（万亿元）	地方政府一般预算收入（万亿元）	地方政府全部收入（万亿元）	GDP（万亿元）	地方债务/预算收入（%）	地方债务/总收入（%）	地方债务/GDP（%）	地方收入赤字/GDP（%）
2010	10.7	4.06	8.57	40.15	263.55	124.85	26.65	—
2011	13.3	5.25	11.08	47.21	253.33	120.04	28.17	5.51
2012	15.8	6.11	12.90	51.93	258.59	122.48	30.43	4.81
2013	20.1	6.89	14.55	56.88	291.73	138.17	35.34	7.56
2014	24.71	7.58	15.8	63.64	325.98	156.39	38.83	7.25

资料来源：2014 年地方债比率根据 2010～2013 年趋势推测。

到 7.56% 和 7.25%，过去 4 年平均值超过 6%，是合理界限的 2 倍，面临较大风险。从偿债年度看，2014 年和 2015 年我国地方政府债务风险压力较大。2013 年 7 月至 12 月、2014 年到期需偿还的政府负有偿还责任债务分别占 22.92% 和 21.89%，2015 年、2016 年和 2017 年到期需偿还的分别占 17.06%、11.58% 和 7.79%，2018 年及以后到期需偿还的占 18.76%。

二 地方政府债务管理的国际经验

20 世纪 90 年代俄罗斯、匈牙利等国地方政府为弥补严重的经常性收支赤字对举债规模未加控制，导致地方政府债务的不可持续。同时期的巴西、阿根廷等拉美国家由于软预算约束导致地方政府入不敷出，中央政府无条件地为陷入财政困难的地方政府提供救助激化了市场的道德风险，使其最终陷入债务危机。美国、法国则在更早时期都有过地方政府破产的教训，这些危机使很多国家开始将地方政府债务管理上升为国家战略的层面，建立了针对地方政府的借款和信用风险的管理框架。总结来看，有四个方面的经验值得我们借鉴。

1. 加强上级政府管理

从世界范围考察，各国根据本国政府间财政关系和金融市场成熟度采用不同模式来管理地方债，主要有市场约束、共同协商、制度约束和行政控制四种模式。加拿大和美国采取了市场约束型，澳大利亚联邦政府与地方政府形成了有效的协商机制，德国、英国采用了制度约束型，法国、日本则以行政控制型为主。

2. 建立具有透明度和约束力的地方债务市场

地方政府债务市场主要有银行贷款和地方债券两种模式,相对于银行贷款模式,发行债券的优势在于其高透明度和强约束力。美国、加拿大是发行债券的代表,法国、英国是向金融机构借款的代表,而日本、德国和澳大利亚地方政府通过发行债券和借款两种方式借款。

3. 建立地方债务管理运行规则

地方债务管理运行规则主要是针对地方政府债务管理权限(包括举债权、用债权和偿债权)设立的事前规则,主要包括规模控制、透明度、举债用途和偿债资金四个方面。

规模控制分为需求控制和供给控制两种模式。需求控制约束作为借款方的地方政府,供给控制约束向地方政府提供贷款的银行及非金融机构。澳大利亚、美国、日本、英国主要实施需求控制;加拿大实施了供给控制,有利于激励银行严格评估地方政府债务风险。

地方政府债务管理的高度透明有利于提高政府债务控制能力。发达国家一般采取两种方式:一是从会计制度上予以改革,使财政信息更为真实有效地反映政府各项经济活动,如英国、澳大利亚要求地方政府运用权责发生制原则报告直接债务和或有债务情况。二是建立一套完善的与债务预算制度相适应的地方政府债务统计与报告制度,如法国、美国。

多数国家要求地方政府在举债时遵守"黄金规则",即除短期债务以外,只能用于基础性和公益性资本支出项目,不能用于弥补地方政府经常性预算缺口。美国所有地方政府都要求平衡预算;德国、法国、英国、日本等国规定地方政府只能用于资本性支出。

为减小地方政府债务风险,很多国家对偿债资金来源做了明确规定。美国一般责任债券的偿债资金包括项目收费收入、地方税收等;收益债券或非担保债券则以债券融资项目未来的收费收入作为偿债来源。法国偿债资金的来源主要包括地方税收、各类转移支付、发行新的地方政府债券等。日本偿债资金包括地方税收收入、中央拨付的地方交付税。同时,许多国家都建立了偿债准备金。美国规定偿债准备金数额为当年还本付息总额的100%~120%。也可以是当年债券发行价值的10%,英国偿债准备金保持在债务本金4%的水平,日本地方政府每年按债务余额的1/3提取偿债准备金。

4. 建立地方政府债务管理的监督机制

地方政府债务管理的监管机制包括风险评估和风险预警、地方政府纠错与问责机制以及地方政府危机化解三个方面。监管机制可实现事中和事后控制，尽量减少风险的再次发生。

风险评估和风险预警。风险评估和风险预警旨在通过可量化的风险指标，对各种债务风险因素进行识别、分析、汇总和判断，寻找引起警情的原因，并在此基础上对出现问题的部门和机构发出警告、提出相应的纠正与化解措施。美国俄亥俄州著名的财政监测计划将地方政府债务与其财政状况联系起来，及时对地方政府财政状况进行预警。

纠错与问责。通过预警体系及时发现那些违反举债规则的地方政府后，需要对地方政府进行适当惩罚，使其从中吸取教训。样本国家规定了各种纠错与问责措施，包括取消举债权、收取债务违约赔偿金、追究责任人的经济、行政及法律责任以及削减预算和转移支付等。如澳大利亚接受救助的州政府需要付出很高的政治成本，或被迫辞职，或在竞选中失利。

地方政府债务危机化解。当地方政府最终无法偿还债务，面临偿债危机时，样本国家一般采取三种措施：一是地方政府自行处理，如美国。二是中央政府重组地方政府债务，如澳大利亚，但实施条件和程序需通过《金融协议法案》得到明确界定。三是由中央政府行政接管。如法国由上级政府直接派人接管。重新组建地方政府和议会。另外，一些国家建立了破产机制，帮助借款人和贷款方稳定预期，强化硬预算约束，如美国，但州政府和市政府破产属于激进措施。

三　我国地方政府债务管理中存在的问题

1. 中央对地方政府债务管理滞后

我国地方债务管理模式不是一种系统性的制度规则模式，而是一种就事论事的体系。中央政府缺乏统一的综合性债务管理部门。同时，中央政府无法准确掌握地方债务信息，缺乏监督。

2. 我国地方债务市场结构扭曲

地方政府作为市场需求方较为强势，大多依赖地方融资平台从国有银行直接贷款获取资金。2010 年年底的 10.7 万亿元的地方政府性债务中，银行贷款占 79%。地方政府通过融资平台融资，掩盖了其真实的融资渠道。形成大量或显性，或隐性负债。同时，通过土地做抵押向国有银行申请贷款，国有银行势必会低估偿债风险。贷款利率定价难以覆盖其风险程度，阻碍了金融市场效率的提高。

3. 缺乏常规化、机制化统计渠道

我国目前没有权威的统一的地方政府债务统计口径，也没有将预算外债务（主要是地方融资平台债务）纳入正式债务预算中，审计署或相关部门临时性的抽查，经常是问题已累积到严重的程度时才采取行动，不是解决问题的根本之道。同时，我国政府会计仍然实行收付实现制，难以反映政府债务情况，也没有统一的政府债务管理信息平台，地方政府债务情况难以实时掌握。

4. 没有监督惩罚机制

债务预警机制无法建立起来，更危险的是地方政府风险意识淡薄。目前，我国对政府借款人还没有明确的责任要求和相应的处罚机制，地方政府违约率高，"新官不理旧账"等问题长期得不到处理。对中央政府救助的预期会对地方政府举债和偿债行为产生重大影响。市场透明度的欠缺、市场治理的疲弱通常也会放大道德风险。

四　造成当前地方政府债务的制度性原因分析

1. 分税制体制下地方政府庞大的事权与有限的财权之间的矛盾导致了巨大的财政收支缺口

1994 年，实行分税制改革后，财政的集中度大幅度提高。与此相对照，中央政府与地方政府的事权划分却未能彻底进行。尤其是各级地方政府之间的事权划分工作几乎没有展开。在 1994～2002 年，中央财权与地方财权之比为 52∶48，而中央事权与地方事权之比则为 30∶70。各级地方政府所承担的加速经济结构调整及产业升级换代、扩大城市基础设施建设和补贴国企亏损等促进地方经济发展的责任不断增大，财政增收却相对滞后，支撑经济运行的财力匮乏。在财政金融体制不健全的条件下，地方政府不得不通过各种非正规渠道直接或间接地借入内外债务违规融资。在缺乏偿债机制和债务管理制度的情况下，积累了沉重的债务责任与还本付息压力。所以，地方巨额财政负债形成的根源在于制度供给的失衡和管理体制的缺失。

2. 政府间的财政关系缺乏法律和制度保障

自改革开放以来我国实施了财政分权制度。但是，这是在一个制度

供给失衡的环境中进行的。由于政府之间的财政关系缺乏宪法和法律保障，制度变迁的主导者是中央政府，在没有法律约束的情况下，随时有可能根据自身的利益来调整方案，如所得税变成共享税的例子。由此造成了财政体制缺乏内在的稳定性。另外，我国目前尚未形成透明、统一和公正的转移支付制度。但各级政府间的纵向转移支付规模很大，向经济落后地区的各类转移支付金额不断增加。全国范围内的横向转移支付制度根本没有建立，省级以下政府间转移支付制度亦尚未真正建立。相当一部分转移支付是通过专项补助形式进行的，而补助量的多少没有明确和严格的事权为依据，分配不具有透明性，难以排除拨款的随意性，不能保证向所有地方政府提供足以满足最基本服务需要的财政资金。转移支付制度的滞后加剧了区域财力分布不均，致使财力匮乏地区举债运营。

3. 政府职能转变不到位

由于地方政府的作用与市场作用的关系尚未理顺，政府对经济、社会微观领域事务干预过多，地方政府仍然做着许多本应由市场、企业去做的事情。很多地方政府一提到发展经济，首先想到的是直接投资上项目。政府投资是由政府官员决策和经营的，由于体制、机制、决策和经营才能等诸多方面的先天不足，有的地方政府直接介入生产性、竞争性领域，投资失败承担了大量本应是市场承担的风险，造成负债累累。

4. 地方行政层级过多，造成财政负担过重

目前，我国行政架构由五个层级构成，每级政府班子齐全，上下一般粗。中国县市一般常设机构近 40 个，还有不少非常设机构。乡镇 5 大班子俱有，"七站八所"齐全，财政负担的人员从过去 10 人左右增加到目前的几十人甚至上百人。行政机构繁杂、人浮于事。地方政府行政层级过多不仅导致行政效率不高、财政供养人口负担过重，而且使得地方政府的财源受到很大制约。

5. 政府绩效评价和监督体系不完善

由于现行带有计划经济和官本位色彩的政府官员的评估体系，促使一些地方官员争拨款、举外债，聚集更大的资源用于"形象工程"和"政绩工程"，盲目扩大或突出一些考核指标，创造更大的"政绩"。一些地方政府官员在举债时往往不考虑后果，只管借钱举债而不计成本、效益，更不计风险。预算管理与核算体制也不规范。由于有限理性和信息不对

称，地方人大对预调整项目的审批往往流于形式，一些零星的预算外支出也并不通过人大常委会的审查。决策共同体成员手中大都拥有机动的财政额度，这使得具有法律意义的预算成为软约束。在现行国家预算核算上，政府预算收支分类体系中只反映了一般预算收支、基金预算收支、国债转贷收支等事项。地方政府的大部分借款收支事项，并没有纳入政府预算核算。此外因信息披露机制不完善，缺乏对地方政府的信用评估，缺乏针对地方建设项目的社会经济效益进行的后评价制度。从长远来看，如果这些制度性的问题不予以很好解决，地方政府债务的累积可能造成的后果是十分严重的，会影响社会经济的健康发展，严重时甚至会导致社会不稳定，引发金融危机。

五　防范地方政府债务风险的对策建议

"以融资平台为主体，以土地储备作为抵押支持，以银行信贷作为主要资金来源"的融资模式已被实践证明难以为继，下一步需要深化财政税收体制改革，从根本上改变地方政府的被动局面。同时落实科学的地方政府管理制度，建立有效的地方债务市场，实施地方债务运行监督机制。

1. 合理划分各级政府的事权与财权

深入研究社会主义市场经济条件下地方政府的职能划分、事权界定与支出职责。在充分深入研究的基础上制定相关法律法规，从法律上明确各级政府之间的事权划分。依据事权划分来合理分配中央与地方政府间的税收关系，建立与完善地方税收体系。有必要建立与完善地方税收体系，适当扩大地方税收规模，使地方本级收入基本能够满足地方财政的开支，增强地方政府以自身相对独立的财力来防范财政风险。在中央、地方的财政关系上，要坚持收入相对集中，支出相对分散的原则，以增强中央财政平衡地区经济的能力。此外，地方非税收入的合理化、规范化是十分重要的配套事项。

2. 逐步建立规范的地方政府借贷市场

以地方政府自行发债等阳光融资，替代、置换"融资平台"等隐性负债机制，从根本上控制和化解地方债务风险，使地方政府举债公开透明，置于公众监督之下。尽快在我国建立规范的地方政府融资体系，将无序的融资转变为有序的融资，并通过债务的规范、有序运作来缓解地方财政困难。有必要对《预算法》进行修订。可以制定《公债法》或《地方公债法》，从而对地方公债的发行进行规范，利用制度约束与政策导向审慎选择和确定地方公债的发行主体资格、债券期限、发行利率、发行方式、发行对象、可流通性、债务资金的投入方向。在制度设计上，可以采取渐进式的做法。亦即在压缩地方政府体制外债务融资的同时，在中央的宏观控制下，在地方人大的审查和监控下，由地方政府自主地在证券市场上公开发行本地公共品建设所需资金，并接受市场的监督。充分发挥市场机制的作用，鼓励信用评价机构对各级地方政府进行信用评级，以加强市场和社会对地方政府发债行为、债务规模和债务风险的监督和约束，并发挥舆论的监督作用。

3. 加强中央政府对地方政府债务的管理

依托预算管理改革，加强政府债务归口管理，建立健全或有负债的统计与核算体系。有必要成立专门的预算编审机构，细化预算编制，提高预算的透明度，不留预算缺口，严格控制预算追加。同时改变现有的收付实现制的核算办法，建立权责发生制原则下的科学、规范的预算核算体系。在全面深入调研的基础上，区分不同的债务类型，针对经常性债务和融资性债务、直接债务和间接债务、显性债务和隐性债务，分别研究制定不同的处置办法。建立地方政府债务信息公开披露制度，增加地方财政与地方债务的透明度。

4. 建立地方政府财政赤字风险监控体系

成立各级财政赤字风险监控部门，建立各级政府债务风险的预警和评价指标体系，加强地方政府债务风险的信息披露和评估，科学测定和制订政府债务计划，建立政府负债的偿债机制、评估机制和财政突发事件应急机制，设置政府债务风险准备金，专门用于政府或有负债及其他突发性事件对财政的冲击。为了有效监控地方政府债务，中央政府和各级地方政府都应建立统一的监控体系，由专门机构和专职人员对地方政府债务进行定期统计和动态监控，随时把握本级政府和下级政府的债务规模、债务结构和风险状况。建立财政偿债基金，完善债务偿还机制，尽快建立地方政府债务融资的预警系统。

5. 具体明确地方政府债务责任

制定与地方政府债务融资管理相关的如政府融资投资决策、偿还和决策失误责任方面的各项法律法规，完善各级人代会与各级政府间相互制衡和约束机制，从法律角度约束和规范政府融资行为。各级财政部门应对本级政府所属部门举借债务进行认真审核，监督债务资金的使用及偿还状况，承担监督管理责任。通过完善行政管理体制，改革地方政府干部制度，建立起地方政府内部的自我约束机制。进一步完善地方政府的行政管理体制，将债务考核和信用评级纳入地方政府的政绩评价范畴。同时，加快干部人事制度改革，将地方债务的管理水平和地方政府的信用评级状况纳入地方干部的业绩考核范畴。凡不能真实披露有关信息的地方政府，其干部晋升和投融资行为等都应受到严格限制。凡故意隐瞒重大信息者，应依法给予行政处罚，直至法律惩处。

6. 加快地方政府职能转换和机构精简

加快推进地方政府的职能转变，将地方政府的职能从广泛的经济发展与经济建设任务转换，收缩到有限的公共管理和服务职能上来，将经济发展与经济建设的任务更多地让渡给市场，让渡给企业和中介组织。使其投资收缩在公共工程、基础设施、科技进步、环境保护等能够对地方经济建设的持续发展创造条件的公益性投资项目上。继续推进财政层级扁平化，使"省直管县""乡财县管"覆盖到更大的范围。

第三节　金融风险分析

一　我国金融领域面临的主要风险

近20年我国经济增长一直保持较高的增速，但在经济发展转型、调结构上的进展相对缓慢。2008年全球金融危机后，我国的应对措施采取了四万亿元的刺激计划。刺激计划对当时我国经济快速复苏起到了很重要的积极作用，经济保持了较快、稳定的增长。另外，刺激计划也带来了经济不平衡、不协调、不可持续纠正缓慢的问题，比如因为货币超发引起的通货膨胀，产业结构没有得到调整以及产能过剩和地方债等问题，亦即造成现阶段经济发展问题的主要原因。从金融体系的角度来看，金融风险主要体现在影子银行规模快速膨胀给金融系统和监管部门带来的压力，房地产价格泡沫破裂的风险压力，银行、地方政府巨大的资金压力，尤其是地方政府的融资平台将迎来集中还款高峰，以及实体经济下滑给金融系统带来的潜在冲击的压力。

1. "影子银行"风险

影子银行的融资渠道和融资主体。影子银行是在传统的金融体系以外从事信贷、资金融通等机构和业务。所以"影子银行"不单单是机构，银行里面也有"影子银行"。影子银行是行银行类金融机构之实、无传统银行之名的机构和业务。影子银行的资产组合管理、资金池、期限错配、隐性担保与增信等操作方式增加了经济的潜在风险，部分涉及"刚性兑付"的业务在事实上形成了类银行的资产负债业务，其放款功能与银行相似却不受商业银行监管协议的限制。影子银行资金主要流向两个领域：一是信贷可得性差的民营企业，它们长期寻求银行体系外的融资，民营企业相对国有企业投资和盈利较为平稳，即使在经济下行中其利润的同比增长率依然在15%以上，经济下行时民营企业投资意愿较国企更强，但信贷可得性较低，从而被迫寻求影子银行融资。二是地方政府项目和部分房地产企业，由于2010年后地产调控和融资平台清理，两者均出现资金链紧张，被迫寻求外部融资。受制于房地产调控，地方政府和房地产企业出现资金链紧张。从地产企业来看，在2009年以后银行融资占比出现系统性下降，而包括信托、股权等方式的自筹资金占比对应上升。从地方政府看，房地产调控使土地出让金收入大幅回落，融资平台的清理更迫使基建项目投资需要寻求新的融资渠道。

中国的"影子银行"的规模快速增长。中国的主流金融业务中如银行理财、信托计划、券商资产管理计划、保险资产管理计划、基金子公司、互联网金融、小额贷款与第三方担保等，均有某些组成部分牵涉到影子银行业务之中。目前对于影子银行还没有一个统一的统计口径。根据中国社会科学院发布的《中国金融监管报告2013》，即使采用最窄口径，截至2013年年底，我国影子银行体系的规模也达到14.6万亿元（基于官方数据）或20.5万亿元（基于市场数据）。前者占GDP的29%、占银行业总资产的11%；后者占GDP的40%、占银行业总资产的16%。与影子银行的规模相比，更值得警惕的应该是其增长速度。根据估算，我国的影子银行规模在2010～2012年几乎翻了一番。其中，信托贷款和理财产品的发展尤其惊人。而这背后的一个驱动力是监管层对于银行和信贷投放的管制，进而导致银行的表外业务和非银行融资快速扩张。

总体而言，与欧美相比，国内影子银行的总量不大。广发证券2012年发布的《阳光下的影子——中国影子银行分析》称，中国影子银行总规模应当在30万亿元左右。国际评级机构标准普尔估计，截至2012年年底中国影子银行的信用规模约为3.7万亿美元，相当于2012年中国银行业贷款总额的 34%、2012 年中国国内生产总值（GDP）的 44%。

根据上述统计数据估算，我国影子银行总规模与国内生产总值之比为 50% 左右，远低于欧美国家的水平。但是，影子银行快速发展背后的潜在问题应当高度重视，具体表现为"三个风险"和"一个不足"。

一是由于期限不匹配较为普遍、现金流稳定性较差、资金投向监控较弱，使得影子银行业务流动性风险很高。二是一些实体项目不符合国家产业政策和宏观调控政策，从传统银行难以获得贷款，用高回报方式从影子银行系统融资，可能带来信用风险。三是由于隐秘性强、结构相对复杂、与传统银行的关联度较高，影子银行风险具有较大的传染性。四是影子银行业务透明度差，目前国内还没有一个对影子银行业务种类及规模的权威统计，风险防范和保护机制不足。虽然影子银行的上述风险因素尚未集中暴发，但对当前出现的风险苗头须高度重视。

未来，随着外部市场环境变化、国内经济增长速度放缓，企业因经营困难、再融资不畅而出现违约的可能性增加，或将波及金融机构，进而影响金融系统的稳定。

2. 地方债务平台风险

地方债务违约风险加大。2013 年，尽管快速上升的政府公共投资在一定程度上抵消了制造业和房地产业投资增速的下滑，保证了全社会固定资产投资的稳定增长，但是，不断增长的地方政府债务规模却加大了违约风险，并威胁到金融体系的稳定。能否有效控制地方政府性债务规模，优化其融资结构，降低地方政府债务违约风险，是下一阶段全面深化改革的关键所在。另外，地方政府债务膨胀过快，拉高利率水平，同时挤占了中小企业银行贷款额度和提高了融资成本，这也是下阶段财政金融体制改革需解决的问题。目前地方政府不能自主发债，银行贷款是地方政府融资平台筹资的主要方式。大部分是从国家开发银行等政策性银行及国有商业银行获得的打捆贷款，还有相当多的市县级平台是从城市商业银行获得的贷款。发行城投债是融资平台的第二大资金来源。它以地方融资平台作为发行主体，是为配合地方政府进行市政基础设施建设发行的企业债券，其最终信用主体是地方政府。为了逃避监管，地方政府更多地借助创新投融资模式的途径筹集资金，包括私募、信托、"银信政"理财产品等。

地方平台债规模。2012 年以来，随着地产投资和制造业投资增速的下滑，基建投资对于保证经济平稳较快增长起到重要作用。随着 2012 年下半年稳增长的推进及地方基建项目的重启，地方基建四项投资增速回升很快，考虑到 2014 年土地出让金收入大幅下滑，土地出让溢价率也出现明显下滑，地方融资平台的负债水平明显上升。从目前的情况来看，固定资产投资中电热水、交通运输仓储、水利、教育、卫生以国有企业投资为主。2013 年年底，审计署公布的全国政府性债务审计结果显示，截至 2013 年 6 月底，全国地方政府负有偿还责任的债务中，2014 年到期需偿还的占比为 21.89%，约 2.39 万亿元。截至 2013 年 6 月底，全国各级政府负有偿还责任的债务约 20.7 万亿元。其中，地方负有偿还责任的债务约 10.9 万亿元。2014 年 3 月城投债就将迎来一波兑付高峰，这对地方政府的融资能力以及债务风险防控化解能力都将是一次考验。地方政府债务隐藏的财政风险、金融风险和社会风险继续存在，成为我国经济和金融安全稳定的一大隐患。

3. 银行业坏账风险

银行不良贷款规模。2010 年以来，我国经济复苏面临诸多不确定因素，实体经济和企业经营面临很多困难，导致其偿还银行债务的能力存在不确定性，商业银行的不良资产有所反弹。截至 2015 年第三季度末，商业银行不良贷款余额为 11863 亿元。预期全年商业银行新增不良资产率仍将继续上升。银行业前几年高速增长带来的问题有可能逐渐显现，违约风险可能加大，部分领域、部分地区、部分机构不良贷款的反弹苗头已经出现。目前不良贷款率较高的领域，主要集中在中小城市的房地产相关行

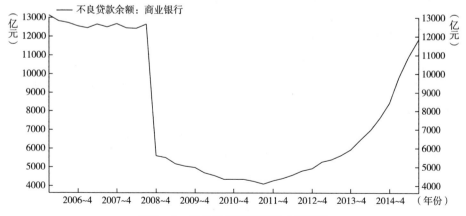

图 9-2　商业银行不良贷款余额走势

资料来源：Wind 资讯。

业、纺织行业、酒类、贸易、钢铁贸易等领域，而地区则集中在江浙一带。有报告分析称当前行业贷款不良率变化并没有完全体现前期逾期贷款大幅增长的压力，预计 2015 年不良贷款率仍有回升的压力，行业中长期贷款不良率向上趋势没有改变。

未来紧缩的货币政策可能威胁银行贷款质量。目前中国经济处于由宽松货币政策下的投资驱动的弱复苏状态，特别是房地产和基础设施投资。因此，如果通胀上升，则现在宽松的货币政策将无法持续，而紧缩导致资产质量风险较高。首先，经济增长减速引起企业盈利能力的下降，导致银行坏账增长。其次，金融危机以来中国较宽松的货币政策使一些依赖持续性融资支持的借款人资金充裕，大大延迟了资产质量风险的爆发和坏账率的上升。如果通胀预期上升，仅被迫收缩的流动性就会带来信用风险的上升。最后，通胀抬高的利率使企业再融资成本提高，脆弱的借债主体的债务偿还能力更不能保证按时偿还债务。预计短期中国银行业的信用风险仍处在一个上升周期，信用风险成本持续上升。在 20 世纪 90 年代我国银行过度放贷导致出现大规模企业和银行坏账。现在的情形与当时的程度有一定的相似性。全球金融危机以来，在政府宽松经济政策的刺激下，银行信贷急剧膨胀。随着经济增长速度的放缓，银行信贷风险逐步暴露。一方面，外部需求减弱、内部改革艰难，导致企业效益下滑。另一方面，危机前的高利率吸引国外资本流入新兴经济体银行，为信贷激增提供了基础。随着外资流入放缓，银行资本不足的长期隐患开始暴露，银行资产质量下降引发的系统性风险增加。

二　相关风险产生的原因

1. 影子银行风险来源

"影子银行"是结构性、周期性因素共同推动的结果。由于影子银行通常接收的是银行体系不愿或无法发放的"次级信贷"，风险控制能力也弱于银行体系，因此，影子银行的潜在风险也备受关注。负债期限短是影子银行融资的典型特点，这使得期限错配的问题更严重，造成债务成本上升。体制上的"双轨制"导致体制内价格和体制外价格存在的"价差"，受严格管制但又不可能完全管住的"体制内资源"，流向市场化的"体制外市场"获取"租金"。首先，在结构性因素中，一方面，实体经济和金融体系中国有垄断成分性过强，产生相当程度的资源配置扭曲，降低了民营经济资金的可得性。另一方面，随着通胀中枢上移，居民理财意识增强等因素推动利率市场化程度提高。其次，从周期性因素来看，过去几年的政策倒逼出规模巨大的影子银行。2008年政策支持各地项目"大干快上"，但2011年随着通胀迅速反弹，央行货币政策转向、政府对房地产市场进行行政调控。正规金融渠道资金迅速收紧，倒逼影子银行快速发展。政策的不稳定性打乱了经济上行周期中政府、企业的加杠杆行为，扰动个人、企业等私营部门预期，导致长周期的投资行为被短周期需求中断、资金紧缩带来的调整打断，经营现金流周转困难和正规金融体系资金可得性差，使得企业寻求非正规渠道融资，这催生影子银行提速发展。

理财产品风险。在理财产品层面，银行理财产品的期限通常较短，收益率比存款利率稍高一些。银行通过理财产品筹得的资金，被用于为表外资产融资。这种方式，使银行逃避了规模监管，但同时也蕴含着巨大的信用和流动性风险。隐性担保看起来可以使银行将一部分责任表外化，实现监管套利，但银行仍在实质上承担着对应的声誉风险、市场风险和流动性风险。换句话说，当理财产品发生亏损时，银行或者需要直接承担这部分亏损，或者由于违背了事先的隐性担保而需要承担声誉上的损失，同时银行"发短投长"的期限错配还承担着流动性风险。

信托业务风险。尽管信托涉足的领域广泛，但很大一部分资产负债表为贷款类，而且通常是那些无法取得银行信贷的高风险实体机构，如房地产开发商或地方政府投资工具。2014年信托行业将迎来兑付高峰期，相对从紧的信用环境对于地方政府和大量实体企业构成严峻挑战，绷紧的资金链随时存在断裂的可能。整体随着宏观经济增速放缓，煤炭、房地产等强周期行业面临的行业风险会逐渐增加，信托贷款违约事件未来仍会不断发生。2012年下半年以来，有近20个信托项目出现兑付压力，其中主要集中在房地产和工商企业信托计划中。对于违约事件最多的房地产信托项目而言，一线城市的房地产信托计划违约风险多由项目之外的道德风险问题所引发，而二、三、四线城市的房地产信托风险多由项目本身资金链出现问题而致。对于工商企业信托计划而言，此前出现兑付压力的产品原因多为募资主体涉嫌诈骗导致违约风险、资金挪作他用、运营主体陷入经营困境导致资金链断裂等，从而引发兑付危机。此外，发生过违约风险的工商企业信托计划，基本以民营企业为主。目前很多信贷资金通过银信合作的形式流入煤炭、房地产等行业。其中房地产信托整体兑付风险不大，风险点主要集中在小型开发商、单体项目上。即使出现兑付风险，信托公司可以采取借新还旧、股权转让等方式缓解流动性。至于煤矿信托，产能过剩导致矿产价格一路下跌，煤矿抵押品价格贬值严重，企业资金压力堪忧。

2. 地方平台债风险来源

地方政府财政压力不断上升。我国经济持续 30 多年的高增长后，经济转型以及发展方式的转变，导致我国经济增长速度开始下台阶，地方政府的收入下滑。再加上全球经济萧条时期对失衡的修正，土地出让收入的下滑，进一步拉低了地方政府的收入。而社会保障、医疗卫生、节能环保等财政支出力度的增加，又要求地方政府未来需要更多的资金投入。在这种此消彼长的情况下，地方政府的财政压力不断上升。地方政府项目或者融资平台债收入主要来源于以下几个方面：一是财政直接补贴还款。二是财政垫付还款。三是政府特许经营收费还款。四是政府回购。由于地方政府的财力有限，在大规模的投资规划下，为了获得足够的资金支持，不少地方只好转向预算外收入，千方百计举债或筹集非税收入，负债规模迅速扩大。这种情况下，如果银行或者其他金融机构的监管缺位，就会导致许多地方政府的债务风险继续不断累积，最终转嫁到银行以及中央政府机构解决。

分税制下地方政府财政缺口巨大，财权与事权并不匹配。1994 年进行的税制改革将中国的税收收入分为中央收入和地方收入两大类，其中中央收入占据了税收收入的大头。分税制实行前的 1993 年，中央和地方财政收入占总收入的比重分别为 22% 和 78%；支出比例分别为 28.3% 和 71.7%。而到了 1994 年地方财政收入比重下降至 44.3%。在财政收入下降的同时，地方政府所要承担的事权并没有相应减少，这直接导致了分税制改革后地方政府事权与财权的不一致。地方政府在公共安全、教育、社会保障和就业、医疗卫生、交通运输等项目上支出庞大，财政吃紧。从1994 年开始中央财政收入就稳定在五成以上，但中央财政支出总体却呈现出下降的趋势，中央财政获取了大量的财政盈余。地方财政收入稳定在接近五成，但地方财政支出却总体呈现出上升的趋势，地方政府存在巨大的财政赤字。从 2010 年的情况来看，中央和地方财政收入占比分别为51.1% 和 48.9%，但中央财政支出仅为 17.8%，而地方政府财政支出却高达82.2%。地方政府的财权与事权并不匹配。

3. 银行不良贷款风险来源

弱复苏的经济形势使银行资产质量降低。首先，经济增长减速导致对银行业信贷需求下降，资产定价不确定性增加，银行利润受到侵蚀，银行资产质量下降风险增大，银行业化解不良资产的难度也在增大。其次，银行资产负债状况的恶化会导致银行限制贷款范围、资本充足率下降，信贷规模被动收缩，进而对内需造成损害，加剧经济放缓的势头。最后，国际资本无序流动，既加大了货币汇率的波动，也使得新兴经济体实行宽松货币政策的空间受到压缩，加之国内面临的贸易赤字和财政赤字短期内难以好转，政策空间进一步受限，经济放缓的风险进一步加剧。

地方政府、企业及个人的还贷能力下降。2012 年开始，全国性地方融资平台进入还款高峰期；持续两年的房地产调控，房地产开发贷款风险加大；相关的钢铁、建材、建筑等企业面临亏损甚至破产威胁；个人按揭贷款违约增加；以房产和地产为抵押物贷款，随着房地产市场调整而估值受损，资不抵债；中小企业和私人业主经营困难，还不上贷款等，这些都将成为银行坏账的放大因素。

房地产贷款的不确定性风险加大。我国经济过度依赖土地升值。从银行到高利贷，金融业主要依靠土地升值来维持贷款利息；商品行业的利润主要来自面向高利贷者和房地产开发商的商品贸易；设备供应商依赖地方政府的支付能力，而这也取决于土地销售。我国大约有 70% 的房地产开发资金来自银行贷款的支持。政府经过了两年多房价调整，抑制了房地产泡沫的破灭。一旦房价泡沫破裂，银行将留下大量烂账、坏账。

地方经济和民营经济萎缩，企业负债比重高企。以浙江、江苏、山东三省经济来说，外向型中小企业、民营企业多，受国际金融危机冲击最大，加上自身调整转型的“阵痛”，不良贷款风险压力明显增加。另外，这三省前几年银行信贷总量、增量均处于全国前列，因为贷款总量巨大，出现不良贷款也自然会高于别的地区。而这些地区的企业往往抱团互保，也容易增加不良贷款风险的传导与扩散。不良贷款折射经济萎缩，实体经济萧条，企业经营困难。金融改革再怎么做，不实现产业转型、不解决实体经济，再多政策也难以扭转因企业经营困难造成的信贷风险。2013 年制造业、批发和零售业依然是商业银行信贷风险较高的行业，其中批发和零售业的不良贷款还会有较大幅度的上升，此外，水利、环境和公共设施管理业，公共管理和社会组织，教育以及交通运输、仓储和邮政业不良贷款规模的增速最快。另外，区域性不良贷款较集中的风险已由长三角地区向山东、福建、广东等沿海地区蔓延。

第四节   房地产市场风险分析

近十年来，我国房地产市场出现了一个怪现象：房地产调控得越严厉，随后的房价反弹越迅猛。究竟是"政策失灵"，还是市场非理性？争论颇多。现实情况是，我国房地产调控下一步走势究竟是要完全还给市场，还是要继续实施行政调控，当前尚无定论。这使得外界对未来房地产调控走向感到扑朔迷离。

近年来，围绕房价涨跌的争论从未停止，多空双方各执一词。北上广深等一线城市的房价持续上涨让多方坚信中国房市仍有 10～20 年的发展机遇期，而温州、鄂尔多斯等城市房价的崩塌，让空方看到房价的拐点已显现，房地产泡沫开始局部破裂。十八届三中全会出台全面深化改革的《决定》之后，新一轮深化改革又提供给多空双方争辩的事由。尽管多空双方都有自己坚称的理由，但争论的前提必须建立在相同的可衡量指标分析之上。2014 年以来，不少城市房价松动的迹象预示着我国房价正进入了下行通道，但 2015 年的经济下行压力，让放松房地产调控再次成为"稳增长"的重要举措之一。中国房地产泡沫到底有多么严重？是否会重蹈日本 20 世纪 90 年代泡沫破灭危机的覆辙？对此，国内外专家判断不一。无论如何，除一线城市外，大多数城市房价的下行风险已初步显现，倘若在全国范围内房价出现断崖式下跌，将可能引发系统性金融风险，给中国经济带来严重破坏。

一   当前房价下行风险确实在加大

近几年，我国城镇房价普遍高涨，部分城市已超出居民的可承受能力。受经济增速放缓、房贷政策收紧和保障房供应增多等因素影响，当前主要城市房价出现下跌态势，泡沫化程度有所减轻。

1. 我国房地产市场拐点已经初步确立

2014 年以来，我国房地产下行拐点已经初步确立。全国房价下行拐点表现在房地产市场已由 2013 年底的"量跌价升"转为"量价齐跌"。据国家统计局提供的数据显示，2014 年全国商品房销售面积和销售金额双双呈负增长，其中商品房销售面积同比下降了 7.6%，住宅销售面积同比下降达 9.1%，商品房销售额同比下降了 6.3%，其中住宅销售额同比下降了 7.8%。进入 2015 年，受到"330"房贷放松限制刺激的影响，全国商品房销售额到 5 月份累计同比转正，而商品房销售面积直到 6 月份累计同比才转正。

此前房地产的几次下行周期都要么是由外部因素引起的（如 2008～2009 年全球金融危机），要么是由国内的调控政策所引发的（如 2010～2011 年政府开始实行房地产限购政策）。但本轮中国的房地产下行周期背后并没有此类因素推动，更多是基本面因素推动的。

首先，人口结构变化导致购房需求触顶。20 世纪 70 年代末在全国范围内实施的"独生子女"政策导致出生率骤降，中国劳动力比重预计在 2015 年左右达到最高点，之后显著下降，有购房能力的家庭比重将明显降低；而计划生育时期出生的人口较少，将导致房地产需求下滑。同时，拥有多套房产的退休人员甚至可能卖掉一些房产。

其次，家庭房屋购买力下降。过去几年，中国主要城市的房价增速超过了居民收入增速，购房居民的月供收入比不断上升，房屋购买能力不断下降。月供收入比过高说明房地产价格对普通家庭来说已经到了难以承受的高位。

再次，房地产供给过剩。过去几年，在房地产飞速发展中，在建商品住宅于 2013 年年底达到 48.63 亿平方米，相当于当年销售商品房的 4.2 倍，明显高于 2000～2013 年的平均值（3.3 倍）。城镇化也无法扭转中国房地产行业下行的趋势，假设我国保持目前较快的城镇化速度（每年 1900 万新增城镇人口），目前的在建商品住宅（48.63 亿平方米）也可以满足未来 8 年城镇新增人口的需求（假设人均居住面积为 32.7 平方米，参照我国住建部 2012 年公布的数据）。此外，大多数城镇新增人口为外来农民工，无法承受当前主要城市的房价水平。他们的住房需求应该主要由保障性住房来解决。

房屋供给过剩也体现在住宅投资占 GDP 的比重过高，根据香港金管局在 2014 年 3 月发布的"Half Yearly Monetary and Financial Stability Report"，房地产行业增加值约占中国 GDP 的 12%，住宅投资占 GDP 的比重接近或高于大多数发达国家的历史峰值（美国：6.5%，2005 年；日本：6.7%，1980 年；英国：4.6%，2006 年），同时也接近西班牙 2006 年的峰值9.5%（西班牙于2007年房地产泡沫破灭，房价自此下降了40%多）。另据国家统计局提供的数据显示，2015年上半年，我国住宅投资占GDP的比重达到10%左右，远高于多数发达国家的峰值。

2. 我国城镇房地产存在较大泡沫化风险

我国房地产市场呈现泡沫化趋向。支持者认为，我国房地产存在严重的泡沫。其给出的理由是政府对土地供应的垄断，再加上财税扭曲和金融抑制政策，造就了全国各地的造城运动，而社会保障不平衡带来的收入差距扩大和货币信用支持的投资扩张，形成了过去10多年间房价快速上涨的经济基础。由此得出房地产存在泡沫结论的思想基础是，任何事物价格快速上涨都会有泡沫。当住房作为自住的消费品时，其价格水平更多与购房者收入水平或租金水平相关；而当住房变为投资品时，其价格则更多受各种预期影响。行政调控虽然暂能够影响对资产价格波动的预期，但最终还是会失效的，尤其是在市场化趋势不可逆转的背景下，久涨必跌的房地产泡沫破灭规律在全球任何国家都未能幸免。有些支持者拿出房价收入比、租售比等指标对房地产泡沫的存在性给出经验研判。近几年来，房地产泡沫化主要表现在城镇房价增速高于城镇居民可支配收入增速，即房价收入比逐年攀高。根据上海易居房地产研究院的一项研究表明，2012年全国商品住宅房价收入比大致在7.3左右，仍超过世界银行1998年界定的6~7的合理区间。一线城市房价收入比明显超过二、三线城市，2012年北深上广的房价收入比分别达到13.2、12.9、11.7和9.9，远远超出合理区间。尽管用房价收入比界定泡沫程度并没有严格标准，但依照世界银行1998年的统计结果，在中等收入国家，房价收入比一般超过9就被视为出现泡沫化，而在发达国家，房价收入比超过6就被视为泡沫化。据我们测算，2013年年底全国房价收入比达到14.07，而北京、上海、天津、重庆四个直辖市分别为24.43、24.17、11.49和10.02。这表明全国房地产市场已出现泡沫化。其中，北京和上海泡沫化严重，而天津和重庆泡沫化较轻。2014年以来，受多种因素叠加影响，全国房价收入比呈现下降态势，泡沫化程度有所减轻（见图9-3），同时意味着泡沫破裂风险加大。

城镇家庭住房投资性价值超过了租住的价值。主要表现在住房价格远超租赁价格的合理空间，家庭住房空置有所加剧。以住房租售比为例，根据我们对价格较透明的商业地产租售价格测算，2014年第一季度北京、上海、天津、重庆四个直辖市的高档住宅租售比分别在1:540、1:600、

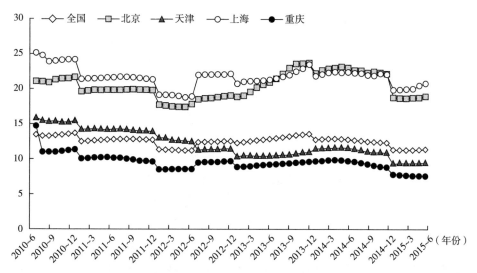

图9-3 全国与四个直辖市房价收入比情况（2010年7月~2015年6月）
资料来源：国家统计局，搜房网。

1:470和1:400左右，远超过了1:300~1:200的合理区间，意味着投资性房产的收益已大大超过租赁房产的收益。另以空置率为例，据中国家庭金融调查与研究中心调查显示，全国城镇家庭住房空置率由2011年的20.6%攀升至2013年的22.4%，一、二、三线城市商品房空置率分别为14.2%、20.9%和22.6%，空置房占用了约4.2万亿银行住房贷款。[①] 这意味着购买住房的目的既不是自住也不是出租，而是实现资产的保值增值。

反对者认为，支撑房价持续上涨的动力在于中国尚在加速的城镇化进程。2014年中国的城镇化率已达到54%以上。如果按照城市户籍统计的城镇化率肯定要低得多，很多进城农民工并未享受到真正的社会保险，未来20年要推进以人为核心的城镇化，由此带动的房地产建设仍会持续下去。因此未来房价仍有上涨空间，尤其是一线城市房价仍会上涨，而二、三线城市房价将恢复到一个合理的水平。拿中国的特色城镇化作为研判中国房价不存在泡沫的依据，也促使反对者对利用房价收入比、新房开工量、房地产开发投资占GDP比重等指标判断泡沫大小提出质疑。以房价收入比为例，计算房价收入比的收入定义应该使用中位数而非平均数，而

---

① 中国家庭金融调查与研究中心：《城镇住房空置率及住房市场发展趋势2014》2014年6月10日发布。

统计上的缺失，使得利用平均数计算房价收入比成为争论的偏差所在。此外，我国对收入的统计还存在较大偏差，譬如只考虑了薪资收入，而未考虑灰色收入部分，这可能造成房价收入比偏高的现象。

3. 限制需求的房地产政策屡次失效

2003 年 8 月，国务院出台《关于促进房地产市场持续健康发展的通知》（简称 18 号文件），明确将房地产行业定位为拉动国民经济发展的支柱产业之一。此后，我国房地产市场迅速发展，房价持续走高。从 2005 年 3 月开始，中国政府对房地产市场实施了大大小小的十次调控政策，调控不仅涉及消费层面，而且涉及交易环节，而以限购、限贷、限价等行政干预为主导的调控政策并未取得有效成果，屡屡遭受到房价的报复性反弹，致使房地产泡沫不断堆积。限制需求的房地产调控政策被以应对国际金融危机而出台的刺激性政策分割为两段，调控政策的反复和问责的缺位，导致任何一段调控效果均不理想（见图 9-4），在采取限购等政策期间，房价同比增速虽有所下降，但房价却仍向更高位攀升，逐渐形成尾大不掉之势。

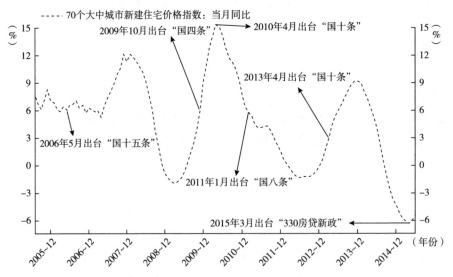

图 9-4　全国 70 个大中城市新建住宅价格走势与房地产调控措施

资料来源：Wind 资讯。

第一阶段：房地产调控提升到政治高度。2005 年 3 月国务院出台稳定房价的《关于切实稳定住房价格的通知》（老"国八条"），5 月又出台《关于做好稳定住房价格工作的意见》（新"国八条"），将调控首次提升到政治高度。2006 年 5 月国务院又出台了《关于调整住房供应结构稳定住房价格意见的通知》，即稳定房价的"国十五条"，调控从指导意见转向可操作性。2007 年中央政府出台《关于加强商业性房地产信贷管理的补充通知》和《关于加大闲置土地处置力度的通知》等政策，进一步通过紧缩信贷政策和强化土地管理来打压房价。

中断阶段：刺激房地产消费成为调控政策分水岭。2008 年 10 月，因担心国际金融危机带来的负面影响，国务院出台了《关于促进房地产市场健康发展若干意见》，采取松绑二套房贷等支持房地产消费的系列政策，在救市政策的有力刺激下，我国房地产在 2009 年下半年迎来新一轮暴涨，致使前期调控政策全部失效。

第二阶段：抑制市场需求成为房地产调控常态。2009 年 10 开始用严厉的行政手段调控房地产市场，自此房地产调控政策先后经历六次升级。2009 年 10 月，国务院出台《完善促进房地产市场健康发展的政策措施》（"国四条"），在支持自住和改善性住房消费的基础上，抑制投资投机性购房，但未能抑制住房价的快速上涨。2010 年国务院密集出台调控政策，对限购、限贷、限价等行政干预政策再次升级，其中，1 月出台《关于促进房地产市场平稳健康发展的通知》（"国十一条"），要求二套住房首付款比例不得低于 40%；4 月出台《国务院关于坚决遏制部分城市房价过快上涨的通知》（新"国十条"）各地限购政策出台，上海和重庆房地产税试点；9 月 29 日（"9·29 新政"）国务院出台措施巩固房地产市场调控成果，继续实施限购和调整交易环节契税和个人所得税。2011 年 1 月国务院出台《国务院关于进一步做好房地产市场调控工作有关问题的通知》（新"国八条"），将二套住房首付款比例提升至 60%，实施地方政府问责制、调整个税和加强土地增值税、普遍实施限购令等。2013 年 3 月国务院出台《关于继续做好房地产市场调控工作的通知》（新"国五条"），促使各主要城市出台调控细则，限购、限价、限贷等政策继续加码，交易环节税收调整为按超额的 20% 征收。这些调控政策并没有起到立竿见影的效果。一项有关限购是否促进房价合理回归的实证研究也证实了这一点，限购政策对促使房价合理回归的影响确实有限。[①] 现实情况是限购政策

[①] 王敏、黄滢在其工作论文《限购和房产税能降低房价吗——基于房地产市场的长期动态均衡分析》（CCER 工作论文 2011 年 9 月 26 日）给出的结论是，限购政策能降低房价，但是影响有限，市场会呈现"价高量低"的局面。其根据国家统计局公布的 70 个大中城市的房价指数面板数据的实证结果也证实了这一点。

出台近一年半时间，房价仍然居高不下。只有在 2012 年没有新调控措施出台时，房价出现过短暂的下滑，而其间大多数时候全国房价仍在继续攀升，部分城市泡沫持续堆积，直至 2014 年房价才开始有所下降。2015 年抑制需求的调控政策开始放松，5~6 月房价开始有所回升，但仍没有2013 年的回升势头迅猛。总体上看，房地产市场需求实现全面回暖相当困难。

4. 房价下跌引发金融危机的可能性小

有专家认为，中国房地产市场当前经历的调整将会是中国经济增长面临的最大的国内风险。很多人担忧，倘若中国房价出现断崖式下滑，会引发一系列的不良连锁反应，甚至将中国经济引向危机深渊。我们认为，本轮次房价调整属于在现行政策下市场的自发反应，而支撑房价上涨的因素很多，即便出现局部风险也有可能被限制在一定范围内。

第一，房价上涨过快形成严重泡沫化的只限定在部分地区，而在全国范围房地产泡沫化尚不明显。

第二，我国城镇化进程仍处于快速发展时期，居民收入增长带来的改善性需求仍大量存在，因此支持房地产市场的刚性需求尚在。

第三，中国住房系统与银行系统、资本市场、实体经济之间并不紧密，房地产贷款没有证券化，金融衍生品很少，市场与市场之间均有防火墙存在。

第四，我国资本账户尚处于相对管制状态，汇率波动、热钱冲击和资金外流对房地产的影响比较有限。

第五，中央政府正在启动新一轮的市场化改革，如不动产统一登记、住房信息联网以及房产税立法等政策已提上议程，进一步理顺房地产市场与金融系统和经济发展的关系，有助于促进房地产行业健康发展。

近期的房价持续下滑，不会改变房地产市场增长的中长期趋势，只要不超过房价"硬着陆"的风险点，由此带来的不利冲击都将是有限的。预计房地产市场将呈现降中趋稳的"软着陆"态势，大幅调整的可能性较小。但是值得注意的是，政府、银行、房企和居民都有自己的底线思维，倘若疏忽或放任房价失控，一旦超过了最低警戒线，引发系统性金融危机的可能性也是存在的。

5. 保障性住房并轨面临分配的新问题

2013 年 10 月 29 日，中央政府就"加快推进住房保障体系和供应体系建设"开展集体学习。该项会议透露出的政策信号是，各种保障性住房可能要进一步并轨，以防止福利分房的寻租陷阱。随后住建部官员透露，住建部开始寻求突破口，考虑取消经济适用住房、提速"公租房并轨"（公租房与廉租房并轨）。该消息增加了上述论断的可信性。

保障性住房覆盖20%的规模是否合理？根据"十二五"规划目标，到2015年建设城镇保障性住房和棚户区改造住房3600万套（户），覆盖面达到20%左右。据住建部发布的数据显示，全国2013年计划新开工630万套，基本建成470万套。2014年，全国计划新开工城镇保障性安居工程700万套以上（其中各类棚户区改造住房470万套以上），基本建成480万套，截至2014年9月底，已开工720万套，基本建成740万套，分别超额达到年度目标任务（见表9-3）。照此进度，保障性住房建设计划还是能够按时完成的，但现在考虑的问题是，到2015年实现20%的保障性住房覆盖率是否合理呢？我们认为，全国范围内的保障房建设规模没有最优值，其覆盖范围应因地制宜，因此即便政府报告曾提出这一目标，但并未将其列入"十二五"规划纲要。

表9-3　全国保障性安居工程建设计划及完成情况

时期	新开工计划（万套）	基本完成计划（万套）	实际开工情况（万套）	实际完成情况（万套）
2011	1000	400	1043	432
2012	700	500	768.83	590.2（含竣工453.59万套）
2013	630	470	666（当年11月底）	544（当年11月底）
2014	700	480	720（当年9月底）	740（当年年底）
2015	740			
合　计	3770			

资料来源：根据住建部网站提供的部分数据整理而成。

保障性住房类别划分是否合理？与纯粹的商品房相比，保障性住房是指政府为中低收入住房困难家庭提供的限定标准、限定价格或租金的住房，由廉租住房、经济适用住房和政策性租赁住房构成。政府究竟应建设多大规模的两限商品房、经济适用房、廉租房和政策性租赁房尚未有明确规定。此外，随着三中全会后即将实施的官邸制，而此类公房是否属于保障性住房亦尚未明确。虽然说对保障房进行细分可以满足不同用户的不同需求，但是差异化的保障性住房体系也容易遗留政策漏洞，在分配上难以保障公开透明和公正公平。

二　房地产泡沫破裂引发连锁反应

2014 年以来，政府尚未出台房地产调控的新措施，而在全面深化改革和反腐持续深入的情况下，房地产市场预期出现反转。尽管部分城市房价还在坚挺，但商品房库存快速增加，支撑房价的动力正在减弱。因为房地产开发投资增速出现大幅下降，其增速从 2013 年 1~2 月 22.8% 的同比增速进一步下滑至 2015 年 1~6 月的 4.6%（扣除价格因素实际增速为5.7%），为 2010 年以来的最低增速，下行幅度快于同期固定资产投资。显而易见，中国经济将遭遇房地产下跌带来的挑战，房价下行的影响不仅局限于开发贷款违约和抵押权止赎，还会导致投资和消费收缩，从而危害经济增长。

1. 银行坏账增加

中国金融部门显然并没有与房地产部门绝缘，倘若房价断崖式下跌，将会推高银行不良资产比率，引发银行系统性风险。房价下跌风险主要通过房地产开发信贷、个人住房信贷和非传统信贷（如信托等表外业务）传导给银行体系。据央行公布数据显示，2014 年 3 月末，房地产贷款总额约19.3 万亿元，占金融机构各项贷款总额的 21.74%，其中房地产开发相关贷款（包括保障性住房开发贷款）约占房地产贷款总额的 1/3，占各项贷款总额的 7.23%。近年来，个人购房贷款呈现金额增加，且利率下行的走势，个人购房贷款占房地产贷款总额达 2/3，且占各项贷款总额的14.51%。与美国 2008 年次贷危机时的零首付房贷相比，中国银行的购房抵押贷款都是有保障的。因为土地和房屋抵押在银行时估价往往较低，商品住宅市场受到持续调控，信贷违约风险得到一定程度释放。其中，首套房首付比例为 30%，第二套以上住房首付贷款比例为 60%，这就意味着当房价下跌超过 30% 时，才会侵蚀首套房贷款本金，下跌超过 60% 时，才会侵蚀第二套以上住房贷款本金。2015 年 3 月 30 日（"3·30 新政"），进一步放松了房贷政策，提出"对拥有 1 套住房且相应购房贷款未结清的居民家庭，为改善居住条件再次申请商业性个人住房贷款购买普通自住房，最低首付款比例调整为不低于 40%；而缴存职工家庭使用住房公积金委托贷款购买首套普通自住房，最低首付款比例为20%；对拥有1套住房并已结清相应购房贷款的缴存职工家庭，为改善居住条件再次申请住房公积金委托贷款购买普通自住房，最低首付款比例为30%"。即便如此，房产价值就是出现大幅缩水，信贷违约风险也是可控的。

此外，2013年房价快速上涨已使很多购房者获得财富增长，站在房价顶峰购房者的数量相对较少，即便房价下跌50%，也不会导致银行不良贷款大幅攀升。对于房地产开发贷款即便全部形成不良贷款，银行坏账率也只上升7.58%左右。我们认为，综合我国商业银行对外发布的各项对房地产贷款"压力测试"的结果，即便房价下跌达到30%~40%，房地产贷款风险仍是可控的。同时，我们也赞同美国彼得森研究所提出的50%的风险点，即中国房价下跌维持在50%范围以内，商业银行仍能持续相对常态化运营。① 因为目前中国商业银行不良贷款率为1%，即使房价下跌50%，不良贷款率也仅为6.6%，上一次达到这一水平还是在2007年，而且中国银行体系倾向于通过不断提供信贷的方式缓解近期的资产质量问题，这使得地产市场调整过程也相对缓慢。② 倘若房价下跌超过50%，意味着房产缩水一半以上，很多住房已资不抵债，此时信用风险隐患可能上升，银行坏账风险也可能会陡升，甚至会连锁引发房地产开发资金链断裂。

2. 地方债务加重

若信贷违约加剧，与房贷关联的地方债务违约风险则会加大。近年来，很多地方政府的财政收入过度依赖土地出让金收入和房地产相关税收。在此情况下，地方政府财政收入及债务负担与房地产市场的发展紧密相连。除个人按揭抵押贷款外，涉及房地产的银行贷款还包括利用地产、房产、房地产作为抵押品的贷款，其中包括地方融资平台贷款。2009年蓬勃兴起的地方融资平台主要以土地抵押、地方财政担保的形式出现。国家审计署发布的报告显示，截至2013年6月底，地方政府负有偿还责任的债务为108859.17亿元，负有担保责任的债务为26655.77亿元，可能承担一定救助责任的债务为43393.72亿元。大体上讲，地方融资平台贷款达到17.8亿元左右，大部分是以土地抵押的。倘若房价下跌严重，导

---

① Nicholas Borst, How vulnerable are Chinese banks to a real estate downturn? April 24th, 2014.

② 柳世庆、莫倩、高善文：《泡沫正在破裂，暂无崩溃之虞——关于房地产市场未来走向及其影响的讨论》，《安信证券宏观研究》2010年4月22日。

致房地产市场陷入萧条，并传导至土地市场，引发土地价值大幅缩水，将会减少政府土地出让收入和与之相关的税收收入，最终降低其偿债能力，威胁到这部分银行贷款。

由于地方政府与商业银行有着非常紧密的关系，而在信贷投放时商业银行会高估土地价值，从而容易引发土地储备贷款非理性增长。若房价大幅下跌，以土地出让收入偿债的地方融资平台债务可能会出现大面积违约，可能降低新的基建项目的融资能力，引致投资恶性循环和系统性金融风险。基于自身考虑，地方政府最为担心房价下跌带来的风险，因此地方政府救市的态度是积极的。当前，呼和浩特、济南等城市已经率先松绑限购政策，尽可能避免房价出现大幅跳水，防止地方政府债务受此拖累，进而不堪重负。

3. 企业破产增多

若房价下跌过快，与房地产关联的实体经济将受到严重威胁。房地产销售下降，会给非传统信贷融资的企业贷款带来信用风险。因为房地产企业融资成本偏高、兑付风险较大，在银行信贷收紧的情形下，房地产企业通常借道信托、私募基金和民间借贷等渠道融资，一旦回笼资金受阻，将会加剧房地产企业资金链紧张，难以按时偿付融资本息，使房地产信托等项目因流动性等问题暴露兑付风险，甚至波及上下游关联性较强的实体经济领域。房产开发项目的"供血"不足和部分房地产企业资金链断裂，还会危及 40 多个涉房产业的资金和经营。

按照投入产出表估算，2010 年房地产业对各行业的完全消耗系数为1.20，这意味着房地产行业通过对其他关联行业的带动作用，对 GDP 的增长贡献产生 1.2 倍的乘数效应。[①] 由此推知，房地产销售受阻，无论是对产业链中上游的钢铁、水泥、有色、机械等行业，还是对下游的建材、家具、中介服务等行业都可能带来拖累，钢铁、家电、水泥等行业的需求都会迅速下降，而钢铁、有色金属、建材等传统行业产能过剩则会进一步加剧，引发信托、私募基金等金融机构发生到期兑付风险，进而造成涉房相关的服务企业大面积破产倒闭。

4. 经济下滑加速

近年来，我国经济对房地产的依赖逐步增强，考虑到房地产开发投资的

---

① 宗良、李佩珈：《房地产投资下行是否会导致经济"硬着陆"？——基于定量角度的分析和测算》，《中银研究》2014 年 7 月 2 日。

直接带动作用和关联影响，若房地产开发投资增速下降 10 个百分点，实际 GDP 增速就将下降 0.9 个百分点。[①] 根据 2007 年投入产出表进行测算，我国房地产开发投资及关联影响对实际 GDP 增长的贡献通常为 2～3 个百分点。[②] 按照这种测算，倘若房地产开发投资增速继续下滑 5 个百分点左右，那么实际 GDP 增速有可能下降至 6% 左右，中国经济将会真正面临失速风险的考验。

近年来，房地产投资对 GDP 的拉动作用有所减弱，按照中国银行的研究报告测算，考虑到房地产对其他行业带动的乘数效应，房地产投资对 GDP 增长的贡献约为 9% 左右，拉动 GDP 增长约 0.33 个百分点。若按照此估算，倘若房地产投资增速下降至 5% 左右（约 5 个百分点），将会导致 GDP 下降约 0.6 个百分点。按照 2014 年一季度 7.4% 的增速，2015 年第一季度 GDP 的增速，实际上下降了 0.4 个百分点左右，尚属于可以忍受的情况。而现实情况是，未来随着棚户区改造和保障性住房投资有所加快，房地产投资增速不会下降太快，仍可反弹至 10% 左右，由此推知经济增速受房价下跌的影响相对有限。

5. 通缩风险加剧

从流动性变化看，房价下跌可能会使流入房地产市场的资金减少，而进入商品和服务领域的资金增多，从而推高物价。但是房价下跌意味着居民存量财富缩水，出现流动性紧缺，进而减少商品和服务领域的投资和消费，从而降低物价。从现实情况看，第二个方面在起主要作用。如果房价下跌幅度过快，将可能影响贷款方和银行的资产负债表，人们会主动地去杠杆化偿还债务，进而可能会降低贷款的可获得性，这样会使得私人投资和消费活动减弱，从而引导商品和服务价格大幅下降。

从图 9-5 给出的走势图看，中国房价的持续下跌可能会引发物价下跌，甚至可能导致通缩。值得注意的是，通缩本身并不是一个严重的问题，但是若资产价格和一般物价同时出现通缩，则可能导致严重的后果，这意味总需求出现下降，而总需求下降则是有害的，[③] 最终会导致经济大萧条。

---

① 国家统计局综合司课题组：《关于房地产对国民经济影响的初步分析》，《管理世界》2005 年第 11 期。

② 中国农业银行战略规划部：《房地产投资下滑的风险及对策》，《宏观经济周评》2012 年第 25 期。

③ 查尔斯·古德哈特、鲍里斯·霍夫曼：《房价与宏观经济——对银行业和物价稳定的影响》，林泽会译，东北财经大学出版社，2010。

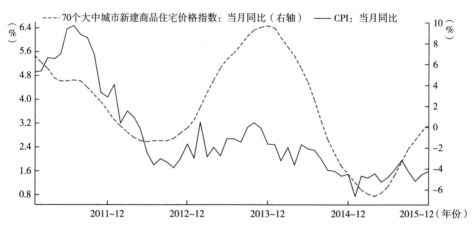

图 9 - 5　全国 70 个大中城市新建住宅价格与 CPI 变动趋势

资料来源：国家统计局。

三　信贷约束是挤泡沫的关键因素

很多学者认为，从泡沫形成的原因看，房价上升的根本原因是土地供给机制与市场需求不匹配、货币政策大幅宽松、银行长期低利率甚至负利率等三方面因素。[①]　其中，银行长期低利率是造成投机性投资需求膨胀的主要动因，[②]　这点结论在经验分析的基础上得到证实。综合来看，实施不恰当的货币政策是导致房地产价格异常上涨甚至形成泡沫的重要原因。2014 年以来，中央政府继续实施较为稳健的货币政策，由此造成的信贷紧缩是当前房价出现下行的关键因素。

1. 央行减缓货币供应速度

中国是一个以银行信贷作为主要融资结构的国家，其货币供应总量必然趋高，而银行的信贷则直接涉及货币的创造。2014 年以来，中国广义货币供应量（M2）增速出现下滑，而与此关联密切的房价增速也出现下滑。根据图 9 - 6 所描述的走势关系，房价涨幅与 M2 增长率具有高度的正相关性，且 M2 增速变化领先于房价增速变化约半年时间。因而当 M2 保

[①]　聂梅生：《房地产当期形势及调控政策分析》，《中国不动产》2012 年第 6 期。

[②]　徐建国在其工作论文《低利率推高房价：中国、美国和日本的证据》（CCER 工作论文 2011 年 8 月 23 日）提出，低利率是房价快速上涨的重要原因。他认为，名义利率偏低且调整滞后，通货膨胀率上涨且波动很大，导致真实利率偏低，催生投资性购房需求膨胀，是推高房价的首要因素；美国次贷危机和日本房地产泡沫经验表明，房地产泡沫破灭对宏观经济的破坏作用巨大。

持在13%～14%的较低增速时，支撑房价持续上涨的流动性动力不足，而偏紧的货币政策将会从房地产市场挤出部分资金，流向资本市场、商品市场等其他投资渠道。

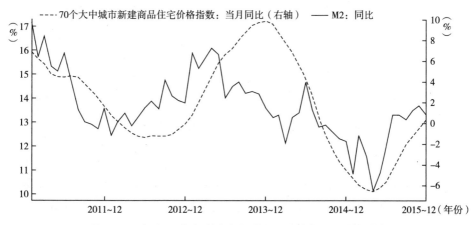

图9-6　全国70个大中城市新建住宅价格与M2变动趋势

资料来源：国家统计局。

2. 银行收紧住房信贷标准

信贷需求扩张拉动货币供应增加，而紧缩银根也抑制信贷扩张。2014年以来央行继续实施相对紧缩的货币政策，促使商业银行收紧信贷投放。一方面，银行对房地产商开发项目的贷款审批趋严，尤其是中央加强整顿影子银行的举措，促使银行收紧流向房地产领域的信贷投放，这在一定程度上加速房地产投资下滑。另一方面，在利率市场化改革的背景下，银行存贷竞争加剧，存贷差收窄，纷纷采取贷款规模跟存款挂钩及收益跟利率挂钩等措施，而贷款利率低且按揭贷款时间长的个人贷款并不被银行推崇。于是，很多银行收紧个人住房按揭贷款，尤其是收紧公积金贷款（降低了公积金贷款额度）。银行不仅严查个人住房贷款资格，不再提供首套房贷利率折扣，甚至执行首套房和二套房基准利率分别上浮5%和10%以上，而且同时延长了核准放贷的时间，限定二手房房龄加贷款年限，部分银行甚至停止按揭贷款。这意味着很多购房家庭很难进行抵押贷款，个人住房贷款的可获得性大幅度降低，从而抑制了支撑房价的刚性需求。

3. 社会投资渠道日渐增多

随着互联网金融的兴起，以余额宝为代表的各种理财宝拓宽了社会投资渠道,居民投资理财的重点转向了投资门槛低、变现容易、交易成本低的理财宝,而随着房地产市场预期的转变,房地产作为投资品的弊端将被进一步放大,投资门槛极高、变现十分困难、交易成本高昂,这些都在驱使流向房地产领域的投资资金出现外流。随着资本市场沪港通的实施,未来股票的投资价值也被普遍看好,对稳健型投资者而言,低价和高分红的港股将是个不错的投资选择。由此推知,社会投资渠道逐渐多元化,而以往依赖房地产投资养老的理念也正在改变,消费者预期也发生显著变化,导致各城市房地产销售出现下滑。

四 防范房地产泡沫破裂,完善房地产市场调控

2014 年年初,中央提出"分类调控"政策后,不同城市自主出台了差异化的调控政策,集中在放松限购、购房落户、提高公积金贷款额度等层面;而中央政府继续实施"国五条"的调控政策,采用定向降准等微刺激手段保障自住购房信贷需求,使个人首次置业者信贷需求得到及时纠偏,避免房地产投资过快下滑,为推动各项长期改革创造有利空间。目前看来,中央政府采取偏紧的货币政策是适宜的,但也应注意防范房价下跌带来的风险,化解长期积累的房地产泡沫风险。

1. 短期以防范为主,启动分类调控的应急机制

短期内,应对房价下跌风险,应以防范为主,中央政府在减少行政干预调控的同时,加强对风险点的预警监管,既做到不越位,也做到不缺位。

第一,明确松绑限购、限价、限贷调控政策。鼓励和支持部分城市尝试实行放松限购政策,中央不再将控制房价纳入地方政绩考核之中;除保障性住房由政府定价外,商品住宅完全交由市场供需双方磋商定价;继续逐步退出对首套房、二套房首付比例和贷款利率的管制,交由银行与贷款者自行商定首付比例和贷款利率;除一线城市外,鼓励其他城市放松异地购房管制,准许购房落户政策实施。

第二,加强房地产泡沫破裂风险评估预警。建立健全对房价下行风险的评估预警机制,重点关注重点地区、重点企业,强化地方融资平台信贷违约风险预警,建立跨部门风险应急处理机制;督促商业银行加强房产贷款的风险控制,制订持续的风险压力测试计划,提出防范系统性风险发生的应急预案;强化房地产业和银行金融业的信息披露和行业监管,增强房

地产企业和商业银行的财务稳健性，防范个别企业资金链断裂；正确引导房地产市场预期，强化舆论监督和引导，规范和整治房地产中介市场和租赁市场，探索闲置居住房屋代理出租业务模式，促进中介和租赁市场透明公正。

第三，完善住房销售及信贷定向调控机制。优化新建住房预售制度，强化预售款资金监管；提高公积金贷款额度上限，降低公积金提取的门槛，鼓励个人灵活使用已缴存的公积金；支持商业银行实施有差别化的商业贷款，按照个人信用风险评估结果进行分类定向信贷投放，对首次置业、保障性住房等领域的信贷支持仍将保持稳定甚至扩大；完善房地产贷款担保和保险制度，按照不同贷款产品采用有差别的担保和保险业务；谨慎推进老年人住房反向抵押养老保险制度，重点完善"以房养老"住房抵押风险的对冲机制。

第四，健全保障性住房建设、分配和退出制度。继续加大棚户区改革和保障性住房建设，进一步完善保障性住房产权制度，界定政府和用户住房共享产权，制定保障性住房建设和分配各环节的资金准入和退出监管机制，探索创新租金补贴方式，主要是以货币补贴代替住房分配补贴，严格控制保障房建设面积标准，加强和改善保障房物业管理。

第五，保持适当的资本项目管制。在推进资本项目可兑换的进程中，强化对跨境资金流动冲击的防范。倘若房价出现大幅下跌，要以控流出作为防风险的保障措施，加强对跨境资本流出的监测，保持适当的资本项目管制，完善应对跨境资金双向流动特别是大规模流出冲击的政策预案，严防资本外流加剧和人民币贬值风险。

2. 长期以调整为主，健全泡沫风险化解的长效机制

长期看，化解房地产泡沫风险，还要针对泡沫形成的基础，采取系统、配套与综合的改革，包括土地、税收、金融、教育等领域的改革。

第一，建立房地产信息全国一张网。加快推行不动产统一登记制度，建立全国住房征信系统，推行全国住房信息联网，增加住房持有、出售和租赁各环节的透明度。建立城乡统一的建设用地市场和明晰的城镇保障性住房分配制度，实行所有住房产权备案，明晰土地、住房等不动产产权归属，实现住房信息与银行系统互联共享，把住房用途与房贷利率挂钩，降低住房空置率。

第二，推进土地"招拍挂"制度改革。加快改变土地的单边供给制度，逐渐使地方政府和土地财政脱钩，和房价脱钩，改革土地出让金和"招拍挂"制度。我们建议，土地出让金从"70 年一次收"逐步改成"一年一收"。同时，允许农村建设用地直接上市，允许购房者集体买地建房，或者集团单位集资购地建房。

第三，加快整顿房地产相关税费。全面整顿房地产领域的相关税费，把间接税整合为直接税，加快房地产税立法进程，扩大房产税城市试点范围，适时在房产保有环节全面开征房产税，逐步取消土地出让金制度，研究制定遗产税征收方案。

第四，改革住房公积金制度。逐步改革修订《住房公积金管理条例》，提高统筹层次使住房公积金和地方利益脱钩，规范缴存比例，提高公积金覆盖率和缴存利率，建立灵活的缴存标准，建立全国统一的政策性住宅金融机构，加快公积金管理的市场化，降低公积金的使用要求，将缴存公积金增值收益全部转化为个人公积金账户。

第五，完善城市学区房制度。贯彻实施小学升入初中免试就近入学制度，严格取消"共建生"等政策，扩大学区房就学范围；加快推进中小学校优质教师在城区之间的轮岗互换，推进教育资源均等化；加快取消三、四线城市的户籍限制，推进与学籍挂钩的户籍制度改革，提供非城市户籍学生就近入学的机会。

第十章 新常态下的可持续发展

从可持续发展"既能满足当代人的需要,又不对后代人满足其需要的能力构成危害的发展"的基本内涵出发,要求我们必须把生态文明建设的总体目标作为实现可持续发展的统领,把"绿色化"发展作为生态文明建设和可持续发展的具体道路和基本途径,实现"绿色化"生产、"绿色化"消费和"绿色化"思维。未来在中国特色的总体道路中,要把生态文明建设、可持续发展的理念和举措,全面融入政治、经济、社会和文化建设的各个方面和各个过程中,协同推进新型工业化、城镇化、信息化、农业现代化和绿色化,全面推动国土空间开发格局优化、加快技术创新和结构调整、促进资源节约循环高效利用、加大自然生态系统和环境保护力度等重点工作,努力在重要领域和关键环节取得突破,切实把生态文明建设工作抓紧抓好,让良好的生态环境成为人民生活质量的增长点,成为展现我国良好形象的发力点,这显然也应成为一种新的常态。

当前,我国经济发展正处于"爬坡过坎"的关键阶段,必须远近结合,在有效应对好短期问题、保持经济合理增长速度的同时,更加注重提高发展的质量和效益,把力气更多地放在推动经济转型升级上来,放到扩大就业和增加居民收入上来,放到促进经济社会及环境的可持续发展上来。为此,衡量和评价一个国家经济的健康程度,必须不断创新分析经济运行和经济形势的指标体系,不仅要看传统的 GDP、失业率、CPI 等指标,更要看衡量可持续发展的各类指标,需要把资源消耗、环境损害、生态效益等指标纳入经济社会发展综合评价体系,需要制定更细致的、量化的可持续发展指标。这既是对传统发展理念的理论纠偏,是创新和完善经济形势和经济运行的评价体系,也是推动生态文明建设战略实施的重要手段,还是和国际接轨的重要制度安排。

第一节 开展可持续发展评价指标体系研究的现状及意义

工业革命以来,人类前进的足迹伴随着大量资源的消耗和生态系统的破坏，同时造成环境污染和贫困加剧的恶性循环。无论是在全球范围内还是就中国自身而言，环境恶化和生态退化曾长期没有得到足够的重视，直到引发包括部分癌症、传染病、呼吸疾病和营养不良等多种健康问题，人类才开始审视环境恶化和社会不平等带来的严重威胁。尤其对中国来说，减少能源消耗、减轻环境污染已经成为优先着手解决的紧迫性和必然性问题。可持续发展涉及经济发展、社会公平和环境管理间的有效平衡，怎样有效达到三者的平衡，迫切需要构建一套有限数量的简约指标。寻找实现可持续发展目标的综合评价方法，既是联合国千年目标之后新愿景的新要求，也是中国经济社会发展新常态的新要求。

一　可持续发展政策及指标

随着环境污染、生态恶化、气候变化和收入差距扩大等问题日趋严重，中国在国民经济和社会发展规划中逐步纳入更多的与生态环境相关的约束性指标，以引导国民经济和社会向着更可持续的方向发展。

1. 反映资源环境和社会民生的约束性指标逐渐增多

我国"十五"规划时尚未提出预期性指标与约束性指标的区分，因为当时国民经济与社会发展主要指标中的约束性指标比较少，只有主要污染物排放、森林覆盖率和人口自然增长率等反映可持续发展的量化指标，且都将其视为预期目标设定。"十一五"规划时将主要发展指标区分为预期性指标和约束性指标，[①] 并开始注重污染治理和节能减排方面的指标，提出建设资源节约型和环境友好型社会。可以说，"十一五"和"十二五"规划中突出反映了污染物减排和民生改善的发展指标。比如，在主要污染物减排方面，我国"十一五"规划设置了二氧化硫和化学需氧量（COD）两个指标，"十二五"规划纳入了污染空气的氮氧化物和导致水污染的氨氮指标。与"十一五"规划相比，"十二五"规划纲要共设置了24个国民经济和社会发展主要指标，其中12个为约束性指标，比"十一五"规

---

① "十一五"规划提出预期性指标是指国家期望的发展目标，主要依靠市场主体的自主行为实现。政府要创造良好的宏观环境、制度环境和市场环境，并适时调整宏观调控方向和力度，综合运用各种政策引导社会资源配置，努力争取实现。而约束性指标是指在预期性基础上进一步明确并强化了政府责任的指标，是中央政府在公共服务和涉及公众利益领域对地方政府和中央政府有关部门提出的工作要求。政府要通过合理配置公共资源和有效运用行政力量，确保实现。

划多了 4 个，具体包括单位 GDP 二氧化碳排放降低 17%、非化石能源占一次能源消费比重提高 3.1 个百分点、九年义务教育巩固率增长 3.3 个百分点、城镇保障性安居工程建设 3600 万套住房。

表 10 - 1　我国五年规划中国民经济和社会发展主要指标演变情况

指　标		"十二五"规划	"十一五"规划	"十五"规划	属　性
经济发展					
国内生产总值（万亿元）		√	√	√	预期性
人均国内生产总值（元）		×	√	√	预期性
价格总水平		×	×	√	预期性
货物进出口总额（亿美元）		×	×	√	预期性
服务业增加值比重（%）		√	√	×	预期性
服务业就业比重（%）		×	√	×	预期性
城镇化率（%）		√	√	×	预期性
科技教育					
九年义务教育巩固率（%）		√	×	×	约束性
高等教育毛入学率（%）		×	×	√	预期性
高中阶段教育毛入学率（%）		√	√	×	预期性
初中毛入学率（%）		×	×	√	预期性
研究与试验发展经费支出占国内生产总值的比重（%）		√	√	√	预期性
每万人口发明专利拥有量（件）		√	×	×	预期性
资源环境					
耕地保有量（亿亩）		√	√	×	约束性
单位工业增值用水量降低（%）		√	√	×	约束性
农业灌溉用水有效利用系数		√	×	×	预期性
非化石能源占一次能源消耗比重（%）		√	×	×	约束性
单位国内生产总值能源消耗降低（%）		√	√	×	约束性
工业固体废物综合利用率（%）		×	√	√	预期性
单位国内生产总值二氧化碳排放量降低（%）		√	×	×	约束性
主要污染物排放总量减少（%）	化学需氧量	√	√	√	约束性
	二氧化硫	√	√	√	约束性
	氨氮	√	×	×	约束性
	氮氧化物	√	×	×	约束性

续表

指　标		"十二五"规划	"十一五"规划	"十五"规划	属　性
森林增长	森林覆盖率（%）	√	√	√	约束性
	森林蓄积量（亿立方米）	√	×	×	约束性
人民生活					
城镇居民人均可支配收入（元）		√	√	√	预期性
农村居民人均纯收入（元）		√	√	√	预期性
城镇登记失业率（%）		√	√	√	预期性
城镇新增就业人数（万人）		√	√	√	预期性
五年转移农业劳动力（万人）		×	√	√	预期性
国民平均受教育年限（年）		×	√	×	预期性
城镇参加基本养老保险人数（亿人）		√	√	×	约束性
新型农村合作医疗覆盖率（%）		×	√	×	约束性
城乡三项基本医疗保险参保率（%）		√	×	×	约束性
城镇居民人均住宅建筑面积（平方米）		×	×	√	预期性
城镇保障性安居工程建设（万套）		√	×	×	约束性
全国总人口（万人）		√	√	√	约束性
人均预期寿命（岁）		√	×	×	预期性

注：√表示列出，×表示没有列出。

资料来源：笔者根据相关数据归纳整理。

表10－2　　"十三五"时期经济社会发展主要指标

指　标		2015年	2020年	年均增速〔累计〕	属　性
➤ 经济发展					
（1）国内生产总值（GDP）（万亿元）		67.7	>92.7	>6.5%	预期性
（2）全员劳动生产率（万元/人）		8.7	>12	>6.6%	预期性
（3）城镇化率	常住人口城镇化率（%）	56.1	60	〔3.9〕	预期性
	户籍人口城镇化率（%）	39.9	45	〔5.1〕	
（4）服务业增加值比重（%）					
➤ 创新驱动					
（5）研究与试验发展经费投入强度（%）		2.1	2.5	〔0.4〕	预期性
（6）每万人口发明专利拥有量（件）		6.3	12	〔5.7〕	预期性
（7）科技进步贡献率（%）		55.3	60	〔4.7〕	预期性

续表

指 标		2015 年	2020 年	年均增速 [累计]	属 性
➤ 创新驱动					
（8）互联网普 及率	固定宽带家庭普及率（%）	40	70	[30]	预期性
	移动宽带用户普及率（%）	57	85	[28]	
➤ 民生福祉					
（9）居民人均可支配收入增长（%）		–	–	>6.5	预期性
（10）劳动年龄人口平均受教育年限（年）		10.23	10.8	[0.57]	约束性
（11）城镇新增就业人数（万人）		–	–	[>5000]	预期性
（12）农村贫困人口脱贫（万人）		–	–	[5575]	约束性
（13）基本养老保险参保率（%）		82	90	[8]	预期性
（14）城镇棚户区住房改造（万套）		–	–	[2000]	约束性
（15）人均预期寿命（岁）		–	–	[1]	预期性
➤ 资源环境					
（16）耕地保有量（亿亩）		18.65	18.65	[0]	约束性
（17）新增建设用地规模（万亩）		–	–	[<3256]	约束性
（18）万元 GDP 用水量下降（%）		–	–	[23]	约束性
（19）单位 GDP 能源消耗降低（%）		–	–	[15]	约束性
（20）非化石能源占一次能源消费比重（%）		12	15	[3]	约束性
（21）单位 GDP 二氧化碳排放降低（%）		–	–	[18]	约束性
（22）森林发展	森林覆盖率（%）	21.66	23.04	[1.38]	约束性
	森林蓄积量（亿立方米）	151	165	[14]	
（23）空气质量	地级及以上城市空气质量优 良天数比率（%）	76.7	>80	–	约束性
	细颗粒物（PM$_{2.5}$）未达标地 级及以上城市浓度下降（%）	–	–	[18]	
（24）地表水质量	达到或好于Ⅲ类水体比例（%）	66	>70	–	约束性
	劣Ⅴ类水体比例（%）	9.7	<5	–	
（25）主要污染物排放总量减少（%）	化学需氧量			[10]	约束性
	氨氮			[10]	
	二氧化硫	–	–	[15]	
	氮氧化物			[15]	

注：①GDP、全员劳动生产率增速按可比价计算，约对数按 2015 年不变价计算。② [ ] 内为 5 年累计数。③PM$_{2.5}$ 未达标指年均值超过 35 微克/立方米。

资料来源：新华社

2. 环境和生活质量标准逐步提高

随着我国环境和社会形势发生较大的变化，相关领域的质量标准已不适应新形势的需要。在新的形势下，我国进一步完善环境和生活质量评价体系，建立科学合理的环境评价指标，使评价结果与老百姓的切身感受相一致，并逐步与国际标准接轨。比如，在空气质量标准方面，2012 年 2 月 29 日，我国发布新修订的《环境空气质量标准》增加了细微颗粒物（PM2.5）和臭氧 O_3 8 小时平均浓度限值监测指标，并调整了颗粒物（PM10）、二氧化氮、铅和苯并［a］芘等的浓度限值。在油品升级方面，2013 年 2 月 6 日，国务院常务会议决定加快油品质量升级，确定了油品升级时间表。2013 年 9 月 12 日发布《大气污染防治行动计划》，进一步明确油品升级标准，即到 2014 年年底前，我国要全面实施柴油国四标准（硫含量不大于 50ppm）；在 2015 年年底前，京津冀、长三角、珠三角等区域内重点城市实施车用汽、柴油国五标准（硫含量不大于 10ppm），在 2017 年年底前，我国将全面实施汽、柴油国五标准；同时 2015 年年底前淘汰所有 2005 年年底前注册营运的黄标车，到 2017 年年底前基本淘汰全国范围的黄标车。而为落实《大气污染防治行动计划》，环境保护部制定并会同国家质检总局发布了《石油炼制工业污染物排放标准》《石油化工工业污染物排放标准》《合成树脂工业污染物排放标准》《无机化学工业污染物排放标准》《再生铜、铝、铅、锌工业污染物排放标准》和《火葬场大气污染物排放标准》6 项国家大气污染物排放标准。在生活饮用水和污染处理领域，2012 年 7 月 1 日起，我国强制实施 2006 年年底修订的新版《生活饮用水卫生标准》，基本实现了饮用水标准与国际接轨，将饮用水的卫生检测指标由 35 项增加到 106 项。2015 年 4 月 2 日，国务院发布的《水污染防治行动计划》（简称"水十条"）提出，敏感区域（重点湖泊、重点水库、近岸海域汇水区域）城镇污水处理设施应于 2017 年年底前全面达到一级 A 排放标准。建成区水体水质达不到地表水 Ⅳ 类标准的城市，新建城镇污水处理设施要执行一级 A 排放标准。同时我国政府正在加快制定与土壤环境保护相关的法规和标准，即将出台《土壤污染防治行动计划》（简称"土十条"），将重点对农用地和建设用地土壤安全标准做出新的安排。此外，我国正在积极探索全国碳排放管理标准，将陆续发布针对产品、行业以及通用型碳排放的标准，为未来碳排放相关交易和法规提供技术标准参照。

3. 自主承诺从相对减排控制转向绝对减排控制

无论是污染治理还是节能减排，地方政府和中央政府大都使用相对指标表示所达到的努力程度。如早在国家"九五"时期就提出在重点污染控制地区和流域实施污染物排放总量控制，[①] 并从"十一五"时期提出化学需氧量和二氧化硫两种主要污染物排放总量的控制目标，即编制年度污染物相对消减计划。对温室气体排放而言，2009 年中国政府提出了到 2020 年前碳排放强度比 2005 年下降 40% ~ 45% 的行动目标，其中到 2015 年年底完成 17% 的碳排放强度下降目标。为践行对国际社会做出的自主减排承诺，中国确定了绿色、低碳、循环发展的道路，并将经济、社会、环境相协调的可持续发展目标纳入发展规划。2014 年 9 月 19 日，国务院批复发布《国家应对气候变化规划（2014 ~ 2020 年）》，再次明确提出到 2020 年实现单位国内生产总值二氧化碳排放比 2005 年下降 40% ~ 45%、非化石能源占一次能源消费的比重达到 15% 左右、森林面积和蓄积量分别比 2005 年增加 4000 万公顷和 13 亿立方米的目标。2014 年 11 月，中美两国达成《中美气候变化联合说明》，中国首次提出 2030 年中国碳排放有望达到峰值，并将于 2030 年将非化石能源在一次能源中的比重提升到 20%。由此预计"十三五"时期我国将会出台关于碳排放总量控制及其分解机制的方案，即实施碳排放绝对量减排控制。中国要实现这一总量刚性减排目标，意味着要消减一半以上的煤炭消费。为此，中国政府加快调整能源结构，并从绝对量上施加控制。2014 年 6 月 7 日，国务院发布《能源发展战略行动计划（2014 ~ 2020 年）》提出要合理控制能源消费总量，到 2020 年，一次能源消费总量控制在 48 亿吨左右标准煤，煤炭消费总量控制在 42 亿吨左右，煤炭消费比重控制在 62% 以内，其中京津冀鲁四省市煤炭消费比 2012 年净削减 1 亿吨，长三角和珠三角地区煤炭消费总量负增长。2015 年 4 月 25 日中共中央和国务院发布的《关于加快推进生态文明建设的意见》提出，到 2020 年用水总量力争控制在 6700 亿立方米以内，万元

---

① 污染物排放总量控制是指以环境质量目标为基本依据，以控制一定时段内一定区域内污染源的污染物排放总量为核心的环境管理方法体系，具体包括三方面内容：一是排放污染物的总量。二是排放污染物总量的地域范围。三是排放污染物的时间跨度。主要有目标总量控制、容量总量控制和行业总量控制三种类型，其中我国主要使用的是目标总量控制。

工业增加值用水量降低到 65 立方米以下，农田灌溉水有效利用系数提高到 0.55 以上。从减排绝对量看，我国即将实施更加严格的总量控制，尽最大努力寻找经济增长与资源消耗量和二氧化碳排放量脱钩的机制。

4. 指标管理由总体划一走向具体化和精细化

在可持续发展的路径和手段上，我国不再采用总体划一的笼统指标管理，而是出台了各种专业领域的行动计划，并创新出许多新的具体量化指标，同时也允许地方政府尝试创新指标管理方式方法。如《关于加快推进生态文明建设的意见》中提出把资源消耗、环境损害、生态效益等指标纳入经济社会发展综合评价体系，增加了与生态保护密切相关的具体指标，如用水总量指标、草原综合植被覆盖度、湿地面积、可治理沙化土地治理程度、自然岸线保有率、生物多样性等。2012 年 11 月 12 日发布的《全国资源型城市可持续发展规划（2013～2020 年)》提出资源产出率、历史遗留矿山地质环境恢复治理率、单位地区生产总值生产安全事故死亡率、棚户区改造完成率、新增重要矿产资源接续基地（处）等具体指标。而在可持续管理上，河南省做出有益探索，提出主要污染物总量预算管理新模式，其核心就是量化无形的环境资源，将其作为有形的约束性总量指标，纳入当地国民经济社会发展计划和政府环境保护责任目标体系。具体做法是，先从环境容量测算开始，全面掌握全省污染负荷现状及环境承载能力，根据环境容量、排污总量、环境质量状况做出削减存量、严控增量的具体措施，尤其是在控制增量方面，探索实施主要污染物总量预算管理办法，对预算指标实行增减挂钩、分级动态管理的措施。在总结探索实践的基础上，2011 年年底河南省政府印发了《河南省主要污染物排放总量预算管理办法》，并于 2012 年年初将总量预算管理中的 3 个指标作为指令性计划，分解到 18 个省辖市和 10 个省直管试点县（市），在治污减排方面取得显著成效。

二　实施可持续评价的必要性

1. 全球可持续发展的紧迫性明显增强

随着人口和消费快速增长，地球能源资源日益紧缺，能源、水和污染物治理成为各国政府和社会组织面临的最主要支出。推动环境、经济和社会等领域可持续发展是当今世界各国共同面临的不可逃避的责任。2000年联合国制定了为期 15 年的《千年发展目标》（MDG），就发展中国家减贫扶贫，清洁水饮用，抗击艾滋病、疟疾、肺结核，消减母婴死亡率等制定了具体目标。千年发展目标取得了不少成绩，尤其在减贫扶贫目标上，但该目标已于2015年到达最后期限，需要考虑未来走向，并制定全新的发展目标。作为联合国"千年目标"的后续部分，在2012年举办的"里约+20"峰会上，各国同意创建可持续发展目标来完成"千年目标"行动尚未完成的工作。当前，这项活动增加了对环境的聚焦，更加关注经济发展可能给地球带来的危机。换句话说，可持续发展被再次提上议事日程。联合国正在制定《可持续发展目标（2016~2030）》（SDG），重点就城市化、基础设施、治理标准、气候变化、收入差距等方面制定具体的发展指标。据2014年7月初发布的初稿显示，可持续发展目标清单已扩展到17个目标和169个潜在的指标，核心是通过保护环境和自然资源来解决紧迫的社会和经济问题，包括消除贫困、改善人类健康、促进和平、提供可持续的水和能源服务等。国际科学理事会（ICSU）组织不同领域的科学家对169项指标进行科学审视，并得出只有29%获得明确界定的结论。无论如何，联合国将于2015年9~10月正式宣布可持续发展的最终目标和相应指标。这意味着下一个15年的发展目标聚集在可持续发展之上，将涵盖经济、社会和环境三个方面，对联合国所有成员国适用。

2. 中国经济新常态要求加快可持续转型

中国经济进入新常态，经济由高速增长转向中高速增长，更加注重经济发展的质量和效益。可以说，新常态下中国经济更强调可持续发展的内容，即经济发展速度换挡后迈向结构优化、可持续发展能力更强的一种运行状态。在新形势下，建设生态文明，探索新型工业化道路，是中国经济可持续增长的必然要求，也是发展中国家工业化面临的共同任务。通过产业结构调整来实现节约能源和减少污染物排放，是我国实现可持续发展的重要路径。然而，在经济增速换挡进程中，如何矫正过去以GDP为主的政绩考核导向，超越GDP的可持续评价成为时下中国经济综合统计评价绕不开的课题之一。在经济新常态下，GDP只是作为衡量经济发展的标准指标之一，经济发展要以更合理的速度、更高的效率，更强的韧性提升GDP含金量。据悉，联合国正在研究一个被称作"GDP+"的新标准，即在GDP硬指标之外加入新标准让环境和社会可持续发展。由此可见，可持续发展应当成为国家宏观调控目标的一个重要组成部分，而可持续指标应同增长指标、通胀指标、就业指标和国际收支指标并列进入中国宏观经济统计核算体系中。

3. 生态文明建设要求量化绿色发展目标

2015 年 5 月，中共中央、国务院对外发布的《关于加快推进生态文明建设的意见》首次提出，将绿色化纳入中国的现代化推进战略之中，旨在提高国民经济的绿色化程度。中国政府致力于建设美丽中国，把生态文明建设放在突出的战略位置，要求全面推进绿色发展、循环发展、低碳发展，也考虑把资源消耗、环境损害、生态效益等指标纳入经济社会发展综合评价体系，同时实行自然资源资产和环境责任离任审计，并对造成资源环境生态严重破坏的责任者进行责任追究。从这三个层面上讲，需要制定更细致的绿色、循环和低碳衡量指标，这是推动生态文明建设战略实施的重要手段。生态文明建设涉及国土空间、资源利用、生态环境、制度安排等较多领域，如国土空间开发和耕地集约利用，环境污染治理和自然生态保护，经济生产清洁化和循环化，社会生活低碳化和绿色化等。推动生态文明建设进入实操阶段，各方面都需要可监测、可衡量、可统计的考核指标，如能源、矿产资源、水、大气、森林、草原、湿地、海洋和水土流失、沙化土地、土壤环境、地质环境、温室气体等各方面都需要具体统计监测指标来引领行动。

第二节　中国可持续发展评价指标体系设计与应用

一　可持续发展的测度

1962 年，美国蕾切尔·卡逊女士的《寂静的春天》出版，引发了人类对环境问题的重大关切。可持续发展的理念可以追溯到 1972 年在斯德哥尔摩举行的联合国人类环境研讨会，这次研讨会云集了全球的工业化和发展中国家的代表，共同界定人类在缔造一个健康和富有生机的环境上所享有的权利。1987 年，由挪威前首相布兰特朗夫人领导的世界环境与发展委员会发布的题为《我们共同的未来》的报告，系统阐述了可持续发展的思想。1992 年 6 月，联合国在里约热内卢召开的"环境与发展大会"，通过了以可持续发展为核心的《里约环境与发展宣言》《21 世纪议程》等文件。中国政府于 1994 年 3 月发布了《中国 21 世纪议程——中国 21 世纪人口、环境与发展白皮书》，1996 年将可持续发展上升为国家战略并全面推进实施。

可持续发展概念正式提出近 30 年来，其内涵不断丰富，许多机构都提出了自己的看法，并设计了各式各样可持续发展指标体系。在这里，我们不再一一列举这些概念和指标体系。因为仁者见仁、智者见智，同时，我们还处于一个不断迅速变化的世界。可持续发展的内涵，我们不想再重新去界定，而是沿用广泛被接受认可的《我们共同的未来》中关于可持续发展的定义"既能满足当代人的需要，又不对后代人满足其需要的能力构成危害的发展"。

在构建可持续发展相关指标体系中，有两个代表性的发展方向。一是以主题领域划分的形式，比如，世界保护同盟（IUCN）的可持续性晴雨表，从经济系统福利和生态系统福利两个方面来评估；联合国开发计划署（UNDP）的人类发展指数由健康长寿、教育获得和生活水平三个方面构成；英国政府在"更好的生活质量：英国的可持续发展战略"报告中从社会进步、有效的环境保护、资源分类使用、经济高速持续发展四个方面刻画了可持续发展；瑞典选择了效率、公平和参与、适应性、价值和给后代的资源 4 个主题来组织他们的 30 个主要指标。中国国际经济交流中心与 WWF 合作开发的中国省级绿色经济指标体系由社会与经济发展、资源环境可持续、绿色转型驱动三个方面组成。二是以因果联系划分的体系，最为著名的就是 DPSIR 框架。它是在 PSR 模型和 DSR 模型的基础上发展而来。1970 年，加拿大统计学家安东尼·弗雷德提出 PSR 模型，后又被 OECD 的环境组织所采纳。DSR 模型最初是在 1996 年的 OECD 和 UN 的环境政策和报告中形成并发展起来。[①] 在 PSR 模型和 DSR 模型的基础上，20 世纪 90 年代初，澳大利亚 WSROC 对 PSR 模型增加了当前社会技术水平下人类改造环境系统的潜力指标，提出了"压力—状态—响应—潜力"（Pressure - State - Response - Potential，即 PSRP）框架模型。1993 年，联合国（UN）为综合分析和描述环境问题及其与社会发展的关系，综合 PSR 模型和 DSR 模型的优点，提出了"驱动力—压力—状态—影响—反应"（Drive force - Pressure - State - Impact - Response，即 DPSIR）模型。实际上，还有第三个发展方向，就是上两个方向的结合。例如，联合国可

---

① 曹琦、陈兴鹏、师满江：《基于 DPSIR 概念的城市水资源安全评价及调控》，《资源科学》2012 年第 8 期。

持续发展委员会（UNCSD）的可持续发展指标体系将可持续发展归为四个维度——社会、经济、环境和制度，在每一个维度中，采用驱动力—状态—响应（DSR）的方法，列出了 134 个相应指标，指标反映了 21 世纪议程的章节内容。

我们构建的中国可持续发展指标体系（China Sustainable Development Indicator System，CSDIS）将融合以上两种思想，设计一套新的指标体系，以主题领域为主要形式，同时考虑领域之间的因果关系。这个框架由 5 个主题和 77 个基础指标构成。五个主题分别是社会福利、资源与环境、人类影响、可持续治理和经济发展。其中可持续发展中最常见的三个主题社会（社会福利）、经济（稳定增长）和自然（资源与环境）都包含进来，在此基础上，针对自然主题，增加两个因果或者关联主题：人类影响与可持续治理。这相当于一个自然资产负债表。环境与资源描述的是自然存量，人类影响是人类的生产和消费活动对自然的负面影响，是自然存量的减少。可持续治理是人类社会为治理和保护大自然所做出的努力，是自然存量的增加。社会福利的增长和资源环境的不断改善又属于人类社会发展的动力。经济发展是保障社会福利、可持续治理的前提和基础。

构建这样一个指标体系，我们希望达到三个方面的目标。一是能够支撑中国参与全球可持续发展的国际承诺，为中国更好地参与全球环境治理提供决策依据。二是对中国宏观经济发展的可持续程度进行监测和评估，为国家制定宏观经济政策和战略规划提供决策支持。三是对区域、行业、企业的可持续发展状况进行考察和考核，为健全政绩考核制度提供帮助。

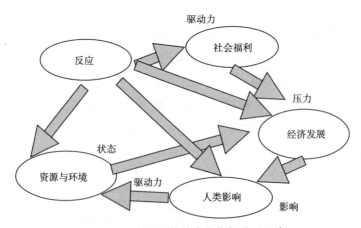

图 10 - 1　中国可持续发展指标关系示意

二 可持续发展指标体系构架的思想

1. 秉承"共同但有区别的责任"原则

1992 年的《里约环境与发展宣言》（*Rio Declaration*），提出了可持续发展的 27 项原则。经过 20 多年的实践和认知，这些原则大部分已经形成了各国的共识。但其中有一条原则，在近年来受到一些国家刻意的忽视。原则七指出："各国应本着全球伙伴精神，为保存、保护和恢复地球生态系统的健康和完整进行合作。鉴于导致全球环境退化的各种不同因素，各国负有共同的但是又有差别的责任。发达国家承认，鉴于他们的社会给全球环境带来的压力，以及他们所掌握的技术和财力资源，他们在追求可持续发展的国际努力中负有责任。"共同但有区别的责任在这次会议上被明确地提出来，作为一项国际环境法的基本原则被正式确立。CSDIS 的设计和使用需要秉承共同但有区别的责任这一原则。例如，CSDIS 包括了温室气体方面的相关指标，这些指标既有效率指标，如能源强度、二氧化碳强度，也有总量指标，如能源消费总量、碳排放总量。作为一个发展中国家，中国通过总量指标来约束经济社会发展行为，这充分展现了中国政府和人民在应对全球变化这个全球共同性问题上的巨大决心和诚意。但是，在这些指标的目标设定上，需要充分考虑中国是一个发展中国家的事实。

2. 着眼于从"效率控制"到"容量控制"[1]

气候变化、环境污染、生态破坏已对人类的健康和经济社会发展提出了严峻的挑战。在中国，由于摆脱贫困、缩小城乡居民收入差距和区域发展差距的任务繁重，应对这一挑战就显得更加迫切和重要。同时，中国还受到发展能力与水平、自然资源禀赋条件的制约。《中共中央、国务院关于加快推进生态文明建设的意见》是一部体现中国可持续发展理念的纲领性文件。文件有一个重要的内容，可看做是对改善政府管理的刚性要求，即"严守资源环境生态红线，树立底线思维"。同时，要配套建立起"领导干部任期生态文明建设责任制，完善目标责任考核和问责制度"。要建立起一整套与之配套的指标和绩效考核体系，需要将现行的标准控制向总量、质量和容量控制渐次推进。即标准控制→总量控制→质量控制→容量控制。考虑到评估对象的横向可比性，CSDIS 所

---

[1] 本部分节选自（含专栏 1）张大卫著《不断改善政府管理 促进可持续供应链发展》，"可持续发展政策与实践——促进可持续供应链的发展"论坛，2015 年 5 月 8 日。

选择的基础指标中，大部分指标是标准指标，也有一些总量指标。为了在应用过程中，可以发挥质量控制和容量控制的作用，CSDIS 纳入了一些涉及资源和环境生态红线的关键指标，还有一些在可持续治理领域能够发挥关键约束作用的指标。

3. 尽可能兼顾"可持续性生产"与"可持续性消费"

从 18 世纪 60 年代的工业革命到现在，已经过去了大约 250 年，而人类真正关注并一致行动起来保护环境，才二三十年的时间，如果从 1962 年《寂静的春天》出版算起，也才 50 多年。也就是说，在工业化的大部分时间里，我们的生产和消费都是不考虑资源环境约束和代价的。在这样的背景下，从 20 世纪 70 年代开始，人类进入了全球生态超载状态，人类的生态足迹超出了地球生物承载力，在 2010 年人类的生态足迹已经大到需要 1.5 个地球才能提供人类所需的生物承载力的程度。[①] 在过去投资和出口拉动型的经济模式中，中国面临着巨大的来自生产端的资源环境压力。[②] 但是，从长远看，随着中国经济向内需型转变和持续中高速增长，消费端面临的生态压力将逐步增大。在 CSDIS 设计中，充分考虑了可持续性生产和可持续性消费。比如在人类活动的影响里，既有生产活动的影响指标，又有消费活动指标。在可持续治理方面也是这样，既有生产方面的治理投入、目标和行动，也有消费方面的约束。

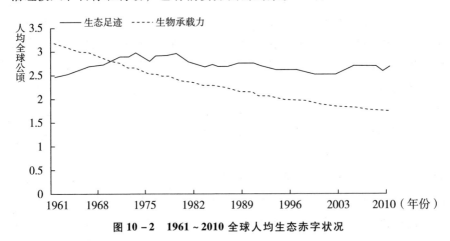

图 10 - 2　1961～2010 全球人均生态赤字状况

资料来源：WWF《中国生态足迹报告》，2015。

---

① WWF：《中国生态足迹报告》，2015。
② CCIEE—WWF：《超越 GDP—中国省级绿色经济指数研究报告》。

4. 坚持"增长"和"治理"两轮驱动

在 CSDIS 里，"稳定的经济增长"和"可持续治理"是两个核心主题。如果没有稳定的经济增长，社会福利水平将难以保障，也没有更多的能力来做生态修复和环境保护的工作。同时，要认识到可持续治理与经济增长是相辅相成的。研究表明，单纯依靠 GDP 的增加很难推动绿色经济综合指数的上升，经济发展带来的资源环境压力更趋紧迫，生产端和消费端产生的压力阻碍绿色经济沿着原来的轨道前进（见图 10 - 3）。可持续治理是人类对自然的正反馈，是积极的影响。它不仅仅意味着成本投入，也是经济增长的重要动力。

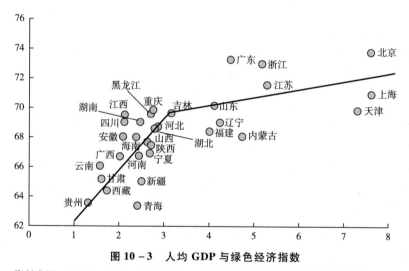

图 10 - 3 人均 GDP 与绿色经济指数

资料来源：CCIEE - WWF：《超越 GDP—中国省级绿色经济指标体系研究报告》，2012。

5. 体现"人"与"自然"和谐发展

工业革命以来，随着科学技术水平的不断发展，人类认识自然和改造自然的能力持续提高，享用了巨大的自然的馈赠，但是，对自然的破坏也达到了相当严重的程度。可持续发展最终的表现是人类和自然的共同发展。在这样的发展模式下，人类社会福利不断提高，自然环境日益改善，不但传统的生产资本积累不断增加，自然资本也能持续得到投入。在 CSDIS 里，人的发展包含了社会福利增加和经济稳定的增长，自然的发展体现在资源的高效利用、生态得到修复、环境得到治理和保护方面。

6. 既"立足当下"又"面向未来"

可持续发展是一个长期的过程，不是一时一地的项目，而是全局性、战略性、共同性的巨大工程。因此在 CSDIS 指标的选取中，既要立足当下，着眼于当前能够做、必须要做的事情，也要放眼未来，考虑一些将来可以做、应当做的事情。比如，在指标选取中，为了评估对象的横向比较，需要选取指标的可测量、可报告和可核查。同时，一些指标按照现在的统计口径无法获得，但我们认为比较重要，具有代表性，通过一定的努力未来可以获得，也将其也纳入 CSDIS。

三 可持续发展指标体系设计

1. 美好生活的向往——社会福利

社会福利包含了 6 类指标，分别是教育文化、社会公平、收入水平、社会保障和卫生健康。在社会公平方面，除了利用传统的基尼系数来测度整体居民的收入差距，还考虑了中国经济的二元结构特征，用农村与城镇人均财政支出比来反映城乡享受国家财政的差异。在教育获得方面，由于九年制义务教育已经普及，主要考虑高中阶段和高等教育阶段的毛入学率情况。同时，创新性地引入一个万人拥有公共文化设施数，来刻画大众文化的普及程度。实际上，我们希望用万人拥有公共文化设施面积指标，但是这个指标在目前的统计体系中很难找到。一些地方政府的公告中会设计，但是如前所述，我们认为这样的指标更具有代表性，在未来的统计体系完善中建议纳入，后面还有一些类似的指标，这实际上是 CSDIS 的一个功能，目的是督促可持续发展指标统计体系的改进。

表 10 – 3　社会福利

二级指标	三级指标
教育文化	高中阶段毛入学率（%）
	高等教育毛入学率（%）
	万人拥有公共文化设施数（个）
社会公平	基尼系数
	农村与城镇人均可支配收入比（%）
收入水平	居民人均可支配收入（元）
	农村贫困发生率（%）

续表

二级指标	三级指标
社会保障	人均基本养老保险支出（元）
	基本养老保险参与率（%）
	人均医疗保障财政支出（元）
	城市低保平均标准（元）
	农村低保平均标准（元）
卫生健康	人口平均预期寿命（岁）
	监测地区婴儿死亡率（‰）
	每万人拥有卫生机构数（个）
	每万人医院床位数（张）
	每万人拥有卫生技术人员（人）
	卫生总费用占 GDP 比重（%）

2. 坚守生态红线——资源与环境

资源与环境指标主要描述当前自然界的一个状况，包含数量、质量和环境。资源方面，涵盖了主要的可量化评估的资源，包括森林、草原、湿地、土地、矿藏、海洋、水等，同时把自然保护区作为一个重要资源类别纳入。除了传统的自然领地，城市环境作为人类活动的重要场所，也作为环境考察的一个指标。需要说明的是，作为某个国家或者地区，可能没有某些自然资源，比如内陆地区，没有海洋资源。但我们这里将其纳入，是为了更加全面地刻画可持续发展对自然保护的需求，在具体指标体系的应用中，可以做一些技术上的处理，来保证不同地区横向比较的公平性。

表 10 - 4　资源与环境

二级指标	三级指标
森林资源	森林覆盖率（%）
	人均森林面积（公顷/人）
	人均森林蓄积量（立方米/人）
草原资源	草原综合植被盖度（%）
湿地资源	湿地占国土面积比（%）
自然保护区	自然保护区占国土面积比（%）

二级指标	三级指标
耕地资源	耕地占国土面积比（%）
	水土流失占国土面积比（%）
	土壤污染超标率（%）
矿产资源	人均矿产资源量（吨）
海洋资源	全海域未达到第一类海水水质标准的海域面积（%）
淡水资源	人均水资源量（立方米）
	人均地下水资源量（立方米）
	城市用水普及率（%）
大气环境	地级以上城市空气质量达到国家标准的比例（%）
城市环境	人均公园绿地面积（平方米）

3. 日益增长的消费与生产——人类影响

人类影响主要反映人的生产和生活活动对资源的消耗、污染物和废弃物排放、温室气体排放等。资源的消耗包括对土地、水、能源的消耗。污染物的排放包括固体废物、废水和废气。生活垃圾作为单独的一个指标，主要反映人的消费对环境的影响。温室气体作为人类对自然影响的一个重要部分被纳入，包含了碳强度及碳排放总量两个指标。

4. 决策与行动——可持续治理

可持续治理是人类实现对自然正影响的主要手段。治理包括资金上的投入、主要环境治理目标的设定。在治理投入上，既考虑了财政上的环保支出，也考虑了整个社会的环境污染治理投资。在环境治理目标方面，在水、空气、固体废物、生活垃圾、温室气体方面均提出了可考察的指标。

表 10-5　人类影响

二级指标	三级指标
土地消耗	万元农业增加值农业用地（公顷）
	单位二、三产业增加值建设用地（公顷/万元）
	城市人均建设用地（平方米）

续表

二级指标	三级指标
水消耗	单位工业增加值水耗（立方米/万元）
	单位农业增加值水耗（立方米/万元）
	单位 GDP 水耗（立方米/万元）
	用水总量（亿立方米）
	农业灌溉用水有效利用系数（%）
能源消耗	单位地区生产总值能耗（吨标准煤/万元）
	能源消费总量（亿吨标煤）
污染物排放	废气中主要污染物排放总量（万吨）
	废水排放总量（亿吨）
	危险废物产生量（万吨）
生活垃圾	生活垃圾清运量（万吨）
温室气体排放	二氧化碳排放总量（亿吨）
	单位 GDP 二氧化碳排放量（吨/万元）

表 10 - 6　可持续治理

二级指标	三级指标
治理投入	环境保护支出占财政支出比重（%）
	环境污染治理投资与国内生产总值之比（%）
废水治理	水污染物排放总量年下降率（%）
大气治理	大气污染物排放总量年下降率（%）
危险废物治理	危险废物排放量年下降率（%）
生活垃圾治理	城市生活垃圾无害化处理率（%）
	农村生活垃圾集中处理率（%）
土地治理	可治理沙化土地得到治理率（%）
	污染土壤修复率（%）
	矿区修复率（%）
温室气体治理	非化石能源占一次能源消费总量比（%）
	二氧化碳强度年下降率（%）
	能源强度年下降率（%）
	新建建筑中绿色建筑比例（%）
	公共交通分担率（%）

5. 前提与基础——经济发展

　　经济发展是实现可持续发展的前提和基础。可持续的经济发展包含三个方面：稳定的经济增长、结构优化升级和创新驱动发展。稳定的经济增长是人类社会发展的根本保障。结构优化升级不但是经济健康发展的需要，也是对资源环境利益分配模式的转变与创新。创新驱动不但要成为经济持续增长的动力源泉，也为人类更加有效、合理、恰当地利用自然资本提供了技术和手段。稳定的增长包括城镇登记失业率、人均国内生产总值、城镇化率和全社会劳动生产率四个指标。这几个指标也是反映一国或地区经济发展水平及健康程度的重要指标。结构优化方面，主要体现在服务业、高技术产业以及消费对经济的拉动作用。创新驱动主要体现在研发投入、科技人员数量、高技术产值、专利数量等方面。

表 10 - 7　经济发展

二级指标	三级指标
稳定增长	城镇登记失业率（%） 人均国内生产总值（元） 城镇化率（%） 全社会劳动生产率（元/人）
结构优化	服务业增加值占 GDP 之比重（%） 最终消费对经济增长的贡献率（%） 高技术产品出口占比（%） 服务贸易占对外贸易之比重（%） 出口增加值占 GDP 之比重（%） 信息产业增加值占比（%） 国内粮食生产与消费比（%）
创新驱动	研究与试验发展人员全时当量（人） 规模以上制造业研发经费内部支出占主营业务收入之比重（%） 研究与试验发展经费支出与国内生产总值之比（%） 高技术产业增加值占工业增加值的比重（%） 财政性教育经费支出占国内生产总值比重（%） 万人口有效发明专利拥有量（件）

表 10 - 8 中国可持续发展指标体系（CSDIS）

一级指标	二级指标	三级指标	数据可获得源	序号
1. 社会福利	1.1 教育文化	高中阶段毛入学率（%）	《中国教育统计年鉴》	1
		高等教育毛入学率（%）	《中国教育统计年鉴》	2
		万人拥有公共文化设施数（个）	《国家统计年鉴》	3
	1.2 社会公平	基尼系数	国家统计局	4
		农村与城镇人均可支配收入比（%）	《国家统计年鉴》	5
		农村与城镇人均财政支出比（%）	《国家统计年鉴》	6
	1.3 收入水平	居民人均可支配收入（元）	《国家统计年鉴》	7
		农村贫困发生率（%）	国家统计局	8
	1.4 社会低保	人均基本养老保险支出（%）	《国家统计年鉴》（计算）	9
		基本养老保险参与率（%）	《国家统计年鉴》（计算）	10
		人均医疗保障财政支出（元）	《国家统计年鉴》（计算）	11
		城市低保平均标准（元）	民政部《社会服务发展情况》	12
		农村低保平均标准（元）	民政部《社会服务发展情况》	13
	1.5 卫生健康	人口平均预期寿命（岁）	《国家统计年鉴》	14
		监测地区婴儿死亡率（‰）	国家统计局	15
		每万人拥有卫生机构数（个）	《中国卫生统计年鉴》	16
		每万人医院床位数（张）	《国家统计年鉴》	17
		每万人拥有卫生技术人员（人）	《国家统计年鉴》	18
		卫生总费用占 GDP 比重（%）	《国家统计年鉴》	19
2. 资源环境	2.1 森林资源	森林覆盖率（%）	《国家统计年鉴》	20
		人均森林面积（公顷/人）	《国家统计年鉴》	21
		人均森林蓄积量（立方米/人）	《中国林业统计年鉴》《国家统计年鉴》	22
	2.2 草原资源	草原综合植被盖度（%）	农业部《全国草原监测报告》	23
	2.3 湿地资源	湿地占国土面积比（%）	《中国林业统计年鉴》	24
	2.4 自然保护区	自然保护区占国土面积比（%）	《国家统计年鉴》	25

一级指标	二级指标	三级指标	数据可获得源	序号
2. 资源环境	2.5 土地资源	耕地占国土面积比（%）	《国家统计年鉴》《中国国土资源公报》	26
		水土流失占国土面积比（%）	《中国环境统计年鉴》	27
		土壤污染超标率（%）	《全国土壤污染调查公报》	28
	2.6 矿产资源	人均矿产资源占有量（吨）	《全国（地方）矿产资源储量统计资料》	29
	2.7 海洋资源	全海域未达到第一类海水水质标准的海域面积（%）	《中国海洋年鉴》	30
	2.8 淡水资源	人均水资源量（立方米）	《国家统计年鉴》	31
		人均地下水资源量（立方米）	《国家统计年鉴》	32
		城市用水普及率（%）	《国家统计年鉴》	33
	2.9 大气环境	地级以上城市空气质量达到国家标准比（%）	环保部数据中心	34
	2.10 城市环境	人均城市绿地面积（平方米）	《国家统计年鉴》	35
3. 人类影响	3.1 土地消耗	万元农业增加值农业用地（公顷）	《中国农村统计年鉴》；世界银行数据中心	36
		单位二、三产业增加值建设用地（公顷/万元）	《国家统计年鉴》	37
		城市人均建设用地（平方米）	《国家统计年鉴》	38
	3.2 水消耗	单位工业增加值水耗（立方米/万元）	《中国环境统计年鉴》	39
		单位农业增加值水耗（立方米/万元）	《中国农村统计年鉴》《中国环境统计年鉴》	40
		单位 GDP 水耗（立方米/万元）	《国家统计年鉴》	41
		用水总量（亿立方米）	《国家统计年鉴》	42
		农业灌溉用水有效利用系数	《中国环境统计年鉴》	43
	3.3 能源消耗	单位地区生产总值能耗（吨标准煤/万元）	《国家统计年鉴》	44
		能源消费总量（亿吨标煤）	《国家统计年鉴》	45

一级指标	二级指标	三级指标	数据可获得源	序号
3. 人类影响	3.4 污染物排放	废气中主要污染物排放总量（万吨）	《国家统计年鉴》《全国环境统计公报》	46
		危险废物产生量（万吨）	《国家统计年鉴》《全国环境统计公报》	47
		废水排放总量（万吨）	《国家统计年鉴》《全国环境统计公报》	48
	3.5 生活垃圾	生活垃圾清运量（万吨）	《国家统计年鉴》（计算）	49
	3.6 温室气体排放	二氧化碳排放总量（亿吨）	《能源统计年鉴》（计算）	50
		单位 GDP 二氧化碳排放量（吨/万元）	《国际统计年鉴》	51
4. 可持续治理	4.1 治理投入	环境保护支出占财政支出比重（%）	《国家统计年鉴》	52
		环境污染治理投资与国内生产总值之比（%）	《国家统计年鉴》《全国环境统计公报》	53
	4.2 废水治理	废水排放总量年下降率（%）	《中国环境统计年鉴》《中国城市建设统计年鉴》《中国城乡建设统计年鉴》	54
	4.3 大气治理	工业废气排放量年下降率（%）	《中国环境统计年鉴》《全国环境统计公报》	55
	4.4 危险废物治理	危险废物产生量年下降率（%）	《全国环境统计公报》	56
	4.5 生活垃圾治理	生活垃圾无害化处理率（%）	《中国环境状况公报》	57
	4.6 温室气体治理	非化石能源占一次能源消费总量比（%）	《能源统计年鉴》	58
		二氧化碳强度下降率（%）	《国际统计年鉴》	59
		能源强度年下降率（%）	《国家统计年鉴》《中国环境统计年鉴》	60

续表

一级指标	二级指标	三级指标	数据可获得源	序号
5. 经济发展	5.1 稳定增长	城镇登记失业率（%）	《国家统计年鉴》	61
		人均国内生产总值（元）	《国家统计年鉴》	62
		城镇化率（%）	《国家统计年鉴》	63
		全社会劳动生产率（元/人）	《国家统计年鉴》	64
	5.2 结构优化	服务业增加值占 GDP 比重（%）	《国家统计年鉴》	65
		最终消费对经济增长贡献率（%）	《国家统计年鉴》	66
		高技术产品出口占比（%）	《国家统计年鉴》	67
		服务贸易占对外贸易比（%）	国家统计局	68
		出口增加值占 GDP 比重（%）	《WTO 国际贸易统计数据库》《国家统计年鉴》	69
		信息产业增加值占比（%）	《国家统计年鉴》	70
		国内粮食生产与消费比（%）	国家统计局	71
	5.3 创新驱动	研究与试验发展人员全时当量（万人年）	《世界银行 WDI 数据库》	72
		规模以上制造业研发经费内部支出占主营业务收入比重（%）	《国家统计年鉴》	73
		研究与试验发展经费支出与国内生产总值之比（%）	《国家统计年鉴》	74
		高技术产业增加值占工业增加值比重（%）	《国家统计年鉴》	75
		财政性教育经费支出占国内生产总值比例（%）	《国家统计年鉴》	76
		每万人口有效发明专利拥有量（件）	《国家知识产权局统计年报》《国家统计年鉴》	77

第三节　中国可持续发展指标体系数据验证分析

一　可持续发展指标体系数据处理

1. 数据选取

根据构建的上述中国可持续发展指标体系，我们对初始指标数据进行查找筛选，最终整理了 2010 ~ 2014 年五年的时间序列数据。其中，根据数据的可获得性，对某些指标进行了剔除，五大类指标共有 77 个具体初始指标。

2. 缺失值处理

由于统计手段和相关资料不足等因素，部分指标的初始数据不能全部找到，因此某些年份的缺失值需要补充处理，对非年度统计的指标值，我们采用官方普查的数据补充，而对于个别年份（通常是最近的年份）获取不到的数据，我们选择采用相近年份的数据补充，即维持与最近年份的一致性。

3. 标准化处理

指标体系中具体指标既包括绝对量指标，又包括比率指标，需要对指标做标准化处理，才能有比较意义。对此，该部分采用百分制标准化方法，即将 2010 ~ 2014 年的指标值统一标准化为 0 ~ 100。对正向指标的标准化值，采用公式 $B = 100 \times (X - X_{min}) / (X_{max} - X_{min})$ 计算；对于负向指标的标准化值，采用 $B = 100 - 100 \times (X - X_{min}) / (X_{max} - X_{min})$ 计算。其中，初始指标的实际值用 X 表示，X_{max} 和 X_{min} 表示所选择时间序列数据的最大值和最小值（这里为 2010 ~ 2014 年的最大值和最小值）。倘若所选定时间序列范围的数据都等值，最大值和最小值的确定，采用对实际值 X 上浮 110% 为最大值，下浮 90% 为最小值。实际值 X 的标准值 B = 50%，既不是 0%，也不是 100%，以便影响到加权合成指数的大小。

4. 权重设定

在计算二级、一级和总指标综合值时，采用简单的等权重办法，以减少对各项指标的人为影响。

二 可持续发展指标体系数据验证结果分析

1. 中国可持续发展状况稳步得到改善

从总指标的趋势上看，2010 ~ 2014 年总指标呈现逐年稳定增长状态。其中，2010 年总指标数值为 32.00%，到 2014 年该指标已上升为 63.56%（见图 10 - 4）。从变动幅度看，2011 年和 2013 年改善幅度较大，分别较 2010 年和 2012 年提升了 25.13% 和 26.73%，2012 年可持续发展指数涨幅有所放缓，但也达到了 15.19%，而 2014 年指数涨幅却出现放缓迹象，只

达到 8.72%。究其原因，既与设定的基期有关，也与各个分项的改善程度
有关。从数据处理上看，因只有 5 年的数据，基期选择就是 2010 年，而
2014 年则可能是峰值，这就可能意味着越接近最高标准，那么改进的余
地就会越小，这里值得注意的是 2012 年的改善空间却相对下降，这可能
就不是数据处理所能解决的问题。从实际改善情况看，2012 年"可持续
治理"一级指标得分大幅低于 2011 年，整体拉低了总指标的数值，从中
可以得出 2012 年的可持续治理面临较大压力，也从另一侧面反映了 2012
年生态恶化和环境污染问题集中爆发，致使相应的治理措施和目标难以奏
效。可以说，可持续治理已经成为这一时期的重要短板，需要政府拿出壮
士断腕的勇气和决心，彻底向环境污染宣战，实施最严格的环保制度。

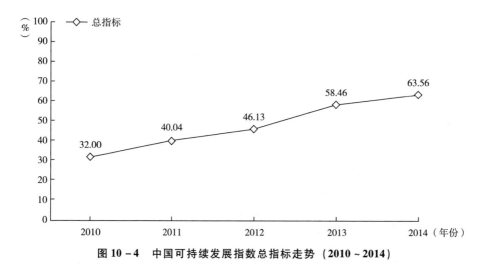

图 10 - 4　中国可持续发展指数总指标走势（2010～2014）

从一级指标的趋势（见图 10 - 5）上看，2010～2014 年"社会福利"
指标增长最快，其次是"经济发展"指标。"资源环境""人类影响"的
指标总体上也呈上升趋势，但"可持续治理"指标的波动较大，且近两年
有恶化趋势。从总指标构成（见图 10 - 6）上看，近两年（2013～2014
年）一级指标综合值从大到小排列依此为"社会福利""经济发展""资
源环境""人类影响""可持续治理"。

具体讲，2014 年"社会福利"指标为接近 100，意味着在这个 5 年中
社会福利领域逐年改善，尤其是 2014 年对比 2013 年的数值（76.10）涨
幅明显。相比而言，"可持续治理"指标成为唯一的短板，呈现不升反降
的态势，2013 年"可持续治理"指标数值为 31.00，到 2014 年下降到

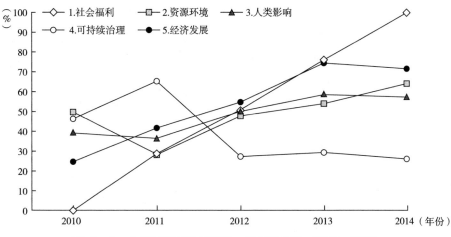

图 10 - 5　中国可持续发展指数一级指标走势（2010～2014）

28.16，这突出反映了在指标选择上，可持续治理指标主要侧重于投入过程中，达不到设定的目标就意味着下降。总体看，2014 年"社会福利"和"资源环境"两项一级指标综合值明显大于 2013 年相应数值，意味着两项指标改进的幅度较大。另外，"经济发展"和"人类影响"两项指标综合值近两年相差不大，或者说 2014 年的增长幅度较小，这从侧面说明了中国经济正在进入中高速增长的新常态，而在生态文明建设加紧趋严的背景下，人类对自然环境的影响开始减弱，正在逼近但尚未达到人类对环境负向影响的峰值，这在一定程度上反映了 2014 年"可持续治理"一级指标综合值要弱于 2013 年，可持续治理任务仍然艰巨。从二级指标的构

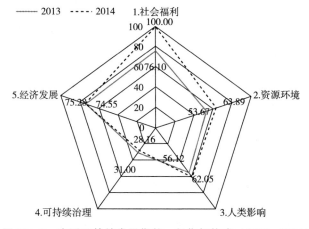

图 10 - 6　中国可持续发展指数一级指标构成（2013～2014）

成雷达图看，2014 年的指标值几乎包围住了 2013 年的指标值，但是也有个别的指标例外，例如"草原资源""温室气体治理""稳定增长"等项二级指标 2014 年的综合值小于 2013 年的综合值，除了经济增长属于经济新常态时期的自然调整外，在"草原资源"和"温室气体治理"方面，却意味着 2014 年的工作并没有做到位，环境保护和可持续治理的压力依旧较大，面临的资源环境的挑战仍然严峻。

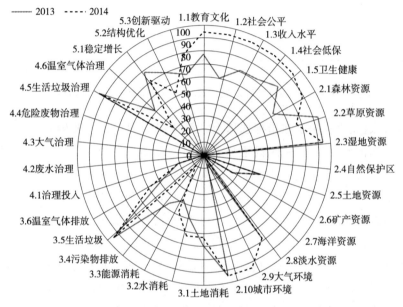

图 10 -7　中国可持续发展指数二级指标构成（2013～2014）

2. 中国在社会福利方面的进步十分明显

社会福利一级指标走势呈现直线上升态势。以 2010 年的零点为起点，直至升值 2014 年的接近 100% 的满分值，由此看出五年间每年都有所进步，且每年递增幅度大致相似。

从分级指标（二级指标折线图）上看："社会福利"一级指标项下的 5 个二级指标（"教育文化""社会公平""收入水平""社会低保""卫生健康"）2010～2014 年都呈现逐年稳步增长趋势，且 5 项指标走势极其一致，意味着在教育文化、收入水平、社会公平、社会低保、卫生健康等领域进步明显，其中只有"社会公平"一项指标在 2012～2013 年出现了些许放缓，但总体上呈现向上优化的趋势，正是在这 5 个领域的进步，联合

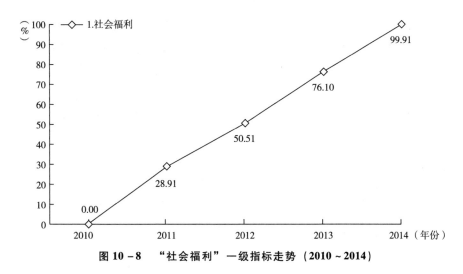

图 10-8 "社会福利"一级指标走势（2010～2014）

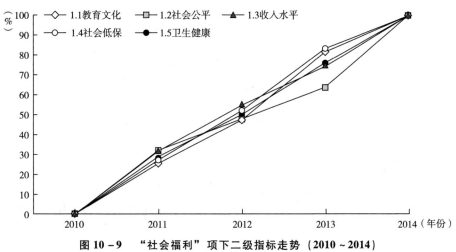

图 10-9 "社会福利"项下二级指标走势（2010～2014）

造就了"社会福利"一级指标 5 年的递进增长势头。

3. 中国资源环境承载能力仍有较大短板

从资源环境一级指标走势看，除 2011 年出现小幅度下降外，其余年份基本呈现持续改善的状况。该项一级指标 2010 年的综合值达到 49.62%，而 2011 年时下降到 27.93%，尽管 2012 年加大资源治理和环境保护的力度，但 2012 年尚未恢复到 2010 年的水平，只是攀升至 47.78，直到 2013 年才恢复至 2010 年以上的水准，达到了 53.67。令人欣慰的是，2014 年的表现良好，该指标综合值提升至 63.73，较 2013 年上涨了 18.74%。该项指标的走势反映出我国资源环境保护并没有遏制住恶化势头，其中 2011 年可能是资源环境状况最坏的情况，而从 2012 年开始资源环境状况逐步有所改善，但 2014 年并没有接近 100 的满分值，说明在资源环境方面尚存在继续恶化的短板。

图 10 - 10　"资源环境"一级指标走势（2010～2014）

　　一级指标"资源环境"项下共有 10 项二级指标，涉及森林、草原、湿地、耕地、海洋、淡水、矿产、自然保护区、大气和城市环境。从各项指标近 5 年走势看，10 个二级指标涨跌趋势并不一致，其中"城市环境"二级指标综合值在 2010～2014 年持续上升，且在 2013 年和 2014 年达到五年内的峰值，这意味着各个城市都非常重视城市环境的改善，并在两三年内取得不错的成效。"大气环境"二级指标综合值在经历 2010～2013 年的缓慢增长后，2014 年大气质量得到有效改善，这主要是国家提高了对大气环境的质量标准，并采取更严格的空气质量监测和监管措施，从而在 2014 年取得不错的进步，尚属不易。"草原资源""湿地资源"两项二级指标综合值在 2011 年陷入低点后呈逐步改善迹象，但草原资源指标在 2014 年并未接近满分值，反而出现了一定的下降，这意味着草原资源保护仍需要进一步加强。"淡水资源"二级指标综合值走势与"草原资源"比较近似，先是在 2011 年探底后持续回升，但始终没有接近 100，这意味着仍具有改进的余地。"森林资源"二级指标综合值 2010～2012 年经历逐步探底的过程，说明了我国森林资源仍未得到有效保护，2012 年降到近五年最低水平，而 2013 年、2014 年人工植林护林工作取得成效，森林资源保护得到改观。"矿产资源"二级指标综合值近 5 年先降后升，这既反映了前些年矿产资源粗放开采利用的不良现象，同时也反映了近两年开始重视集约化利用的实际状况。但作为不可再生资源，矿山资源存量越用越少，因而需要加强矿区的保护和资源的高效利用。而"自然保护区""海洋资源"两项指标则有所恶化，呈现连续下降的态势，成为资源环境里的最大短板。由于统计数据的非连续性，"耕地资源"一项5年原始数据保持不变，反映到综合值上并未发生变化。综合看来，由于"自然保护区""海洋资源"等二级指标仍呈现恶化趋势，从而拉低了"资源环境"一级指标的综合得分，这就反映了"资源环境"指标走势不同于"社会福利"指标的走势，"资源环境"指标走势出现曲折反复，其改善幅度并不是直线上升，也就是说，一级指标综合值虽有所改善，但趋势并不明显。从资源利用和环境保护这两个侧面可以看出，当前我国资源节约利用和环境保护的任务依然繁重。

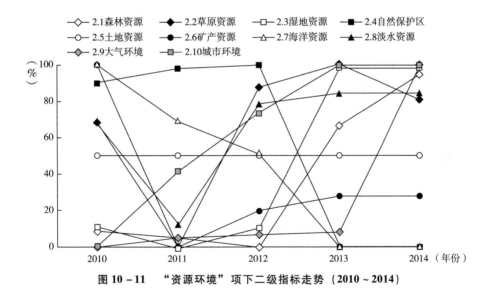

图 10-11 "资源环境"项下二级指标走势（2010～2014）

4. 中国经济社会活动的负面影响依然较大

从"人类影响"一级指标看，2012年和2013年人类对自然的影响有所改善，但是2011年和2014年分别有一个下滑的过程，说明了人类对自然的负向作用加大，这意味着消耗了更多的能源和资源以及排放了更多的污染物和二氧化碳。相比而言，2014年"人类影响"一级指标表现得并不理想，负面影响依然较大。

图10-12　"人类影响"一级指标走势（2010～2014）

一级指标"人类影响"项下包括"土地消耗""能源消耗""水消耗""污染物排放""温室气体排放""生活垃圾"6项二级指标。从2010～2014年二级指标综合值走势看，6项二级指标均呈折线增长的趋势，且波动幅度较大。其中，"生活垃圾"指标综合值逐年改善，且改善幅度明显，说明了我国城市生活垃圾集中处理效果明显，但因没有考虑农村生活垃圾的处理问题，所以这部分指标的改善并不代表真实水平，应该打个折扣。"能源消耗"指标近年来波动幅度不大，自2011年经历下降之后，连续四年出现改观，这意味着能源消耗增速放缓，一方面反映中国经济增速放缓带动能源消耗增速下降，另一方面也印证了中国经济结构调整正在加速，不再依靠高能源消耗支撑经济成长。"土地消耗"和"水消耗"两项指标呈现曲折向上的走势，意味着在土地资源管理和水资源管理方面正沿着集约化的道路前进，尽管2012年、2013年和2014年都有所反复，但并未改变整体趋势。相比较而言，"温室气体排放"和"污染物排放"走势反映了对这两者的治理并不乐观，尤其是"污染物排放"指标综合值除2011～2013年有小幅改善外，2014年再次呈现恶化趋势；而"温室气体排放"二级指标综合值在2011年出现大幅下降后，尽管经历了连续3年的上升，但2014年仍未达到2010年的水平。总体看，"人类影响"这一一级指标综合值近五年在某些方面有些改善，但在污染物排放和温室气体排放方面的表现并不尽如人意，改善趋势并不明显，仍需要加强对污染物排放和二氧化碳排放的治理。

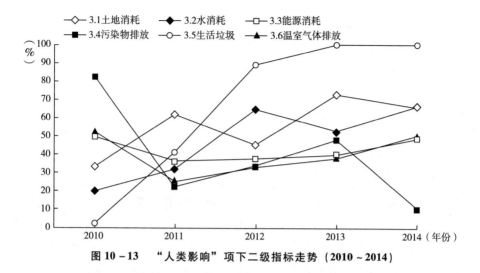

图 10 - 13　"人类影响"项下二级指标走势（2010～2014）

5. 中国可持续治理领域尚面临许多难啃的骨头

从对环境污染和生态恶化的治理修复过程看，近 5 年虽然做了很多工作，但是这些年表现得并不理想，只是在 2011 年该项指标综合值超过 50%，其余四个年份都在 50% 以下，尤其是近 3 年下降到 30% 以下，这意味着我国可持续治理的难度加大，效果并不不如 2010 年和 2011 年那么明显，这也从另一个侧面表明，当环境污染治理和生态修复过程到了一个关键时期，持续改善空间不再那么大的情况下，可持续治理需要加大实施力度，并把可持续治理目标作为硬约束目标，真抓实干，丝毫不放松。随

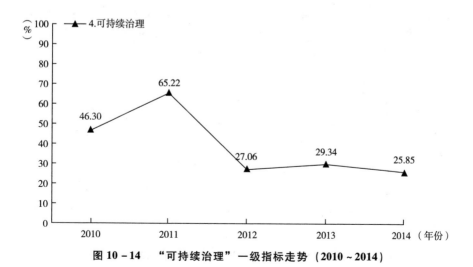

图 10 - 14　"可持续治理"一级指标走势（2010～2014）

着生态文明建设顶层设计进入落地实施的关键阶段，未来几年我国在可持续治理领域将迎来较大的进步空间。

"可持续治理"一级指标项下涉及治理投入、废水治理、危险废物治理、大气治理、生活垃圾治理和温室气体治理6项二级指标。从各项二级指标的走势看，2010～2014年，只有"生活垃圾治理"这项指标呈现逐年改善的状况，且在2013年基本接近100的满分值，说明我国在生活垃圾治理方面取得的成效显著。但是其他5项二级指标的走势并不容乐观。其中除"治理投入"在2010年有明显改善外，2011年呈现明显下降，随后2012年和2013年虽有小幅改善，但是改善的趋势并不明显，这说明还需要加大可持续治理的投入力度，无论是财力、物力还是人力方面。相比而言，在废水、废气和危险废物治理方面并没有全面完成治理任务，该3项指标甚至呈现极度恶化迹象，这需要国家和社会都要加大重视程度，切实付诸行动，履行治理责任。尽管我国在二氧化碳减排方面做了不少工作，在2011年和2013年也取得了一定成效，但是"温室气体排放"二级指标综合值近5年呈现折线波动趋势，且2014年再次回到2010年的治理水平，可以说并无太大进步。这导致了"可持续治理"这一一级指标的不良表现。总体上看，可持续治理只是评价实施过程，但在一定程度上该项指标的走势也能够说明我国各个年份的可持续治理状况及其努力程度。未来，我国要致力于治理能力现代化，将需要在可持续治理能力方面取得显著成效。该项指标走势给出的信号是，我国在可持续治理环节仍有较长的

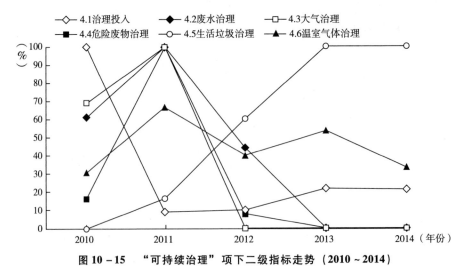

图10-15　"可持续治理"项下二级指标走势（2010～2014）

一段路要走。

6. 中国经济发展正在遭遇结构调整的阵痛

从经济发展一级指标综合值走势看，自2010年连续4年出现明显的改善迹象，2013年达到5年的顶点74.40%，而2014年却下降至71.00%，较2013年下降了3.4个百分点，这意味着2014年中国经济发展出现了恶化迹象，尽管仍维持在较高水平，但2014年没有接近100%的满分值水平，这说明中国进入中高速增长的新常态，同时正在经历结构调整带来的阵痛。

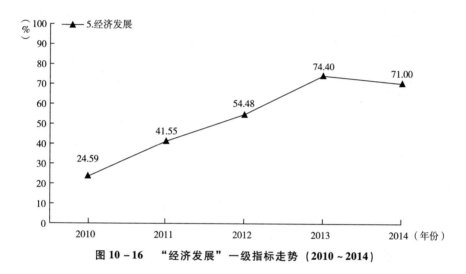

图10 – 16　"经济发展"一级指标走势（2010～2014）

在"经济发展"一级指标构成中包含三项二级指标，包括"稳定增长""结构优化""创新驱动"。从一级指标"经济发展"项下的3项二级指标综合值走势可以解释2014年"经济发展"综合值为何出现下降。从2010～2014年的分项趋势看，三项二级指标综合值都呈现向上增长趋势。其中"创新驱动"二级指标综合值的增幅最快，且呈现近似直线增长的态势，这说明我国经济仍具有较大的潜在活力，在支持创新创业方面投入较大，获得的效果也相当明显。显然，"创新驱动"一项并不是造成2014年"经济发展"指标下降的原因。相比而言，"稳定增长"和"结构优化"两项二级指标则是造成"经济发展"一级指标在2014年下降的主要原因。其中，"稳定增长"二级指标主要侧重于经济增长、城镇化速度和生产率提高情况，在这些方面2014年增速出现了小幅下滑，反映在合成指标数值上2014年相应较2013年出现下降。"结构优化"一项指标是影响"经济发展"一级指标2014年下滑的主要因素。"结构优化"二级指标涉及信息等新兴产业、现代服务业和高技术产业在国民经济结构中的比重，尽管这些年我国经济结构优化取得了一定的进步，如2013年该项指标的综合值较2010年的综合值提升了50%以上，但2014年却出现了较大幅度的下降，跌幅达到24.26%。可以说"结构优化"二级指标近5年是在波动中艰难改善，2014年综合值较2010年提升了13.75%，远低于2014年一年的跌幅。总体上看，我国经济发展朝着创新驱动和结构优化的方向发展，但可能必须经历结构调整的阵痛，因为结构调整不仅受到国际经济环境的影响，而且还与创新驱动的能力和方向有关。令人欣喜的是，"创新驱动"这项综合指标表现不错，需要我国进一步发挥创新创业的积极作用，促进经济增长和结构优化，使"经济发展"这一一级指标实现稳定增长，增强经济发展的可持续能力。

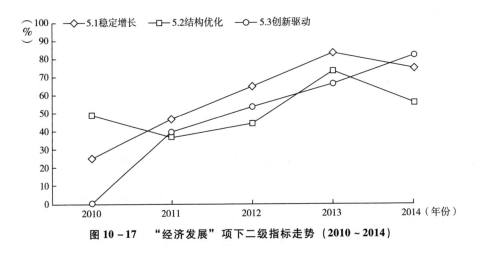

图 10 - 17　"经济发展"项下二级指标走势（2010 ~ 2014）

第四节　从中国到全球：部分典型城市可持续发展的实践[①]

一　城市可持续发展计划：精选案例

探讨有关可持续性指标，重要的是对城市的可持续发展进行审查。在

---

① 这部分内容来源于笔者与哥伦比亚大学地球研究院合作完成的研究成果《从中国到全球：寻找可持续发展新航标》，国外部分执笔者郭栋。

全球范围内，城市已成为可持续发展政策和可持续发展行动方案实施的实验室。这种趋势之所以重要，原因有很多，其中最为重要的是全球人口正源源不断地涌入城市；截至 2030 年，世界有六成以上的人口将居住在城市（世界卫生组织，2013 年）。城市还直接控制着关键系统，尤其是水和废水，废弃物和回收，以及建筑和区划规范等，在这些方面，中央政府通常无权过问。世界上的城市消耗 60% ~ 80% 的全球能源，其二氧化碳的排放量大约占全球二氧化碳排放量的 2/3（Kamal - Chaoui 和 Robert，2009年）。从长远来看，城市要想更加可持续的发展，就需要提高水和能源的使用率，提高废物管理效率，降低交通拥堵和提供清洁的空气。

为此，许多城市已经开始衡量自己对环境的影响，整合微观层面的可持续性度量标准（从家庭到当地企业再到市政运作），并将它们纳入城市的战略决策中。实施可持续发展不仅是城市焕发生机的关键，也是把城市作为企业和居民理想居住地的关键。城市正在寻求能够吸引居民、刺激经济增长和鼓励更多基于可再生资源的生活方式的可持续性对策。在中国，大大小小的城市已经开始将环境保护与经济发展相结合，以促进城市的可持续发展。考虑到在未来 20 年内，预计将有 3.5 亿新居民迁徙至中国的城市，城市的可持续发展显得极为重要（世界银行，2012 年）。

各类城市可持续发展规划和报告中特别地呈现了可持续发展的目标和进程。许多城市也已经接受了这种类型的可持续发展规划。正如"可持续发展"的定义很广泛一样，对城市应该如何衡量环境影响的定义并不一致，而这些规划之间也不存在显著差异。政策制定者通常也不清楚该用哪些指标衡量，因为衡量指标也可能会随着时间的推移和地区差异发生变化，制定具体行动和开发准确监测进展情况的可衡量指标面临着挑战。可持续发展规划往往采用不同的成功举措，在如何结合环境、社会和经济因素（ICLEI，2010 年）方面也采用了不同的方法。指标的区域化是一个重要的原因；政府需要对指标的目标和目的负责，同时可以依据指标来指导决策。不幸的是，许多城市现行的指标仍不规范，缺乏一致性，也不能进行同期和跨地区比较（Hoornweg 等，2007）。城市的一套标准化的指标和评价体系可以指导决策，引导地方政府投资，有利于衡量地方经济的发展。

由 163 个国家组成的国际标准化组织（ISO）最近制定了一种新的标准，叫做 ISO37120。《ISO37120 城市可持续发展——城市服务和生活质量指标》于 2014 年 5 月正式发行，是城市绩效指标的首个国际标准。该标准包括 100 个核心和支撑指标，其中有 46 个核心指标，要求所有城市必须上报。尽管该标准包含环境、健康和安全指标以及教育和娱乐指标，但它未突出可持续性和恢复力。中国可持续性度量标准的简明框架将为世界各地的城市提供范本，符合全球可持续发展议程。

接下来，我们专门对 7 个城市的可持续发展规划进行了分析，包括中国城市 3 个，美国城市 2 个，墨西哥和西班牙各 1 个。我们评估了从各个城市汲取的经验与教训，分析了各个方案间的共性和差异，从而找出关键因素，通过使用附件所列规划中的可持续性指标确定可持续性测量的差异。通过分析，我们将有机会将各个城市的经验应用于中国城市，进而为中国城市可持续性度量及衡量制定一个新的规划。

表 10 - 9 总结了我们选择进行分析的城市情况。我们选取了以下 7 个城市的可持续发展规划，以获取不同规模、经济、环境和地域特征城市的可持续性指标和规划。

表 10 - 9　典型城市的可持续发展规划

城市	大城市区域人口（百万）	人均国内生产总值（2014 年，以美元计，在购买力平价的基础上）	细颗粒物PM2.5（微克/立方米，2012 年平均值）	地理特征	可持续发展规划名称	发布的年度规划（年）
北京	21.6	23390	56	山地地形：北部、西部和东北部；温带气候；平坦，海拔：20~60 米	多个	2009~2010
深圳	10.7	33731	26	沿海；亚热带海洋气候	"效益深圳"统计指标体系	2006~2007
郑州	10.4	14907	51	坐落在黄河平原南部；中国中部	郑州市民生福利评价监测指标体系	2006
纽约	20.1	69915	14	沿海，面朝大西洋；亚热带湿润气候	纽约规划	2007
巴塞罗那	4.7	36157	16	沿海，面朝地中海；地中海气候	可持续发展的巴塞罗那	1995

续表

城市	大城市区域人口（百万）	人均国内生产总值（2014年，以美元计，在购买力平价的基础上）	细颗粒物PM2.5（微克/立方米，2012年平均值）	地理特征	可持续发展规划名称	发布的年度规划（年）
墨西哥城	21.0	19239	25	位于山谷盆地；平均海拔：7349英尺；热带气候	绿色协商	2007
旧金山	4.6	72390	10	沿海，面朝太平洋；海拔：高出海平面155英尺；丘陵地貌；位于地震频发的圣安地列斯断层	城市总体规划	1995

资料来源：布鲁金斯全球地铁监控地图；笔者研究成果。

在中国，很多省市的可持续发展水平在逐步提高。北京、上海、深圳、郑州等省市强调经济、社会、环境三方面的协调发展。为此，它们在制订发展计划时设计了相应的监测评价指标体系，并采用目标管理的策略逐步引导城市可持续转型。当前，有不少省市进行了积极的尝试，并将其纳入行动计划之中，积累了丰富的管理实践经验。借鉴这些省市可持续发展指标设计上所做的有益尝试，有利于构建简约有效的可持续发展指标框架。

二　北京

北京市是中华人民共和国的首都，是世界闻名的历史古城、文化名城，是全国的政治、文化、科技创新和国际交往的中心城市。北京市占地面积为1.64万平方公里，下辖西城、东城、海淀、朝阳等16个区县，其中主城区占地1381平方公里。截至2014年年末，北京市常住人口有2151.6万人，人口密度为每平方公里1311人。按年均汇率计算，2014年北京市GDP为3472.4亿美元，人均GDP为16258美元，第三产业占GDP的比重达77.9%。随着人口规模的增加，机动车辆增加较快，北京市城区已面临空间有限、生态环境受到制约、功能需要疏解等问题，需要在更大区域范围内布局调整。

2008年8月，北京市举办了第29届夏季奥林匹克运动会，提出了要突出"绿色奥运、科技奥运、人文奥运"的理念，提升了北京市城市生活品质和环境质量，促进了北京向更加现代化的国际大都市迈进。2008年10月，北京提出"人文北京、科技北京、绿色北京"的发展战略，并于2009～2010年相继发布人文、科技、绿色北京行动计划，明确了北京可持续发展的阶段性目标和监测评价指标。

根据2009年3月发布的《"科技北京"行动计划（2009～2012年）——促进自主行动创新行动》，"科技北京"行动计划实施进程监测评价指标体系主要由科技资源、产业结构、创新成果、企业创新四大类、17项指标构成。

根据2010年2月发布的《"人文北京"行动计划（2010～2012年）》，"人文北京"行动计划实施进程监测评价指标体系主要由民生保障、城市文明、文化繁荣、社会和谐四大类、22项指标构成。2010年3月，北京市发布了《"绿色北京"行动计划（2010～2012年）》，提出了建设"绿色北京"的阶段性目标及相关指标体系。建设"绿色北京"指标体系主要由绿色生产、绿色消费、生态环境三大类、16项指标构成。2011年初，北京市"十二五"时期绿色北京发展建设规划出台，对绿色北京建设的指标体系进行了补充，最终形成了20个指标的评价指标体系（见表10-10）。

2011年之后，由于受到大面积雾霾的影响，北京市非常重视空气质量问题，并在北京市"十二五"规划纲要中增加了环境方面的约束性指标，分为污染物排放总量指标、空气质量指标、水环境质量指标和声环境质量指标四个方面，共包括15项指标（见表10-11）。

表10-10　"人文北京、科技北京、绿色北京"行动计划实施进程监测评价指标体系

		城镇登记失业率
"人文北京"行动计划实施进程监测评价指标体系	民生保障	社保基金收入
		新农合及养老保险
		政策性住房投资
		社区医护人员比例
		轨道交通长度
	城市文明	市民行为文明程度
		平均预期寿命
		平均受教育年限
		市容环境公众评价

续表

		文物财政支出
		文化设施活动情况
	文化繁荣	文化创意产业比重
		体育产业比重
"人文北京"行动计划实施进程监测评价指标体系		旅游综合收入
		国际会展规模
		城乡居民收入比
		基尼系数
	社会和谐	生产安全事故死亡率
		群众安全感
		食品药品合格率
		非正常上访批次
		研发经费支出
	科技资源	科技财政支出
		研发人员
		信息化水平
		高技术产业
	产业结构	信息产业
		现代制造业
"科技北京"行动计划实施进程监测评价指标体系		高新技术产品出口
		专利授权量
	创新成果	技术合同交易
		流向外省技术合同交易
		开展研发活动的单位
		企业研发经费支出
	企业创新	拥有科技机构的企业
		享受政府创新资助的企业
		工业企业新产品销售
		中关村科技园区增加值

"绿色北京"行动计划实施进程监测评价指标体系	绿色生产	新能源和节能环保产业销售收入总额
		煤炭消费总量
		可再生能源利用量占能源消费总量比重
		万元地区生产总值能耗下降
		万元地区生产总值能耗二氧化碳排放下降
		万元地区生产总值水耗降低
		资源产出率提高
	绿色消费	二级及以上能效产品市场占有率
		重点食品安全监测抽查合格率
		节能建筑占现有民用建筑的比例
		中心城公共交通出行比例
		生活垃圾资源化率,其中:居住小区生活垃圾分类达标率
		再生水利用率
	生态环境	空气质量二级和好于二级天数的比例
		二氧化硫排放总量减少
		氮氧化物排放总量减少
		化学需氧量排放总量减少
		氨氮排放总量减少
		全市林木绿化率
		人均公共绿地面积

资料来源:周琼《"人文北京"行动计划实施进程监测评价研究》(数据),2012,(6):58~61;任盼盼《"科技北京"行动计划实施进程监测评价研究》(数据),2012,(5):58~61;《北京市人民政府关于印发北京市"十二五"时期绿色北京发展建设规划的通知》(京政发〔2011〕41号)。

表 10 - 11　北京市"十二五"规划纲要中环境评价指标体系

类　　别	指　　标	目　　标
主要污染物排放总量	二氧化硫排放总量减少(%)	达到国家要求
	氮氧化物排放总量减少(%)	达到国家要求
	化学需氧排放总量减少(%)	达到国家要求
	氨氮排放总量减少(%)	达到国家要求
	二氧化硫、二氧化氮、一氧化碳、苯并(a)芘、氟化物和铅浓度	稳定达标

续表

类　别	指　标	目　标
大气环境质量	总悬浮颗粒物与可吸入颗粒物年均浓度下降（％）	10
	全市空气质量二级和好于二级天数的比例（％）	80
	密云、怀柔水库水质	符合地表水Ⅱ类标准
	达标水体水质	保持稳定
水环境质量	不达标水体化学需氧量、氨氮平均浓度下降（％）	5
	地下水水质	保持稳定
	地表水出境断面水质	达到国家考核要求
	全市地表水断面水质改善率（％）	10
声环境质量	区域环境噪声平均值（分贝）	55
	交通干线噪声平均值（分贝）	70

资料来源：《北京市"十二五"规划纲要》。

三　深圳

深圳市是中国改革开放的窗口，位于中国广东省南部，与中国香港隔水相望。深圳属亚热带海洋性气候，依山临海，淡水资源丰富，占地面积约 1996.85 平方公里。截至 2014 年年末，深圳市常住人口有 1077.89 万人，按年均汇率计算，全市 GDP 为 2606 亿美元，人均 GDP 达 24337 美元。深圳市是中国大陆经济效益最好的城市之一，在制度创新、扩大开放等方面承担着试验示范的重要使命。英国《经济学人》2012 年将深圳市列为全球最具经济竞争力城市的第二位。

2006 年 5 月，深圳市制定并发布了《"效益深圳"统计指标体系》。这是对中国现行统计报表制度和国民经济核算的重要补充和完善，成为综合评价和描述深圳经济工作成效的最直观尺度和考核各级干部的主要标准。该项统计指标体系主要由经济效益、社会效益、生态效益和人的发展四大类、19 项指标构成（见表 10-12）。2007 年 1 月，为构建"和谐深圳"，深圳市进一步发布了《中共深圳市委 深圳市人民政府关于制定"深圳市民生净福利指标体系"的意见》（深发〔2007〕2 号），将民生净福利指标体系纳入地方统计指标体系中，成为法定的统计报表。这项指标体系主要涵盖收入分配与公平、生活安全水平、社会保障水平、公共服务水平、人的全面发展水平等 5 个方面，共 21 项指标，以此反映居民的生活福利状况及其动态（见表 10 - 13）。

表 10 - 12　"效益深圳"统计指标

分　类	指　标
经济效益（9）	每平方公里土地产出 GDP
	全社会劳动生产率
	万元 GDP 能耗
	万元 GDP 水耗
	工业经济效益综合指数
	高新技术产品增加值占 GDP 比重
	物流业增加值占 GDP 比重
	金融业增加值占 GDP 比重
	文化产业增加值占 GDP 比重
社会效益（4）	研究开发经费支出占 GDP 比重
	财政性教育经费支出占 GDP 的比例
	城镇登记失业率
	社会保险综合参保率
生态效益（3）	空气综合污染指数
	污染治理指数
	城市污水集中处理率
人的发展（3）	人均受教育年限
	人口平均预期寿命
	人均可支配收入

资料来源：深圳市统计局。

表 10 - 13　深圳市民生净福利指标

分　类	指　标
收入分配与公平（2）	居民人均可支配收入增长率（%）
	基尼系数
生活安全水平（5）	主要农产品质量安全监测超标率（%）
	药品安全抽样合格率（%）
	达到 I 级和 II 级空气质量的天数（天）
	主要饮用水源水质达标率（%）
	交通事故死亡率 1/10 万人

续表

分　类	指　标
社会保障水平（8）	城镇登记失业率（%）
	零就业家庭户数（户）
	应届大中专毕业生就业比例（%）
	社会保险综合参保率（%）
	劳务工工伤保险参保率（%）
	劳务工医疗保险参保率（%）
	社会保障和就业支出占财政支出比例（%）
	社会捐赠款（万元）
公共服务水平（3）	财政性教科文卫体支出占财政支出比例（%）
	财政性环保投资经费占财政支出比例（%）
	财政性公共基础设施建设支出占财政支出比例（%）
人的全面发展水平（3）	人均受教育年限（年）
	职工培训人均学时数（学时）
	人均公共图书馆馆藏图书（册）

资料来源：深圳市统计局。

四　郑州

郑州市是河南省的省会城市，地处中国内地的地理中心，是全国重要的交通枢纽城市和中部地区重要的工业城市。郑州市下辖 12 个区县，全市占地面积 7446 平方公里，城区面积有 1010 平方公里。截至 2013 年年末，郑州市常住人口有 919.1 万人，人口密度位居全国省会城市第二位，仅次于广州。按照年均汇率计算，截至 2014 年年末，郑州市 GDP 为 1104 亿美元，人均 GDP 达 12014 美元。

2006 年 7 月，郑州市制定并发布《郑州市民生福利评价监测指标体系》，提出考核政绩不仅要考察 GDP，而且居民收入增长、失业率、升学率、参保率等都要纳入考察范围。这项指标体系涵盖收入分配与生活质量、生活安全水平、社会保障水平、国民教育水平、公共服务水平和财政公共投入 6 方面 37 项指标，分别从市县两级进行评价，综合反映居民生活福利状况。

近年来，河南省将环保指标纳入政绩考核之中，取得显著成效，走在全国前列。为落实河南省加强环保工作的要求，2008 年 2 月郑州市制定并发布《郑州市单位生产总值能耗统计指标体系实施办法》《郑州市单位生产总值能耗监测体系实施办法》《郑州市单位生产总值能耗考核体系实施办法》《郑州市主要污染物总量减排考核实施办法（试行）》《郑州市主要污染物总量减排监测办法（试行）》《郑州市主要污染物总量减排统计办法》6 个办法。自此，郑州市全面实行环境总量预算管理，落实减排措施；加强源头控制，严格环境准入；保障群众环境权益，防范各类环境风险。

表 10 - 14　　郑州市民生福利评价监测指标体系

领　域	序号	评价指标	方向性	统计责任部门
收入分配与生活质量	1	城镇居民人均可支配收入实际增长率（%）		统计局
	2	农村居民人均纯收入实际增长率（%）		统计局
	3	城镇基尼系数	逆指标	统计局
	4	农村基尼系数	逆指标	统计局
	5	恩格尔系数（%）	逆指标	统计局
	6	城乡居民人均收入比（倍）	逆指标	统计局
生活安全水平	7	主要农产品质量安全检测超标率（%）	逆指标	农业局
	8	药品质量抽样合格率（%）		食品药品监督管理局
	9	达到 I 级、II 级空气质量天数（天）		环保局
	10	集中式饮用水源地水质达标率（%）		环保局
	11	交通事故死亡率（1/10 万人）	逆指标	公安局
	12	安全生产死亡率（1/10 万人）	逆指标	安全生产监督管理局
社会保障水平	13	城镇登记失业率（%）	逆指标	劳动和社会保障局
	14	低收入家庭廉租住房覆盖率（%）		房管局
	15	应届大中专毕业生就业比例（%）		人事局
	16	职工基本养老保险参保率（%）		劳动和社会保障局
	17	职工基本医疗保险参保率（%）		劳动和社会保障局
	18	城镇居民医疗保险参保率（%）		劳动和社会保障局
	19	农村合作医疗参合率（%）		卫生局
	20	农村五保对象集中供养率（%）		民政局

续表

领　域	序号	评价指标	方向性	统计责任部门
国民教育 水平	21	九年义务教育完成率（%）		教育局
	22	初中升学率（%）		教育局
	23	每千人拥有中小学教师数（人）		教育局
	24	每万人中在校大学生数（人）		教育局
	25	在职职工培训人数（人）		劳动和社会保障局
公共服务 水平	26	每万人拥有医疗床位数（张）		卫生局
	27	每万人拥有卫生技术人员数（人）		卫生局
	28	城市每万人拥有公共交通车辆（标台）		市政局
	29	建成区人均公共绿地面积（平方米）		园林局
	30	农村改水累计受益率（%）		爱委办
	31	城市燃气普及率（%）		市政局
	32	人均公共图书馆馆藏图书（册）		文化局
财政公共 投入	33	教科文卫体支出占财政支出比重（%）		财政局
	34	环保支出占财政支出比重（%）		财政局
	35	公共基础设施建设支出占财政支出比重（%）		财政局
	36	社会保障和就业支出占财政支出比重（%）		财政局
	37	民生福利财政支出增长率（%）		财政局

资料来源：《郑州市人民政府关于建立郑州市民生福利评价监测指标体系的通知》（郑政〔2008〕23号）。

五　纽约

纽约市，约有 850 万人口，面积 790 平方公里，是美国人口最密集的城市。其都市区是全国人口最为密集的地区，每平方公里约有 20 万居民，国内生产总值达 13900 亿美元。这座城市被认为是世界上语言最为多样化的城市，大约有 800 种语言。纽约市的规模和复杂性，以及其位于众多金融和经济网络的中心可与北京媲美。2002 年，纽约市采取了包括提供更多就业机会和容纳更多人口等举措在内的促增长战略。与土地利用、能源效率、环境保护和经济适用房等相关的项目需要政府部门间进行协调与合作。因此，纽约市在 2004 年年末成立了跨部门可持续发展任务小组，并设立了长远规划和可持续发展办公室。为应对未来纽约人口的需求，该城市分析了满足日益增长的人口需求及应对基础设施老化所需要的预期增长、服务增长率，并制定了可持续发展的发展蓝图，为世界各地的城市提供了范例。

纽约市长期规划和可持续发展办公室负责促进和协调政策、项目和行动的实施，以满足该城市对基础设施、环境和整体可持续发展的长期需求。该办公室还负责制定用于评价城市进展情况的可衡量指标，同时负责采取措施以提高公众对可持续性和可持续实践的知晓度（ICLEI，2010年）。纽约市从一开始就强调制定量化度量标准。可持续发展办公室隶属于市长办公室，并于2006年正式被当地法律认可。2007年，在市长迈克尔·布隆伯格的领导下，长期规划和可持续发展办公室发布了该市的首个长期可持续发展规划——《纽约规划2030：创建一个更环保、更佳的纽约大都市》，该规划也是美国最积极的城市级可持续发展规划之一。该规划通过监控一系列量化指标来衡量城市可持续性管理绩效，为在一个庞大而复杂的城市进行可持续管理提供了范例。纽约规划的主要成就是其将环保和生活质量举措结合，共同促进城市经济发展。

《纽约规划2030》聚集了全市25个机构共同制定一个包括可持续发展和"创建一个更环保、更佳的纽约大都市"在内的可持续发展的全面路线图。该规划吸收了来自多方，主要是来自政界、监管机构、私营部门、非政府环保组织、学术界、慈善家和劳动社区成员的人士共同组成的多样化顾问委员会反馈的信息。该规划制定了10个目标、127项举措，涉及住房和社区、公共空间、棕地、航道、供水、交通、能源、空气质量、固体废物以及气候变化等领域。此外，该规划还确定了衡量每个目标进展的29个详细指标。这些指标公布在《2011年纽约规划报告》中（见表10-15）。在认识到这些衡量指标的重要性之后，纽约市开始着手将其编入法律。2008年，该市通过了地方法律，要求该市对一系列可持续性指标进行汇报，以衡量纽约规划目标的进展情况。该市还通过了有关可持续发展办公室每四年要更新一次规划和每年发布一份进度报告的决定，以报告其目标和举措的进展情况。早期的进度报告显示，在2007年提出的最初的127项举措中，有97%以上的举措是在一年内推出，在2009年年初实施的大事件中完成了将近2/3（纽约市，2013年）。在布隆伯格任期内，纽约市取得了一系列可测量的可持续发展成果。纽约规划的成功大事件包括种植了 83 万多棵树，空气质量得到明显改善，二氧化碳排放量减少 19% （纽约市，2014 年）。

2014 年，市长布隆伯格的继任者，纽约新任市长比尔·白思豪宣布成立恢复和复原办公室，并发布了一份报告。该报告显示了该市在气候恢复工作方面的进展情况。随后在 2015 年，市长白思豪公布了将纽约规划更名为《一个纽约市：建设一个强大和公正城市的规划》。该规划在纽约规划的基础上增加了该市可能面临的社会和经济挑战。该计划为建成一个强大、可持续、有复原力和公平的城市制定了目的和目标。在保留可衡量环境目标的同时，该计划还对有 8 年历史的可持续发展议程"纽约规划"进行重新命名，更加强调经济和社会正义。为建设一个强大、可持续、有复原力和公平的纽约市，该计划分为四个部分。

表 10 - 15　2030 年纽约规划：创建一个更环保、更佳的纽约大都市

住房与社区

- 自 2007 年开始扩建新住房
- 纽约市的住房总数
- 经济适用房占纽约市中等收入家庭的百分比
- 价格最低的出租住宅的空置率
- 每 0.5 英里新建住房所占的比例
- 人均住房建筑能源的消耗（平均周期为 3 年）

公园与公共场所

- 距离公园 0.25 英里，需 10 分钟步行的纽约市居民所占比例

棕色地带

- 假定受到污染的未用纳税备查表的数量
- 纽约市每年用于整治的纳税备查表的数量

水路

- 纽约港大肠杆菌含量（细胞数/100ml）（平均周期为 5 年）
- 纽约港溶解氧量（mg/L）（平均周期为 5 年）

水供给

- 饮用水水质分析低于最高污染物水平
- 人均用水量（每日加仑数）（平均周期为 3 年）

交通

- 可持续发展的交通方式所占的比例（针对曼哈顿中心商业区的上下班情况）

- 客流量的变化，不包括汽车客流量的变化
- 客运营收里程（纳税中过境旅游里程数）
- 途径修理状况良好的公路运输比例（财政年度）
- 途径修理状况良好的桥梁运输比例（财政年度）
- 修理状况良好的中转站比例

能源

- 每单位电源和发电系统的温室气体排放量（每兆瓦时排放的二氧化碳（lbs））
- SAIFI 的系统可靠性（系统平均停电频率指数）
- 人均能源消耗量（MMBTU）（平均周期为 3 年）

空气质量

- PM2.5 的城市排名（平均周期为 3 年）
- PM2.5 平均值的变化（平均周期为 3 年）

固体垃圾

- 垃圾填埋中固体垃圾所占的比例

气候变化

- 温室气体排放量
- 温室气体排放量（100% = 2005 年温室气体排放量）
- 每个地面控制点的温室气体排放量
- 人均气体排放量

六　旧金山

旧金山通常被称为美国"最环保的城市"。这个城市有着最具特色的地形条件，海湾和海洋围绕着群山。它结构紧凑，由小城市和许多城郊社区环绕，其中包括湾区大城市区域。旧金山和湾区长期以来一直对商业、文化、零售、旅游和教育等各行各业很有吸引力，而且在我们案例研究中的人均国内生产总值中，排名最高（旧金山环境部，2011 年）。旧金山在美国城市中的高收入和小面积使得它在我们的研究中，成为深圳的一个潜在比较对象。

旧金山市区面临着就业增长、劳动力需求、经济适用房住房存量、可持续交通运输系统、开放用地维护和土地利用改造等方面的持续性压力。城市版本的可持续发展计划被称为"总体规划"，用以应对这些挑战，保

证旧金山的独特性得到维护和增强。"总体规划"是一份长期战略文件，旨在解决社会、经济和环境问题，由城市规划委员会实施并经市议会批准。

"总体规划"确立于1986年，即在旧金山市中心办公空间和高楼快速增加的一段时期之后（库克，1980年）。社区团体和活动分子抵制金融区和市中心的快速"曼哈顿化"，理由是存在经济适用房短缺问题以及对历史建筑保护的需求。随着对办公空间增长的反对力量的增强，社会团体倡导交通减量、保护小企业以及其他呼应"总体规划"的规定出台（Domhoff，2011），"总体规划"逐渐完成，成为实现以下目标的一份指南。

——保护、保存并增强确立城市理想品质和独特风貌的经济、社会、文化和审美价值。

——改进作为居住地的城市，通过协助使之更健康、安全、舒适和满意。改进作为商业和工业用地的城市，使之在商品和服务的生产、交换和分配方面更为高效、有序、满意。

——协调土地利用的各种模式，促进在全市范围内的、来自该市和去往该市的人和货物的高效流动（旧金山环境部，2011年）。

不同于纽约规划，"总体规划"不包括度量标准，而是阐明如下10种类别中具体的但非量化的目标：住房、工商业、娱乐和开放用地、交通运输、城市设计、环境保护、社区设施、社区安全、艺术和空气质量。每个类别中都有主要目标，甚至更详细的政策列表。附件列出了每个元素内的主要目标。

表 10 − 16　旧金山：总体规划目标

住房

- 确定和建造足够的住房，以满足纽约市的住房需求，尤其是永久性经济适用房
- 保留现有住房，提升安全和维护标准，但不得影响其可购买性
- 保护现有住房的可购买性，尤其是出租住房
- 建造足够的住房，以长久性满足旧金山全体居民的住房需求
- 确保全体居民均可购买到空置住房
- 减少无家可归人数，降低无家可归的风险
- 确保永久性经济适用房的资金和资源充足，包括那些主要依赖传统机械或资本的创新项目

- 确保公私部门支持、帮助、提供和维护经济适用房
- 维护联邦、州立或当地资源资助的住房
- 确保决策程序合理化、全面化以及透明化
- 支持和尊重旧金山住宅区的多样性和独特性
- 平衡住房增长和基础设施数量之间的关系，以满足不断增长的城市人口之生活需要
- 优先规划和建造新型的可持续发展住房

工商业

- 管理经济增长和变动
- 维护和健全良好的经济基础
- 扩大就业机会
- 改善现有产业的自生能力
- 实现城市全部的海洋潜在价值
- 加强社区可行的经济活动
- 增强城市作为国家制度中心的作用
- 增强城市作为国家访问者终点站的职能

娱乐和开放用地

- 确保开放用地系统维护良好、利用率高并且功能综合
- 扩建娱乐和开放用地，以满足城市与海湾地区的长期需求
- 提高开放用地的可使用性和连通性
- 保护和增加开放用地的生物多样化、栖息地价值以及生态完整性。在设计和管理开放用地系统时，鼓励可持续发展的实践活动
- 社区负责管理娱乐活动和开放用地
- 确保开放用地和娱乐设施在新建、整修、运营和维护方面可以获得长期资源和管理

交通运输

- 满足一般交通需求
- 使用交通系统，规划发展和改善环境
- 维护城市作为区域终点站的职能
- 维护城市作为交通枢纽的职能
- 将城市提升至主要目的地
- 开发区域性、多功能设备，有效地进行船运或货物运输

城市设计

- 强调城市特色，体现城市和社区的形象、目标感和定位
- 保护城市资源，体现城市自然、可持续发展和不再拥挤的特点

续表

- 调节新发展重点，改善城市格局，节约资源，保护社区环境

- 改善社区环境，增强人身安全、个人舒适度、个人荣誉，以及创造更多机会

环境保护

（i）海湾、海洋和海岸线

- 保护和改善海湾、海洋和海岸线地区的环境

- 节约和保护淡水资源

（ii）空气：确保旧金山和海湾地区的环境空气清洁无污染

（iii）土地

- 确保旧金山的土地资源在使用过程中尊重和保护土地的自然价值

社区设施

- 公安设施：公安设施的分配、定位和设计影响公安职能是否生效、有效进行以及公安职能的反馈

- 确定设施位置与设计方式，鼓励有建设性的警察或社区互动

- 社区中心设施：确保社区居民可以获得所需的服务，关注社区服务
- 设立社区中心，反馈社区服务的相关问题

- 消防设施：开发消防系统，以满足消防部门执行职能时的需求

- 图书馆设施：在旧金山设立公共图书馆系统

- 公共卫生中心：在全市各区设立公共卫生中心

- 教育设施：确保在合适的方位设立公共学校设施，便于有效、高效地使用

- 院校设施：确保在合适的方位设立院校设施，便于有效、高效地使用

- 排水设施：在合适的方位建立排水设施，便于有效、高效地处理暴雨与废水

- 固体垃圾处理设施：在合适的方位建立固体垃圾处理设施，便于有效、高效地处理固体垃圾

社区安全

- 减少生命安全方面的结构性和非结构性危害，使财产损失减少到最小，以绝后患

- 开展地震和其他自然和人为灾害的公共教育和培训，建立城市基础设施，确保必要协调到位，以便及时反馈信息，防患未然

- 拟定策略，解决灾害的即时效应

- 重大灾害后，重新建立健全的、公平的和便利的旧金山城

艺术

- 支持和鼓励城市领导开展艺术活动

- 认同和保持旧金山艺术文化表征的多样性

- 认可和支持个体艺术家和艺术组织，二者的结合对繁荣的艺术环境来说是极其重要的

续表

- 为艺术素质教育提供更多的机会

- 为旧金山的艺术提供更多的资金支持

- 改善、发展和保护旧金山艺术的实体环境

空气质量

- 遵守联邦和州立空气质量标准和区域活动

- 实施总体规划中的交通运输环节,减少流动的空气污染源

- 降低协调土地使用和交通运输而产生的空气质量的影响

- 增强公共健康方面的意识,使其关注固定和流动污染源产生污染物带来的负面影响,改善空气质量

- 将马路和建筑工地的颗粒排放物减少到最低

- 将节约能源和垃圾处理联系起来,减少排放量

七　墨西哥城

墨西哥城为我们提供了一个案例,其所面临的问题在很多方面与中国的许多大城市非常类似。在我们选择的案例中,它人口最多,但人均 GDP 最低。我们在这里列出的非中国城市中,其经济对制造业和采掘业的依赖程度是最高的。

墨西哥城的"绿城计划"确立于 2007 年 6 月,它是一套确保城市 15 年计划可持续发展的战略和行动指南。"绿城计划"呈现一份文书,使墨西哥城的居民能够了解政府的可持续发展目标(环境部,2010 年)。墨西哥城的空气质量差,街道严重拥挤,环境挑战严峻,这促使城市采取行动,执行这一举措(资源更新研究所,2013 年)。"绿城计划"中的一个重要部分是公民参与。该计划发展的第一步是开展绿色协商(Consulta Verde),其中公民会被问及他们是否赞成十大高影响力环境行动。以电话、互联网以及投票箱方式进行的直接投票,多于 100 万的公民就地铁扩大运力、鼓励骑自行车等提议进行投票。"绿城计划"公共签名涉及了 13 个城市的政府部门,如文化、教育和公共卫生部(Ebrard,2014)。

该计划包括 27 条战略和 77 个特殊目标,覆盖 7 个主要类别:土地保护、可居住性和公共场所、水源、交通、空气、垃圾、气候变化和能源。该方案将持续到 2022 年,并且主要目标是改善城市条件、减少温室气体排放,并鼓励公民和企业的气候友好型行为(《墨西哥城体验》,2012)。

其目的在于促进经济持续发展的同时保护环境，同时也作为一种公民交流的机制，将政府确定的环境重要性问题纳入定期和公开对话中。当该规划在 2009 年年中进行最后修订时，3/4 的特殊目标已经启动，其中7%已经完成（丹麦建筑中心，2014 年）。

　　墨西哥城可持续发展规划的要素可作为中国城市效法的典范，特别是其在高度依赖化石燃料的制造经济环境下改善空气质量的工作及在此过程中实现公民和社区团结一致的努力，更值得学习。

表 10 - 17　墨西哥城：绿城计划

土地保护

- 保护具有高环境价值的生态系统
- 减少人口居住区增长
- 总面积为 24000 公顷，占 2012 年环境服务支付方案中需要保护土壤面积的 27%
- 推动农业生态系统和自然资源的可持续管理（发展农业生态实践）

可居住性和公共场所

- 实施相关项目，改变和管制大型公共场所
- 恢复和加强现有公共场所的可用性
- 扩大绿化面积，为公共场所提供可使用的城市设施

水源

- 含水层水力平衡（保护土壤、法令 12 规定中的城市峡谷以及具有环境价值的地区）
- 完成墨西哥城的水源自给
- 减少生活用水的消耗（2010 年覆盖率高于 2008 年，达到 100%）
- 推进水源的重复使用和处理（2012 年提高排水系统的功能达标）

交通

- 提供高效的公共交通工具
- 鼓励使用非机动化交通工具
- 增强道路行驶的灵活性

空气

- 减少污染物排放（全部由市政府推出高能效和低污染的交通车辆）
- 提高效率或乘客荷载（2009 年用新型、高容量以及拥有清洁环保科技的公车取代原来的 5000 辆旧车）
- 支持机动性和能源行动计划，衡量"绿城计划"对改善空气质量的益处（一年两次建模）、行动计划的效果及"绿城计划"有助于改善空气质量的各个方面

垃圾
● 加强对包装材料和包装的管制，减少垃圾的产生（鼓励包装再设计，及利用可降解材料或可回收材料，将垃圾在源头处减少到最低）
● 为提高可回收材料的使用而创造并推动市场机遇（2008 年混合肥的生产和大量使用）
● 升级收集方法，集中、转化、处理和处置垃圾（2010 年开发垃圾分类的新装置，并且使现有的分类装置现代化）

气候变化和能源
● 支持行动计划，使用可以减少温室气体排放的车辆、水、空气、公共场所和能源
● 降低墨西哥城对气候变化影响的脆弱性，对普通人群采用适用性措施，优化其生存环境

八　巴塞罗那

巴塞罗那是西班牙加泰罗尼亚自治区首府，有 350 万人口，周围有较小城市环绕，组成巴塞罗那大城市区域。随着 1992 年奥运会的举办，巴塞罗那在 20 世纪 90 年代经历了快速城市化。这个城市因市区重建以及对历史古迹和城市绿地、沙滩和水道的修复和保护而获得声誉。我们选择巴塞罗那作为郑州市的潜在比较对象是因为这两者都是古老的城市，有许多文化宝藏，并且面临着快速增长和城市化带来的一系列难题。

早在 1995 年巴塞罗那就开始构建并实施了可持续发展指标。这时，一个名为"节能巴塞罗那"的公民平台创建了可持续巴塞罗那公民论坛，作为对社区协会联合会产生的社会需求的回应。当时，在环境、经济和社会领域十项原则的基础上，选择了 65 个指标，监测巴塞罗那的可持续性发展过程（Shen, 2011）。这些指标由十个工作组选择，工作组选择了指标并制定了衡量这些指标的方法。工作组还确定了关键重点，形成表达清晰并可以量化测评的指标，这些指标应基于可持续和全面的标准进行落实，如在《奥尔堡宪章》中制定的标准（国际可持续发展研究所，2013）。在应用可持续发展指标实现城市可持续发展方面，巴塞罗那始终是西班牙其他城市的榜样。

2002 年，巴塞罗那在"公民致力于 2002～2012 年可持续发展"规划中确定了自己的"21 世纪议程"，"公民致力于 2002～2012 年可持续发展"是该城市在这十年内的路线图。在此背景下，巴塞罗那市议会在 2012 年制定了"21 世纪议程"，包括 25 个指标，例如，开放用地和生物多样性、公共场所服务、交通运输、环境、可再生能源、废物管理、平等、公众参与、环境教育和国际合作等。"21 世纪议程"指标的缺点是其重点局限于城市本身，而不是更广泛的大城市区域，而大城市区域却恰恰是这座城市在劳动力、食物和水资源供应、运输和其他条件的提供者。

表 10 - 18　巴塞罗那：可持续的巴塞罗那

目标 1：保护开放用地、生物多样性，以及扩大城市绿地面积

1. 人均绿地面积

2. 鸟类的多样性

目标 2：保持城市的紧凑和多样性，创立高水准的公共场所

3. 公共场所和基础服务

4. 城市美化指标

目标 3：提升流动性，改善街道环境面貌

5. 人群使用的交通方式

6. 人行道占街道面积的比例

目标 4：达到最优环境质量水平，创建健康清洁城市

7. 噪声污染程度

8. 沙滩的环境质量

9. 空气质量

10. 平均预期寿命

目标 5：节约自然资源，推进可再生能源的使用

11. 人均总用水量

12. 市政业务使用地下水

13. 可再生能源的使用

目标 6：减少垃圾的产生，推进材料的循环和重复使用

14. 固体城市垃圾的产生

15. 收集有机垃圾

16. 垃圾分类收集

目标 7：增强社会凝聚力，促进平等和参与

17. 中学义务教育的辍学率

18. 本科学历的人数

19. 房屋可使用率

20. 社团活动的参与程度

目标 8：开办更多面向可持续发展的经济活动

21. 经过环境认证的组织的数量

目标 9：在环境教育和沟通中进步

22. 参与环境教育活动的学校的数量

目标 10：降低对地球的影响，促进国际合作

23. 二氧化碳的年排放量

24. 公平贸易价出售的数量或产品—消费积分数量

各目标的指标

25. 市民满意度水平

九　经验总结

不论发展阶段是否一致，所选择的城市案例都包含几个相似的行动类别或主题：供水和用水、交通运输、空气质量、废物、公共空间、住房、温室气体排放量减少/监控和能源使用。此外，旧金山、墨西哥城和纽约等城市都有解决灾后恢复问题的计划/防灾准备。巴塞罗那不会面临如同其他城市一样严重的自然灾害风险，但它面临古文化瑰宝被侵蚀的问题，正如郑州和北京的情况一样。我们在制订每一项可持续发展计划指标的过程中发现另一个常见元素，即城市管理者会采纳多方利益相关者的做法，同时征求专家和公众的意见。所有城市都采用与市民对话的方式来制订和实施计划，使计划最终获得了民众的广泛接受。政府机构和利益相关者之间的协调和沟通有助于成功实施可持续发展计划。除了旧金山以外，我们选择的案例城市，都展示了其在定量度量标准方面的管理规划，而不是笼统的目标，强调的是可衡量指标在可持续发展绩效评估和可持续发展过程中的重要性。

第十一章　新常态下的宏观调控

在中国经济正逐步迈入新常态、经济发展和经济运行的各主要方面都呈现新特征的大背景下，宏观调控的理念和思路也理当有新的常态和新的创新。宏观调控始终坚持"中线思维，区间管理"，对经济增长、失业率和通货膨胀等分别设置过热和过冷的区间预警指标，每年所确定的经济运行预期目标应该被看做调控的中线，而非"底线"或"下限"，并在每一个年度进行适当微调。只要经济在目标区间运行，没有触及"上限"和"下限"，就应保持政策的稳定，保持战略定力，不应为经济一时波动而采取短期的强刺激政策，提高对增速放缓的容忍度。这样围绕中线进行调控，会给市场主体带来更加明确的预期，会使经济运行的合理区间更富弹性，使调控更加主动灵活，上下都有回旋余地。

第一节　宏观调控的概念厘定

宏观调控的基本含义和领域。宏观调控是国家运用计划、法规、政策、道德等手段，对经济运行状态和经济关系进行干预和调整，把微观经济活动纳入国民经济宏观发展轨道，及时纠正经济运行中偏离宏观目标的倾向，以保证国民经济的持续、快速、协调、健康发展。宏观调控由经济学家凯恩斯创立，在发达国家和发展中国家的后经济发展中起到重要作用。一般来说，各国政府实施宏观调控，主要基于三方面原因：首先，市场调节不是万能的。有些领域不能让市场来调节，有些领域不能依靠市场来调节。其次，即使在市场调节可以广泛发挥作用的领域，市场也存在固有的弱点和缺陷，包括自发性、盲目性、滞后性。最后，宏观调控有利于帮助人们认识市场的弱点和缺陷，保证市场经济健康有序的发展。相对应的，各国政府宏观调控的领域也包括三方面：一是有关国家整体经济布局及国计民生的重大领域。凡是涉及国家整体经济布局，就是宏观经济调控要干预的问题。另外，有关国计民生的重大产业，或者涉及社会稳定的重大问题，也是宏观经济调控所要干预的领域。二是容易产生"市场失灵"

的经济领域。将宏观经济调控界定在容易产生"市场失灵"的经济领域，体现宏观经济调控的重要作用。三是私人的力量不愿意进入的领域。对私人的力量不愿意进入的或者凭借私人的力量难以办好的方面，政府需要直接进入或者以适当的方式促成私人进入。

宏观调控工具和目标。国家宏观调控主要运用价格、税收、信贷、汇率等经济工具和法律工具以及行政工具。凯恩斯学派认为，宏观调控经济工具主要包括财政政策工具和货币政策工具。财政政策工具是指国家为实现一定财政政策目标而采取的各种财政手段和措施，它主要包括财政收入（主要是税收）、财政支出、国债和政府投资。财政政策工具有收入政策工具和支出政策工具。收入政策工具主要是税收。支出政策工具分为购买性支出政策和转移性支出政策，其中，购买性支出政策又有公共工程支出政策和消费性支出政策之别。货币政策工具是中央银行为达到货币政策目标而采取的手段。货币政策工具分为一般性工具和选择性工具。在过去较长时期内，中国货币政策以直接调控为主，即采取信贷规模、现金计划等工具。1998年后，主要采取间接货币政策工具调控货币供应总量。现阶段，中国的货币政策工具主要有公开市场操作、存款准备金、再贷款与再贴现、利率政策、汇率政策和窗口指导等。具体来说，宏观调控的具体工作和目标包括：首先，合理地制定各项经济政策和措施，如制定经济和社会发展战略、方针，制定产业政策，以控制总量平衡，规划和调整产业布局；制定财政政策和货币政策，调节积累和消费之间的比例关系，实现社会总供给和社会总需求的平衡，控制货币发行，制止通货膨胀；建立和完善适应市场经济发展的制度、收入分配制度和税收征管制度等。其次，正确运用价格、税收、信贷等经济杠杆，调节国民收入的分配和再分配，从经济利益上诱导、协调和控制社会再生产各个环节等。最后，科学地编制各项经济计划，使经济计划建立在有充分科学根据的基础上，使其在中长期的资源配置中发挥应有的作用，弥补完全依靠市场配置资源的不足。

第二节　中国宏观调控系统和调控方式的转换

受特殊的国情、经济运行不同阶段以及转轨进程中不同时期体制基础的制约，我国的宏观调控从一开始就缺乏成熟的理论指导，更没有现成的成功经验可以拿来借鉴，政府只能采取渐进式策略，不断完善我国宏观调控体系。与西方国家宏观调控相比，我国的宏观调控系统无论是形式还是内容上，既具有市场经济条件宏观调控的一般性或共性，又具有反映我国基本国情的独特性。

"计划式"宏观调控（1979～1981年）。改革开放后，党的工作重心转移到经济建设上来，全社会经济建设热情高涨，投资过度，再加上计划管制有所放松，价格改革有所推进，消费需求急剧增长，社会总需求大大超过总供给。过度的投资和消费增长造成经济过热，财政赤字和贸易赤字剧增，外汇储备告急，引发改革开放后的第一次通货膨胀。面对首轮出现的经济过热现象，1981年中央提出宏观调控八字方针："调整、改革、整顿、提高"，并出台了"十二条"具体调控措施，以实现"两个平衡（财政、信贷），一个稳定（物价）"。例如，为减少财政支出，对基建投资进行大规模压缩；控制中短期贷款发放总额和贷款余额的信贷规模，并调整信贷结构等。本轮调控发生在经济改革之初，是以计划和行政性政策为主的宏观调控的初步尝试，带有浓重的计划经济时代的国家干预色彩：第一，从目标上看，主要从控制社会总需求入手，通过调节商品供求量等措施稳定物价。第二，从调控政策看，主要采用行政性政策，例如，强制控制财政支出和信贷规模，要求政府各部门严格执行实物分配计划、直接冻结物价上涨等。第三，从调控方式看，当时市场化改革刚开始，计划色彩浓厚，宏观调控方式更多的是直接调控。第四，从政策选择看，货币政策还没有形成概念，调控政策只能以财政政策为主。

"双紧式"宏观调控（1984～1986年）。1984年，地方政府在经济建设方面的相互攀比和竞争以及中央"拨改贷"政策的出台，引发投资和消费需求的双重膨胀。当时经济发展状况的主要特征如下：经济增长率持续在高位区间；投资需求和消费需求失控，财政收支不平衡，财政赤字增加；银行贷款猛增，消费基金增长过快，金融秩序失控；货币超量发行，1984年M0增长率接近50%，通货膨胀率也急剧上升，1984年10月国内部分城市还出现了"抢购商品风潮"。1985年中央从财政政策、货币政策和收入政策三个方面治理通胀：严格控制固定资产投资特别是预算外投资的规模，防止重复建设；统一制定信贷计划和金融政策，严格控制信贷总规模和现金投放，建立存款准备金率制度；压缩政府行政开支规模和社会集团购买力，控制消费基金盲目增长等，压缩消费增长。当时随着经济体制改革全面推进，我国市场化程度有所提高，本轮调控呈现以下特点：第一，控制通货膨胀成为调控的主要目标，而通货膨胀的发生主要是由于投资需求和消费需求双膨胀，导致货币超量发行。第二，本轮紧缩性调控很大程度上仍然是通过强有力的行政干预，而这轮经济性调控政策的力度迅速增强，并发挥了显著的作用。第三，尽管当时人民银行和财政部尚不完全具备单独制定和执行财政货币政策的条件和功能，但初步建立了中央银行体制和形成了金融市场雏形。第四，本轮调控尝试运用凯恩斯主义的经济调控政策和传统的计划、行政手段相结合，直接的计划干预有所减少，间接调控方式和经济性调控政策逐渐被强化，被认为是真正意义上的宏观调控的起点。第五，从此轮调控开始，中央政府能够针对宏观经济过热或过冷的情况，注重分别运用"相机抉择"的扩张性和紧缩性的调控政策工具进行对应调节。

"硬着陆式"宏观调控（1987～1991年）。本轮经济过热背后有其特殊的背景条件：首先，上轮"双紧式"宏观调控受多种因素制约，并未使经济真正实现"软着陆"。其次，政府调控举措加剧了经济波动。其一是对当时经济形势做出错误判断，误认为国内经济已走出一条"低通胀、高增长"的路子，一定程度上刺激了投资规模的反弹和扩张。其二是在市场机制还不完善的条件下过早提出加快价格改革的步伐，并于1988年8月就开始"价格闯关"举措。政府自1988年第四季度开始采取紧缩性政策，一开始采取抑制消费的单一的间接性调控政策，如提高存款利率、征收消费税等，但这些措施见效慢，无法阻止社会居民现期消费行为的增加，难以降低社会通胀预期，调控效果不佳。因此，政府被迫又采用财政和货币"双紧"的政策，采用直接的行政性调控措施，取得了立竿见影的效果：1989年实际投资规模下降25%；货币供应量M0、M1、M2的增长率分别下降36.9%、16.2%、4.1%。数据降下来了，但政策力度过猛，再加上过多行政性政策的运用所造成的"一刀切"现象，使我国经济出现了"硬着陆"。通胀得到抑制的同时经济增长急剧下降，1990年GDP增长率仅为3.8%，为1978年以来经济增长的最低谷。经济陷入低迷状态，产品出现严重积压的现象，由短缺经济进入过剩经济。本轮调控存在明显不同于以往的特点：一是尽管采取了很多以行政性调控政策、直接调控为主的措施，但调控政策的运用发生了较大变化，财政和货币政策的运用力度明显加大。二是调控的对象、背景条件发生了很大的变化。三是本轮调控期间还同时推进财政、税收等配套体制的改革，初步建立了符合我国国情的宏观调控体系框架。

"软着陆式"宏观调控（1993～1997年）。在邓小平的南方讲话和十四大正式确定改革方向的推动下，我国经济呈现出新一轮蓬勃发展的态势。但是，由于旧的宏观调控机制逐渐被废除或失效，新的机制尚未完善，新旧体制的摩擦导致投资软约束问题没有得到解决，1993年上半年，投资、消费双重膨胀，社会集资基本失控，社会总供求严重失衡，基础设施落后，能源、原材料等全面短缺，经济再度过热：投资超速增大，国内普遍出现开发区热和房地产热；货币超量投放，还出现社会集资热，金融形势和市场秩序陷入混乱局面；财政赤字连年扩大；通货膨胀压力全面释放；进口大幅增加，贸易赤字不断增大，人民币贬值，国际收支恶化。对于此轮经济过热，中央不是简单地采取压缩总需求的紧缩政策，而是根据主要目标选择有步骤、分阶段、有针对性地出台宏观调控政策：1993年6月发布宏观调控意见，出台16条宏观调控措施，以整顿金融秩序为重点、治理通货膨胀为首要任务。1994年出台一系列金融、外汇、价格、外贸、投资体制等方面的重大改革措施。为降低通货膨胀率，1995～1996年继续实行"双紧"的财政和货币政策。在历经3年半的时间后，终于有效遏制投资和消费需求的快速增长，价格涨幅也明显回落，1996年为8.3%，经济增长呈现"高增长、低通胀"的良好势头。本轮宏观调控与过去行政收权式的治理整顿有着本质区别：首先，中央不再单纯依靠行政手段直接调控经济，而是综合运用以财政和货币政策为核心的经济性政策有步骤、分阶段地逐步推进调控。其次，虽然宏观调控在总体上是以紧缩性政策为主，调控对策主要侧重于总需求方面，但也采取增加总供给措施，例如，为缓解农产品价格上涨，发展农业以增加农产品供给量等。最后，调控时间比较长，中间目标和操作工具多，中央比较注重政策间的相互搭配，遵循适度从紧的原则，准确掌握了调控时机，并把握力度，避免了以往那种急于求成的短期行为，成功实现"软着陆"，可以说这次调控较为成功。

"激励或扩张式"宏观调控（1998～2002年）。1997年我国实现经济"软着陆"后，经济运行本应步入上升期，但1998年后，亚洲金融危机使我国外贸出口大幅受阻，外国资本投入减少，而内部一些深层次问题日益显现：第一，随着经济结构调整和企业改革，社会生产力得到极大释放，我国基本告别"短缺经济"进入"过剩经济"。第二，货币供应量增幅持续下降，物价总水平持续走低，通货膨胀逐渐转变为通货紧缩。第三，失业问题日趋严重。一方面，由于高校连续扩招，出现就业高峰，就业压力增大。另一方面，由于国家对国有企业进行"大刀阔斧"式的改制重组，国有企业职工下岗问题不断扩大。为应对亚洲金融危机的冲击，扭转通货紧缩趋势，遏制经济持续下滑势头，我国首先选择以货币政策为主的宏观调控政策，但效果不佳，并未有效抑制经济减速和物价下跌势头。1998年中期，实行积极的财政政策和稳健的货币政策，通过连续发行国债，增加政府支出，加大基础设施建设，刺激就业，拉动内需，促进经济增长。2000年我国GDP增长率恢复到8%。2001年，世界经济由于网络经济泡沫破灭而重新走向疲软，外部环境发生了逆转，而国内经济增长基础不稳定，通货紧缩尚未得到根本解决，结构失衡问题仍然比较严重。于是，政府继续实施积极财政政策，鼓励民间投资、提高收入、提高出口退税率。2002年底GDP增长率上升到8.3%，并由此进入了新一轮增长周期。1998～2002年的宏观调控是我国第一次使用扩张性政策扩大内需、推动经济增长：首先，本轮调控由于是总供给大于总需求，调控目标是控制通货紧缩，所以在总体上将总需求作为调控对象，力求通过扩大总需求促进经济增长。其次，宏观调控表现出明显的反经济周期性波动的特征。财政与货币政策手段和工具日益完善，达到了较为充分利用的程度。再次，注重财政政策与货币政策的协调配合和灵活使用，展现我国宏观调控艺术性的加强。最后，调控以财政政策和货币政策为主，明显反映出间接调控方式的特征。货币政策方面，规模限额方式也大为减少，常用的是利率、准备金率等现代市场经济国家通用的调控工具。尽管调控效果显著，但本轮宏观调控仍存在不足或矛盾，例如，积极的财政政策是为了启动内需，而增税政策却抑制内需的扩大。在就业问题上，其他改革政策（如供给方面的政策）的配套作用不明显，调控效果不佳。

"结构式"宏观调控（2003至2008年上半年）。在上轮拉动内需调控政策的带动下，通货紧缩基本结束，经济开始进入新一轮增长期。同时，我国加入WTO后，全球经济整体走强极大地带动了对我国产品的需求，对外贸易出现高速增长。而国内城市化进程加快、消费结构升级、产业结构调整等使得经济出现一系列不稳定因素：一些行业固定资产投资规模偏大；农业发展滞后，粮食减产；物价总水平波动较大，生产资料价格持续攀升，房地产价格开始上涨；消费不振，就业形势不佳，结构性问题突出。为预防和消除经济的局部过热苗头，决策部门采取"点刹车"式的微调措施。由于见机早，措施得当，局部经济过热得到及时治理，2005年经济重新回到"高增长、低通胀"轨道。2005年我国实行"双稳健"政策，通过免征农业税、加大补贴等应对粮食价格上涨，对房地产价格上涨也集中出台了一些调节措施。2006年、2007年国民经济基本面较好，但问题主要有：固定资产投资规模过大，增长过快；进口增长速度放缓，出口增长强劲，外贸顺差过大；信贷规模过大、货币投放过多；农产品价格涨幅较大，房地产和股票等资产市场价格持续高位攀升，通货膨胀压力加大。对此，2005~2007年政府采取局部微调的措施。例如，控制产能过剩行业的盲目投资和低水平扩张；搞好土地供应和管理，调整住房供应结构；通过降低出口退税率、对进口商品实行优惠政策等解决外贸顺差过大的问题，而对于流动性过剩和物价上涨，继续完善人民币汇率机制，2年内13次提高存款准备金率，8次提高存贷款基准利率。本轮宏观调控主要呈现以下特点：一是针对性强，即"有保有压"的结构式调控。从而既能抑制房地产、钢铁、水泥、电解铝等过热行业，同时又能保障薄弱环节的发展。二是政策上的综合性，经济性政策和行政性政策、法律政策综合运用。三是调控客体的综合性，调控客体包括地方政府和微观企业两个部分。四是土地政策首次成为主要的宏观调控政策工具之一，此后每年都实施调控，但带有很强的行政性和计划性特点。

宽松的宏观调控（2008~2010年上半年）。自2003年开始，我国经济进入新一轮快速增长周期，宏观调控一直是以抑制结构性过热为主基调，采取的多为紧缩性政策。但2008年下半年以来，由于美国次贷危机引发的全球性金融危机爆发，致使全球经济形势急剧恶化。受国际金融危机的影响，我国经济进入新的发展阶段。经济总量上，经济增速显著下滑；物价持续回落，由通胀转为通缩；投资、进出口、消费也有不同程度的下降；宏观调控政策也随之发生了根本性转变。微观经济行为主体上，企业工业生产放缓，利润水平下降；居民失业率增加，收入增速放缓，消费信心下降；地方政府的财政收入增长放缓，支出大幅增加，部分地方政府债务问题突出。这一阶段我国宏观调控政策任务从2007年的"单防"（防止经济增长由偏快转为过热），转化为2008年7月的"一保一控"（保持经济平稳较快发展，控制物价过快上涨），货币政策由之前的紧缩性转变为扩张性，财政政策也从稳健转为积极。再到2009年的"一防三保"（防止经济增速过快下滑，保增长、保民生、保稳定），实行旨在扩大内需的、规模高达 4 万亿元的财政扩张政策，出台了 10 项举措以及相关产业振兴计划，就此拉开"一揽子计划"的大幕。"一揽子计划"政策涉及财政、税收、货币、产业、消费和收入分配政策，除此之外，还有区域经济发展、对外经济政策等。本轮宏观调控属于"刺激式宏观调控"，特点主要有，宏观调控决策过程中，见事早、决策准、出手快、出拳重、措施实、力度大；调控目标可以概括为"保增长、拉内需、调结构"；中央与地方、决策部门之间、调控措施之间更为协调和统一。此轮宏观调控一方面推动了我国经济率先摆脱金融危机的影响，另一方面也推进经济结构战略性调整和发展方式转变。同时也遗留了一系列问题：重复建设再现，产能过剩有增无减；流动性过剩加剧，通胀预期大大增加；投资增长明显过快，经济结构严重失衡。

稳健的货币政策（2010 年下半年至今）。在历经两年一揽子计划的刺激作用下，2010 年下半年，我国经济逐步走出金融危机影响，顺利完成了由政策刺激下的快速增长向市场推动下的稳步增长转变，促进结构调整，转变经济发展方式的力度明显加大。但是，上一阶段积极的财政政策和极度宽松的货币政策的政策组合的负面作用也日渐显现，流动性过剩加剧，通胀压力显著加大。"控物价、防通胀"成为这一轮政策主基调，货币政策转为稳健。2011 年上半年我国的物价依然维持在高位，通货膨胀进一步加剧，宏观政策的核心是"保持价格总水平的基本稳定"。到了下半年，由于欧洲债务危机的持续发酵，情况发生了新的变化。我国经济由通胀高企、增长下滑的矛盾局面转变为通胀与增长双双下滑且下滑情况更为严重的态势，宏观调控政策转变为"防通胀、保增长"并重。2010 年 7~9 月我国宏观调控基调为"调结构、促转型"，政府延续积极的财政政策和适度宽松的货币政策组合，在鼓励引导民间投资、上调最低工资标准、重启汇率改革，多管齐下促进经济发展方式转变的同时，在房地产和淘汰落后产能等方面出台了相当严厉的调控政策。从 2010 年 10 月起，PMI 等经济先行指标持续回升，经济增速高位稳定，"二次探底"风险彻底被消除。而之前贷款超发使得流动性依旧保持极度充裕，通胀压力达到空前高度；房地产调控政策虽取得了一定成效，但远未达到预期效果。因此，"防止通胀"成为政策主基调，货币政策转为稳健，采取的是积极的财政政策、稳健的货币政策。本轮宏观调控目标，即维持价格总水平的基本稳定，与前几轮抗通胀政策措施相比，本轮调控的主要特点有，货币政策由"宽松"走向"稳健"；通过行政手段有针对性地调控农产品、日常必需品价格；对房地产行业实行史上最严厉的行政和市场调控措施。经过本轮调控，经济增长减速平稳，物价上涨的势头得到控制。但由于一些体制性矛盾和障碍的作用，推动物价上涨的因素仍继续存在。

第三节　加强和改善宏观调控的基本思路

加强和改善宏观调控的基本思路，建立和健全社会主义市场经济体系，既要充分发挥市场在资源配置方面的决定性作用，又要依靠国家对市场活动的宏观指导和调控去弥补和克服市场经济本身所存在的自发性、盲目性、滞后性、不完善性等缺陷。因此，在进行宏观调控系统转换时，在稳定经济波动的同时，还要以建立和健全社会主义市场经济体系为目标，注意选择合适的方式。

一　加强形势研究分析和预测，完善宏观调控的决策机制，努力提高宏观调控的及时性、前瞻性和科学性

一方面，科学预测，及早动手，在调控时机选择上注意把握提前量，使宏观调控越来越体现应有的前瞻性。用科学发展观统揽宏观调控全过程，提高宏观调控的预见性和前瞻性，密切跟踪观察并分析宏观经济形势的最新情况，科学预测月度、季度和年度经济发展趋势和变化趋势，及时发现经济运行中的苗头性、局部性问题并及早加以防控。另一方面，完善的宏观经济决策机制及其支持体系也是提高宏观调控科学性的重要保证。近几年高层决策实际上形成了具有中国特色的专家咨询制度。中央政治局通过集体学习制度为确定重大宏观决策提供专业知识的支持，国务院通过召开专家座谈会为专门研究和准确判断形势及时制定宏观调控决策提供支持。参加集体学习讲课和形势座谈的有党外人士、工商界领导和重要专业领域的知名专家。

二　科学把握宏观调控的目标排序和政策重心：注意最终目标与中间目标兼顾，需求管理与供给管理并重，做到总量调节与结构调整相结合，短期措施与中长期措施相搭配

第一，在宏观调控目标上，既注重经济发展，又注重经济社会协调发展与社会和谐；既注重内部均衡，又注重对外均衡。我国长期以来过分注重国内经济问题和内部均衡，对充分就业和国际收支均衡目标的重视不够。宏观调控政策需要既注重经济发展，又注重经济、社会协调发展与社会和谐；既注重内部均衡，又注重对外均衡。

第二，在宏观调控的着力点上，注意最终目标与中间目标的协调兼顾，既注重总量调节，又注重结构优化。平衡总量是宏观经济管理或宏观调控的基本目标，优化结构、改革体制等问题可以也应该成为宏观经济管理或宏观调控的中间目标。在着力进行总量调节时不搞"一刀切"，进行"区别情况、分类指导、有保有压"的结构性调节。同时，加快相关领域的体制改革步伐，通过优化结构、深化改革来促进总量矛盾的解决。

第三，在宏观调控的重点上，注意需求管理与供给管理相结合，短期措施和中长期措施并重，标本兼治。目前，我国短缺经济结束，总供求矛盾从供给不足向需求不足的转变可能有一个过程，在此过程中，需求矛盾和供给矛盾同时存在，相互交织，宏观调控应该做到需求管理政策与供给管理政策并重。与需求变化的短期性不同，受生产周期等因素的影响，供给变化过程相对比较长，且受结构、体制因素的制约比较明显，因此，供给政策既有短期政策措施，也有中长期的政策措施，且以中长期的政策措施为主。在具体政策操作中需要注意短期措施与中长期措施的结合和配套。

三　灵活运用各种政策工具与手段：需求管理和供给管理并行，短期措施与长期措施并重，标本兼治

作为发展中和转轨中国家，我国体制转轨尚未完成，市场发育并不充分，市场体系不完善，市场机制不健全，存在比较明显的市场失灵和市场缺位，利率、汇率、准备率、贴现率和税率等常规的财政货币政策手段开始发挥作用，但受体制条件和外部环境等因素的影响，政策传导不顺畅，企业等市场主体对市场信号的反应不太敏感，利率、汇率、准备率、贴现率和税率等常规的财政货币政策手段的效力受到一定程度的限制。

针对体制转型和扩大开放过程中总量、结构、体制、模式交替的特殊矛盾，不仅需要常规的经济手段——财政、货币政策手段，也需要建立或放松管制等行政性手段与措施的配合。要在注意运用财政、货币等间接手段的决定性作用的同时，又不拘泥于使用间接手段，配以必要的行政手段和改革措施，用间接手段解决经济问题，用行政手段解决地方政府层面的

行政管理问题，用深化改革的方法解决突出存在的体制问题。需要在充分发挥财政、货币政策等常规经济手段的同时，注意适当发挥行政和法律等必要的辅助手段，并注意宏观调控与微观规制、深化改革相结合。尤其是以必要的行政手段克服了中观环节在宏观调控中的逆调节作用，且能够顶住压力，从转轨阶段的实际出发，有效运用经济、法律和必要的行政手段，既能够体现宏观调控的间接特征，又可以有效地克服中观环节的地方政府在宏观调控中的逆调节作用。

四　建立制度化的宏观经济管理部门协调机制

在开放经济条件下，宏观经济均衡不仅包括内部均衡（无通货膨胀的充分就业等），也包括外部均衡（国际收支均衡），需要内、外部同时均衡。国际收支均衡成为与经济增长、物价稳定、充分就业同样重要的宏观经济政策目标。开放宏观的政策目标体系，有些目标之间是兼容的，有些目标之间存在冲突。正如经济增长与通货膨胀之间可能存在交替关系一样，经济增长、物价稳定与国际收支均衡之间也存在交替关系。在开放宏观经济的特定运行区间：衰退失业、经常账户逆差和通货膨胀、经常账户顺差两种情形中，会出现内、外均衡目标之间在政策方向需求上的冲突。

据此，我们可以将开放条件下的宏观调控分为两种情况：当内、外均衡对宏观经济政策取向的要求之间不存在冲突的情况下，宏观调控的主要政策工具——财政政策和货币政策可以采取"双松"或"双紧"的政策组合，二者可以齐抓共管，相互之间不需要分工，各个宏观经济管理部门可以各司其职、各行其是，不需要特别协调。但是，当内、外均衡对宏观经济政策取向的要求之间存在冲突，需要财政、货币政策等采取"松紧搭配"组合时，按照开放宏观经济学理论，为了解决政策目标之间的冲突，同时实现内部和外部均衡，需要对政策工具进行必要的分工，一些政策调整内部均衡，一些政策调整外部均衡。

政策工具分工的意义不仅在于提高某项政策的针对性和有效性，也可以通过不同政策的组合实现整体调控目标，尤其是在多个政策目标之间存在冲突的情况下，可以运用某个政策工具实现特定政策目标，同时以其他政策工具来对冲前者可能引发的负面影响，从而实现整个政策组合作用的最大化和调控效果的最优化。为了实现不同政策工具之间的分工配合，宏观经济管理部门之间需要统筹协调、分工协作，并建立制度化的协调机制。

宏观经济管理部门协调合作的主要任务是交流宏观经济分析与预测意见，同时分别从政策需求和政策供给的角度讨论政策组合和不同政策工具的分工。宏观经济管理部门协调机制包括宏观经济政策综合统筹部门和宏观经济政策工具主管部门。工具主管部门包括主导政策工具主管部门和辅助政策工具主管部门，主导政策工具主管部门主要是财政政策、货币政策主管部门以及规划和投资主管部门等，辅助政策工具主管部门包括相关的产业、贸易主管部门和有关监管机构。宏观经济管理部门协调机制可以分两个层次，第一层次为综合统筹部门和主导政策工具主管部门之间的协调机制，是主要和核心协调机制，可以称之为协调机制Ⅰ，即"1＋2"协调机制。第二层次为综合统筹部门、主导政策工具主管部门与辅助政策工具主管部门的协调机制，可以称之为协调机制Ⅱ，即"3＋X"协调机制，是对"1＋2"核心机制的补充。宏观经济政策综合统筹部门是协调机制的协调人或召集人，主要负责综合分析宏观经济运行态势，并提出对宏观调控政策的总体需求预案，在与宏观经济政策工具主管部门进行协商的基础上进行政策分工和统筹协调。宏观经济政策工具主管部门，主要负责根据宏观调控的总体需要和主管的政策工具的分工需求，从政策供给及可行性角度提出政策措施预案，与与会各方进行讨论协商，并负责政策工具的相关决策和具体执行。辅助政策工具主管部门主要从实际出发，提出对政策工具的需求以及特定政策工具的可能影响等。

第四节　保持经济中高速增长需创新宏观调控方式

在当前世界经济进入以"低增长，低利率，低通胀，低就业"为特征的"新平庸"阶段、中国经济正逐步迈入新常态、经济发展和经济运行的各主要方面都呈现新特征的大背景下，宏观调控的理念和思路也理当有新的常态和新的模式加以适应。那么，宏观调控方式如何实现创新，又如何以创新应对经济下行？笔者认为，在正确认识、主动适应和积极引领新常态的基础上，为保持经济中高速增长，宏观调控必须实现以下九个方面的创新。

一　创新评价体系，实现由僵化追求单一的经济增长目标向全面综合反映经济发展的指标体系转变

固守多年的以 GDP 规模与速度为核心的政绩评价体系亟待变革，"创

新、协调、绿色、开放、共享"的五大理念应成为新时期科学评判中国经济转型升级和可持续发展指标体系的核心。升级版的评价指标体系，既要包括传统的 GDP、失业率、CPI 等反映经济社会发展的指标，还要包括衡量产业升级、可持续发展的各类指标，更要把资源消耗、环境损害、生态效益等指标纳入其中，以便使之更加科学合理、更加细致可量化。具体而言，应当包含但不限于以下几个重要维度：反映政府与市场关系的市场活力指标，反映国家创新体系、创新机制、创新活力的升级程度的创新驱动指标，反映内需潜力的提升及供给侧能力的改善的结构优化指标，反映工业化和信息化的融合以及"互联网＋"的广度与深度的两化融合指标，反映就业潜力释放、居民收入增加、基本公共服务均等化的民生改善指标，反映资源与环境的状态、人类活动对自然的正面及负面影响的可持续发展指标。这样的评价体系，既是对传统发展理念的理论纠偏，是反映时代变革的最新要求、创新和完善经济形势和经济运行的评价体系，也是推动创新发展、绿色发展和生态文明建设战略实施的重要手段，还是和国际接轨的重要制度安排，无疑具有重要的理论意义和现实价值。

二　创新调控重点，实现由经济增速管控向经济质量和效益提升转变

"十三五"时期将不仅是全面建成小康社会的决战期、全面深化改革的攻坚期、全面依法治国的关键期，更将是全面进入"新常态"的转型期、全面实现创新驱动的突破期和全面推进国际化的上升期。在这样一个战略定位之下，"十三五"时期应强调持续、稳定、健康发展，把"提质增效"作为发展的主旋律，进一步提高经济发展的质量，力求做到稳增长、调结构、促改革、防风险和惠民生等多重目标的统一。也就是说，要从过去单纯依赖物质投入、拼资源环境、靠外延扩张的发展方式扩大经济规模、管控经济增速，向依靠技术投入、生态文明建设以及集约式的发展方式提高经济质量和效益转变。改变过去铺摊子、上项目，转向靠市场规律调结构、转方式，让市场起决定性作用，保证经济平稳运行，促进我国经济长期保持中高速增长，迈向中高端水平。未来新常态下的经济发展，将意味着经济运行更加稳定健康、产业结构更加优化合理、各项体制更加完善高效、生态环境更加良好宜居、人民生活更加富足安逸，最终实现高质量、去水分、有效益的经济增长，暖人心、惠民生、补短板的经济增长，绿色化、"低碳＋"、可持续的经济增长，而非一味追求早已不切实际

的高速、粗放、低效的经济增长。这才是我们孜孜以求的终极目标和宏观调控的重点所在。

三　创新管理思路，实现由以需求管理为主向需求与供给管理兼顾、侧重供给侧的转变

当前，我们面临经济下行压力加大和转型升级任务繁重的现实，其中既有短期需求不足的原因，也有中长期有效供给不足、经济结构失衡和体制机制制约等深层次问题，单纯依靠需求调控难以兼顾诸多中长期目标和结构问题。为此，必须转换经济治理思路，着力从供给侧发力，破解经济运行面临的困境。供给侧结构性改革这一重要概念的提出，标志着我国宏观经济管理思路和模式出现重大转变，即由以需求管理为主转向需求管理和供给管理兼顾且更加注重供给侧结构性改革。它意味着宏观经济政策的着眼点开始由短期框架下的被动"救市""维稳"，转向中长期视角下更加注重提高发展质量和效益、更加注重提高供给体系质量和效率、更加注重增强持续增长动力。这种宏观管理模式的重大转变，将极大地促进市场在资源配置中起决定性作用和更好发挥政府的作用，依靠企业和市场去发现并纠正结构失衡。一方面，采用更加科学的需求管理，通过财政政策和货币政策工具的合理搭配，保持经济平稳运行，避免大起大落。另一方面，通过放开人口生育控制、放松户籍制度、减少资本与金融管制、优化土地与资源产权结构、推动要素市场建设和国有企业改革等措施，解除"供给抑制"，并通过降低市场准入门槛、降低税负、降低融资成本等一系列体制机制改革，真正激发企业主体的活力，使市场发挥决定性作用。

四　创新驱动模式，实现由要素驱动向创新驱动和提高全要素生产率转变

经济新常态下，面对世界范围内正在孕育兴起的新一轮科技和产业变革，我国原有的发展动力已明显退化，过去那种靠生产能力扩张、铺摊子的传统模式将难以为继，经济发展的硬约束加强，人口红利逐渐消失、自然环境资源承载能力已经接近极限，经济发展方式必须由靠大规模的土地、能源、劳动力等生产要素的投入驱动经济增长，向创新驱动和全要素投入提高效率转变。要实现这种驱动力的切换，必须激发亿万群众创造和创新的活力，加快实施创新驱动战略，提高全要素生产率，让创新成为中国发展、实现经济升级的强大动力。因此，未来应"着力实施创新驱动发

展战略，促进科技与经济深度融合，提高实体经济的整体素质和竞争力"。紧紧围绕营造公平的竞争环境、强化金融支持、建立市场导向机制、激励成果转化、完善科研体系、加快人才培养和流动、推动开放创新、加强统筹协调等8个方面转变发展思路，将改革重点放在着力创造能够从根本上激发全社会创新动力的体制环境上，营造创新的土壤，提高单位要素投入的产出，把提高全要素生产率作为我国经济发展的主要方式。

五　创新产业政策，实现由特定激励性产业政策向普惠性产业政策转变

在当前我国经济提质增效、压缩产能、提高企业自主创新能力、推动产业结构调整和产业转型的背景下，我们需要完善传统的产业政策，尊重经济规律，确保依法治国，从完善企业市场竞争环境、加强知识产权保护、改善产业配套基础设施、创造社会创新环境、支持重大基础性研究、提高产业公共信息服务等角度来制定产业支持政策。改进产业政策设计，将目前倾斜发展特定部门的产业政策，如对新兴产业实施的创新研究、环保节能的奖励措施，逐步完善成长期的、综合性和普适性的创新与竞争激励机制。应加快制定技术、质量、能耗、环保与安全等方面的强制性标准，并严格施行，强化市场环境建设，弱化具体产业发展的内容，避免引起未来一窝蜂投资而出现产能过剩。应当加强规划的边界控制，强化市场发挥作用的内容，避免愿景多而抓手少，导致难以落实的规划指标成为"纸标"。

六　创新服务方式，实现由事前审批向事中事后监管与服务转变

对于投资管理和行政审批，政府已明确提出"继续大力削减行政审批事项，注重解决放权不同步、不协调、不到位问题，对下放的审批事项，要让地方能接得住、管得好"。为此，在投资管理方面，应由事前审批向事中事后监管与服务转变，建立一个透明、规范、高效的投资项目纵横联动协同监管机制，减少、整合和规范前置审批及其中介服务，促进投资便利化。按照权力和责任同步下放、调控和监管同步强化的要求，创新审批和监管方式，建立纵横联动的协同监管机制，提升监管能力和水平。要简化手续、优化程序、在线运行、限时办结，规范审批核准备案行为，公开审批规则和办理程序，把审批变成服务，加快建设"纵向到底、横向到

边、互联互通"的全国固定资产投资项目在线综合管理平台，推进审批方式的电子化、阳光化。严格中央预算内投资监管，加强市场价格监管和反垄断执法，加快推进社会信用体系建设。切实将取消和下放行政审批事项落实到位，充分发挥政务服务大厅功能，规范行政审批行为，优化指导服务。建立项目全过程监管机制和实现部门信息共享和业务协同，建立基于大数据的事中事后高效监管体系，提高事中事后监管水平。

七　创新项目管理，实现由单纯的项目管理向重大战略谋划、规划制定、政策协调转变

政府的宏观调控部门与综合经济管理部门，要真正从微观的项目管理中解脱出来，把主要精力集中到谋大事、议大事、抓大事上，进一步发挥综合经济部门的优势，主要职能向战略性、全局性、综合性、前瞻性事务延伸，向实际操作层面延伸，狠抓工作落实。聚焦重大问题的理论研究和成果转化，统筹宏观政策制定和重大政策的协调配合，指导推进和综合协调经济体制改革，积极有效推动对外务实合作，更加注重经济社会协调发展，强化战略和规划的指导约束作用。充分发挥规划对国民经济与社会发展的指导性作用，做好、做精、做实中长期发展规划，推动制定专业领域、行业和地区的发展规划。统筹协调各规划间的关系，做到全国一盘棋，突出地方特色，不面面俱到，不重复建设，有所为、有所不为。抓好规划落实工作，不强调单个规划，而是从国家层面推动一系列规划有序进行，梳理细化配套规划和措施。

八　创新政策工具，实现由短期经济刺激向利用市场信号进行调控转变

尽管我们一再强调"不搞'大水漫灌'式的强刺激，而是持续推动结构性改革"，但是短期内需求端的过度收缩，仍然需要用逆周期手段和工具加以应对。在需求政策上，既不能搞强刺激，也要防止出现顺周期紧缩。在潜在经济增长率难以确定的情况下，未来可以适当淡化对经济增长目标的关注，更加重视利用就业、物价、利率、汇率、产业景气等方面的信息，综合判断经济运行是否处于合意区间，是否接近潜在经济增长率水平，"统筹运用财政、货币政策和产业、投资、价格等政策工具，采取结构性改革尤其是供给侧结构性改革举措，为经济发展营造良好环境"，防止在宏观调控上产生方向性错误。宏观调控需始终坚持"中线思维，区间

管理"，对经济增长、失业率和通货膨胀等分别设置区间预警指标，只要经济在目标区间内运行，没有触及"上限"和"下限"，就应保持政策稳定，不为经济一时波动而采取短期强刺激政策，提高对增速放缓的容忍度。这样围绕中线进行调控，有利于给市场主体更加明确的预期，使经济运行的合理区间更加富有弹性，使宏观调控更加主动灵活，并留有回旋余地。

九　创新调控视野，实现由传统的侧重国内经济调控向统筹运用国际国内两个市场、两种资源、两类规则，在全球范围内优化资源配置转变

中国作为世界第二大经济体、第二大贸易国、第一外汇储备大国、第一大利用外资发展中国家、年度投资流量全球第三大对外投资国，人民币作为世界重要的支付结算货币，仍然是全球经济发展的重要引擎之一，中国对亚洲和世界的影响力与日俱增，中国经济仍将深刻改变世界经济的版图和格局，中国与全球经济的互联互动、相互依赖、交融合作不断加深，其深度、广度前所未有，其复杂性、多样性前所未有。一系列重大国家战略对全球的影响日益加深，对外贸易的规模不断扩大，利用外资、对外投资的流量和存量不断增加，物价和汇率的形成机制与影响因素愈加复杂，与国际市场的互动更加密切，宏观经济政策的外溢性和被动性前所未有，中国经济真正具有了在世界上举足轻重的地位。这一切要求我们在观察和谋划国内改革发展，参与国际政治、经济等各项事务时，不能再孤立地看待自身和世界，不能再忽视巨大的政策外溢效应和政策沟通协调的必要性，必须统筹考虑和综合运用国际国内两个市场、两种资源、两类规则，密切跟踪国际经济金融形势和主要经济体宏观经济政策变化，认真评估分析其对我国宏观经济和政策实施的影响，主动加强与主要经济体的政策协调和沟通，更加积极主动地参与全球治理事务，参与双边、多边国际经济合作，提升国际话语权，改善全球治理体系，提升全球治理能力，促进国际经济秩序更加公正合理，营造于我国有利的制度环境，拓展发展空间，维护开放利益。

第十二章　适应把握引领经济发展新常态，推进供给侧结构性改革，培育经济新动能的政策建议

当前，我国经济正逐步进入新常态，面对宏观经济环境日益错综复杂、经济下行压力不断加大的严峻形势，如何实现稳和进的相互促进，如何激发经济发展的内生动力，是未来中国经济能否行稳致远的关键。确保经济稳定增长是短期宏观调控的着眼点，而激发经济发展内生动力则是宏观经济运行的长期目标。中国经济要实现中高速增长和迈向中高端水平，必须深刻认识新常态的全新发展规律和发展趋势，适应把握引领经济发展新常态。一方面，继续加强和改进宏观经济调控，把解决短期问题与化解长期存在的深层次矛盾和问题结合起来，把长期战略落实到短期的宏观调控中来。另一方面，从推动经济增长的基本要素出发，推进供给侧结构性改革，探寻全新动力，营造持久动能，逐步改善经济增长质量和效益。唯有如此，才能带动经济逐步走出低谷，实现经济的持续平稳健康发展。

2015 年中央经济工作会议围绕推进供给侧结构性改革这一重点，对 2016 年经济工作进行了全面部署。这次会议意义重大，影响深远，它标志着我国宏观经济管理思路出现重大转变，即由以需求管理为主转向需求管理和供给管理并重且更加注重供给侧结构性改革；它意味着宏观经济政策的着眼点开始由短期框架下的被动"救市""维稳"，转向中长期视角下更加注重提高发展质量和效益、更加注重提高供给体系质量和效率、更加注重增强持续增长动力；它代表着以五大任务和五大政策支柱为核心的较为完整的供给侧改革理论框架初步构建，中国特色社会主义政治经济学的理论体系初见端倪。

第一节　推进供给侧结构性改革的时代背景

习近平总书记强调，当前和今后一个时期，制约我国经济发展的因

素，供给和需求两侧都有，但矛盾的主要方面在供给侧。2015 年中央经济工作会议也强调，"推进供给侧结构性改革，是适应和引领经济发展新常态的重大创新，是适应国际金融危机发生后综合国力竞争新形势的主动选择，是适应我国经济发展新常态的必然要求"。

回顾 30 多年来我国改革发展的历程，中国经济之所以能够以接近10% 的平均速度快速增长，其增长动力主要源自五个方面：劳动力数量不断增长和结构变化所释放的巨大人口红利，家庭教育的较高支出带来的快速人力资本积累，庞大的市场需求和高投资率带来的快速实物资本积累，后发优势带来的快速技术进步和全要素生产率增速的提高，以改革开放为标志的一系列重大制度变迁和制度创新所释放的巨大制度红利。这些方面，无一不与提高供给效率、激发增长活力息息相关。

自 2008 年以来，国际国内经济金融形势开始变得日益复杂，且面临许多新特征、新情况和新趋势，中国经济呈现潜在增速中长期下行的明显态势。这一轮经济下行的性质与原因，周期性调整是直接原因，结构性因素则是根本原因。从产业结构来看，资源配置效率在不断下降。从要素结构来看，要素供给效率在不断下降。此外，体制性改革进展缓慢、创新能力滞后所引致的全要素生产率增速下降、资源环境约束的持续增强，也都对经济增长构成负面影响。总之，促使经济增速不断回调是上述多重因素相互交织和叠加的结果。

2015 年召开的中央经济工作会议指出，"认识新常态、适应新常态、引领新常态，是当前和今后一个时期我国经济发展的大逻辑"。因此，在新常态的大逻辑下，对需求端调控的过于倚重、对三驾马车短期分析框架的过于倚重，已经难以适应当前经济减速和转型升级双重压力不断加大的现实，难以兼顾经济社会发展中诸多中长期目标的实现。

面对全面建成小康社会的决胜阶段、可以大有作为的重要战略机遇期，在十八届五中全会上，党中央、国务院审时度势，提出了"创新、协调、绿色、开放、共享"五大发展理念，以期引领未来五年向全面小康冲刺，为补齐短板而攻坚。

2008 年国际金融危机以来，中国经济处于增速换挡回落、经济结构优化、发展动力转换的新常态之中。与此同时，我国经济社会发展面临的不平衡、不协调、不可持续性问题也日益突出，宏观经济失衡、发展动力减弱与中央所倡导的"五大发展理念"不相适应，与广大民众对未来发展的热切期待有很大差距。如前所述，这种不适应主要表现在以下五个方面。

第一，结构性长期失衡局面尚未得到根本改变。在新常态的大背景下，结构性矛盾更加突出，特别是供给结构不适应需求及需求结构的变化，这是当前经济运行的主要矛盾。具体表现为：一是产业结构失衡。三次产业发展不协调，资源配置效率不断下降。第一产业基础薄弱、竞争力弱。第二产业大而不强，重化工倾向严重，缺乏核心技术和竞争力，且耗费大量资源、能源，对环境造成了大量损害，多个行业产能过剩严重。对提高经济效益非常关键的第三产业的比重长期偏低，发展缓慢。二是城乡结构失衡。城乡一体化进展缓慢，城乡居民在人均收入、社会保障、医疗等公共服务方面依然存在较大差距，劳动力等要素还没有完全实现自由流动。三是区域结构失衡。全国生产力布局的市场化程度有待提升，生产力布局与主体功能区规划之间有待衔接，促进区域协调发展的合作机制有待完善。四是收入分配结构失衡。以市场为主导的初次分配体制不规范，劳动者报酬偏低；以政府为主导的再分配体系不完善，税收的调节力度有限，社会保障水平偏低。五是投资与消费结构失衡。最终消费率严重偏低，投资率偏高。最终消费支出中政府消费率偏高，居民消费率偏低，城乡居民消费支出差距较大。六是内需与外需结构失衡。贸易依存度相对较高，贸易顺差持续大幅度增长，外汇储备规模不断累积。七是要素结构失衡。劳动年龄人口总量减少，占总人口的比重明显下降。储蓄率下降导致资本要素供给下降。

第二，体制性改革进展缓慢。在战略谋划特别是顶层设计方面，以及政府职能转变、收入分配、财税、金融、资源环境、社会保障、国有企业、对外开放等重点领域和关键环节，存在大量深层次的或严重滞后的体制机制性障碍，体制机制痼疾与上述结构性问题相互缠绕，交织在一起，错综复杂。

第三，创新能力滞后引致全要素生产率增速下降。与发达国家相比，中国的自主创新能力不足，自主创新体系存在重大缺陷，技术引进的"外溢效应"正在减弱，很多因素导致我国无法继续在引进、模仿的基础上进行创新，企业创新仍处于跟随模仿阶段，创新型人才培养和激励机制缺失，科技创新能力难以满足经济社会转型发展的迫切要求。

第四，资源环境约束持续增强。土地的边际增量供给已消耗殆尽，能源资源的硬约束也在日益加剧，对外依存度不断提高。雾霾、饮用水污染、土壤重金属超标等环境污染问题已经对生产形成硬约束，对人民群众的生命健康构成极大威胁，对经济增长产生负外部性影响。

第五，民生短板亟须补齐。近年来，普通民众幸福感和获得感的改善远远落后于经济增长。人民群众所关心的教育、就业、住房、收入、社保、医疗、生产安全、食品药品安全及城市安全等重大民生问题仍未得到很好的解决，这些都是"十三五"期间亟须补齐的"短板"。

因此，中央才反复强调要"着力加强供给侧结构性改革"，就是要在总结过去成功经验、梳理当前突出困境的基础上，转换经济治理思路，打破需求管理的路径依赖，着力从供给侧发力，进一步破除供给约束，释放增长潜力，探寻增长新动能。

需要指出的是，强调供给侧改革，绝不是放弃需求管理，而是由过去以需求管理为主过渡到需求与供给并重。短期内需求端的过度扩张与收缩，仍然需要用逆周期手段和工具加以应对。需求调控和供给侧改革作用与经济运行的机理有所不同，需求调控更重视高频数据的波动，侧重于短期，主要工具包括财政政策和货币政策。而供给侧改革更重视中长期经济增长的内生动力，如劳动力、资本、土地及自然资源、技术、制度等因素的深远影响，其政策工具主要包括：人口政策、要素市场建设、产业政策、技术进步、制度变迁等，二者共同构成一个完整的宏观经济治理体系，均不可偏废。

第二节 "五大发展理念"将引领供给侧结构性
改革、培育发展新动能

党的十八届五中全会在描绘我国未来五年的发展蓝图时指出，发展是硬道理，发展必须是科学发展。全会深入分析了"十三五"时期我国发展环境的基本特征，认为我国仍处于可以大有作为的重要战略机遇期，但战略机遇期的内涵发生了深刻变化，我国发展既面临许多有利条件，也面临不少风险挑战。

当前，世界经济仍然处于危机过后的深度调整期，各国走势分化、结构分化、周期分化、政策分化，美日欧经济正在步调不一地缓慢走向复苏或走出衰退，新兴市场和发展中经济体经济走势分化、增速放缓。世界经济进入一个以"四个低"为特征的"新平庸"阶段，低增长、低利率、低通胀、低就业成为大多数国家共同面对的重大问题。

对于中国而言，一方面，我们正逐步迈向速度变化、结构优化、动力转换的新常态。另一方面，也面临诸多矛盾叠加、风险隐患增多的严峻挑战。除传统制造业产能普遍过剩、银行业不良资产上升、地方政府性债务高企以及房地产泡沫等显性风险外，改革深化、结构调整叠加经济下行压力持续加大的风险，国内金融市场异常波动及其后续负面影响，美国加息预期所引发的国际资本流动逆转、国际金融市场动荡加剧及国际政策协调风险，可能长期被排除在重要贸易投资新规则之外的风险，国际大宗商品陷入中长期低迷的风险等新的潜在风险是否会持续暴发，成为各方担忧所在，也给国内经济社会发展增添了新的不确定性。

基于上述分析和判断，五中全会明确提出，必须牢固树立"创新、协调、绿色、开放、共享"的发展理念。这"五大发展理念"是针对我国现阶段宏观经济失衡、发展动力日益减弱的特点和经济社会发展存在的诸多短板提出的，是对"十三五"时期乃至更长时期我国发展思路、发展方向和发展着力点的深刻表述，也是对改革开放30多年来我国成功发展经验的高度概括，更是对新常态下国际国内发展大势和我国发展规律的全新认识，是管全局、管根本、管方向、管长远的东西。五大理念，不仅在表述上非常有新意，在理论上有新的重大突破，而且在实践中能对推进供给侧结构性改革、培育发展新动能提供引领作用，是中国特色社会主义政治经济学发展理论的核心与灵魂。

习近平总书记指出，党的十八届五中全会提出"创新、协调、绿色、开放、共享"的发展理念，是针对我国经济发展进入新常态、世界经济复苏低迷开出的药方。新的发展理念就是指挥棒，要坚决贯彻落实。

创新发展，意味着未来增长方式将从要素投入驱动转向全要素生产率驱动；意味着在经济新常态的背景下，只有靠创新才能增强经济发展的内生动力。未来创新将处于国家发展全局的核心位置，通过加强创新，将有效提升要素投入的综合效率，为经济发展注入新的动能。

协调发展，是经济持续健康发展的内在要求，意味着经济发展将更加注重质量效益。强调协调，将有助于解决我国长期面临的不平衡、不协调、不可持续问题，通过弥补经济社会发展中的短板和薄弱环节，从中拓宽发展空间、寻求发展后劲，推动区域协同、城乡一体、物质与精神、经济与国防等各方面的协调发展，实现中国全方位的均衡协调发展，从而真正推动中国向软硬实力兼具的大国迈进。

绿色发展，本质上是可持续发展的问题，核心是处理好发展与资源环境之间的关系，把生态环保放到更重要的位置。坚持绿色发展，有利于实现经济发展与环境保护相协调，推动产业结构从过度依赖资源、环境消耗的中低端向更多依靠技术和服务的中高端提升。"十三五"时期，必须通过坚持绿色发展和加强生态文明建设来应对压力，缓解资源环境的约束。

开放发展，在新形势下有新的更为丰富的内涵。它意味着更加积极主动的开放，既要巩固传统的货物贸易，还要拓展到投资、装备产能的国际合作等领域；意味着在发展更高层次的开放型经济时，要坚持内外需协调、进出口平衡、引进来和走出去并重、引资和引技引智并举；意味着未来的开放，要为发展中国家和不发达国家，为国际组织提供必要的资金、人员、软件和硬件等公共产品，提高我国在全球经济治理中的制度性话语权，构建更加广泛的利益和命运共同体。

共享发展，体现的是包容性，蕴含着重视人的全面发展，以及发展为了人民、发展依靠人民、发展成果由人民共享的人本思想。它要求我们的发展，要涵盖全体人民，全力做好补齐民生及社会事业短板这篇大文章，着力提高发展的协调性和平衡性。通过发展科教文卫等各项社会事业，使全体人民在共建共享发展中有更多的幸福感和获得感。坚持共享发展，还需要建立一整套科学合理并且可持续的长效发展机制和协调机制，以激发社会各方面共同参与、共同努力、共同享有的积极性，推动解决民生领域的相关问题。

五大发展理念，是对发展实践和经验的高度概括和总结，也是对发展理论和规律认识的深化和升级。谋划未来五年的经济社会发展，必须在这些全新理念的引领下，始终坚持科学发展，不断破解发展难题，着力增强发展动力，切实厚植发展优势，更加注重提升发展的质量和效益，加快推进结构性改革，培育发展全新动能，推动经济持续健康发展，确保中国经济顺利度过结构调整、转型升级的关键期和阵痛期，确保实现更高质量、更有效率、更加公平、更可持续的发展。

第三节　落实"五大发展理念"的关键是推进五个方面的供给侧结构性改革

贯彻落实中央提出的"五大发展理念",将有助于解决前述经济失衡问题,弥补发展短板。其核心和关键,是转换经济治理思路,打破需求管理路径依赖,着力从供给侧发力,进一步破除供给约束、释放增长潜力、探寻增长新动能。2015年中央经济工作会议指出,坚持大力推进结构性改革,着力解决制约发展的深层次问题。具体来看,以下五个方面应成为下一阶段推动供给侧改革、培育经济发展新动能的着力点。

一　释放改革红利,充分发挥四大关键环节和重要领域改革对去杠杆、降成本、防风险、提效率以及经济增长的重大牵引作用

改革是中国经济最大的红利。过去我们通过改革实现了经济社会的快速发展,未来也唯有继续深化改革,推动制度创新,才能增强发展内生动力,调动各方面的积极性、主动性和创造性,源源不断地释放"制度红利",摆脱逐渐陷入困境的传统经济增长模式,战胜梦魇般的"中等收入陷阱"带来的严峻挑战,为中国经济发展注入新的动力。

改革需要勇气、智慧和韧性。深化改革要坚决破除懒政庸政、等待观望、拖延应付、找借口、不作为、假改革等种种消极态度和投机思想;深化改革要在重要领域和关键环节实现突破,大力推动财税、金融、土地、投融资、国有企业、教育、科技等重大体制改革;深化改革要抓紧出台具有重大结构支撑作用的改革实施方案和实施细则,扎实推进,落实督办,坚决消除"中梗阻""肠梗阻",提高改革方案穿透力。

通过各项体制改革,减少政府直接干预,降低企业的显性和隐性成本,激发微观经济活力,这是最艰巨的任务,也是供给侧改革的真正核心和关键。

头等重要的,便是推进行政审批制度改革,进一步简政放权,大幅度减少行政审批,加强事中和事后监管与服务。目前,特别需要的是地方政府的强力落实,认真清理并切实减轻企业承担的各类不必要的非税负担,继续落实和完善简政放权的各类事项,营造良好的法治化营商环境,抓好中央确定的重大改革措施的落实。

抓实抓好国有企业改革，可以有效地提高经营管理效率，切实改变国有企业财政预算软约束现状，使国有企业真正成为能自负盈亏的市场主体。此外，当前改革需要啃的硬骨头之一是要加快推进混合所有制改革，加大力度鼓励民企进入垄断领域，提升资本回报率，通过制度变革促进自由竞争，提高资源配置效率。未来中国的投资质量和效率的提升仍有较大空间，这就需要以提高资本形成效率为中心，进一步深化投资体制改革，推进融资渠道市场化，建立市场化的企业资本金补充机制，落实负面清单制度，激发民间资本活力，进而提高社会资金形成和配置效率。对国企的改革还有另外一层重要含义：尽快清理大量占有各类资源的"僵尸企业"，这将有助于从微观层面实现去产能、降杠杆并最终提升盈利能力的目的。

财税和金融领域的改革，同样既能通过宏观政策调控从需求侧影响经济发展，又能通过深化改革降低企业税负和融资成本，实现在供给侧发力。未来推进财税体制改革，应以推动税制改革为突破口，逐渐降低间接税的比重，建立和完善以居民财产、行为为课税对象的直接税税制。并且，还要一改过去名义积极、实际保守的政策基调，采取更大力度的减税举措，减轻企业的税费负担，坚决杜绝违法征收"过头税"，真正体现财政政策更加积极、更加主动并且更有力度的取向。

全面推进金融改革，需要尽快解除"金融抑制"，完善多层次金融市场体系，解决我国金融市场长期存在的结构失衡、功能不全和"金融抑制"明显等突出问题，以便更好地发挥金融体系深度动员社会资本、提高储蓄率的作用，从根本上增强对实体经济的支持能力。为此，需要着重完善金融市场体系，创造更加稳定的市场环境。应牢牢把握金融服务实体经济发展这一基本方向，进一步用好增量、盘活存量，避免资金在金融系统"空转"。商业银行应主动盘活信贷存量，调整存量结构，减少对产能过剩行业的信贷投放，迫使产能过剩行业进一步加快债务去杠杆化的过程。坚持有保有压、有扶有控，重点将有限信贷资源投放到重点工程、战略性新兴产业、小微企业和"三农"领域等。同时，也要把闲置沉淀的财政资金用好。

考虑到淘汰落后产能、压缩企业杠杆率、清理"僵尸企业"等结构调整的力度将不断加大，过程仍将漫长，有可能造成大批国企员工下岗失业，需要进一步加强城乡社会保障体系改革与建设，适应经济社会发展水平及其变动，不断提高和扩大工资和养老、失业、工伤、医疗、低保等保障标准及其政策受益面，竭尽全力织密织牢民生保障网。

总之，经济发展全新动力的切换，归根结底要靠以政府改革为核心的全面改革和对内对外更大程度的开放。一方面，要高度重视改革过程中的风险、阻力和不确定性因素，警惕和关注改革停滞甚至回潮的迹象，适当调整各界对于改革的过高预期。另一方面，各级政府、各个部门要真正推动各项改革方案的落实和执行，克服巨大的旧体制惯性与利益集团的阻挠，更加注重改革的系统性、整体性、协同性，以建设法治政府为切入点和突破口，强化法治理念，尊重市场机制，切实转变政府职能，减少政府对经济的直接控制和不当干预。

此外，各项供给侧改革的部署能否具体落到实处，最终还将取决于我们能否自上而下地建立起各级政府官员的激励相容机制，有效调动好各地方、各部门的积极性、主动性，使之能彻底抛弃懒政庸政、等待观望、拖延应付、找借口、不作为、假改革等种种消极态度和投机思想，克服巨大的旧体制惯性与利益集团的阻挠，让各级干部想干事、能干事、会干事、干成事，真正推动各项改革方案的落实和执行，为经济持续健康发展保驾护航。

二　给企业更大力度的减税减负让利，发挥税收政策作为需求侧政策和供给侧改革连接点的作用

从经济转型需要和居民诉求来看，我国的宏观税负显然偏高，仍有下调空间。在这一点上，企业和居民部门减税的呼声高涨，但政府部门则强调困难压力多，考虑经济下行时减税对于刺激生产、稳定增长的积极作用少。从学理上讲，在经济下行期，减税是重要的逆周期调节工具。对企业，减税能直接降低生产成本，提高劳动和资本的税后报酬，刺激劳动和资本供给的增加，进而推动潜在的产出增长。对居民，减税则有利于刺激消费，增加经济活力。对政府，虽然短期内税收有所减少，但根据"拉弗曲线"，减税产生的供给效应将开辟新税源、拓宽税基，从长期看仍有助于政府税收的增加。

因此，尽管目前实行全面减税似乎条件并不完全具备，但针对居民个人、小微企业、成长性企业和新兴企业更大力度的减免税，坚决杜绝违法征收"过头税"，真正帮助企业降低制度性交易成本、不合理税费负担、社会保险费、财务成本、电力价格、物流成本等，则是切实可行、迫在眉睫的。此外，还需进一步合并相关税种，减少消费环节税负，真正为居民创业、为企业创新减税让利、松绑减负，以激发微观经济活力。

三　更多运用市场化机制，积极化解产能过剩矛盾，调整和完善产业政策，改善国内竞争环境

在供给侧改革"去产能、去库存、去杠杆、降成本、补短板"五大任务中，核心和关键是去产能。产能过剩这一毒瘤一日不除，中国经济一日难以走上持续健康发展之路。淘汰清理过剩特别是落后的产能，对中国经济长期健康发展至关重要。它将有助于降低企业部门的杠杆率，提升资本使用效率，改善企业盈利。有助于促进产业优化重组和转型升级。从中长期供给侧角度考虑，去产能需强调行政力量与市场手段并举。在更多运用市场化机制的同时，应将去产能与"十三五"规划的制定很好地结合起来，充分发挥行业规划、政策、标准的引导和约束作用。进一步严格市场准入管理，加强产业政策的调控和引导，从源头堵住落后产能。加快淘汰落后产能还离不开做大增量、培育新兴产业，应积极引导资源投向有发展前景的行业，推动增长方式向集约化转型。从开放的角度看，可借助推进"一带一路"战略，扩大对外投资，拓展相关国际需求，深化国际产能合作，输出国内具有比较优势的产能。对政府而言，转变政府职能和政绩考核导向，也有利于抑制地方政府的投资冲动和不当干预。

此外，要改进产业政策设计，做好鼓励产业升级的加法，将目前倾斜发展特定部门的产业政策，如对新兴产业实施的创新研究、环保节能的奖励措施，逐步完善成长期的、综合性和普适性的创新与竞争激励机制，注重强化市场环境建设，弱化具体产业发展的内容，避免引起未来"一窝蜂"式的投资而出现产能过剩。一方面，应着力用先进技术改造提升传统产业，通过大规模技术改造投资，将现代信息技术与制造业进行深度融合，使更多中低端产业升级为中高端产业。另一方面，积极推进"互联网＋"行动计划，推进"数字中国"建设，发展分享经济，支持基于互联网的各类创新，努力把互联网的创新成果与经济社会各领域进行深度融合，提升实体经济创新力和竞争力，助推实体经济尽快实现转型升级，提高经济发展质量和效益。

四　释放创新红利，加快实施创新驱动战略，促进技术进步，真正实现由要素驱动向创新驱动和全要素生产率提高转变

科学技术是第一生产力，科技进步是经济发展的根本动力，创新是提高社会生产力和综合国力的关键支撑，是驱动可持续发展的全新引擎。在经济新常态的大背景下，面对世界范围内正在孕育兴起的新一轮科技和产业变革，我国原有的发展动力已明显退化，过去那种靠生产能力扩张、"铺摊子"的传统模式将难以为继，靠简单扩大劳动力和其他要素投入来驱动发展的路子已经行不通，经济增长将更多依靠产业从低端迈向中高端、"上台阶"，增长动力将逐步从要素驱动、投资驱动转向创新驱动。必须把创新摆在国家发展全局的核心位置。通过加强创新，提升要素投入的综合效率，为经济发展注入新动能。要实现这种驱动力的切换，必须激发亿万群众创造和创新的活力，提高全要素生产率，让创新成为中国发展和实现中国经济升级的强大动力。

因此，未来应紧紧围绕营造公平宽松的竞争环境、强化金融支持、建立市场利益导向机制、提供资金便利和税费减免、激励创新成果转化、完善科研教育体系、推进产学研结合、加快人才培养和流动、推动开放创新、加强统筹协调等多方面转变发展思路，把提高全要素生产率作为我国经济发展的主要方式。

具体而言，实施创新驱动发展战略，要增强我国自主创新能力，必须加大科技投入和科技成果应用，力争在基础科技领域有大的创新，在关键核心技术领域取得大的突破，把科技创新真正落到产业发展上；要千方百计激发企业内在创新动力，使企业真正成为技术创新决策、研发投入、科研组织和成果转化应用的主力军；要健全体制机制，培育创新文化土壤，坚决清除影响创新能力提高的制度障碍，严格保护知识产权，创造促使企业不断创新的环境和体制，形成有利于创新性人才脱颖而出的体制机制；要集聚创新人才，完善激励机制，加快形成创新型人才队伍，在创新实践中发现人才、在创新活动中培育人才、在创新事业中凝聚人才；要加强国际合作，积极主动融入全球创新网络，全面提高我国科技创新的国际合作水平，形成协同创新和开放创新的新格局。

五　继续释放和创造人口新红利，着重培育人力资本红利

人是生产力中最活跃的因素，人力资本是经济发展的源泉，人力资源现在是、未来也仍将是我国发展的最大优势。没有丰富的劳动力资源的持续供应，无论是消费还是投资，在长期来看都将是无源之水、无本之木。当前，随着人口结构的变化，我国劳动力数量不增反降，新时期下人力成本的比较优势已不再明显，"人口亏损""人口萎缩"将是未来中国人口问题演化的主要风险点。

面对当前低生育率的弊端和潜在危害，亟须释放劳动力的双重红利，通过优化劳动力配置，弥补由于人口老龄化带来的生产要素规模驱动力减弱的趋势。既注重提高劳动力参与率，改善劳动力结构，又强调提高劳动者素质，提升人力资本。特别是，未来必须创造新的"人口红利"，通过劳动力增长和劳动力素质提高、人力资本积累、劳动力从农业向非农产业转移和流动实现资源的高效配置等一系列创造性行为，实现替代性的"人才红利"或"人力资本红利"，弥补由于人口老龄化带来的生产要素规模驱动力减弱的趋势。一是继续调整和优化生育政策，从限制人口数量转向鼓励生育与提升人口素质并重，增加年轻人口的生育率，扭转持续低生育率的局面，这是着眼长远又利在当下的刻不容缓的战略性举措。二是加快城镇化步伐，改革户籍制度，消除对劳动力合理流动的束缚，促进劳动力跨地域、跨部门流动。三是通过提升教育质量、加强培训等措施，加大对人力资本的投入，提高劳动力素质，特别是要更加重视对活劳动的投入，激励其开展创新。

第四节　推进供给侧结构性改革的五大政策支柱

为确保完成供给侧改革"去产能、去库存、去杠杆、降成本、补短板"五大任务，2015年中央经济工作会议提出，实行宏观政策要稳、产业政策要准、微观政策要活、改革政策要实、社会政策要托底的总体思路。五大政策兼顾需求端和供给侧，是未来我国推进供给侧结构性改革、培育经济发展新动能的主要推手。

宏观政策强调稳。政策取向应着眼于有效对冲宏观下行风险，真正帮助企业降低制度性交易成本、不合理税费负担、社会保险费、财务成本、电力价格、物流成本等。两大政策中，财税政策将充当主角，未来应更加注重从供给侧入手，采取更大力度、更加全面的减税，坚决杜绝违法征收"过头税"，真正体现财政政策更加积极、更加主动并且更有力度的取向，发挥在优化供给、提高效率方面的独特功效。

产业政策强调准。重点是调整和完善产业政策，做好鼓励产业升级的加法，有必要将目前倾斜发展特定部门的产业政策，如对新兴产业实施的创新研究、环保节能的奖励措施，逐步完善成长期的、综合性和普适性的创新与竞争激励机制，避免引起未来"一窝蜂"式的投资而出现产能过剩。一方面，着力用先进技术改造提升传统产业，通过大规模技术改造投资，将现代信息技术与制造业深度融合，使更多中低端产业升级为中高端产业。另一方面，积极推进"互联网＋"行动计划，推进"数字中国"建设，发展分享经济，支持基于互联网的各类创新，努力把互联网的创新成果与经济社会各领域进行深度融合，提升实体经济创新力和竞争力，助推实体经济尽快实现转型升级。

微观政策强调活。激发微观经济活力，需要继续推动政府部门简政放权，大幅度减少行政审批事项，加强事中和事后监管与服务。目前，特别需要的是地方政府强力落实中央确定的重大改革措施，认真清理并切实减轻企业承担的各类不必要的非税负担，继续落实和完善简政放权的各类事项，营造良好的法治化的营商环境。此外，还需进一步合并相关税种，减少消费环节税负，清理不合理收费，适度降低社保缴费率，真正为居民创业、企业创新减税让利、松绑减负。

改革政策强调实。国企、财税、金融、社保等重要领域和关键环节的改革，具有"牵一发而动全身"的作用，既能改善需求侧管理，又能减少政府直接干预，降低企业的显性和隐性成本，释放供给侧动力，提高资源配置效率，从而达到刺激生产、改善供给的目的，具有很强的提高供给体系质量和效率的意义。改革措施政策化、常态化是做实各项改革的重要手段。

社会政策强调托底。增进人民福祉、促进人的全面发展历来是我国经济社会发展的出发点和落脚点，是社会政策的重要目标。近年来，我国经济社会发展成就巨大，但普通民众幸福感和获得感的改善却远远落后于经济增长。人民群众所关心的教育、就业、收入、社保、医疗卫生、生产和食品药品安全等重大民生领域问题，毫无疑问是"十三五"期间亟须补齐的"短板"。补齐这些"短板"，将有利于稳定劳动者的预期，有利于为经济社会发展中的各项风险提供更加厚实的安全垫、更加密实的防护网。

第五节　培育经济新动能、确保宏观经济持续
平稳健康发展的政策建议

一　处理好政府与市场的关系，使市场在资源配置中起决定性作用

党的十八届三中全会提出，经济体制改革是全面深化改革的重点，核心问题是处理好政府和市场的关系，使市场在资源配置中起决定性作用，更好地发挥政府作用。将市场在资源配置中起基础性作用修改为起决定性作用，虽然只有两字之差，但对市场作用是一个全新的定位，"决定性作用"和"基础性作用"这两个定位是前后衔接、继承发展的。提出使市场在资源配置中起决定性作用，是我们党对中国特色社会主义建设规律认识的一个新突破，是马克思主义中国化的一个新的成果，标志着社会主义市场经济发展进入了一个新阶段。

政府和市场既各具优势，又存在各自的局限性，二者是有机统一的，不是相互否定的，不能把二者割裂开来、对立起来，既不能用市场在资源配置中的决定性作用取代甚至否定政府作用，也不能用更好地发挥政府作用取代甚至否定市场在资源配置中起决定性作用。改革开放30多年的经验表明，只有正确处理好政府与市场的关系，建立一个更加完善的社会主义市场经济体制，才能激发各类市场主体的新活力，促进经济持续健康发展。

要加快落实十八届三中全会关于"围绕使市场在资源配置中起决定性作用深化经济体制改革，坚持和完善基本经济制度，加快完善现代市场体系"的要求，处理好政府和市场的关系，调动全社会各方面的积极性，把政府职能转变作为深化改革、创造制度红利的突破口，加快推进财税、金融体制以及一切有助于实现消费持续稳定增长的各项体制改革，使市场在资源配置中起决定性作用和更好发挥政府作用，为经济发展提供新的制度红利。

政府要把加强顶层设计和摸着石头过河相结合，提供更好的制度安排，保证各种所有制经济依法平等使用生产要素、公平参与市场竞争；要加快转变政府职能，从直接组织资源配置、抓招商引资和项目建设转向主要负责社会公共服务提供和创造更好的发展环境。同时，要更好地发挥市

场配置资源和发现有效率经济组织的功能，激发各类经济主体的活力，充分利用市场集体学习的机制，为参与经济的所有角色提供一个通过试错方式不断学习、不断挖掘现有机会并开创新机会的平台。

建设统一开放、竞争有序的市场体系，是使市场在资源配置中起决定性作用的基础。经过20多年实践，我国社会主义市场经济体制不断发展，但仍然存在不少问题，仍然存在不少束缚市场主体活力、阻碍市场和价值规律充分发挥作用的弊端。这些问题不解决好，完善的社会主义市场经济体制是难以形成的，转变发展方式、调整经济结构也是难以推进的。

我们要坚持社会主义市场经济改革方向，从广度和深度上推进市场化改革，减少政府对资源的直接配置，减少政府对微观经济活动的直接干预，加快建设统一开放、竞争有序的市场体系，建立公平开放透明的市场规则，把市场机制能有效调节的经济活动交给市场，把政府不该管的事交给市场，让市场在所有能够发挥作用的领域都充分发挥作用，推动资源配置实现效益最大化和效率最优化，让企业和个人有更多活力和更大空间去发展经济、创造财富。必须加快形成企业自主经营、公平竞争，消费者自由选择、自主消费，商品和要素自由流动、平等交换的现代市场体系，着力清除市场壁垒，提高资源配置效率和公平性。

一是建立公平开放透明的市场规则。实行统一的市场准入制度，在制定负面清单基础上，各类市场主体可依法平等进入清单之外的领域。二是完善主要由市场决定价格的机制。凡是能由市场形成价格的都交给市场，政府不进行不当干预。政府定价范围主要限定在重要公用事业、公益性服务、网络型自然垄断环节，提高透明度，接受社会监督。三是改革市场监管体系，实行统一的市场监管，清理和废除妨碍全国统一市场和公平竞争的各种规定和做法，严禁和惩处各类违法实行优惠政策行为，反对地方保护主义，反对垄断和不正当竞争。

科学的宏观调控，有效的政府治理，是发挥社会主义市场经济体制优势的内在要求。更好地发挥政府作用，就要切实转变政府职能，深化行政体制改革，创新行政管理方式，健全宏观调控体系，加强市场活动监管，加强和优化公共服务，促进社会公平正义和社会稳定，促进共同富裕。各级政府一定要严格依法行政，切实履行职责，该管的事一定要管好、管到位，该放的权一定要放足、放到位，坚决克服政府职能错位、越位、缺位现象。

二　加快推进收入分配体制改革，调整收入分配结构，逐步解决我国收入分配差距拉大的问题

解决收入差距过大的问题，缓解分配矛盾是一项长期性任务，需要通过建立科学合理、公平公正的收入分配制度来完成。因此，应多管齐下，规范初次分配体系，以市场为主导；完善再分配体系，充分发挥政府的宏观调控作用；第三次分配以社会的力量为主导。坚持"调高、扩中、保底"的收入分配改革思路，缩小居民收入差距，使改革开放所取得的成果由全体人民共享。

1. 规范初次分配体系

初次分配是市场机制配置资源的基本渠道，要尽可能地通过完善市场体系来改善初次分配关系。在国民总收入一定的情况下，增加劳动者报酬必然要减少企业和政府部门的初次分配总收入。

（1）建立收入增长机制。通过加强立法，实现成体系的法律规范，形成科学协调的工资增长长效机制，建立与社会经济发展、企业效益提高以及市场物价水平涨落相协调的工资增长新原则。建立健全工资指导线、劳动力市场价格、人工成本等信息发布制度，尤其要建立覆盖所有企业、工种的薪酬调查制度，为劳动者正确了解薪酬情况提供量化依据，促进劳动力合理流动，最终形成工资的正常增长机制。尤其要着重解决集体企业、民营企业、私营企业等小微单位中劳动者的工资收入和增长机制问题；建立进城务工的农民工的工资长效增长机制；保障企业退休职工的工资收入水平，形成正常的工资增长调整机制，真正让劳动者实现劳有所得、老有所养。

（2）提高劳动者报酬的比重。用法律和行政手段提高劳动者报酬。一方面，推行和完善最低工资制度，按照劳动和社会保障部出台的《最低工资规定》，把企业职工收入保障机制落到实处，必须把监督检查放在重要地位，并根据经济的发展、企业利润的增加将其指数化。另一方面，由于我国小企业劳动密集度高，经营环境较差，减少小企业的税负，对扩大就业和提高劳动者报酬会有一定帮助。建立区域、行业和企业的多方协调机制，进一步发挥工会平衡各方利益关系的重要作用，特别是民营、外资企业的工会，更是劳动者群体及个人利益的重要保护组织。

（3）增加居民的财产性收入。规范发展资本市场和房地产市场。进一步完善以股票、债券、期货、保险等为代表的资本市场，通过丰富发展证

券品种等有力方式，积极稳妥推进当前一个时期的资本市场健康全面协调发展；全力调控房地产市场，将房地产价格控制在合理可承受的范围内，使更多的居民不仅能够做到"居者有其屋"，而且还能够获得其他房产的租金收益、转让收益，得到更多的财产性收入。切实保证农民对土地的处置权、经营权、转让权和收益权，使农民能够通过土地获得财产性收入。

（4）加强对垄断行业收入分配的调节和监督。进一步推进政企、政事、企事分开，从根本上消除行政性垄断的体制基础，是加强对垄断行业收入分配调节和监督的首要任务。引入市场竞争，将不具有自然垄断特点的经营活动分离出来，鼓励劳动力的竞争与自由流动，促进垄断企业自身竞争机制的建立。垄断性行业的产品和服务的价格要做到公开、公平，定价实行听证会等制度。

2. 加强并完善政府再分配调节

再分配的重点是弥补市场失灵，维护社会公平正义，增加经济社会发展的凝聚力。一方面，要改革现行的财税制度，提高对高收入人群的调控。另一方面，要调整财政支出结构，加大公共服务投入，提高对低收入人群的保障水平。

（1）强化税收制度调节收入分配的功能。适时实行混合所得税制，结合分类税制和综合税制两者的优势，是符合我国当前社会发展客观实际的选择。将劳动所得采用同一累进税率征收，资本所得归入分类制。税法可以明确规定不征税收入项目和免税收入项目，来源于其他各个渠道的所得，都构成所得税的应税收入，从而最大限度地拓宽我国个税税基。其次，可以创造条件适时开征遗产税和赠予税。

（2）健全社会保障体系。使社会所有劳动者都能公平地享受社会保障待遇，必须尽快健全社会保障制度并迅速普及城乡，建立城乡社会保障一体化模式，加速城乡融合，消除城乡社会保障的不平等。尽快实现社会保险全国联网，建立统一的机构、管理、制度，设立不分所有制、不分用工形式的统一的社会保险筹资比例，统一给付标准，构建起全国统一的社会保障体系。

（3）规范政府转移支付制度。根据影响财政收支的主要客观因素确定地方财政能力和支出需求，确定某一级地方政府可以获得的转移支付额度，促进政府部门在经常转移过程中真正做到法制化和规范化。在制定涉及民众根本利益的改革方案时，政府还应充分兼顾农民利益，增加对"三农"的政策支持和保护力度，加大对农村义务教育的投入，增加农村公共品提供，提高农村公共服务水平，提高农民收入。

（4）加强对灰色收入与非法收入的管理和规范。加强法制建设，坚决取缔非法收入。用法律的强制手段对公职人员的兼职、债券、股票、酬劳等做出依法强制规定，制定和有效运用反垄断法、反暴利法、公司法、保险法、产品质量法等各种规范市场行为的法律法规。加强对灰色收入的管理和规范，使所得收入透明，对于偷逃税行为应该加大惩罚措施，加强预算外资金的管理与监督，建立透明化的管理制度。

3. 有效发挥第三次分配作用

第三次分配是采用人们自愿捐赠等非强制方式进行的一次分配，从而弥补了一次分配的缺陷和二次分配的不足。由于第三次分配的动力机制是伦理道德，所以发挥了市场调节和政府调节无法代替的作用。

（1）适度降低基金会"准入"门槛，增强慈善组织公信力。对基金会"准入"门槛进行合理调整，鼓励那些愿意从事公益慈善事业的组织或个人参与慈善活动，以促进民间慈善组织的发展。进一步完善对捐赠款物使用的监管制度，把捐赠款物的使用情况向社会公布，接受全体公民的监督，增强慈善组织的公信力。

（2）完善慈善税收减免政策，发挥税收对社会慈善捐赠的激励作用。根据现有法律规定，企业和个人只有进行相关定向捐赠，才可享受到准予扣除部分年度应纳税的优惠，这在一定程度上抑制了企业捐赠的积极性，不利于我国慈善捐赠规模的扩大。应出台相应慈善捐赠减免税收政策，适度提高税收优惠比例，使其在实际中具有可操作性。

（3）推动慈善文化建设，培育中国传统文化的慈善理念。"仁者爱人""老吾老以及人之老，幼吾幼以及人之幼"，慈善理念在我国传统文化中源远流长。进一步加强慈善教育，让人们认识到慈善捐赠事业是每个企业的社会责任，是每个个人的社会价值的体现，而不仅仅是富人的事情，有计划地在大中小学开展慈善课程、开展志愿者服务活动，培养学生的爱心和责任心。

4. 深化改革，释放收入增长潜力

逐步解决影响收入分配的深层次问题，关键在于通过深化改革，为形成合理的收入分配关系提供必要的条件和有利的环境，将收入增长的潜力释放出来。

（1）加快城乡一体化进程。加大对农村地区和落后地区的基础设施建设的投入，以水电路气房为重点。解决安全饮水问题，提升农网供电可靠性和供电能力，加快公路建设，铺建天然气管网，开发利用清洁能源，改造危旧房，为农民生产生活提供基础保障。加大对基础教育和医疗卫生的投入，让每个农村孩子都能上得起学，解决农民看病难、看病贵的问题。将符合条件的"农民工"纳入社会保障体系和城市住房保障体系中，解决流动人口的异地接续问题，使流动人口在廉租房、经济适用房等保障性住房的申请、分配方面，享有与城市户籍居民相同的住房保障待遇。

（2）推进"三农"问题的解决。目前我国农业劳动生产率仅为第二、第三产业劳动生产率的28%，农村人均收入仅为城镇居民的31%，缩小城乡居民收入差距的根本途径是提高农业劳动生产率。而提高农业劳动生产率的关键在于，加快农业现代化，加快农村劳动力向非农产业转移。促进生产要素在城乡之间自由流动，使农民对承包地、宅基地、林地、草地的用益物权转变为财产性收入的主要来源，通过土地经营权的有偿转让，增加农民收入。

（3）促进区域协调发展。加大财政扶持力度，促进各地区间基本公共服务均等化，完善均等化的财政转移支付方法是保障各地区基本公共服务均等化的关键，加大最具有平衡地方财政作用的一般性转移支付占整个中央财政支出的比重，逐步将不规范的专项转移支付调整为一般转移支付，并使其成为财政转移支付的主要形式。大幅度提高中西部、东北地区公共服务的投入支出比重，稳保义务教育、基本医疗、养老保险等方面服务的完善，逐步缩小区域间过大的基本公共服务差距，进而缓解地区间收入分配差距不断扩大的局面。

（4）加大教育投资，促进教育公平。加大对农村地区和中西部地区的教育投资，创造平等的受教育机会，打破城乡限制，促进教育资源合理流动。特别是要加强对基础教育的投入，保证低收入家庭的孩子完成义务教育，为考上大中专的低收入家庭子女提供资助，完善、加强助学贷款制度。在发展素质教育的同时，要重视职业教育，加强职业培训，抓好对农民、失业人员以及下岗职工的培训，促进培训与就业的结合。

（5）实现公正合理的分配价值目标。公平和效率是社会发展的两大目标。和谐社会的构建既要追求经济效率，又要体现社会公平。在初次分配及再分配中都应坚持公平与效率均衡并重，效率是我国经济社会继续保持良好发展势头的马达，公平是社会的稳定器，为经济社会的发展提供源源不断的动力。平等是人类社会最基本的价值诉求，要解决劳动机会的平等问题，保证规则在执行过程和结果的公开公正，发挥市场配置劳动力资源的决定性作用。

三　稳步推进住房供应和保障体系建设，化解房地产市场风险

1. 完善住房供应体系

从我国国情看，总的方向是构建以政府为主提供基本保障，以市场为主满足多层次需求的住房供应体系。要千方百计增加住房供应，同时把调节人民群众住房需求放在重要位置，建立健全经济、适用、环保、节约资源、安全的住房标准体系，倡导符合国情的住房消费模式。加快推进住房保障和供应体系建设，要处理好政府提供公共服务和市场化的关系、住房发展的经济功能和社会功能的关系、需要和可能的关系、住房保障和防止福利陷阱的关系。要全力完成"十二五"规划提出的建设城镇保障性住房和棚户区改造住房3600万套（户）的任务，到2015年全国保障性住房覆盖面达到20%左右。要重点发展公共租赁住房，加快建设廉租住房，加快实施各类棚户区改造。

2. 完善住房支持政策

要注重发挥政策的扶持、导向、带动作用，调动各方面的积极性和主动性。要完善土地政策，坚持民生优先，科学编制土地供应计划，增加住房用地供应总量，优先安排保障性住房用地。要完善财政政策，适当加大财政性资金对保障性住房建设的投入力度。要综合运用政策措施，吸引企业和其他机构参与公共租赁住房建设和运营。要积极探索建立非营利机构参与保障性住房建设和运营管理的体制机制，形成各方面共同参与的局面。要加强管理，在准入、使用、退出等方面建立规范机制，实现公共资源公平使用。要坚持公平分配，使享受该保障的群众真正受益。要对非法占有保障性住房行为进行有效治理，同时要从制度上堵塞漏洞、加以防范，对非法占有保障性住房的，要依法依规惩处。

3. 建立城乡统一的建设用地市场

建立城乡统一的建设用地市场是建立社会主义市场经济体制的必然要求。要按照城乡统筹发展的要求，改革农村集体建设用地使用制度，推动农村经营性集体建设用地在符合规划的前提下进入市场，与国有建设用地

享有平等权益，逐步形成反映市场供求关系、资源稀缺程度、环境损害成本的土地价格形成机制，建立与城镇地价体系相衔接的集体建设用地地价体系，充分发挥市场配置土地的决定性作用，逐渐形成统一、开放、竞争、有序的城乡建设用地市场体系。

四　切实保障和改善民生，增加人民福祉，提升国民的幸福感和获得感

让人民拥有幸福的生活，是我们经济社会发展的最终目标。改革开放以来，我国经济社会的发展成就巨大，但普通民众的幸福感和获得感的改善却远远落后于经济增长，难以满足广大民众的迫切期盼。积极保障和改善民生，增进人民福祉、促进人的全面发展，不断提升国民的幸福感和获得感，是"十三五"期间我国经济社会发展的重要任务，应着重从以下几方面入手。

坚定实施科教兴国战略，始终把教育摆在优先发展的战略位置。要通过不断扩大投入，努力发展全民教育、终身教育，建设学习型社会，努力让每个孩子、每个公民都享有公平接受良好教育的机会，以此获得发展自身、奉献社会、造福人民的能力；加大科技教育体制改革力度，努力营造有利于因材施教、鼓励创新、张扬个性、全面发展的宽松环境和自由氛围；改变应试教育体制，注重国民素质教育特别是科学素养的培养，鼓励创新型人才成长，激发其创新激情；择天下英才而用之，努力培养好一支规模宏大、富有创新精神、敢于承担风险的创新型人才队伍。

释放就业潜力，实施更加积极的就业政策。就业是民生之本，充分就业是居民收入稳步提高、经济增长行稳致远、民生持续改善的前提和基础。在经济新常态的背景下，就业市场将持续偏紧运行。因此，宏观调控要更加突出就业优先，实施更加积极的就业政策。应采取有针对性的财税、金融政策，健全促进就业创业的体制机制，提高政府公共就业服务能力，完善就业服务体系，多渠道创造就业岗位；大力发展就业创造能力强的服务业，为居民提供更多更好的就业机会，不断提高就业率和就业质量；努力提高劳动者素质，让人力资源结构跟产业结构的调整匹配起来，更好地实现人力资源供需对接；重点做好以高校毕业生为主的青年就业工作，鼓励全社会特别是青年一代勇于创业；注重发挥小微企业作用，通过更大力度的减税让利激发其发展壮大的活力。

深化收入分配制度改革，努力增加居民收入。坚持"调高、扩中、保底"的改革思路，以市场为主导规范初次分配体系，充分发挥政府的宏观调控作用完善再分配体系，缩小居民收入差距，争取实现居民收入增长和经济发展同步、劳动报酬增长和劳动生产率提高同步，切实提高居民收入在国民收入中的比重，提高劳动报酬占初次分配中的比重，使改革开放所取得的成果由全体人民共享；做强、做大、做活资本市场，增加城乡居民的财产性收入，释放扩大消费的财富效应；发展农村第二、第三产业，拓宽农民增收渠道，增加农民收入，着力推进农村土地制度改革，增加农民财产性收入。

持续增加民生投入，加强城乡社会保障体系建设，加强保障性住房建设和管理。按照全覆盖、多层次、可持续、保基本、兜底线、建机制的基本原则，适应经济社会发展水平及其变动情况，不断提高和扩大工资和养老、失业、工伤、医疗、低保等保障标准及其政策的受益面，不断完善和实施临时救助制度，健全福利保障制度和服务体系，持续提高城乡低保水平，重点保障低收入群众基本生活，竭尽全力织密织牢民生保障网，坚决把民生底线兜住兜牢。坚持市场化改革方向，充分激发市场活力，加快推进住房保障和供应体系建设，满足多层次住房需求，为广大人民群众提供基本住房保障。

加快健全基本医疗卫生制度，深入推进医药卫生改革发展。继续完善城乡居民基本医保，全面实施城乡居民大病保险制度；深化基层医疗卫生机构综合改革，全面推开县级公立医院综合改革，逐步开展省级深化医改综合试点；坚持使市场在资源配置中起决定性作用的大方向，合理调整医疗服务价格，尽快取消绝大部分药品政府定价，逐步放开医疗服务收费定价权，破除以药补医、药价虚高的现象，建立合理的药品和医疗服务价格形成机制，努力减轻群众负担；同步推进各项配套改革，加强事中事后监管，维护良好的医药市场秩序，确保低收入群众享受基本医疗服务，真正做到让药价降下来，服务升上去，医保保得住。

高度重视各类生产安全和食品药品安全，建立健全和不断完善社会安全网。世上唯有人的生命最珍贵，如果人的生命安全都得不到重视和保障，一切发展都毫无意义。近年来，各类生产安全和食品药品安全事件频频发生，其触目惊心和骇人听闻的程度，不断挑战着善良人们的底线，冲击着保护生命的红线，形势十分严峻。人命关天，发展决不能以牺牲人的生命为代价。要满足人民对美好生活的向往，首先要有效解决社会安全领域存在的突出问题，全方位强化安全生产，全过程保障食品药品安全。为此，必须强化安全第一意识，落实安全主体责任，加强安全基础能力建设，筑实、筑牢、筑高、筑密各类保护生命安全的围栏，将保障社会安全的红线划得更加粗壮、鲜红、醒目，减轻天灾，杜绝人祸，坚决遏制重特大安全事故的发生。

"十三五"时期，在保持经济平稳健康发展的同时，必须真正做到以人为本，全面解决好教育、就业、收入、社保、医疗卫生、食品安全等人民群众最关心、最直接、最现实的利益问题，总体实现基本公共服务均等化，逐步建立与经济发展水平相适应的基本公共服务保障体系，加快缩小区域和群体之间的差距，努力实现人民生活水平特别是幸福感和获得感的显著提升，保障人民更多、更公平、更实在地共享发展改革成果。

五　积极构建开放型经济新体制，培育参与和引领国际经济合作竞争新优势

适应经济全球化新形势，必须推动对内对外开放相互促进、引进来和走出去更好结合，促进国际国内要素有序自由流动、资源高效配置、市场深度融合，加快培育参与和引领国际经济合作竞争新优势。

1. 更加重视稳定外需市场

提升出口产品附加值，促进从以组装加工为主向研发、设计等价值链高端延伸。大力发展服务外包，提高服务贸易的技术含量和附加值，有序推进服务业市场的开放。推动商品和服务贸易自由化。鼓励企业积极拓展国际市场，尤其是潜力巨大的新兴市场。完善对外贸易环境。要运用财政、金融等多种政策手段来扩大出口规模；要进一步减少对外贸企业的审批环节，清理不必要的税费，进一步提高贸易便利化水平；要加强外贸信息平台建设，建立国际贸易资讯系统，帮助企业规避贸易风险；加强多边和双边谈判，减少贸易壁垒给企业带来的损失。实施人民币适度贬值策略。人民币适度贬值不仅有利于增强企业出口竞争力，扩大出口，确保和稳定既有份额，还有利于缓解货币政策稳增长的压力。

2. 进一步放宽外资准入，进一步实施对外开放

上海自贸区实施两年来的成功经验应尽快在全国推广落地。同时，在扩大开放方面，加快推进与美国的双边投资协定（BIT）谈判，引入负面

清单制度，以便让外资更多地进入。扩大内陆沿边开放。随着中国与周边
国家边境贸易、跨国交通和能源通道的大发展，应抓紧出台深化中西部及
东北地区对外开放的新政策，使其充分地利用国内、国外两个市场和两种
资源促进本地区发展，更好地融入世界经济之中，不断提升国际竞争力。

**3. 扎实推进"一带一路"战略的实施，先易后难，循序渐进；分类
施策，重点突破**

从优先合作领域来看，应聚焦于以下七个方面：交通基础设施互联互
通、贸易与投资、能源资源、金融、生态环境保护、海上合作领域，以及
软性的科技、教育、文化、卫生和旅游等人文领域。初始阶段要注重加强
低敏感领域的合作，强调早期收获特别是近一两年的收获。从重点合作地
区来看，应由近到远，突出重点，从与我国经济往来密切、经济利益关联
度大的相关国家开始，以加强双边合作为切入点，逐步建立若干巩固的全
面战略伙伴关系。对于陆上"一带"，中亚地区的俄罗斯、哈萨克斯坦、
乌兹别克斯坦、吉尔吉斯斯坦、塔吉克斯坦等上海合作组织成员国及土库
曼斯坦是重点和优先对象。对于海上"一路"，在布局和起步阶段，印度
尼西亚、泰国、老挝、缅甸和马来西亚应作为东南亚地区的重点国家，巴
基斯坦、斯里兰卡、孟加拉和印度应作为南亚地区的重点国家。

**4. 统筹双边、多边、区域、次区域开放合作，加快实施自由贸易区
战略，推动同周边国家互联互通，提高抵御国际经济风险的能力**

短期来看，我国加快实施自由贸易区战略的突破口主要有两个：一是
结合我们正在推动的"一带一路"战略，积极同"一带一路"沿线国家
和地区商建自由贸易区。二是加快落实 APEC 北京会议达成的共识，积极
推动建立亚太自贸区（FTAAP），努力获得印度和俄罗斯的支持，并积极
与美国沟通，共同推动 FTAAP 谈判，形成世界最大的区域贸易协定，逐
步提高参与国际贸易规则制定的能力和水平。此外，还要支持在有条件的
国家设立境外经贸合作区、跨境经济合作区等多种形式的经济园区，鼓励
国内企业到周边国家开展投资合作。就中长期而言，应坚持世界贸易体制
规则，坚持双边、多边、区域、次区域开放合作，扩大同各国各地区的利
益汇合点，以周边为基础加快实施自由贸易区战略，积极参与跨太平洋伙
伴关系协议（TPP）谈判，加快推进亚洲自由贸易区进程。改革市场准
入、海关监管、检验检疫等管理体制，加快环境保护、投资保护、政府采
购、电子商务等新议题谈判，形成面向全球的高标准自由贸易区网络。

5. 加快自由贸易园（港）区建设

要加快上海自贸区建设，坚持先行先试，以开放促改革、促发展，率先建立符合国际化和法治化要求的跨境投资和贸易规则体系，使试验区成为我国进一步融入经济全球化的重要载体，真正让市场在资源配置中发挥决定性作用，使之成为推进改革和提高开放型经济水平的"试验田"，形成可复制、可推广的经验，发挥示范带动、服务全国的积极作用，为全面深化改革和扩大开放探索新途径积累新经验。

6. 支持企业扩大境外投资

鼓励企业主动走出去，加入全球供应链，更深层次地融入全球化，拓展我国对外贸易和开放体系的深度和广度。设立中央鼓励境外直接投资的专项资金，对我国企业境外投资给予信贷贴息、投保补贴、信息咨询等方面的支持。加强商协会对企业境外投资的指导，建立与各国同行之间的合作伙伴关系及民间对话机制。鼓励更多有条件的企业到海外投资，扩大海外市场需求，保证大宗商品的安全供应，以打破跨国公司对供应和价格的双重垄断。当前可重点考虑，与巴西进行更深入的大豆贸易合作，在其本土建立大豆海外供应基地；与有色金属资源丰富的国家建立经济贸易合作区，或通过投资、风险勘探及技术合作等方式增加海外有色金属矿产资源供应；积极鼓励企业特别是民营企业加快实施"走出去"战略，在海外金融市场上以控股或参股方式投资资源类上市企业。在海外收购资源时，可考虑建立财团式的投资团体，以获得东道国财团的支持，减少交易风险，提高成功概率。同时，在现有的二十国集团（G20）框架下，我们可持续呼吁有关各方，尽快建立一个有助于稳定能源、资源市场的全球治理机制，制定公正、合理、有约束力的国际规则，形成能源资源市场的信息通报、价格协调、金融监管、安全应急、合理消费以及自由开放的贸易投资机制。

7. 加强国际政策协调与合作，寻找新的增长动力，重建国际经济新秩序

面对全球挥之不去的低增长、高失业、高负债怪圈，各方都希望找到一条道路走出困境。而靠个别国家经济增长无法将全球经济带出困境。目前的问题是，各国均忙于制定自己的经济政策，而主要经济体之间的经济关系则处于割裂状态，政策也缺乏必要的、有效的协调，造成如美英经济增长较好，而日欧经济增长较差的现象。为此，全球各国唯有协力解决地

缘政治危机对经济的冲击，防范新的全球金融危机，遏制贫富差距加大，深化全球治理改革，加强国际合作，重新寻找恢复国际经济秩序的新手段，才能共同促进世界经济强劲、可持续、平衡增长。

六　有效激发来自民间创富的巨大潜力和大众创业的发展活力

中国经济结构调整和可持续发展需要尽快激发民间投资的活力和潜力，提高全社会资金形成和配置效率。让民间资本活力充分释放，需进一步转变政府职能，简政放权，落实负面清单制度，把该放的权力坚决放开放到位，激发各类市场主体的创造力；让民间资本活力充分释放，应强化政策落实和推进，把现有的各项鼓励政策具体化、细化，并有的放矢地解决政策执行中的问题；让民间资本活力充分释放，要发挥改革的引领作用，打破垄断，消除各种隐性壁垒，拓宽民间投资领域和空间，推进融资渠道市场化，提振民间投资信心，提升资本回报率；让民间资本活力充分释放，必须坚持市场导向、市场驱动，让市场来选择新技术、新产品、新业态、新模式、新增长点，让传统产业加快升级、新兴生产力加快成长，让一切聪明才智竞相迸发，一切创新源泉充分涌流。

面对新机遇与新挑战，只要我们让各市场主体、各生产要素和各领域改革尽情"奔跑起来"，充分释放人口潜力、市场活力、创新动力、改革红利，就能为经济持续健康发展注入强劲的内生动力，就能推动中国经济涉过险滩、穿越激流、破浪前行，持久呈现出勃勃生机和旺盛活力。

参考文献

张大卫、王军：《打造中国经济升级版》，人民出版社，2013。

陈文玲：《世界格局发生三大变化，全球应共同治理》，光明网，2015年6月27日。

宋立、孙学工、刘雪燕、李世刚：《"十三五"时期我国经济增速将保持7%左右》，《中国经济时报》2015年1月8日。

朱海斌：《中国潜在增长率趋势分析》，《中国金融》2014年第16期。

屈宏斌：《解谜中国劳动力市场系列之一：老龄化担忧或被夸大，质量提升延续红利》，《财经杂志》2015年4月7日。

黄剑辉：《中国经济增长的九大潜在空间》，《中国证券报》2014年8月18日。

王一鸣：《国际产业变革逼迫中国迈向中高端》，《经济参考报》2014年11月3日。

周景彤：《新常态下的经济增速》，《中国金融》2014年第21期。

周跃辉：《以改革红利再造经济增长新动力》，《中国经济时报》2015年6月16日。

邱晓华：《中国有能力守住7%增长底线》，《经济参考报》2015年7月1日。

刘树成：《"十三五"有可能进入新一轮上升周期》，《经济参考报》2015年7月9日。

茶洪旺：《创新驱动增长：经济新常态下的"熊彼特动力"》，《中国经济时报》2014年11月20日。

高占军：《中美欧货币政策分化与挑战》，《财经》2015年第16期。

安国俊：《也谈三市联动——关注汇市、股市、债市的风险联动机制》，《中国金融》2015年第17期。

彭支伟、张伯伟：《TPP和亚太自由贸易区的经济效应及中国的对策》，《国际贸易问题》2013年第4期。

张明：《中美货币政策何去何从？》，FT中文网，2015年9月28日。

盛松成：《金融市场大幅波动源于改革不到位》，《证券时报》2015 年 9 月 26 日。

张茉楠：《TPP 开启新一轮国际贸易规则之争》，《上海证券报》2015 年 10 月 8 日。

马骏：《TPP 影响之量化分析》，《上海证券报》2015 年 10 月 9 日。

马志扬：《价格低位运行态势分析》，《中国金融》2015 年第 15 期。

马志扬：《当前物价走势分析》，《中国金融》2015 年第 9 期。

张怀清、马志扬、陈俊、王兆旭、王冲：《当前价格形势及展望》，《金融发展评论》2015 年第 6 期。

柴青山：《未来几年放松货币政策的风险不大》，《经济参考报》2015 年 9 月 7 日。

连平、张成、刘健：《理性认识当前"通缩"问题》，《上海证券报》2015 年 2 月 27 日。

唐昊：《亚投行，大国地位的一次测验》，《南风窗》2015 年 4 月 22 日。

顾宾：《亚投行的治理结构》，《中国金融》2015 年第 13 期。

中国国际经济交流中心课题组：《中国经济发展新阶段的新形势和新问题研究》2014 年 11 月。

中国国际经济交流中心课题组：《抓住大宗商品价格中长期低迷机遇，重构中国全球能源资源战略》2015 年 3 月。

IMF：《世界经济展望》，2015 年 10 月 6 日。

王军：《亚投行面临的艰巨挑战》，《中国财政》2016 年第 2 期。

王军：《高度关注经济发展的若干潜在风险》，《宏观经济管理》2016 年第 1 期。

王军：《"五大发展理念"撬动全面小康"短板"》，《瞭望》2016 年第 2 期。

王军：《及时防范和化解通货紧缩风险》，《证券日报》2016 年 1 月 9 日。

王军：《推进供给侧结构性改革 培育经济发展新动能》，《紫光阁》2016 年第 1 期。

王军：《供给侧改革的六大着力点》，《证券日报》2015 年 12 月 19 日。

王军：《以新的发展理念引领和推动科学发展》，《瞭望》2015 年第46 期。

王军：《设立亚投行的七个理由》，《中国证券报》2013 年 10 月 9 日。

王军：《加强价格调控监管 预防通货紧缩风险》，《宏观经济管理》2015 年第 3 期。

王军：《预防通货紧缩压力》，《中国金融》2015 年第 15 期。

王军：《"十三五"宏调期待"九变"》，《财经》2015 年第 27 期。

王军：《扩大有效投资是稳增长的关键支撑》，《紫光阁》2015 年第8 期。

王军：《健康有力的经济增速才能开创大局面》，《瞭望》2015 年第28 期。

王军：《抓住大宗商品价格中长期低迷机遇　重构中国能源资源战略》，《全球化》2015 年第 6 期。

王军：《大宗商品或步入"冰河时代"》，《财经》2015 年第 12 期。

王军：《国际大宗商品料维持低位震荡》，《中国证券报》2015 年 4 月15 日。

王军：《"十三五"中国经济发展的潜力与空间》，《上海证券报》2015 年 10 月 8 日。

王军：《不必对四季度经济形势过度悲观》，《证券日报》2015 年 9 月19 日。

王军：《十三五，要补齐民生短板》，《瞭望》2015 年第 37 期。

王军：《亚洲经济的未来掌握在自己手中》，《人民日报》2015 年 7 月17 日。

王军：《"一带一路"战略的建设策略》，《瞭望》2015 年第 3 期。

王军：《"十三五"经济增长目标宜定为6.8%》，《中国证券报》2015 年 1 月 21 日。

王军：《税制改革的"加法、减法和混合运算"》，《上海证券报》2015 年 1 月 20 日。

王军：《充实政策储备 应对通缩风险》，《中国证券报》2015 年 1 月14 日。

王军：《通缩风险已成今年中国经济最大威胁》，《上海证券报》2015 年 1 月 14 日。

王军：《"一带一路"战略六原则》，《财经》2014 年第 36 期。

王军：《对 2015 年价格预期调控目标的意见与建议》，《中国经贸导刊》2014 年第 31 期。

王军：《以预测值替代年度价格调控目标如何》，《上海证券报》2014 年 10 月 15 日。

王军：《调结构须激发民间投资活力》，《经济日报》2014 年 8 月 25 日。

王军：《混合所有制改革与资本市场》，《中国金融》2014 年第 15 期。

王军：《以新政策框架稳增长》，《财经》2014 年第 21 期。

王军：《破解金融瓶颈是新区发展亟待解决的重大问题》，《中国经济时报》2014 年 7 月 24 日。

王军：《适应新常态 寻求新动力》，《中国经贸导刊》2014 年第 7 期上。

王军：《当下能牵住稳增长牛鼻子的两大着力点》，《上海证券报》2014 年 7 月 21 日。

王军：《惠民生是促发展的重要抓手》，《瞭望》2014 年第 28 期。

王军：《改革"渡险滩"不易》，《财经》2014 年第 19 期。

王军：《确立改革成本分摊机制已成当务之急》，《上海证券报》2014 年 6 月 4 日。

王军：《凝聚中国经济"新常态"的正能量》，《瞭望》2014 年第 22 期。

王军：《全方位寻找区域发展新动力》，《人民论坛》2014 年 5 月下。

王军：《从中美 M2 与 GDP 比例差异看我国货币政策操作空间》，《中国市场》2014 年第 15 期。

王军：《打破资源要素画地为牢》，《中国证券报》2013 年 4 月 30 日。

王军：《所有制改革核心是消除歧视》，《中国证券报》2013 年 3 月 31 日。

王军：《所有制歧视是"国民共进"的最大障碍》，《上海证券报》2014 年 3 月 27 日。

王军：《寻求"海上丝路"新支点》，《财经》2014 年第 9 期。

王军：《通过六大战略支点打造 21 世纪"海上丝绸之路"》，《证券日报》2014 年 2 月 25 日。

王军：《通胀隐忧不大》，《中国经济报告》2014年第1期。

王军：《引养老金活水改善股市供求关系》，《证券日报》2014年1月9日。

王军：《中国经济升级版动力源》，《瞭望》2013年第45期。

王军：《全面推进五大领域改革》，《财经》2013年第28期。

王军：《建立改革顶层设计机构应提速》，《中国证券报》2013年9月25日。

王军：《中国经济第二季五大改革将超预期》，《上海证券报》2013年9月23日。

王军：《"克强经济学"推进图：中国经济升级需破八大瓶颈》，《21世纪经济报道》2013年9月12日。

王军：《重视和防范经济失速风险》，《中国金融》2013年第15期。

王军：《金改七大突破口》，《财经》2013年第19期。

王军：《减速重压下的一抹亮色》，《财经》2013年第8期。

王军：《经济筑底阶段的"三个高度警惕"与"三个更加注重"》，《证券日报》2012年11月13日。

王军：《房地产市场应转向制度调整》，《中国金融》2012年第19期。

王军：《经济"硬着陆"风险不大》，《资本市场》2012年9月。

王军：《大宗商品疲弱到何时》，《财经》2012年第23期。

王军：《理性看待中国经济面临的风险》，《注册税务师》2012年第9期。

王军：《经济下行中的政策选择》，《中国金融》2012年第16期。

王军：《"稳增长"应加大力度》，《财经》2012年第18期。

王军：《为遏制通缩苗头货币政策有必要适度宽松》，《上海证券报》2012年7月27日。

王军：《通缩风险日益加大 财税政策应更加积极》，《证券日报》2012年7月23日。

王军：《"李宁型"复苏下的政策选择》，《证券日报》2012年7月9日。

王军：《A股的牛市真的到来了吗？》，《中国经济报告》2012年第3期。

王军：《稳中实现经济"软着陆"》，《资本市场》2012年6月。

王军：《欲求稳增长当前亟须"三个转变"》，《上海证券报》2012年6月1日。

王军：《未来一个时期中国经济面临的主要风险和挑战》，《经济研究参考》2012年28D-2。

王军：《加大预调微调力度，稳中求进实现"软着陆"》，《经济研究参考》2012年28D-2。

王军：《下阶段调控应体现"稳中求进"》，《证券日报》2012年5月21日。

王军：《如何"稳中求进"》，《财经》2012年第13期。

王军：《建立全球大宗能源资源市场治理机制》，《宏观经济管理》2012年第4期。

王军：《构建大宗能源资源全球治理机制》，《财经》2012年第9期。

王军：《2012年物价："涨"还是"落"?》，《金融时报》2012年3月28日。

王军：《2012年中国经济不会"硬着陆"》，《中国物价》2012年第3期。

王军：《避免经济"硬着陆"》，《财经》2012年第3期。

王军：《我国金融体制改革的关键突破口》，《上海证券报》2012年1月11日。

王军：《通胀远去了吗》，《财经》2012年第1期。

Azapagic, A., &Perdan, S. （2000）. Indicators of Sustainable Development for Industry: A General Framework. Process Safety and Environmental Protection Part B: Transactions of Institution of Chemical Engineers, 78 （4）, 243-261.

Baeumler, A., Ijjasz-Vasquez, E. &Mehndiratta, S. （2012）. Sustainable Low-Carbon City Development in China. The World Bank.

City of New York. "The Plan. " PlaNYC. NYC. gov, n. d. Web. 26 Jun 2013. < http://www. nyc. gov/html/planyc2030/html/theplan/the-plan. shtml >.

City of New York j. "Progress Report 2014. " 2014. Web. 28 May 2014. < http://www. nyc. gov/html/planyc2030/downloads/pdf/140422_ PlaNYCP-Report_ FINAL_ Web. pdf >.

Cook, Robert S. Zoning for Downtown Urban Design: San Francisco. Lexington: LexingtonBooks, 1980. Pages (121 - 139).

Dahl, A. L. (2012). Achievements and gaps in indicators for sustainability. Ecological Indicators, 17, 14 - 19.

Danish Architecture Centre. "Mexico City: Successful Environmental Management." Web   http://www. dac. dk/en/dac - cities/sustainable - cities/all - cases/social - city/mexico - city - successful - environmental - management/ 14 June 2014.

Domhoff, G. From "Why San Francisco Is (or Used to Be) Different: Progressive Activists and Neighborhoods Had a Big Impact. " < http:// www2. ucsc. edu/whorulesamerica/local/san_ francisco. html >.

Ebrard, M. (2014). From "Make - Sicko" to back to Mexico City : "The Greening of Mexico's Distrito Federal. " Quarterly Americas. http:// www. americasquarterly. org/content/make - sicko - back - mexico - city - greening - mexicos - distrito - federal.

Hoornweg, D. , Nunez, F. R. , Freire, M. , Palugyai, N. , Villaveces, M. , & Herrera, E. W. (2007). City Indicators: Now to Nanjing. World Bank Policy Research Working Paper Series, 4114.

ICLEI Local Governments for Sustainability USA. (2010). Sustainability Goals & Guiding Principles.

ICLEI - Local Governments for Sustainability USA and City of New York. "The Process behind PlaNYC. " ICLEI USA and PlaNYC. 2010. http://nytelecom. vo. llnwd. net/o15/agencies/planyc2030/pdf/iclei _ planyc _ case _ study_ 201004. pdf.

Institute Resource Renewal. (2013). Mexico City Green Plan. Retrieved December 22, 2013, from http://www. rri. org/green - plans - mexicocity. php.

International Institute for Sustainable Development . (2013). Compendium: A global directory to indicator initiatives. Retrieved 2015, from https:// www. iisd. org/measure/compendium/DisplayInitiative. aspx? id = 2018.

Kamal - Chaoui, L. & Robert, A. (eds.) (2009). Competitive Cities and Climate Change. OECD Regional Development Working Papers, 2.

Krajnc, D. , &Glavic, P. (2005). How to compare companies on relevant dimensions of sustainability. Ecological Economics, 55, 551 – 563.

Lu, An. (2015). Chinese leaders push for "greenization". Xinhua News. Retrieved June 1, 2015.

Mayer, A. (2008). Strengths and weaknesses of common sustainability indices for multidimensional systems. Environment International, 34, 277 – 291.

Mexico City Experience. (2012). Green Living. Retrieved December 22, 2013, from.

Nakamura, D. &Mufson, S. (2014). China, U. S. agree to limit greenhouse gases. The Washington Post. Retrieved June 1, 2015.

Parris, T. M. &Kates, R. W. (2003). Characterizing and measuring sustainable development. Annual Review of Environment and Resources, 28, 559 – 586.

Secretaria del MedioAmbiente . (2010). Plan Verde ciudad de México . Retrieved from http: //www. planverde. df. gob. mx/.

Shen, e. L. – Y. (2011). The application of urban sustainability indicators – Acomparision between various practices. Habitat International. (Elsevier, Ed.).

Singh, R. K. , Murty, H. R. , Gupta, S. K. , &Dikshit, A. K. (2012). An overview of sustainability assessment methodologies. Ecological Indicators, 15, 281 – 299.

Szekely F. , &Knirsch, M. (2005). Responsible leadership and corporate social responsibility: metrics for sustainable performance. European Management Journal, 23 (6), 628 – 647.

Tanzil, D. , &Beloff, B. (2006). Assessing impacts: Overview on sustainability indicators and metrics. Environmental Quality Management, 15 (4), 41 – 56.

United Nations. (2013). Mexico City's Green Plan. Retrieved December 22, 2013, from United Nations: http: //sustainabledevelopment. un. org/index. php? page = view&type = 1006&menu = 1348&nr = 2176.

United Nations Conference on Environment & Development. (1992, June 3 to 14). Agenda 21, Chapter 40: Information for decision – making. In United Nations Conference on Environment & Development（346 – 351）. Rio de Janeiro: United Nations.

The World Bank. （2014）. World Development Indicators: Structure of output. Retrieved October 27, 2014.

World Health Organization. （2013）. Global Health Observatory. Retrieved July 10, 2013.

后　记

　　历经三年多艰辛的研究工作，本书即将付梓。该项研究最早脱胎于中国国际经济研究交流基金项目（2012～2014）所支持的"中国经济发展新阶段的新形势和新问题研究"，该项研究完成于 2014 年 11 月，并在中国国际经济交流中心学术委员会组织的结项评审会上顺利通过专家评审。2014 年 8 月，该项成果以《中国经济发展"新常态"解析》的名义，申报国家社科基金后期资助项目，并于当年 12 月通过全国哲学社会科学规划办公室组织的专家评审，正式获准立项，批准号为 14FJL008。2016 年 2 月，该项目顺利通过结项。在此，对全国哲学社会科学规划办公室对本项研究以及本人之前的多项研究的支持表示感谢和敬意。

　　本书的研究和撰写工作由中国国际经济交流中心的专家团队完成。中国国际经济交流中心信息部副部长（主持工作）、研究员王军博士作为总负责人和总撰稿人，负责组织专家团队开展框架论证、篇章设计、形势分析、数据收集、指标选取等具体工作，并承担了本书的统稿任务。中国国际经济交流中心李锋博士、王福强博士、王冠群博士、刘向东博士、张焕波博士、马庆斌博士及窦勇博士等直接参与了研究工作，并负责本书有关分章节的撰写任务。其中，王军承担了全书的设计、撰写和统稿工作，第二章全部以及其余各章的大部分内容；其余课题组成员完成的内容具体包括以下章节的部分内容：李锋，第一章第一节和第三节、第四章第四节、第五章第一节、第八章第五节及第十二章的部分内容；王福强，第三章第三节及第四章第一节、第三节、第五章第一节的部分内容；王冠群，第五章第一节、第七章第四节、第九章第三节及第十一章第一节、第二节、第三节的部分内容；刘向东，第六章第三节、第九章第四节及第十章第一节、第三节的部分内容；张焕波，第七章第三节、第九章第二节及第十章第二节、第三节的部分内容；马庆斌，第五章第一节的部分内容；窦勇，第四章第四节、第五章第一节的部分内容。另外，第十章第四节来源于笔者与美国哥伦比亚大学地球研究院合作完成的研究成果——《从中国到全球：寻找可持续发展新航标》，哥伦比亚大学地球研究院研究员郭栋博士是这部分的执笔者。

在本书的研究过程中，我们得到了国内外很多专家学者的帮助和支持。首先要感谢中国国际经济交流中心学术委员会和咨询委员会副主任、国家统计局原局长李德水先生，他作为本书成稿之前的报告——"中国经济发展新阶段的新形势和新问题研究"的课题指导者，对本项研究的完成倾注了大量的心血，在两年多的研究过程中给予了许多悉心的指导。

还要特别感谢中国国际经济交流中心常务副理事长、执行局主任张晓强先生，中国国际经济交流中心副理事长、执行局副主任张大卫先生，中国国际经济交流中心总经济师、执行局副主任陈文玲女士等诸位领导，以及我尊敬的老领导，中国国际经济交流中心执行副理事长、咨询委员会主任王春正先生，中国国际经济交流中心执行副理事长、学术委员会主任魏礼群先生，中国国际经济交流中心副理事长、学术委员会副主任郑新立先生，中国国际经济交流中心副理事长、咨询委员会副主任聂振邦先生，中国国际经济交流中心常务理事张祥先生，他们在本项研究的不同阶段，就不同的研究主题，在不同的研讨场合，对本书的相关内容提出了很多建设性的意见，为本书的顺利完成贡献良多。中国国际经济交流中心的其他各位领导和同事也为我们的研究提供了很多便利和支持，特别是提供了很多有价值的意见和建议，特此致谢！同时，由全国哲学社会科学规划办公室组织的五位匿名专家，在充分肯定该成果学术价值的同时，也提出了较详尽的修改意见，在此表示特别的感谢。

本书的付梓离不开出版社的默默支持。从申请国家社科基金后期资助项目到本书的编辑付印过程中，社会科学文献出版社的领导和同事都给予了大力的支持。在此，我们诚挚地向社会科学文献出版社社长谢寿光先生和皮书出版分社社长邓泳红女士、陈颖女士等许多编辑部的同仁，为本报告精美展现给读者所做出的辛勤努力表示由衷的感谢！

最后，需要特别声明的是，本书持有的观点并不必然代表中国国际经济交流中心的观点。任何内容有不当之处均由本报告的撰写者负责。

王　军

2016 年 5 月

图书在版编目（CIP）数据

中国经济发展"新常态"初探／王军等著. -- 北京：
社会科学文献出版社，2016.7
国家社科基金后期资助项目
ISBN 978 - 7 - 5097 - 9103 - 5

Ⅰ.①中…　Ⅱ.①王…　Ⅲ.①中国经济 - 经济发展 -
研究　Ⅳ.①F124

中国版本图书馆 CIP 数据核字（2016）第 096238 号

·国家社科基金后期资助项目·

中国经济发展"新常态"初探

著　　者／王　军　等

出 版 人／谢寿光
项目统筹／陈　颖
责任编辑／王　颉

出　　版／社会科学文献出版社·皮书出版分社（010）59367127
　　　　　地址：北京市北三环中路甲 29 号院华龙大厦　邮编：100029
　　　　　网址：www. ssap. com. cn
发　　行／市场营销中心（010）59367081　59367018
印　　装／北京季蜂印刷有限公司

规　　格／开　本：787mm×1092mm　1/16
　　　　　印　张：27.25　字　数：457 千字
版　　次／2016 年 7 月第 1 版　2016 年 7 月第 1 次印刷
书　　号／ISBN 978 - 7 - 5097 - 9103 - 5
定　　价／98.00 元

本书如有印装质量问题，请与读者服务中心（010 - 59367028）联系